삶이 계속되는 한
역사는 여전히 쓸모있다.

✪최태성 올림

특별 합본판

역사의 쓸모

| 일러두기 |

- 이 특별 합본판은 프런트페이지에서 출간한 《역사의 쓸모》(2024)와 《다시, 역사의 쓸모》 (2024)를 한 권으로 묶어서 만든 특별판입니다.
- 책, 정기간행물 등은 《 》, 그림, 글, 영화, TV프로그램 등은 〈 〉를 써서 묶었습니다.
- 외국의 인명 등의 표기는 국립국어원 외래어 표기법을 따르되 일부의 경우에서 관용적 표현을 참고했습니다.
- 일반에서는 '광개토대왕'으로 불리나, 이 책에서는 국강상광개토경평안호태왕(國岡上廣開土境平安好太王)이라는 시호를 줄여 '광개토태왕'으로 표기했습니다.

삶을 깨우는 마흔세 가지 역사의 통찰
역사의 쓸모 특별 합본판

특별 합본판 1쇄 발행 2025년 5월 22일

지은이 최태성
연구·검수 곽승연, 이상선, 김혜진, 권혜성 (이상 모두의 별★별 한국사)
펴낸이 임경진, 권영선
편집 여인영, 김민진 마케팅 최지은, 배희주

펴낸곳 ㈜프런트페이지
출판등록 2022년 2월 3일 제2022-000020호
주소 경기도 파주시 회동길 37-20, 204호
전화 070-8666-6033(편집), 031-942-0203(영업)
팩스 070-7966-3022
메일 book@frontpage.co.kr

ⓒ 최태성, 2025

ISBN 979-11-93401-44-6(03900)

만든 사람들

편집 임경진 구성 서주희 교정교열 라일락 감수 정홍태 디자인 co*kkiri
제작 357제작소 마케팅 최지은, 배희주

특별 합본판

역사의 쓸모

삶 을 깨 우 는

마 흔 세 가 지

역 사 의 통 찰

최태성 지음

프런트페이지
FRONTPAGE

| 역사의 쓸모·차례 |

3장 | **한 번의 인생, 어떻게 살 것인가**

4장 | **인생의 답을 찾으려는 사람들에게**

3장 | 일상에 정성을 더하는 오래된 지혜

4장 | 여정의 끝에서 비로소 깨달은 것들

역사의 쓸모

《역사의 쓸모》가 세상에 나온 지 5년이 되었습니다. 역사가
사실을 암기하는 과목이 아니라, 세상을 바라보는 건강한 시선
을 배우는 학문임을 널리 알리고 싶은 마음을 담아 첫 문장을
썼던 기억이 납니다. 벌써 시간이 이렇게 됐나 하는 생각과 함
께 그 기간 동안 이 책이 나름의 소박한 역할은 한 것 같아 다행
스러운 마음이 듭니다.

책을 처음 세상에 내놓을 때는 사뭇 긴장되었지만 감사하게
도 제 기대를 훨씬 뛰어넘는 사랑을 받았습니다. 덕분에 '역사
의 쓸모'를 주제로 강연도 많이 다녔어요. 한번은 강연을 마치

고 이어진 질의응답 시간에 중학교 2학년이라 밝힌 여학생이 이 책을 읽었다며 책에 관한 감상을 전하더군요.

"저는 학교를 졸업하면 그냥 한국을 뜨는 게 꿈이었어요. 어른들은 온갖 주제로 매일 싸우기만 하고 미래에 대한 비전도 잘 안 보였거든요. 그런데 《역사의 쓸모》를 읽고 제가 우리나라 역사에 빚을 지고 있다는 사실을 알게 됐어요. 저도 누군가의 삶에 도움을 줄 수 있는 꿈을 만들어 보겠습니다."

이 여학생의 이야기에 강연장에 있던 수백 명의 청중이 감동의 박수를 보냈습니다. 작가로서 큰 행복을 느낀 순간 중 하나입니다.

《역사의 쓸모》는 역사적 사실을 나열한 책이 아니라 현재의 우리가 과거를 어떻게 바라보아야 하는지에 관해 말하는 책입니다. 역사를 통해 현재를 바라보는 '시선'을 제공하고자 했지요. 그러다 보니 5년이란 시간 동안 빠르게 변화한 사회의 모습을 새롭게 반영할 필요를 느꼈습니다. 그동안 달라진 시대 상황을 현재 시점으로 업데이트했고, 책을 출간하고 나서 아쉬움을 느꼈던 부분을 바로잡고 보완했습니다. 또한 코로나 팬데믹이라는 전 세계적인 위기를 겪으면서 제가 새로 발견한 역사의 쓸모도 1장 마지막에 새 원고로 추가했습니다. 개정 작업을 하며 앞으로도 시대의 변화에 발맞춰 시선을 점검하겠다는 다짐을 했습니다.

　5년 만에 책을 새롭게 고쳐 쓰면서 그 누구보다《역사의 쓸모》를 사랑해 준 우리 모든 별님들과 독자 여러분들에게 고마움을 느꼈습니다. 저와 함께 이 시대를 살아가고 있는 여러분에게 고맙다는 인사를 올립니다. 그리고 '역사의 쓸모'라는 제목이 너무 실용적이라 별로라며 버티는 저를 끝까지 설득해 세상에 나오게 해준 이 책의 편집자 임경진 프런트페이지 대표, 책의 첫 글자부터 마지막 글자까지 분신처럼 검토해 준 사랑하는 제자 곽승연 별별한국사연구소 실장에게도 고마움을 전합니다.

　희미한 불빛에 의존해 운전할 때면 잘 가고 있는지, 주변은 안전한지를 확인하기 위해 백미러를 살핍니다. 그 어느 때보다 삶의 불확실성이 높아진 시대입니다. 이런 시대에 각자의 인생을 운전해 나가는 우리에게는 삶의 주변을 살펴주는 역사라는 백미러가 필요합니다. 그러니 삶이 계속되는 한 역사는 여전히 '쓸모'가 있습니다. 역사와 함께 여러분의 인생이 안전하게 목적지에 도달하기를 진심으로 응원합니다.

2024년 여름
대나무 숲에서 당신에게
최태성

삶이라는 문제에
역사보다 완벽한 해설서는 없다

요즘 영화나 드라마에는 시간 여행을 할 수 있는 특별한 능력을 가진 인물이 심심치 않게 등장합니다. 과거로도 갈 수 있고, 미래의 일도 알 수 있기 때문에 대부분 현명한 사람으로 그려지죠. 어떤 주인공은 몇 번이고 과거로 돌아가서 자신이 저질렀던 실수를 만회하기도 합니다. 극적인 설정이라는 것을 알면서도 어떤 결과를 불러올지 모르고 한 선택을 바로잡을 수 있다는 점이 무척 부럽더군요. 제게도 저런 능력이 있다면, 한발 양보해서 앞으로 어떤 일이 벌어질지라도 알 수 있다면 삶이 조금은 덜 어렵지 않을까 하는 생각이 들었습니다.

어느덧 검은 머리보다 흰머리가 더 많은 나이가 되었지만 저역시 '어떻게 살아야 하는가'를 여전히 고민합니다. 하나의 이념이 사회 전체를 지배했던 과거와 달리 지금은 다양한 생각이 공존하고 있습니다. 예전에는 맞았던 것이 지금은 틀리고, 내게옳은 것이 누군가에게는 틀린 것이 될 수도 있죠. 그래서 가끔은 무엇을 긍정하고, 무엇을 부정해야 하는지 혼란스러울 때가있더군요. 삶의 방향을 정하고 저만의 가치관을 찾는 일에 더욱 매달리게 되는 것은 이 때문인 것 같습니다.

영화 속 주인공이 삶을 바로잡고 싶을 때마다 시간을 되돌렸다면, 그런 특별한 능력이 없는 저는 역사 속으로 시간 여행을떠났습니다. 놀랍게도 100년 전, 1,000년 전에 살았던 사람도저와 같은 고민을 하고 비슷한 위기를 겪고, 또 극복해 내더군요. 역사는 제게 가야 할 방향을 알려주는 나침반이 되어주고,지친 마음을 위로하는 친구가 되어주었습니다. 그들이 어떤 선택을 하고 어떤 길을 걸었는지, 또 그들의 선택이 역사에 어떤의미로 남았는지를 생각해 보면 비로소 제가 어떤 결정을 내려야 하는지 알 수 있었습니다. 역사를 공부하면서 만난 수많은 인물의 이야기가 제 인생에 더할 나위 없는 재산이 된 셈이죠. 길을 잃고 방황할 때마다 제가 역사에 몸을 기댔던 이유입니다.

어떤 사람은 역사가 단순히 사실의 기록이라고 말하지만 저는 그렇지 않다고, 오히려 역사는 사람을 만나는 인문학이라고 강조합니다. 역사는 나보다 앞서 살았던 사람들의 삶을 들여다보면서 나는 어떻게 살 것인가를 고민하고 실천할 수 있도록 도와주는 존재예요. 역사를 공부했음에도 살아가는 데 어떠한 영감도 받지 못했다면 역사를 제대로 공부했다고 하기 어려울 것입니다.

　제가 모든 수업의 1강을 '역사는 왜 배우는가'에 할애하는 것도 이와 같은 이유 때문입니다. 시험을 앞두고 수업을 듣는 학생들에게는 역사적 사실을 빨리, 많이 외우는 일이 가장 중요하죠. 그런데 문제는 시험이 끝나면 열심히 암기했던 사실들이 신기루처럼 사라져 버린다는 것입니다. 그래서 가끔 역사 공부의 허망함을 토로하는 친구들이 있어요. 그러면 저는 다 잊어도 괜찮다고, 다만 역사를 배우면서 느꼈던 감정만 잊지 않으면 된다고 말합니다.

　예를 들어 일제강점기에 우리나라를 일본에 넘긴 을사오적을 공부할 때면 다들 엄청나게 분노해요. 그러면 저는 그 기분을 절대 잊지 말라고 당부합니다. 그 기분을 기억해 두었다가 사회에 나가서 선택을 하거나 책임을 져야 할 때 떠올리라고 말하죠. 역사 앞에서 어떤 선택을 해야 하는지 일깨워줄 것이기 때문입니다. 당장의 상황을 모면하려다가 삶을 망가뜨리는 사람이 얼마나 많은가요. 역사를 공부하며 어떤 삶을 살고 싶은가에 대한 실마리를 찾을 수 있다면 더 바랄 것이 없어요. '선생님 강의 듣고 시험에 합격했습니다!'라는 후기만큼이나 '선생님 강의를 듣기 전과 후의 삶의 모습이 달라졌어요'라는 글이 반가운 까닭입니다.

굳이 시간을 되돌리지 않더라도 우리는 역사를 통해 무수히 많은 선택과 그 결과를 확인할 수 있어요. 세상에 이보다 더 쓸모 있는 학문이 있을까요? 이 책에 '역사의 쓸모'라는 제목을 붙인 까닭이 바로 여기에 있습니다.

역사의 실용적인 측면만 너무 강조하는 것 같아 조금은 조심스럽기도 합니다만, 역사 연구를 업으로 삼지 않은 일반인에게 역사를 학문적인 관점으로 대하라고 요구할 수는 없는 것 같아요. 역사의 '쓸모'보다 역사의 '실체'를 강조하는 접근은 대중을 역사에서 멀어지게 할 뿐입니다. 흘러간 가요의 제목처럼 가까이하기엔 너무 먼 당신이 되는 거죠.

역사를 연구하는 일은 역사학자에게 맡기고 저는 학자들이 잠을 줄여가며 연구한 소중한 역사 속의 '사람'에게 집중하려고 합니다. 대중강연에서 인물 이야기를 주로 하는 이유도 저에게 감동을 선물해 준 그들의 삶을 더 많은 사람이 알았으면

하는 마음에서입니다. 이 책에서도 우리의 가슴을 뜨겁게 만들고 삶의 방향을 바로잡게 하는 인물을 여럿 다루었어요. 그들과 만나면서 재미와 감동이 있는 그들의 삶을 내 삶에 어떻게 적용할까 고민해 보는 시간을 갖기를 권합니다. 역사 속 인물들에게 '왜'라고 묻고, 가슴으로 대화해 보세요. 제가 그랬던 것처럼 여러분도 고민에 대한 답을 찾을 수 있을 것입니다.

역사 속 인물과 대화한다는 것이 낯설게 느껴질 수도 있어요. 그래서 제가 존경하는 두 인물을 소개하려 합니다. 시인 이육사와 명장 이순신입니다.

이육사는 시인이지만, 일제강점기에 무려 열일곱 번이나 감옥에 갇힌 열혈 독립운동가이기도 합니다. 자신의 수인번호 264를 필명으로 삼았죠. 무장 독립운동단체인 의열단의 단원으로 조국 해방을 위해 자신의 청춘을 온전히 바친 분입니다. 솔직히 말하면 저는 그렇게까지는 못할 것 같다는 생각이 들어요. 열일곱 번이라니요! 건강한 편도 아니었다는 이육사가 어떻게 그런 가혹한 시간을 버텨냈는지 의아할 정도입니다. 그런데 이육사는 〈꽃〉이라는 시에서 이렇게 노래합니다.

동방은 하늘도 다 끝나고
비 한 방울 내리잖는 그때에도

오히려 꽃은 빨갛게 피지 않는가

이순신은 따로 설명이 필요 없을 정도로 온 국민이 좋아하는 인물입니다. 영화로도 나왔던 명량대첩을 이끈 주인공이기도 하고요. 백의종군 이후로 조선 수군을 재건하려고 동분서주하던 이순신은 당시 임금이었던 선조의 명령을 받았습니다. 수군을 해산할 테니 육군에 합류하라는 내용이었죠. 이순신이 파직당한 사이에 조선 해군이 일본에 참패하면서 배가 고작 열두 척밖에 남지 않았기 때문입니다. 이때 이순신이 선조에게 올린 장계에 유명한 말이 나옵니다.

今臣戰船尙有十二 (금신전선상유십이)
出死力拒戰則猶可爲也 (출사력거전즉유가위야)

신에게는 아직 열두 척의 배가 있사옵니다.
죽을힘을 다해 싸운다면 오히려 해볼 만합니다.

두 사람이 공통적으로 사용한 단어가 있습니다. 바로 '오히려'입니다. 이육사는 일제강점기라는 극한의 환경에서도 '오히려' 꽃은 빨갛게 피어나지 않느냐고 되물었습니다. 이순신은 누구나 싸움을 포기할 상황에서 '오히려' 해볼 만하다며 의지를 다졌습니다. 얼마나 감동적인가요? 제 인생에 '오히려'라는 말이 이토록 울림 있게 다가온 적은 없었습니다. 이육사와 이순신을 만나면서 이 말이 제 삶을 지탱해 줄 것이란 걸 깨닫게 되었습니다.

지금도 이 말은 제게 마법의 주문과도 같습니다. 위기의 상황에서도 '오히려'라는 무한 긍정의 낱말을 떠올리며 힘을 얻곤 하거든요.

역사는 삶의 해설서와 같습니다. 문제집을 풀다가 도저히 풀리지 않는 문제가 있으면 우리는 해설을 찾아봅니다. 해설서를 보면 문제를 붙잡고 끙끙댈 때는 전혀 보이지 않았던 해결의 실마리를 순식간에 발견할 수 있지요.

인생을 사는 동안 우리는 늘 선택의 기로에 놓입니다. 선택이 어떤 결과를 불러올지 알 수 없기에 그때마다 막막하고 불안하지요. 하지만 우리보다 앞서 살아간 역사 속 인물들은 이미 그런 경험을 했습니다. 그 수많은 사람의 선택을 들여다보면 어떤 길이 나의 삶을 더욱 의미 있게 할 것인지 예측할 수 있습니다.

내가 가야 할 길을 보여주는 역사. 다른 사람과의 관계 안에서, 그리고 '우리'라는 공동체 안에서 어떻게 행동해야 할지 알려주는 역사. 그래서 궁극적으로 한 번뿐인 인생을 어떻게 살아갈 것인지 끊임없이 자문하게 하는 역사. 과거를 통해 미래를 본다는 말은 결코 거짓이나 과장이 아닙니다.

이 책을 펼친 독자 여러분도 역사의 쓸모를 발견하고 역사의 도움을 받으며 자신이 원하는 삶을 살아가길 진심으로 바랍니다.

쓸데없어 보이는 것의 쓸모

1장

숨겨진 보물을 찾아
떠나는 탐험

　태어나서 처음으로 지식을 습득한 경험을 기억하시나요? 걷는 법이나 말하는 법처럼 몸으로 배우는 일 말고 머리를 써야 하는 일 말입니다. 저를 포함해서 아마 대다수가 학교에서 수업을 받은 날을 떠올릴 겁니다. 그러면 자연스레 시험이 떠오르죠. 아무래도 우리는 시험을 잘 보려고 공부했지 정말 재밌어서 공부한 경험은 별로 없는 것 같아요.

　역사도 마찬가지입니다. 아무리 생각해도 실생활에 퍽 도움이 될 것 같지 않은데 시험은 봐야 하고, 공부할 분량도 외워야 할 것도 많으니 미움을 받기 십상입니다. 수학 공식을 외우듯

'태정태세문단세', '임오군란은 1882년' 하면서 달달 외우다 보니 지겹기만 하고요. 학생들에게 이런 질문도 자주 받습니다. "선생님, 왜 이런 것까지 배워야 하는 거예요?" 수백, 수천 년 전 일을 알아서 뭐 하냐는 겁니다. 한마디로 쓸데없다는 것이 지요. 시험만 끝나면 별로 쓸모가 없을 것 같대요. 공부하기 힘들어서 한 말이겠지만, 아마 학생들만 이런 생각을 하는 건 아닐 것입니다.

요즘처럼 경쟁과 효율을 강조하는 시대에 '쓸데없다'는 말은 치명적인 단점일 수밖에 없습니다. 지식이든 물건이든 쓸모가 많아야 환영받거든요. 쓸모 있는 것을 남보다 얼마나 더 많이 가졌는가로 성공을 가늠하는 세상입니다. 돈 버는 데 도움이 안 되는 것들은 죄다 쓸데없는 것이 되어버려요. 그런 데에 관심을 가지면 "쓸데없는 짓 하지마!" 하고 핀잔을 듣기 일쑤지요.

그런데 우리 역사 속에 이 '쓸데없다'는 것만 찾아 모은 분이 계세요. 바로 《삼국유사》를 쓴 일연 스님입니다. '유遺'라는 한자에는 '버리다, 유기하다'라는 뜻이 있어요. '유사遺事'라는 건 말 그대로 '버려진 것들을 모은 역사'입니다. 버려졌다는 말은 곧 이미 다른 무언가가 선택받았다는 뜻이겠지요. 그렇다면 선택받은 것은 무엇이냐? 바로 《삼국사기》입니다.

역사의 쓸모

《삼국사기》는 고려 시대 유학자 김부식이 인종의 명을 받아 편찬한 삼국 시대 역사서입니다. 어느 연도에 무슨 일이 일어났고 어떤 인물이 있었는지를 쭉 정리한 책이지요. 나라가 주도하여 편찬한 정사正史이기 때문에 신비하고 기이한 일을 전하는 야사野史는 취급하지 않았습니다. 사실 확인, 즉 팩트 체크가 된 사건만 담은 겁니다. 심지어 단군 이야기도 언급하지 않아요. 김부식은 유학자였기 때문에 그런 이야기가 용납되지 않았던 거예요. '곰이 사람으로 변해서 결혼을 하고 단군을 낳는다고? 말도 안 돼!' 그러고선 그냥 지워버렸을 테지요.

그렇게 버려진 이야기가 《삼국유사》에 실렸습니다. 고려 후기에 살았던 일연 스님이 쓰레기통에 처박혀 꼬깃꼬깃해진, 한마디로 '쓸데없는' 이야기들을 꺼내 하나하나 펴서 기록한 것입니다. 일연 스님은 이 책을 쓰기 위해 청년 시절부터 사료를 모았다고 합니다. 단군신화를 비롯해서 전설, 민담 등 정식 역사로 인정받지 못한 이야기들을 모은 거예요. 그걸 다시 다듬고 정리해서 썼습니다. 그래서 참 재밌어요. 재미도 없는 이야기가 사람들 사이에 회자되고 대대손손 전해질 리는 없으니까요.

단순히 비교하자면 정사로 인정받기 어려운 신화나 설화를 모았다는 점에서 서양의 '그리스 로마 신화'와 닮았어요. 그런데 그 관심의 정도는 꽤 큰 차이를 보입니다. 우리나라 역사임에도 사람들은 그리스 로마 신화보다 《삼국유사》의 이야기를 더 낯설어합니다. 그리스 로마 신화는 교양을 넘어 상식으로 통용될 정도인데 말이죠. 하는 일마다 성공하는 사람을 가리켜 '미다스의 손'이라고 하잖아요? 이 말도 그리스 로마 신화에서 나온 거예요. 어떤 물건이든 손만 대면 황금으로 변하게 만드는 미다스 왕에서 유래한 것입니다.

한데 이 미다스 왕이 비단 황금 손으로만 유명한 게 아니에요. 아주 긴 귀로도 유명했습니다. 당나귀 귀라고 하죠? 미다스 왕은 당나귀 귀를 왕관 속에 감추고 지냈어요. 하지만 숨길 수 없는 한 사람이 있었으니 바로 이발사였습니다. 머리를 자를 때는 왕관을 벗어야 했으니까요. 미다스 왕은 이발사에게 비밀을 지킬 것을 신신당부합니다. 이발사는 목숨이 왔다 갔다 하니까 비밀을 얘기하고 다닐 수도 없고, 그렇다고 혼자만 끌어안고 있기에는 너무나도 답답해 이러지도 저러지도 못하고 끙끙 앓습니다. 그러다 갈대숲으로 갑니다. 그곳에 구덩이를 파고 그 안에다 외치지요. "임금님 귀는 당나귀 귀!" 얼마나 속이 시원했을까요? 제가 다 후련합니다. 그런데 예상치 못한 일이 벌어졌습니다. 갈대숲에 바람이 불 때마다 '임금님 귀는 당나귀 귀' 소리가 바람결을 타고 퍼져, 결국 그 소문이 미다스 왕이 사는 궁전에까지 흘러들어 가고 맙니다.

신기하게도《삼국유사》에 똑같은 이야기가 나옵니다. 다만 당나귀 귀를 가진 사람이 신라의 경문왕이지요. 경문왕은 왕관이 아닌 두건으로 귀를 가립니다. 두건을 만드는 기술자가 그 비밀을 알게 되고, 그 역시 대나무 숲에 가서 소리를 칩니다. 바람이 불 때마다 그 소리가 새어 나와 경문왕의 비밀이 경주 도성에 쫙 퍼진다는 결말까지, 정말 소름이 돋을 만큼 똑같습니다.

저는《삼국유사》에도 그리스 로마 신화처럼 흥미진진한 이야기가 정말 많다는 점을 알리고 싶어요. 우리가 시험을 위한 공부로《삼국유사》를 접했기 때문에 몰랐을 뿐이죠. 김부식의 《삼국사기》와 일연 스님의《삼국유사》를 비교하며 차이점을 표로 그리면서 외우느라 정작 그 이야기에는 소홀했던 겁니다. '기전체의 관찬 사서', '기사본말체의 사찬 사서' 등 형식적인 내용을 공부하느라 이야기 자체의 재미를 놓친 것이죠.

《삼국유사》가 그리스나 로마의 신화라면, 혹은 안데르센의 동화라면 어땠을까요. 교과서나 시험에 나오는 이야기가 아니라 만화책으로 혹은 애니메이션으로 접했다면 말이에요. 그 이야기와 등장인물을 좀 더 매력적이고 낭만적으로 느끼지 않았을까요?

덴마크의 한 공원에는 인어공주가 돌 위에 앉아서 처연한 표정으로 바다를 바라보는 유명한 동상이 있습니다. 어린 시절

안데르센 동화를 좋아했던 사람이라면 한 번쯤 실제로 보고 싶다는 생각이 들 거예요. 또 핀란드에는 '무민'이라는 국민 캐릭터가 있습니다. 무민은 동물이 아니라 북유럽 설화에 등장하는 괴물 트롤이에요. 사실 우리나라 설화에도 인어공주에 비견할 만한 해녀 '아리'가 있고, 한국판 트롤이라고 할 수 있는 도깨비가 있습니다. 다만 그에 대한 인식이 좀 다를 뿐이지요.

저는 일연 스님이 안데르센과 같은 역할을 했다고 생각해요. 그야말로 우리나라 최고의 이야기꾼이거든요. 그런데 일연 스님을 바라보는 우리의 시선은 지나치게 고정적입니다. 《삼국유사》의 콘텐츠가 충분히 활용되지 않은 탓이기도 합니다. 사극 영화를 보면서 많은 사람이 우리 역사에 관심을 갖게 되고, 널리 알려지지 않았던 인물의 이야기나 전통 의복의 아름다움을 재발견하듯이 《삼국유사》에 실린 이야기도 다양한 형태로 접할 수 있다면 더 친근하게 느껴질 것입니다. 이 부분은 우리의 숙제기도 합니다.

* * *

요즘 역사 콘텐츠를 가장 잘 활용하는 곳은 각 지역 지자체가 아닐까 합니다. '우리 지역을 대표할 정체성으로 무엇을 내

세울 수 있을까?' 많은 지자체가 이 부분을 고민합니다. 그래서 자꾸 역사를 캐요. 대표적인 사례가 연오랑과 세오녀 설화를 주제로 관광시설을 만든 포항시입니다.

연오랑과 세오녀는 《삼국유사》에 등장하는 신라 시대 동해 바닷가에 살았던 부부입니다. 설화에 따르면 어느 날 연오랑이 바닷가에서 해초를 따다가 한 바위에 올라갔는데, 그 바위가 움직이더니 바다를 건너 일본 땅까지 갔다고 합니다. 거기에서 그는 왕이 되었지요. 그 지역 사람들이 연오랑을 보고 특별한 사람이라면서 왕으로 앉힌 거예요. 그럴 만도 한 게, 바위를 타고 바닷물을 가르면서 나타났으니까요. 거의 바다의 신 수준 아니겠어요?

그런데 세오녀 입장에서는 남편이 사라진 거잖아요. 당연히 남편을 찾아 나섰겠지요. 그러다가 커다란 바위 옆에 있는 남편의 신발을 발견합니다. 세오녀가 바위에 올라갔더니 그 바위가 또 움직여서 연오랑이 있는 곳으로 갑니다. 그래서 세오녀도 그곳의 왕비가 되었어요.

그 후에 신라에서는 이상한 일이 벌어집니다. 난데없이 해와 달이 뜨지 않는 거예요. 그러자 점괘를 보는 관리가 이런 말을 합니다. "해와 달의 정기가 일본으로 갔기 때문입니다." 연오랑과 세오녀가 일본으로 가서 이런 일이 벌어졌다는 것입니다. 그 말을 들은 왕이 두 사람을 다시 데려오기 위해 일본에 사신을 보냅니다. 하지만 돌아올 리가 없지요. 그곳에서는 왕이고 왕비잖아요. 대신 그들은 "왕비가 짠 비단을 줄 테니 그것으로 하늘에 제사를 지내라. 그러면 해결될 것이다"라고 말합니다. 그 제사를 지낸 곳이 현재 포항의 영일만입니다.

연오랑세오녀테마공원에 가보면 관련 전시관도 있는데요. 연오랑과 세오녀 실화를 애니메이션으로 보여주고, 설화의 역사적 배경에 관한 설명이라든지 관련 콘텐츠도 잘 전시되어 있습니다. 시설도 무척 좋고요. 전시관 1층에 있는 영상관 이름은 '일월영상관'이에요. 여기에도 다 의미가 있습니다. 해와 달에 관한 설화를 일월신화라고 하는데 '연오랑과 세오녀'가 우리나라에 전해지는 일월신화거든요.

먹고사는 문제를 해결하고 경제적 여유가 생기면 사람들은 여행을 갑니다. 그보다 더 여유가 생기면 어떨까요? 놀고 즐기는 여행이 아니라 테마가 있는 여행을 갑니다. 해당 지역의 역사와 문화에 관심을 갖게 되는 거지요. 일본의 지역 축제인 '마츠리祭り'가 일찍부터 이러한 점을 잘 살려서 진행되고 있는 경우입니다. 일부 마츠리는 세계적인 축제가 되었지요.

저도 나중에 기회가 되면 덕수궁 옆에서 대한제국 빵을 한번 팔아보면 어떨까 하는 생각을 가지고 있어요. 덕수궁에 왔는데, 그 옆에서 특별한 의미를 담은 먹거리를 팔고 있다면 하나쯤 사보고 싶은 마음이 들지 않겠어요? 우리나라 지역 축제 역시 지역의 역사와 문화를 담고자 노력하고 있습니다. 아직 과도기적인 부분도 있지만 시간이 지날수록 자리를 잡고 더 발전할 것입니다. 이 흐름 자체를 거스를 수는 없으니까요.

덴마크의 미래학자 롤프 옌센Rolf Jensen은 이제 전 세계가 정보화사회를 넘어 꿈과 이야기 등의 감성 요소가 중요하게 부각되는 '드림 소사이어티dream society'로 나아갈 것이라고 주장했습니다. 기술의 발달로 오늘날 대부분의 상품은 기능적인 측면에서는 거의 차이가 없어요. 그렇다면 무엇으로 승부를 봐야할까요? 바로 고유의 스토리입니다.

이 이론과 비슷한 맥락이라고 생각하면 됩니다. 국민 대부분이 먹을 게 없고 굶주릴 때는 나라에서도 역사와 문화에 관심을 가질 여력이 없습니다. 심지어 파괴되어도 개의치 않습니다. 우선은 개발이 중요하니까요. 그러다가 경제적으로 좀 나아지면 역사와 문화에 가치를 두게 되고, 그것을 보호해야 한다는 인식이 생깁니다. 국가적으로도 그래요. 문화유산을 관리하고 박물관을 세우는 일을 합니다. 정체성을 확립하고 자기만의 이야기를 만들어나가고 싶기 때문이죠. 당연히 이 작업에는 역사가 필요합니다. 그래서 일연 스님도 점점 더 주목을 받지 않을까 하는 생각이 들어요.

역사의 실용성을 말할 때 《삼국유사》를 빼놓을 수 없는 이유가 바로 여기에 있습니다. 쓸데없다고 버려진 이야기들이 사실은 참 '쓸 데 있음'을 증명하는 경우가 많기 때문입니다. 《삼국유사》는 지금까지도 명맥을 유지하며 지역 문화 개발은 물론 국가 외교에도 활용되고 있어요. 계속해서 발굴되고, 쓰이고 있습니다.

김부식은 쓸데없는 요상한 이야기라고 빼버린 단군신화를 일연 스님이 《삼국유사》에 실은 덕분에 일제강점기에 단군을 모시는 대종교가 창시되어 신자들이 독립운동에서 주도적인 역할을 할 수 있었습니다. 원 간섭기에 민족의 뿌리가 흔들리지 않기를 바랐던 일연 스님의 간절한 마음이 담긴 이야기가 우리 민족의 정체성을 형성한 것은 물론, 괴로운 시대를 버틸 수 있는 힘과 에너지를 준 것이죠. 김부식은 쓸모없다고 버렸지만, 사실은 가치가 없던 것이 아니라 가치를 못 알아봤던 것입니다.

우리는 참 재미없게 역사를 배웠습니다. '어떻게 역사를 공부할 것인가'가 아니라 '어떻게 좋은 점수를 받을 것인가'에 집중했죠. 그래서 연도별로 일어난 사건을 외우고, 그 사건을 일으킨 사람을 외우고⋯ 이런 식으로 공부를 해왔습니다. 그랬기 때문에 성인이 되어서 기억에 남는 것도 없고, 역사를 다시 공부하고 싶어도 어디서부터 시작해야 할지 감이 잡히지 않습니다.

저는 역사를 알리는 사람으로서 일연 스님과 같은 역할을 하고 싶어요. 일연 스님은 휴지 조각처럼 버려진 이야기들을 주워 잘 펴서 우리에게 남겨준 분이잖아요. 저도 사람들이 쓸데없다고 생각하는 역사, 잘 모르고 관심도 없는 역사를 재미있게 전하고 싶은 마음이 있습니다. 끊임없이 생명력을 불어넣고, 이 시대에 맞는 의미를 찾아내서 사람들에게 알려주는 것이지요. "짠! 이것 봐! 휴지 조각인 줄 알았는데 보물 지도지? 역사가 그런 거야!" 이렇게 보여주려 합니다.

이 시대에 왜 역사를 배워야 할까? 그게 무슨 쓸모가 있을까? 다시 첫 질문으로 돌아와 답을 합니다. 역사는 아득한 시간 동안 쌓인 무수한 사건과 인물의 기록입니다. 그야말로 무궁무진한 콘텐츠라고 할 수 있지요. 그 안에는 수많은 사람의 삶과 그 과정에서 형성된 문화의 흥망성쇠가 담겨 있습니다. 여러분이 어느 새로운 대상을 접하든, 어떤 일을 벌이든 역사에서 그 단초를 찾을 수 없는 것은 거의 없어요. 음식도, 옷도, 우리 삶을 구성하는 주변의 모든 것이 역사 속에서 함께 발전해 온 것이니까요.

역사를 골치 아픈 암기 과목이 아니라 흥미진진한 이야기로 바라볼 수 있게 된다면 역사의 품으로 첫발을 디딘 것이나 다름없습니다. 이제 보물이 가득 쌓여 있는 그 지도를 신나게 펼쳐보기만 하면 됩니다.

역사의 쓸모

기록이 아닌
사람을 만나는 일

강연에 나가면 저는 먼저 청중에게 퀴즈를 냅니다. 본격적인 이야기에 앞서 웃으면서 함께 긴장을 풀어보는 시간을 갖는 것이죠. 제가 평소에 자주 내는 문제 중 하나를 여기서 소개할까 합니다.

요즘 고급 스포츠라고 하면 아마 골프를 떠올릴 겁니다. 고려시대 상류층이 즐겨하던 고급 스포츠는 매사냥이었어요. 매를 날려 보내면 이 매가 토끼와 꿩 같은 작은 짐승들을 탁 잡아채 오거든요. 저마다 자기 매를 가지고 모여서 내기를 하는 거죠. 상류층에게 인기 만점인 스포츠였는데, 사냥용 매가 굉장히 비샀어요. 야생에 있는 매를 그냥 날려 보낼 수는 없잖아요. 새끼일 때부터 훈련하며 길러야 합니다. 오랫동안 길을 들여야 하는 만큼 귀할 수밖에 없었죠. 그래서 매 주인은 자신의 매에 하얀 깃털을 매달아뒀습니다. 자기 이름을 써서 달아둔 거예요. 한마디로 이름표였던 거죠. 이걸 떼면 도둑질입니다. 이 이름표를 뭐라고 불렀을까요? 이게 제가 자주 내는 퀴즈입니다.

아는 분도 있을 거예요. 정답은 '시치미'입니다. 매가 비싸니까 어떤 사람들은 시치미를 떼어내고 마치 그 매가 자기 것인 양했습니다. 시치미를 떼고도 모르는 척했어요. 여기에서 시치미 떼지 말라는 말이 유래된 겁니다. 요즘도 많이 쓰는 말이죠.

이렇게 들으면 역사가 참 재미있어요. 옛날에도 사람 사는 모습은 비슷했구나 싶기도 하고요. 한국사에 조금만 관심을 가지면 현재 우리 일상에 역사의 흔적이 얼마나 많이 남아 있는지 알 수 있습니다.

역사는 연도나 사건, 사람 이름을 외워야 하는 학문이 아닙니다. 그렇게 하면 참 고통스럽죠. 재미없는 것은 당연하고요. 저는 접근법을 바꿔 과거 그 시대 사람들을 만나보기를 권합니다. 그 시대에 나와 비슷한 나이의 사람들은 어떤 삶을 살았을까? 어떤 절망이 있고 어떤 희망이 있었을까? 한번 생각해 보는 거예요. 과거의 인물에게 감정이입을 해보는 거죠.

앞서 이야기했듯 사람 사는 세상은 크게 다르지 않습니다. 고려의 천재라 불리는 《동국이상국집》의 저자 이규보는 쉽게 말해 대입 사수생이었습니다. 너무 괴로운 나머지 자신의 이름까지 바꾸면서 도전하죠. 그때 만든 이름이 이규보입니다. 우리가 지금 취업이나 승진, 결혼, 자녀 교육, 노후 문제로 고민하듯이 그 시대 사람들에게도 고민이 있었습니다. 우리만큼 자신을 둘러싼 환경에 실망하고 좌절했을 거예요. 그리고 우리가 더 좋은 세상을 꿈꾸듯 그들에게도 변화를 갈망하는 마음이 있었을 겁니다. 역사를 찬찬히 살펴보면요, 그 갈망의 힘으로 새로운 세상이 열립니다. 한 시대의 꿈이 이루어져서 다음 시대가 와요. 이걸 알게 되면 굉장히 설렙니다. 그렇다면 우리 시대의 꿈은 뭘까? 우리가 꿈꾸는 세상은 언제 오게 될까? 이런 생각이 들어요.

역사학자 E.H.카의 유명한 말처럼 역사는 과거와 현재의 끊임없는 대화입니다. 그런데 우리는 역사를 공부하면서 미리 벽을 세워버려요. 역사 속 인물은 과거의 사람일 뿐이라고 생각하기 때문입니다. 이름을 외우고 업적을 외우는 게 목적이죠. 하지만 역사를 제대로 공부하면 과거와 이야기를 나눌 수 있게 됩니다.

길을 걸어 다니다 카페 유리창 너머로 이야기 나누는 사람들을 보면 그렇게 부러울 수가 없더라고요. 시간이 없어서 카페에 자주 가지는 못하지만 이야기꽃을 피우는 사람들을 바라보는 것만으로도 좋습니다. 과거의 인물들과 대화하는 것도 카페에 앉아 누군가와 조곤조곤 이야기하는 일과 크게 다르지 않습니다. 수다를 떨 듯 역사에 말을 걸어보면 어떨까요? 검은 글자에 불과했던 이야기가 생명력을 얻고 재미와 의미를 전해줄 것입니다.

인물들과 이야기를 나누는 일이 좀 낯설게 느껴질 테죠? 말하자면 '1597년 원균의 칠천량해전 대패, 이순신의 명량해전 대승, 원균은 나쁜 놈, 이순신은 영웅' 이런 평면적인 시선으로 보지 말자는 것입니다. 당시 이순신의 능력이 너무 뛰어나서 일본은 이순신이 지키고 있는 바다에는 침투할 수 없다는 판단을 내립니다. 그래서 이순신을 내쫓기 위해 조선 조정에 거짓 정보를 흘려요. 일본 선봉장 가토가 오고 있다는 정보였습니다. 조정에서는 이를 고급 정보라고 믿고 이순신에게 나가서 가토를 잡아 오라고 명령합니다.

이순신은 싸워서 이기는 장수가 아니에요. 이겨놓고 싸우는 장수입니다. 빈틈없이 전략 전술을 세워놓고 100퍼센트 확신이 들어야 움직이는 완벽주의자예요. 23전 23승을 할 수 있었던 이유가 여기에 있습니다. 그런데 조정에서 하라는 싸움은 답이 안 나오는 거예요. 이순신은 조정에서 입수했다는 정보가 거짓임을 눈치채고 움직이지 않습니다. 하지만 맞고 틀리고를 떠나 이순신은 군인이에요. 조정의 입장에서 보면 이순신의 행동은 명령 불복종이 되는 겁니다. 당연히 쫓겨나게 되죠.

이순신의 자리를 대신한 사람이 원균입니다. 원균도 사실은 알고 있었어요. 이순신이 왜 그랬는지 말입니다. 일본의 정보가 거짓인 것도 알고 패배도 예감했어요. 심지어 처음에는 이순신처럼 버티기도 했습니다. 하지만 결국 칠천량으로 갑니다. 군인이니까 명령을 받았으면 가야 한다고 생각했겠죠. 그리고 일본에 대패합니다. 그때까지 남아 있던 조선 수군이 완전히 궤멸해요.

원균을 옹호하는 것이 아닙니다. 다만 역사 속 인물의 선택에도 그 나름의 이유가 있다는 말이죠. 우리는 역사를 공부할 때 눈앞에 보이는 글자만 읽고 말아요. 죽어 있는 텍스트로 접합니다. 그러지 말고 역사 속에 들어가서 인물들과 만나보면 좋겠어요. 그들에게 이런저런 질문을 던져보세요. 꿈이 뭐예요? 왜 그런 일을 했어요? 그 선택에 후회는 없나요? 꿈이 이뤄진 것 같나요? 이렇게 물어보고 답을 상상해 보는 겁니다. 나라면 어땠을까 하고 내 삶에 대입시켜 답해보는 거죠. 그러면 보이지 않던 것이 보이고, 얻지 못했던 것을 얻을 수 있습니다.

＊＊＊

지금은 역사를 공부하기 참 좋은 세상입니다. 역사에 관한 재미있는 책과 만화, 드라마, 영화가 쏟아져 나오고 있어요. 특히 영상매체에서 역사 콘텐츠를 활발하게 활용하고 있습니다. 예전에는 다큐멘터리가 대부분이었거든요. 요즘처럼 다양한 콘텐츠로 역사를 접할 수 있는 게 참 복인 것 같아요.

책을 많이 안 읽는다고 하지만 소설 《칼의 노래》는 100만 부가 넘게 팔렸어요. 사람들은 그 소설을 통해 영웅 이순신이 아니라 인간 이순신을 만나는 기회를 갖게 되었습니다. 1700만 명의 관객을 모은 영화 〈명량〉도 이순신 장군의 인간적 고뇌에 초점을 맞췄죠.

최근에는 영화를 해설해 달라는 요청을 많이 받습니다. 제 나름대로 열심히 해설을 하는데, 그런 콘텐츠를 많은 분이 좋아하시더라고요. '아는 만큼 보인다'는 말도 있잖아요.

역사 콘텐츠를 활용하는 범위도 굉장히 넓어졌습니다. 정통 사극이 아니라 판타지 사극, 미스터리 사극으로 상상력이 뻗어 나가고 있습니다. 배경은 조선 시대인데 왕부터 시작해서 모든 인물이 허구인 경우도 있고요. 반대로 사실을 기반으로 하되 스토리의 재미를 위해 가상의 인물이나 사건을 끼워 넣은 경우도 있습니다. 팩션이라고 하죠.

일례로 드라마 〈바람의 화원〉은 이정명 작가의 소설을 각색한 것입니다. 이 드라마에는 조선의 화가 김홍도와 신윤복이 등장하는데, 그 외의 사건은 모두 허구예요. 신윤복이 여성이라는 설정도 실제와는 다르죠. 그래서 논란도 많았습니다. 왜곡된 역사 인식을 심어준다는 이유에서 말이죠. 걱정되는 부분이 없는 건 아닙니다. 미디어의 힘이라는 게 워낙 대단해서 인물이나 사건에 대한 사람들의 생각을 순식간에 바꾸기도 하거든요.

하지만 한편으로는 장점도 큽니다. 그런 점이 궁금해서 진짜역사는 어땠는지 찾아보고 관심을 갖게 되니까요. 공부라는 건호기심이 있어야 시작할 수 있어요. 역사 드라마와 영화를 즐겨 보다가 역사에 빠진 분이 생각보다 많습니다.

이름 없는 의병들을 다룬 드라마 〈미스터 션샤인〉도 있었죠. 역사에 이름을 남긴 사람은 참 많아요. 하지만 이름도 남기지 못한 채 역사의 흐름에 몸을 던진 사람은 그보다 훨씬 더 많습니다. 〈미스터 션샤인〉은 그 아무개들의 이야기를 담은 드라마였어요. 이 드라마의 메인 포스터에는 이런 글이 적혀 있습니다.

저물어가는 조선에 그들이 있었다.
그들은 그저 아무개다.

그 아무개들 모두의 이름이,

의병이다.

원컨대 조선이 훗날까지 살아남아 유구히 흐른다면,

역사에 그 이름 한 줄이면 된다.

위인 중심으로 돌아가는 역사에서 아무개들의 역사는 놓치기 쉬워요. 〈미스터 션샤인〉에 등장하는 의병을 볼 때마다 저는 그런 생각을 해요, '나도 저 시대에 태어났다면 저 위치에 있을 수도 있겠구나.' 솔직히 광개토태왕, 이순신, 김구 같은 위인에게 나를 빗대기는 어렵더라고요. 그런데 그 주변 인물, 열심히 살아가지만 이름은 남기지 못한 사람들의 일생을 볼 때면 가슴이 더 찡합니다. 〈미스터 션샤인〉을 보면서 감동이 물밀 듯 밀려온 이유도 마찬가지입니다. 저도 이 시대의 아무개일 테니까요.

역사 관련 콘텐츠를 많은 사람이 즐기는 건 좋은 현상이에요. 특히 역사가 지루하다는 분들은 대중매체를 적극 활용하면 좋을 것 같아요. 즐기다 보면 자연스럽게 조금 더 알고 싶은 마음이 들 겁니다. 그때는 관심이 가는 인물의 평전을 읽어보기를 추천합니다. 평전에는 한 사람의 인생 전부가 담겨 있기 때문에 좀 더 생각할 거리가 많아요. 평전이 너무 부담스러우면 인물의 생애에 주목한 다큐멘터리도 좋고요. 어떤 식으로든 생애를 쫓다 보면 주인공의 인생에 나의 인생이 겹치면서 내 삶을 돌아보고 미래를 그려보게 되거든요.

제가 학교에서 교사로 일할 때 인터넷 강의도 하고, 방송에도 출연하니 여러 학원에서 스카우트 제의가 들어왔습니다. 한번은 한 학원에서 계약서를 전해주었는데 정말 헉 소리가 나는 액수가 적혀 있었습니다. 일반 교사인 저는 상상조차 못 할 금액이었죠. 좋은 교사로 교직 생활을 마무리하는 것이 제 인생 계획이었지만, 흔들리게 되더군요.

'학원으로 가는 게 나쁜 일도 아닌데 이렇게 큰돈까지 받을 수 있다면 가야 하는 거 아닌가?' 하는 생각과 '아직 내가 학교에서 할 수 있는 일이 있는데 돈 때문에 옮기는 건 아니지 않을까?' 하는 생각이 계속 충돌했습니다. 일주일간 정말 많이 고민했어요. 얼마나 갈등이 심했는지 원형탈모증까지 생기더군요.

이러지도 저러지도 못하고 있을 때, 저 역시 '사람'을 만났습니다. 독립운동가 이회영의 일생을 다룬 다큐 프로그램을 본 거죠. 영상 말미에 이런 문구가 나오더군요.

서른 살 청년 이회영이 물었다.
"한 번의 젊은 나이를 어찌할 것인가."

눈을 감는 순간 예순여섯 노인 이회영이 답했다.

예순여섯의 '일생'으로 답했다.

눈물이 펑펑 쏟아졌습니다. 중요한 선택을 앞두고 나보다 앞서 살았던 사람의 삶에서 좋은 영향과 자극을 받은 것이지요. 결국 저는 그 자리에서 계약서를 찢는 것으로 고민을 끝냈습니다.

역사는 무엇보다 사람을 만나는 공부입니다. 고대부터 근현대까지의 긴 시간 안에 엄청나게 많은 삶의 이야기가 녹아 있어요. 그 이야기를 읽다 보면 절로 가슴이 뜁니다. 가슴 뛰는 삶을 살았던 사람을 만나고 그들의 고민과 선택과 행동에 깊이 감정을 이입했기 때문이죠. 그런 사람들을 계속 만나다 보면 좀 더 의미 있게 살기 위한 고민, 역사의 구경꾼으로 남지 않기 위한 고민을 할 수밖에 없지 않을까요? 힘든 세상에서도 자신의 삶을 뚜벅뚜벅 걸어가는 법을 배우게 될 테죠. 그게 바로 역사의 힘입니다. 사람을 만나는 일, 저는 여러분이 역사를 그렇게 대했으면 좋겠습니다.

새날을 꿈꾸게 만드는
실체 있는 희망

앞에서 역사는 사람을 만나는 일이라고 말씀드렸는데요, 그러면 많은 분이 제게 다시 질문을 던집니다. 어떤 사람을 만나야 하냐고요. 인물마다 가지고 있는 이야기가 다르기 때문에 우리에게 주는 메시지도 모두 다릅니다. 저는 새날에 대한 '희망'을 품게 하는 인물들을 만나보시라는 대답을 가장 많이 합니다.

이 시대에 희망은 빛바랜 단어 같아요. 오늘날 우리 사회가 무기력의 늪에 빠진 까닭도 여기에 있는 것이 아닐까 생각합니다. 희망이 보여야 힘을 내는데 도무지 그걸 찾기가 어렵거든요. 희망을 갖기에는 당장 닥친 현실이 팍팍하고, 실패하면 다시는 일어서지 못할 것 같은 불안감이 도처에 널려 있습니다. 젊은 세대는 노력의 가치를 부정하고, 미래를 의심합니다. 희망을 포기해야 한다는 건 참 잔인한 일입니다. 희망이 없다면 대체 어디에서 삶의 원동력을 찾을 수 있을까요?

저는 역사를 공부하고 알리는 사람이다 보니 항상 과거를 살펴봅니다. 예전에는 어땠는지, 과거 사람들은 어떤 어려움을 겪고 어떻게 극복했는지 찾아보지요. 그 과정에서 문제의 본질을 이해하고, 해결의 실마리를 얻기도 합니다.

우리 역사상 희망을 향해 가장 저돌적으로 달려간 사람은 누구일까 곰곰이 생각해 봤어요. 그랬더니 갑신정변을 일으킨 급진개화파가 떠올랐습니다. 갑신정변은 고종 때에 개화정권을 수립하기 위해 급진개화파가 일으킨 정변입니다. 이들은 조선의 자주독립과 근대화를 목표로 청에 대한 사대와 조공 허례, 그리고 신분제 폐지 등을 주장합니다. 김옥균, 박영효, 서재필, 홍영식, 서광범 등이 중심인물인데 모두 상류층 집안의 엘리트였습니다. 사실 신분제의 혜택을 가장 잘 누린 사람들이었죠. 그런데도 그런 특권을 없애고자 했어요. 자신들의 기득권을 내려놓으려 했던 겁니다.

그 이유는 생각보다 단순합니다. 다른 세상을 꿈꿨기 때문입니다. 천한 신분으로 태어나면 죽을 때까지 무시당해야 하고,

역사의 쓸모

양반이라고 하면 어린아이도 떵떵거리는 세상을 바꿔보고 싶었던 거예요. 양반 상놈 차별 없이 다 같은 사람으로 함께 어울릴 수 있는 세상을 만들자는 꿈이었죠.

1884년 12월 4일 급진개화파는 자신들의 계획대로 궁을 장악하고 청에 사대하던 세력과 왕실의 민씨 척족 세력을 처단합니다. 조선에 새로운 정부가 수립되었음을 알리는 한편, 조정 관료들도 새로 임명했습니다. 그리고 개혁 정강을 발표합니다. 그 내용을 살펴보면 청으로 압송되었던 흥선대원군을 귀국시켜 일국의 위상을 회복하고, 자주국으로서 청의 간섭을 받지 말아야 하고, 신분제를 폐지하여 모두 평등하게 살고, 본래 취지와 달리 악용되고 있는 정부 기관을 없애는 등 지금 우리가 보기에는 모두 맞는 말이고 필요한 내용을 주장합니다.

하지만 아시다시피 갑신정변은 삼일천하로 끝납니다. 개혁의 희망은 단 3일 만에 물거품으로 돌아갔습니다. 일본으로 도망친 후 10년간 떠돌아다니던 김옥균은 결국 중국 상하이에서 자객의 총을 맞아 죽었고, 홍영식은 고종의 곁을 지키다가 칼에 맞아 죽었습니다. 박영효, 서재필 등 몇몇 사람은 외국으로 망명했고요.

갑신정변에 대한 평가는 엇갈립니다. 온건개화파를 비롯해 함께 개혁을 펼쳐나가야 할 세력을 끌어안지 못했고 일반 백성의 지지도 얻지 못했다는 것, 일본의 힘을 빌리려고 한 것 등 부족하거나 잘못된 점도 있지요. 갑신정변은 누가 뭐래도 실패한 혁명입니다. 그러나 방식에 문제가 있었다고 한들 개혁 정강에 정리된 급진개화파의 이상은 비난하기 어려울 것입니다. 그들이 아니었더라도 또 다른 누군가는 새로운 세상에 대한 희망을 품고, 그 꿈을 실현하고자 노력했을 거예요.

＊＊＊

급진개화파가 뿌린 희망의 씨앗은 10년 뒤 동학농민혁명으로 이어집니다. 동학은 최제우가 창시한 종교로 단순히 종교 차원이 아니라 시대의 모순을 해결하는 동력으로 사용됩니다. 동학농민혁명은 정치적 색채를 띠고 있었어요. 그들이 요구했던 개혁안을 살펴보면 탐관오리와 횡포한 부자를 벌하고 노비 문서를 없애며 토지를 고루 나누어 농사를 짓게 하라는 내용이 있습니다. 신분에 귀천 없는 세상을 목표로 한 것은 갑신정변과 같은데, 그 내용은 훨씬 구체적이지요. 실제로 농사를 짓고 사는 백성이 개혁의 주체임을 실감할 수 있습니다.

갑신정변이 일어날 때만 해도 백성들에게 급진개화파의 주장은 와닿지 않는 말이었지만, 10년이라는 시간이 흐르는 동안 일반 백성도 세상이 어딘가 잘못되었음을 깨달은 거예요. 천하게 태어났으니 어쩔 수 없다고 여기던 일이 사실은 부조리한 일이자 타파해야 할 문제임을 알아차렸죠. 그래서 자신의 부모가 받아들였던 숙명과 모난 돌이 정 맞으니 가만히 있으라는 가르침을 거부하기로 합니다. 봉건적 사회질서에 맞설 준비가 된 것이죠.

동학농민혁명은 그야말로 아무개들의 이야기입니다. 전봉준, 김개남, 손병희 등 지도자는 있었지만, 이런 대표 인물 몇몇을 제외하고는 이름을 모르잖아요. 동학농민혁명에 가담했던 대부분의 사람들은 이름을 남기지 못했습니다. 그러나 새로운 세상을 꿈꾸는 그들의 힘은 강력했습니다.

농민군이 관군을 상대로 승리를 거듭하며 하루가 다르게 세력을 키우자 조선 조정은 청에 도움을 요청했습니다. 무서운 기세의 농민군을 최대한 빨리 진압하기 위한 고육책이었겠지만, 청뿐만 아니라 톈진조약을 맺은 일본에까지 군사를 보낼 명분을 제공한 것과 다름없었죠. 호시탐탐 조선을 노리던 두 나라는 얼씨구나 하고 군대를 보냈습니다.

농민군은 이런 사실을 알아차리고 조정에 자치적 개혁을 하겠으니 싸움을 멈추자고 제안하고 자진 해산합니다. 이들은 급진개화파와 달리 반외세의 성격을 띠고 있었거든요. 그래서 다른 나라가 개입하는 상황은 막아야 한다고 생각했던 거예요. 막상 청군과 일본군이 밀어닥치자 아차 싶었던 조정도 농민군과 화약을 맺고 청과 일본에 군대를 물릴 것을 청합니다. 하지만 일본군은 돌아가려고 하질 않습니다. 오히려 경복궁을 점령하고 청군과 전쟁을 일으킵니다. 이 땅에서 청일전쟁이 발발하게 된 것이지요.

이제 농민군은 조정뿐 아니라 일본을 상대로도 싸우기 위해 다시 결집합니다. 관군과 일본군도 연합하여 전투를 준비하죠. 그들이 맞붙은 곳이 바로 우금치입니다. '치'는 고개를 뜻하는 말로 우금치는 논산에서 공주로 가는 길목에 있는 고개입니다. 농민군 입장에서는 이 고개를 넘으면 서울로 진격하는 거예요. 전략적으로 굉장히 중요한 곳이죠. 관군과 일본군 입장에서는 농민군이 우금치만은 넘지 못하게 막아야 했습니다.

농민군이 우금치에 도착해서 본 것은 고개 위에 걸려 있는 총들이었어요. 농민군에게는 총이 없었습니다. 그들을 지휘하며 전투를 이끄는 사람들이나 총을 사용했죠. 농민군은 대부분 말 그대로 농민으로 이루어져 있었어요. 농사짓고 사는 백성입니다. 총칼은커녕 죽창 하나만 들고 싸운 사람이 훨씬 많았어요. 그러니 잔뜩 걸려 있는 총을 보고 얼마나 무서웠겠어요.

농민군은 옷 속에 부적을 붙였다고 해요. 부적을 붙이면 총알

역사의 쓸모

이 피해 간다고 믿었대요. 정말로 그렇게 믿었을까요? 아니요. 당연히 믿지 않았을 겁니다. 너무 무서우니까, 무서워서 한 발짝 떼기도 힘드니까 붙였던 거예요. 종잇조각 하나지만, 아무 소용도 없는 걸 알지만, 그거라도 붙여야 한 발짝이라도 뗄 수 있을 것 같아서 붙인 것 아닐까요? 부적 이야기를 들으니 마음이 참 짠하더라고요. 이 아무개들은 용감하게 싸운 게 아니에요. 두려워하면서 싸웠어요.

우금치 전투의 결과는 농민군의 대패였습니다. 무기부터 상대가 되지 않잖아요. 잘 훈련된 일본군과 싸우기에는 역부족이었죠. 그들도 우금치를 바라보며 아마 자신의 운명을 예감했을 겁니다. 그런데 왜, 도대체 무엇 때문에 자신의 목숨을 내걸고 그 고개를 넘으려 했을까요? 아마도 그들에게 희망이 있었기 때문일 것입니다. 더 나은 세상을 만들 수 있다는 희망. 양반, 상놈 할 것 없이 함께 어울릴 수 있는 세상을, 외세의 간섭을 받지 않는 세상을 물려주겠다는 희망. 그 희망 하나로 죽창을 들고 언덕 위로 뛰어올랐습니다.

희망을 꿈꿨던 사람들의 시도는 실패로 끝났습니다. 당시에는 갑신정변을 경거망동이라 하고, 동학농민군을 폭도이자 반란군으로 평가했습니다. 그때 제가 살아 있었다면 갑신정변과 동학농민혁명을 어떻게 바라봤을지 생각해 봅니다. 어쩌면 저 역시도 그들을 경거망동한 자들, 비적들이라고 불렀을지 몰라요. 설사 그들과 뜻이 같았더라도 냉소적으로 반응했을 것 같습니다. '그런다고 세상이 바뀌겠어?' 이렇게 생각했겠죠. 희망이 보이지 않는다고, 그런 건 없다고 말입니다.

그런데 그들이 바라던 세상이 찾아왔어요. 신분제 폐지라니 말이 돼? 말도 안 된다고 생각했던 이야기가 지금은 너무도 당연한 현실이 되었습니다. 두려움 속에서도 먼 미래를 보며 나아간 사람들이 있었기에 가능했던 일입니다. 희망을 품은 사람이 있었고, 그들이 도전했고, 그 덕분에 지금의 우리가 그 당연한 것을 누리고 사는 건지 모릅니다.

역사적 사건을 볼 때 기본적으로 원인, 전개, 결과 그리고 의의를 다룹니다. 갑신정변의 엘리트 청년, 동학농민혁명의 농민 모두 목숨을 걸고 자신의 목소리를 높였지만 결과적으로는 실패했어요. 그렇다고 이들의 운동에 아무런 의미가 없다고 할 수 있을까요?

그렇지 않습니다. 갑신정변과 동학농민혁명의 주장은 1차 갑오개혁에 상당 부분 반영됩니다. 조정 역시 역사의 흐름을 거스를 수는 없었던 까닭이죠. 갑오개혁이 추진되면서 신분제와 함께 반상班常의 구별도 사라집니다. 역사는 그들의 노력이 헛되지 않았음을 증명합니다.

역사가 흘러가는 것을 보면 희망이라는 말이 조금은 다르게 다가와요. 말하자면 역사는 실체가 있는 희망입니다. 아무런 근거 없이 조금 더 살아보자고, 버텨보자고 말하는 게 아니에요. 단지 조금만 더 멀리 봤으면 좋겠어요. 지금 당장은 두렵겠지만 나의 삶이 어떻게 변할지 모르잖아요. 세상도 변하는데 나의 인생이라고 늘 지금과 같을까요? 힘든 세상에서 희망마저 없다면 우리는 앞으로 나아갈 동력을 잃어버린 것과 마찬가지입니다.

철학자 스피노자는 "두려움은 희망 없이 있을 수 없고 희망은 두려움 없이 있을 수 없다"라고 말했습니다. 이 말에 따르면 두려움을 느끼는 우리는 모두 어떤 형태의 희망을 품고 있다는 것이겠지요? 인생이라는 항로에서 방향키를 놓치지 않는다면 언젠가 나의 노력도 역사의 수레바퀴와 맞물려 순풍이 불어오듯 결실을 맺는 때가 있을 것입니다. 저 역시 그런 희망을 품고 두려움을 껴안은 채 오늘도 한 걸음 앞으로 나아가려 합니다.

품위 있는 삶을 만드는
선택의 힘

지금은 종영한 예능 프로그램 〈무한도전〉에서 선택을 주제로 특집을 진행한 적이 있습니다. 대한민국 사람들의 최대 고민거리 중 하나인 짜장면이냐 짬뽕이냐를 시작으로 멤버들에게 두 가지 선택지를 끊임없이 주며 하나를 고르게 만드는 형식이었죠.

선택의 결과는 천차만별이었습니다. 어떤 멤버는 고급 호텔 중식당에 가서 값비싼 짬뽕을 먹었고, 어떤 멤버는 마라도까지 가서도 짜장면을 입에 대지 못했습니다. 기가 막혀 울화통을 터뜨리는 멤버들의 모습은 시청자에게 폭소를 안겨주었지요.

그런데 우리는 여기에서 웃음뿐 아니라 인생철학도 발견할 수 있습니다. 어떤 인간이든 매번 선택의 기로에 놓인다는 점, 그 선택은 때때로 예측 불가능할 만큼 기상천외한 결과를 불러온다는 점, 그리고 한번 선택한 것은 되돌릴 수 없다는 점입니다.

여기에서 비극이 시작됩니다. 선택을 한 이상 무를 수 없습니다. 결과가 좋든 나쁘든 선택한 자의 몫이에요. 그래서 후회는 늘 우리를 따라다닙니다. 점수가 조금 부족한데 그래도 이 학교에 지원해 볼까? 내가 좋아하는 일보다는 잘하는 일을 하는 게 낫지 않을까? 언제 잘릴지 모르는 회사에 다니는 것보다 내 사업을 꾸리는 게 낫지 않을까? 여러 갈래의 길 앞에서 무엇을 선택해야 후회가 적을지 고민에 고민을 거듭하지만, 우리는 결국 아무것도 확신하지 못한 채 선택에 내몰립니다.

그런데 어떤 갈림길은 당장 그 차이가 눈에 보입니다. 한쪽은 쭉 뻗은 길이고, 다른 쪽은 가시밭길이에요. 탄탄대로로 가면 되지 뭐가 걱정인가 싶지만, 세상 모든 일이 그렇듯 무조건 좋기만 한 선택은 없거든요. 이 길이 편하고 이득을 줄 것 같지만 사실은 옳은 길이 아닐 수도 있는 거죠. 또 나에게는 좋지만 다른 사람들에게는 해가 되는 길일 수도 있습니다. 우선 내가 중요한 것 아닐까? 그런데 나만 생각해도 되는 걸까? 이런 갈등이 생길 법도 합니다. 결과를 살짝 엿볼 수 있다면 참 좋을 텐데,

미래를 아는 사람은 아무도 없지요.

하지만 다행스럽게도 우리는 과거를 알 수 있습니다. 한두 해도 아니고 수천 년의 시간, 한두 사람도 아니고 수억 명이 넘는 사람들의 사례가 역사라는 기록으로 남아 있으니까요. 참고 자료가 이토록 많다니, 얼마나 다행인지 모릅니다. 미래는 몰라도, 지금의 우리처럼 사는 내내 수많은 갈등 속에서 결정을 내렸을 과거 사람들의 삶을 통해서 조금이나마 예측해 볼 수 있습니다. 나의 선택이 어떤 결과를 불러올지를 말이죠.

대한민국 헌법은 1948년에 제정된 뒤 1987년에 제9차 헌법 개정안이 의결되어 무려 아홉 차례나 개정됐습니다. 헌법이 뭡니까? 최고의 법, 법 중의 법, 모든 법의 기본이 되는 법입니다. 그러니까 이렇게 자꾸 바뀌어서는 안 되는 거지요.

예를 들어 미국은 헌법을 전면적으로 뜯어고친 적이 없습니다. 새로 생겨난 조항은 있지만, 기존의 헌법 뼈대를 바꾼 적은 없어요. 민주주의 역사가 그렇게 긴데도 말이죠. 사실 그들의 헌법이 꼭 합리적인 것은 아닙니다. 대통령 선거제도만 봐도 문제가 많아요. 2016년 미국 대선 후보였던 힐러리와 트럼프의 경우, 힐러리의 득표수가 더 많았지만 대통령에 당선된 사람은 트럼프였습니다. 미국의 대선은 각 주마다 선거인단 수를 정하고 주에서 승리한 후보가 해당 주에 배정된 선거인단 수를 모두 가져가게 되어 있기 때문이죠. 더 많은 국민의 지지를 받는 것보다 선거인단이 많은 지역에서 이기는 것이 중요합니다.

저는 미국의 대선 방식이 잘 이해되지 않더라고요. 힐러리는 내심 억울하지 않을까요? 하지만 미국에서는 문제를 알더라도 당장 헌법을 바꾸지는 않습니다. 헌법이라는 것이 그만큼 큰 무게를 지니고 있다는 뜻이지요.

물론 우리나라는 사정이 다릅니다. 50년 동안 산업화와 민주화를 한꺼번에 후다닥 해치워야 했으니 얼마나 많은 굴곡이 있었겠어요. 이해가 안 되는 것은 아니지만 그동안의 개헌은 참 아쉽습니다. 대부분 다수의 행복이 아니라 정권을 연장하기 위해 이뤄졌기 때문입니다. 그중에서도 사사오입 개헌은 대한민국 정치사에 길이 남을 수치입니다.

사사오입四捨五入은 '4 이하는 버리고 5 이상은 올린다'는 뜻이에요. 보통은 반올림이라고 하는 수학 계산법입니다. 사사오입 개헌의 중심인물인 이승만 전 대통령은 이미 한 차례 개헌을 통해 대통령 재선에 성공했습니다. 그런데 1954년 또다시 헌법에 손을 대려 했습니다. 대통령은 1회에 한해 중임할 수 있다, 즉 2회까지만 가능하다는 헌법 조항에 '헌법 개정을 시행한 당시의 대통령은 이 조항에 적용받지 않는다'는 내용을 끼워 넣으려 한 것이지요. 자신에게는 이 조항이 적용되지 않게

끔, 다시 말해서 원한다면 대통령 선거에 계속 나올 수 있게 하려던 것입니다.

헌법 개정안은 국회의원 3분의 2 이상이 찬성해야 통과됩니다. 당시 표결 결과를 보면 재적 인원은 203명이었고, 203명의 3분의 2는 135.333……입니다. 그런데 투표 결과가 굉장히 놀랍습니다. 찬성 135명, 반대 60명, 기권 7명, 무효 1명이 나왔거든요. 136표가 나와야 가결인데 1명이 모자라서 부결된 거죠.

개헌은 물 건너갔구나 싶은 와중에 더 드라마 같은 일이 일어납니다. 그냥 드라마가 아니라 막장 드라마죠. 어느 대학교 수학과 교수가 한 명의 사람은 소수점으로 계산할 수 없다며 사사오입 원칙을 적용해 0.333……은 0.5 미만이니까 203의 3분의 2 이상은 0.333……을 버린 135라고 주장해요. 이 이야기에 자유당이 옳다구나 하고 목소리를 높입니다. '사람은 0.3명이라는 게 없으니까 소수점이라는 건 존재하지 않는다. 그러니까 사사오입 원칙으로 처리하자. 3은 4 이하의 숫자니까 버려야 한다. 135명 찬성이니 개헌안도 통과된 것이다'라고 말이죠. 그 야말로 궤변이죠. 하지만 그들은 대학교수의 논리를 밀어붙입니다. 야당 의원이 퇴장한 상황에서 부결 번복가결동의안을 통과시켜 버렸죠.

왜 그런 선택을 했을까요? 이승만 전 대통령이나 자유당 의원들, 그리고 억지 논리에 힘을 실어준 지식인의 행동을 떠올릴 때마다 저는 개인의 선택이 가진 힘에 대해 생각합니다. 대한민국의 여러 대통령이 그토록 수없이 헌법을 바꾼 원인 중의 하나가 바로 초대 대통령의 선택에 있지 않을까요?

현재 미국의 대통령은 1회에 한하여 중임을 허락합니다. 그러니까 대통령을 총 두 번 할 수 있는 거예요. 유일한 예외는 32대 대통령인 프랭클린 루스벨트Franklin D. Roosevelt입니다. 2차 대전이라는 전시 상황에서 네 번이나 대통령에 당선됐고, 연임 제한 조항은 그의 사후에 헌법에 추가된 것입니다. 그러니까 그 이전에는 관련 조항이 딱히 없었죠. 한 사람이 세 번이든 네 번이든 대통령을 할 수 있었습니다. 그런데 왜 루스벨트 대통령 이전 대통령들은 3선, 4선에 도전하지 않은 걸까요? 이유야 다양하지만, 그중 하나는 초대 대통령의 결단 때문입니다.

미국 초대 대통령 조지 워싱턴George Washington은 대통령 연임에 성공한 후에도 인기가 좋아서 3선 가능성이 높았습니다. 당연히 주변에서도 많이 권유했겠지요. 하지만 사양하고 물러납니다. 그때가 1797년이었습니다. 민주주의에 대한 이해가 별로 없어 대통령을 왕처럼 생각하는 사람이 수두룩했던 시절, 더 오랫동안 권력을 쥘 수 있음에도 그는 대통령직을 내려놓습니다. 그리고 지금까지도 명연설로 유명한 고별사에서 말합니다.

"정계를 떠나고자 하는 내 선택이 주의와 분별의 잣대에 비추어 바람직할 뿐 아니라 애국심의 잣대에 비추어서도 그릇되지 아니한 선택이라 믿는다"라고 말입니다.

왕과 귀족에 대항해서 싸우고 새로운 세상을 열겠다던 수많은 이들이 권력을 쥐고 나면 왕이 되려 했습니다. 역사에 이런 사례는 굉장히 많습니다. 그렇기 때문에 조지 워싱턴의 선택은 강한 인상을 남겼고, 그는 지금까지 미국인에게 가장 사랑받는 역대 대통령이 되었습니다.

조지 워싱턴의 뒤를 이은 후임 대통령들도 재선 이후에는 마치 당연히 그래야 한다는 듯이 백악관에서 나왔습니다. 그들이라고 욕심이 없었을까요? 그렇지는 않을 겁니다. 다만 초대 대통령이 남긴 선례, 그리고 그로부터 이어져 온 암묵적인 규칙을 깨는 일이 엄청난 부담이었을 것입니다. 국민들의 시선이 좋을 리도 없겠죠. 이쯤 되면 한 사람의 선택이 얼마나 중요한지 실감할 수 있을 겁니다.

우리나라는 분명 헌법 역사에서 첫 단추를 잘못 끼운 셈입니다. 그래서 줄줄이 삐뚤어졌어요. 이승만 전 대통령이 비민주적인 개헌만 안 했어도 대한민국 초대 대통령으로서 그에 걸맞은 위상을 더 확보했을 겁니다. 우리나라 경제 성장에 큰 획을 그었던 박정희 전 대통령 또한 유신 헌법으로 영구 집권까지 노리지 않았더라면 그 공과에 대한 논란이 이렇게 이분법적으로 나뉘진 않았을 겁니다. 이승만 전 대통령의 말로를 보았으면서도 왜 같은 실수를 반복했을까요? 왜 무리하게 직권을 연장하면서 결국 자신도 위험해지는 선택을 한 것일까요?

앞에서 말한 대통령들 모두 적당한 때에 물러났으면 명예와 품위를 지킬 수 있었을 것입니다. 그런데 나 아니면 안 된다는 과욕을 부리다가 내려올 때를 놓쳐버렸죠. 역사 속에서 위인으로 평가받는 사람들은 정상에서 배회한 사람들이 아닙니다. 물러나야 할 때 물러날 줄 알고, 잘 내려온 사람들이지요. 우리는 역사를 통해 '잘 내려오는 법'을 배워야 합니다. 이를 통해 나의 존재, 나의 격을 지킬 수 있으니까요.

요즘 제가 품은 소망도 이와 다르지 않습니다. 제 삶을 가만히 돌이켜보면 제 인생의 전성기는 이미 지난 것 같아요. 이제 내려가는 길목에 서 있다고 봅니다. 저는 더 올라가는 것보다 잘 내려가고 싶습니다. 정상의 단맛에 취해 안 내려가려고 안간힘을 쓰다가는 추해질 것 같아요. 그러면 지금까지 힘들여서 올라온 과정마저도 인정받지 못하게 될지 모릅니다. 저는 여기까지 오기 위해 들인 시간과 노력, 정성을 헛되게 하고 싶지 않아요. 그래서 잘 내려가고 싶은 겁니다.

저는 품위 있는 선택에 역사적 사고가 큰 도움이 된다고 믿습니다. 많은 사람이 현재만을 생각해요. 그러다 보면 부정을 저질러서라도 더 높이 올라가고, 다른 사람을 괴롭히면서까지 자신의 이득을 취하는 근시안적인 선택을 하기 쉽습니다. 하지만 모든 사건은 그 자체로 존재하지 않아요. 역사적 사고란 역사 속에서 나의 선택이 어떻게 해석될지 가늠해 보고, 다른 사람에게 미칠 영향력을 고려해 판단하는 것을 말합니다.

특히 지식인과 오피니언 리더에게 역사적 사고가 필요합니다. 본인은 어떤 목적을 가지고 있지 않더라도 자신의 생각과 말, 의견이 누군가의 나쁜 선택에 힘을 실어줄 수 있기 때문이죠. 저도 어떤 사건이나 인물에 대해서 의견을 말해달라는 요청을 많이 받는 편인데 공정한 평가뿐만 아니라 제 말이 어떻게 해석되고 사용될 수 있을지 점검을 많이 하는 편입니다. 제가 큰 영향력이 있는 사람은 아니지만 저의 강의를 듣고 제 의견을 믿어주는 사람에게는 영향을 끼칠 수도 있으니까요.

* * *

신라 문무왕 때 구진천이라는 사람이 있었어요. 구진천은 무기 만드는 일을 감독하는 관리였는데, 그 자신도 '쇠뇌'라는 최신 무기를 참 잘 만들었습니다. 쇠뇌는 활에 석궁처럼 방아쇠

역사의 쓸모

장치를 달아서 큰 화살을 멀리 쏠 수 있게 만든 무기인데, 당시 신라의 쇠뇌는 성능이 대단해서 화살이 1,000보나 날아갔다고 합니다. 보가 장년 남자의 보폭을 기준으로 한 단위니까 1,000 보라고 하면 700미터에 가까운 굉장한 거리입니다. 물론 아무나 만들 수 있는 건 아니었고, 구진천이라서 가능했지요. 구진천의 실력이 얼마나 대단했는지 중국에서도 구진천을 데려가려고 난리였습니다.

구진천이 살았던 시대에 신라는 당과 연합하여 삼국을 통일했습니다. 고구려가 668년에 멸망했는데, 바로 그다음 해에 당 황제 고종이 신라에 구진천을 내놓으라고 요구합니다. 당의 군사들이 전쟁하면서 보니까, 신라에서 사용하는 쇠뇌가 무척 좋았던 겁니다. '와, 저게 대체 뭐야? 저걸 누가 만들었대?' 하고 알아보다가 구진천이라는 인물의 존재를 알게 된 것이죠.

백제와 고구려를 무너뜨린 뒤에 당은 신라마저 병합하려 했습니다. 그러려면 신라와 한판 승부를 벌여야 하는데 당연히 신라의 비밀병기가 두려웠을 겁니다. 그에 버금가는 무기를 만들어야겠다고 생각했을 테죠. 그러기 위해서 구진천은 당에 꼭 필요한 사람이었습니다. 신라는 구진천을 보내기 싫었겠지요. 하지만 당의 요구를 계속 거절할 힘이 없으니 보낼 수밖에 없었습니다.

구진천을 데려오자 당 고종은 신이 났습니다. 얼른 쇠뇌를 만들어 바치라고 명령을 내렸지요. 구진천은 명령대로 쇠뇌를 만들기 시작했습니다. 드디어 쇠뇌를 시연하는 날이 되었습니다. 당 황제와 고위 관료들 앞에서 구진천은 쇠뇌를 만들고 방아쇠를 당겼다가 놓았습니다. '팡!' 소리가 나는 동시에 모두들 먼 곳을 바라봤겠지요. 화살이 얼마나 멀리 날아갈까 잔뜩 기대하면서 말입니다.

그런데 이게 웬일입니까? 화살이 30보도 못 가서 뚝 떨어져 버린 거예요. 황제는 화를 냅니다. 1,000보보다 더 멀리 쏠 수 있는 쇠뇌를 만들어야 할 판에 30보라니? 그때 구진천의 대답이 참 재밌습니다. 신라의 나무가 아니라 당의 나무로 만들어서 그렇다고 이야기하거든요. 항상 사용하던 신라 나무와 질이 달라서 제대로 안 되는 거라고 말합니다. 들어보니 그 말이 꽤 일리가 있어요. 결국 당은 신라에서 나무까지 들여옵니다.

다시 시연하는 날이 되었습니다. 황제는 또 기대합니다. 신라의 나무로 신라의 기술자가 만들었으니 군사들이 봤던 대로 엄청난 위력이겠지? 하지만 이번에도 화살은 60보 정도 날아가다가 떨어졌습니다. 구진천은 이번에도 나무 핑계를 댑니다. 신라의 나무가 바다를 건너오면서 습기를 잔뜩 머금어 제대로 완성되지 않았다고 말하지요.

구진천에 대한 기록은 이것이 끝입니다. 어디에서도 더는 그에 관한 정보를 찾을 수가 없습니다. 그러나 중요한 사실은 나당전쟁이 시작된 670년, 당에는 화살을 1,000보나 날릴 수 있는 쇠뇌가 없었다는 점입니다. 구진천은 끝내 쇠뇌를 만들지 않았던 거예요.

구진천이 당에 자신의 기술을 전했다면 아마 좋은 대접을 받았을 것입니다. 극진한 대접을 받으며 잘 먹고 잘살 수 있는 길이 열렸겠지요. 그런데 왜 끝까지 기술을 숨겼을까요? 당이라는 큰 나라의 황제 앞에서 목숨을 잃을지도 모르는 위험한 선택을 한 이유가 무엇이겠습니까? 구진천은 알고 있었던 거예요. 자신이 쇠뇌를 만드는 순간 그것이 신라를 향할 수밖에 없다는 사실을요. 구진천의 선택이 수많은 신라 사람을 살린 셈입니다.

뉴스 보도에 따르면 한국 대기업의 연구 인력을 스카우트해 가던 중국 기업들이 이제는 대기업에 핵심 장비를 납품하는 협력업체 인력까지 빼간다고 하더군요. 40억, 50억이라는 생각해본 적도 없는 거액의 연봉을 제시하니까 흔들리지 않을 수 없겠지요. 그 과정에서 인재만 유출되는 것이 아니라 기술과 설계 도면까지 흘러나가니 대기업도 아닌 영세기업들은 발만 동동 구른다고 합니다. 관련 시장에서 우리나라 기업은 점점 설

자리를 잃을 테고, 우리나라 노동자들의 고용안정성도 떨어지겠지요.

이러한 상황이 반드시 개인의 잘못은 아닙니다. 저는 그들의 선택을 비난할 수 없다고 생각해요. 법을 어기는 조건이라면 당연히 문제가 되겠지만, 그게 아니라면 얼마든지 더 좋은 조건을 제시하는 쪽을 선택할 수 있지요. 그렇기 때문에 우선은 우리나라가 최고 기술자들에게 대우를 잘해주어야 합니다. 다만 좋은 대우가 선행됐다면 한번 고민해 보면 어떨까요? 나의 선택이 주변에 어떤 결과를 불러올지 좀 더 깊이 생각해 볼 필요가 있습니다.

사사오입 개헌을 계획한 이들은 이렇게 말할 거예요. "나는 국가와 국민이 걱정돼서 내려갈 수 없다", "나는 당직에 따라 당의 결정을 따랐을 뿐이다", "나는 학자로서 그저 의견을 제시했다…". 이런 말들은 자신의 행동이 불러올 결과를 염두에 두지 않았다는 뜻입니다. 아마도 핑계겠지만, 참말이라면 역사의식이 없는 것이죠. 오로지 '나'와 '현재'만을 생각한 것입니다.

크고 작은 곳에서 이 사회를 이끄는 사람일수록 역사의식을 갖추는 일이 중요한 까닭입니다. 그들의 선택은 더 많은 사건과 사람에게 영향을 미치기 때문입니다. 조지 워싱턴의 결정이 미국 정치사에 미친 영향, 구진천의 결정이 신라인들의 생사에 미친 영향을 떠올려 보자고요.

'나는 일개 소시민인데 무슨 영향력이 있나' 하고 생각한다면 그렇지 않다고 말씀드리고 싶습니다. 혼자 사는 세상이 아닌 만큼 나의 선택은 타인1, 타인2⋯ 그들과 연결된 타인100에게까지 영향을 미칠 수 있습니다. 결국 한 사람의 선택이 사회의 문화를 형성하고, 그 사회에서 살아가는 한 사람 한 사람에게 다시 영향을 미칩니다.

부단히 노력하지 않으면 지금 닥친 상황과 욕망에 자꾸 눈이 멀어요. 그래서 과거의 무수한 사례를 까먹고 똑같은 잘못을 저지르기 십상입니다. 그 잘못 하나 때문에 그때까지 쌓아온 모든 공이 다 무너지기도 해요. 내가 내뱉는 말과 지금의 행동이 어떤 결과를 불러올지 살펴볼 수 있다면 선택은 한결 쉬워질 겁니다.

역사의 구경꾼으로
남지 않기 위하여

조선의 성군을 꼽으라고 하면 보통 세종과 정조를 말합니다. 세종은 조선 전기를, 정조는 조선 후기를 대표하는 임금이죠. 정조는 참 힘들게 왕이 되었습니다. 겨우 열한 살의 나이에 자기 아버지가 죽었는데 아버지를 죽인 사람이 다름 아닌 할아버지 영조예요. 어린 나이에 얼마나 괴로웠겠습니까. 이뿐만이 아니라 아버지의 죽음에 관여한 신하들이 이번엔 자신이 왕이 될까 봐 갖은 음모를 꾸몄습니다. 목숨을 부지하느라 고생했던 정조는 왕이 되자마자 왕권을 강화하는 한편 정치 개혁을 위해 애씁니다. 신하들이 호시탐탐 자신을 노리는 상황이었으니까요.

역사의 쓸모

세력을 키우려면 가장 먼저 자기를 따르는 사람을 만들어야 겠지요. 그래서 세운 것이 규장각입니다. 왕실도서관인 규장각 은 사실 정조가 자기 사람을 키우기 위해 만든 기관이었습니다. 정조는 당파와 신분에 관계없이 젊고 똑똑한 관료들을 뽑아서 규장각에 배치했는데, 이것이 바로 초계문신 제도입니다. 이미 과거에 합격한 사람 중 37세 이하의 인재를 뽑아 3년 정도 특별 교육을 하는 거예요. 개혁 정치를 함께하기 위해 재교육을 한 것이지요. 더불어 박제가, 유득공 등 서얼 출신을 규장각 검서관에 임명했습니다. 서얼이라는 신분적 한계 때문에 자신의 재능을 펼치지 못한 사람들에게 기회를 열어준 것이지요.

이른바 '정조 라인'이 된 학자들은 규장각에서 역대 왕의 자료를 정리하며 개혁의 토대를 마련했습니다. 그리고 저마다 중요한 학문적 업적을 남겼지요. 초계문신의 대표 인물이 바로 다산 정약용입니다.

정약용은 정조가 키운 학자입니다. 그에게 정조는 스승이자 멘토였어요. 정조 또한 정약용을 총애했습니다. 정약용이 워낙 훌륭했기 때문이죠. 능력 면에서 이야기하자면 정약용 같은 위인을 또 찾기가 어려울 거예요. 흔히 르네상스를 대표하는 천재라고 하면 레오나르도 다빈치를 꼽잖아요. 그런데 다산 정약용이야말로 다방면에서 재능을 발휘한 조선의 르네상스인이었습니다. 실학자로 알려져 있지만 그 바탕은 유학에 있어 관련 서적을 여러 권 집필하였고 정치와 법, 의학과 지리학, 언어학에도 조예가 깊었습니다. 거중기와 녹로를 발명해 수원 화성 건설에 혁혁한 공을 세웠고 시인으로서 여러 작품을 남기기도 했죠. 또 500여 권이 넘는 책을 썼으니 뛰어난 작가라고도 할 수 있습니다.

두 사람은 다양한 내기를 하며 함께 시간을 보낼 정도로 무척 가까웠습니다. 애주가인 정조가 술을 잘 못하는 정약용에게 일부러 술을 내리거나 활 솜씨가 없는 것을 알고 문무를 갖추게 한다며 활쏘기 연습을 시키는 등 짓궂은 장난도 서슴지 않았죠. 두 사람의 일화를 보고 있자면 임금과 신하의 관계를 넘어 정말 마음을 나눈 벗 같다는 생각이 듭니다.

그러나 다재다능한 정약용에게도 약점이 하나 있었습니다. 종교가 그의 아킬레스건이었어요. 조선은 성리학의 나라인데 정약용의 집안은 천주교를 믿었거든요. 한마디로 난리가 날 일인 것이죠. 정조는 그 사실을 모르는 척했지만, 계속해서 올라오는 탄핵 상소를 외면할 수는 없었습니다. 그래서 일단 정약용을 내치기로 합니다. 너무나 아끼는 신하지만 계속 붙잡고 있으면 오히려 정약용에게 독이 될 수도 있겠다는 생각이 든 거죠. 그래서 정약용에게 미리 언질을 줍니다. 내가 내일 호통을 치면서 너를 자를 거다, 그럼 우선 잘못했다고 해라, 물러나서 기다리면 내가 너를 다시 부를 것이다.

정조는 뼛속까지 정치인입니다. 치밀하고, 때로는 냉혹하기도 합니다. 가까운 신하들과 자주 편지를 주고받으며 다양한 지시를 내렸는데, 당시 노론 벽파의 수장이었던 심환지와 주고받은 편지는 무려 300통이 넘습니다. 그중 한 편지를 보면 정조가 심환지에게 이런 지시를 내려요. 내일 나에게 무릎을 꿇고 절을 하면서 네 죄를 벌해달라고 말하라는 지시예요. 예를 들어 그 편지에 적힌 날짜가 3월 6일이라면 다음 날인 3월 7일 실록에 정확히 같은 내용이 있습니다. 심환지가 정조 앞에 가서 무릎을 꿇고 절을 하더니 "저의 죄를 벌하여 주시옵소서!"라고 했다는 것이죠. 이처럼 정조는 자신이 직접 사람과 상황을 조정하고 통제하는 인물이었습니다.

정약용은 정조의 편지를 받고 물러납니다. 상심이 컸을 거예요. 정약용은 정조와 함께 일하는 걸 정말 좋아했거든요. 하지만 상황이 워낙 안 좋으니 어쩔 수가 없었지요. 관직에서 물러난 정약용은 왕이 다시 자신을 불러줄 날만 기다리며 지냈습니다.

그가 조정에서 물러난 뒤 어떤 마음으로 살았는지 추측할 수 있는 단서가 있어요. 자신의 생가에 걸어 놓은 현판이죠. '여유당與猶堂'이라고 쓰인 현판인데, 얼핏 들으면 '이제 좀 여유를 갖고 편하게 살겠다는 뜻인가?' 하고 생각할지도 모르겠어요. 실은 노자의 《도덕경》에 나오는 글귀에서 따온 이름입니다.

여與함이여, 겨울 냇물을 건너듯이
유猶함이여, 너의 이웃을 두려워하듯이.

이 글귀는 겨울에 시내를 건너는 것처럼 신중하고, 사방에서 나를 엿보는 것처럼 두려워하며 경계하라는 의미예요. 안 그래도 눈엣가시인데 무엇 하나라도 트집을 잡아보려는 무리가 눈에 불을 켜고 있지 않겠습니까? 그러니까 사방을 경계하고 신중하게 하루를 보내라는 의미로 그런 글자를 써둔 거예요. 정약용은 매일 현판을 쳐다보면서 '오늘 하루도 행동거지 하나하나 조심해야지' 하고 생각했던 것입니다.

그렇게 자신을 단속하며 이제나저제나 기다리고 있는데, 드디어 정조의 편지가 도착합니다. 보름 뒤에 너를 부를 테니 준비하고 있으라는 내용이었어요. 얼마나 좋았겠어요. 청운의 꿈을 품고 약속한 그날만을 손꼽아 기다렸겠죠. 그런데 청천벽력 같은 소식이 들려옵니다. 정조가 세상을 떠난 거예요. 약속한 날을 딱 하루 앞두고요. 정조가 승하한 날이 정약용을 다시 부르기로 한 날의 바로 전날입니다.

역사의 쓸모

정조의 갑작스러운 죽음에 정약용은 충격에 빠집니다. 얼마나 허탈하고, 또 슬펐을까요. 뒤이어 찾아온 감정은 '공포'였을 것입니다. 정약용을 지켜주던 존재가 사라진 셈이잖아요.

아니나 다를까 정조 승하 이후 신유박해로 수많은 천주교인이 처형당하고, 정약용 또한 유배를 갑니다. 자신은 이미 천주교와 인연을 끊었다는 간곡한 호소가 받아들여져 겨우 사형을 면한 것이었어요. 후에 맏형인 정약현의 사위가 일으킨 역모 사건에 연루되었다는 이유로 강진으로 유배지를 다시 옮기게 됩니다. 가문은 폐족이 되었지요. 자그마치 18년 동안 귀양살이를 했고, 그 뒤에 여유당으로 돌아와 다시는 조정에 발을 들이지 못한 채 그곳에서 일생을 마칩니다.

정약용은 능력이 출중한 사람이었으나 능력을 펼칠 기회가 별로 없었습니다. 외척이 날뛰고 탐관오리들의 횡포가 판치는 세상, 인재를 알아주기는커녕 짓밟는 세상이 원망스럽지는 않았을까요? 저는 그게 평범한 반응이라고 생각합니다. 얼마나 억울해요. 다산의 인생을 보면 제가 다 안타까워요. 정조가 조금 더 오래 살고 정약용이 머릿속에 있는 생각을 실제로 펼쳤다면 조선의 향방이 조금은 달라지지 않았을까 싶은 거죠. 행정, 토지 등 여러 제도가 개선되었을지도 모르니까요. 역사에는 가정이 없다고는 하지만, '만약'이라는 생각을 하지 않을 수가 없거든요. 그 정도로 뛰어났던 인물입니다.

정약용이 유배지에서 나라를 탓하고 운명을 탓하며 남은 인생을 보냈다고 하더라도 쉽게 손가락질할 수 없을 겁니다. 하지만 정약용은 그러지 않았습니다. 오히려 그 어느 때보다 많은 일을 해요. 바로 책을 쓰는 일이었습니다. 18년 동안 무려 500여 권의 책을 씁니다. 저는 한 권 쓰는 일도 힘에 부치는데 말이지요.

양만 많은 것이 아니라 분야도 방대합니다. 지방의 수령이 지켜야 할 지침서인《목민심서》, 제도의 개혁 원리와 방안을 다룬《경세유표》, 형벌의 운영에 관한《흠흠신서》, 고조선부터 발해까지 역대 왕조의 영토를 연구한《아방강역고》등이 대표적인 저서입니다. 이외에도 의학서, 어원 연구서, 시집, 풍수를 분석하고 아이들에게 한자를 쉽게 가르쳐주는 책 등 짧은 글로 설명하기 힘들 만큼 다양합니다.

기록에 따르면 정약용은 복숭아뼈에 세 번 구멍이 났다고 해요. 양반다리를 하면 복숭아뼈가 눌리잖아요. 책상 앞에서 한 자세로 움직이지도 않고 밤낮으로 글만 쓴 겁니다. 나중에는 복숭아뼈가 너무 아프니까 일어서서 선반 위에 책을 올려두고 공부하며 글을 썼대요.

대체 왜 그랬을까요? 정약용이 왜 그렇게까지 했을까 궁금했습니다. 마치 기록에 미쳐 있는 사람처럼 글을 썼으니까요. 이 질문에 대한 정약용의 답변이 있습니다. 아들들에게 보낸 편지에 적혀 있어요.

마치 기계로 찍어내듯 책을 쓰는 와중에도 정약용은 두 아들에게 틈틈이 편지를 썼습니다. 귀양살이 중이니 자식과 함께 생활할 수 없었어요. 그래서 편지로 자녀를 교육하고 애정을 전했지요. 공부의 중요성부터 사대부 예법, 일상의 지혜 등 세세한 내용이 담겨 있어요. 책은 어떻게 읽어야 하는지, 친구를 사귈 때나 시를 쓸 때, 벼슬살이를 할 때, 심지어 술을 마실 때 지켜야 할 법도에 관해서도 이야기하고 있습니다. 자식을 걱정하는 아버지의 마음이 고스란히 담겨 있어요. 둘째 형인 정약전과의 일을 추억하거나 막내아들의 죽음을 슬퍼하고, 물려줄 재산이 없어 미안한 감정을 드러내기도 합니다.

그중에는 폐족으로서 어떻게 살아야 하는지에 대한 편지도 있습니다. 조상이 큰 죄를 지어서 그 자손들이 벼슬을 할 수 없게 된 집안을 폐족이라고 해요. 정약용은 자식들에게 가문이 몰락한 상황을 인정합니다. 그리고 금방 나아질 거라고 말하지도 않습니다. 하지만 관직에 나갈 수 없는 폐족일지라도 선비의 기상을 유지하는 길을 끊임없이 알려주고 있습니다.

폐족끼리 무리를 짓지 말 것, 과일과 채소를 키우고 뽕나무를 심어 가난에서 벗어날 것, 벼슬을 하지 못하더라도 벼슬하는 사람처럼 나라와 세상을 위해 살 것…. 그중에서도 핵심은 책을 읽는 것이었습니다. 벼슬길에 오르지는 못해도 책은 읽을 수 있으니까요. "폐족에서 벗어나 청족이 되려면 오직 독서 한 가지 일뿐이다"라고 했지요. 청족은 대대로 절개와 의리를 숭상해 온 집안을 뜻하는 말입니다.

또한 정약용은 자신이 계속해서 읽고 쓰는 일을 게을리하지 않는 이유도 밝히고 있습니다. 만일 자신이 지금의 생각을 남기지 않는다면 후세 사람들은 사헌부의 재판 기록만 보고 자신을 죄인 정약용으로 기억할 것이라는 거죠. 그래서 끊임없이 기록하겠다는 것입니다.

출세의 길이 막혔다고, 죄인이 되었다고, 폐족이 되었다고 자포자기하여 손 놓고 있지 않았습니다. 정약용은 형조에 기록된 몇 줄짜리 글로 평가받는 것을 거부하고 자신의 글을 남겨 후세의 평가를 받으려 했습니다.

저는 정약용의 편지글을 보고 팔에 소름이 쫙 돋았습니다. '아, 정약용은 역사가 무엇인지 알았구나'라는 깨달음과 함께 감탄이 터졌습니다. 능력이나 성품도 그러하지만, 저는 정약용의 역사의식이 정말 존경스러워요. 정약용은 알고 있었습니다. 지금은 비록 죄인의 입장이지만 역사는 자신을 그렇게 기억하지 않으리라는 사실을 믿었습니다. 그래서 쓰고, 또 썼던 것입니다.

교과서를 한번 펼쳐보세요. 정약용이 어떤 사람으로 기록되어 있습니까? 죄인 정약용? 아닙니다. 조선 후기 실학을 집대성한 대학자로 기록되어 있어요. 그뿐이 아닙니다. 정약용이 남긴 수많은 저서는 현대에도 활발히 연구되며, 정약용은 학자는 물론 일반인에게까지 존경받는 인물이 되었습니다. 정약용이 200여 년 전에 자신의 처지를 비관하며 아무 일도 하지 않았다면 결코 이루어질 수 없는 일이죠.

저는 인생의 고비를 만날 때마다 정약용의 남양주 생가로 가곤 합니다. 여유당 현판 아래에 앉아서 이런저런 생각을 해요. 역사 속 인물과 소통하면 지금 당장 닥친 문제를 조금 더 멀리서 바라볼 수 있게 되거든요. 역사라는 흐름 속에서 현재를 보게 되니까요. 마찬가지로 내 인생 전체에서 이 문제는 수많은 고비 중 하나일 뿐이라는 생각이 들어요. 이 고난이 인생의 끝은 아니라는 사실을 인식하면 조급한 마음을 약간은 덜어낼 수 있어요.

정약용의 고민과 제 고민의 내용이 완전히 같지는 않겠지만, 핵심은 비슷할 거예요. 왜 이렇게 일이 잘 풀리지 않을까? 이 난관을 어떻게 헤쳐가야 할까?

그 답은 정약용의 삶에 있습니다. 정약용은 18년간 귀양살이를 했고, 고향으로 돌아와 다시 18년을 보낸 뒤에 세상을 떠났습니다. 때로는 비참하고 암담했을 것입니다. 하지만 폐족이 되었음을 한탄하거나 힘든 세월을 그냥 흘려보내지 않았습니다. 자신이 할 수 있는 일을 찾았고, 읽고 쓰는 일을 꾸준히 해나갔습니다. 그의 여생은 평화로워 보일지 모르나 어쩌면 삶의 마지막 투쟁이었을 겁니다. 역사를 알았기에 고난을 버티며 투쟁해 나갈 수 있었던 것입니다.

정약용의 자식들은 아버지의 당부대로 살았습니다. 둘째 아들 정학유는 〈농가월령가〉라는 유명한 가사를 지어 그 시대의 풍속이 담긴 귀한 자료를 남겼습니다. 큰아들 정학연은 70세가 되어 벼슬을 얻었습니다. 그러면서 정약용의 집안은 드디어 폐족을 면하게 됩니다.

마지막으로 정약용이 자식들에게 당부했던 말을 전하며 이야기를 마칠까 합니다.

"진실로 너희들에게 바라노니, 항상 심기를 화평하게 가져 중요한 자리에 있는 사람들과 다름없이 하라. 하늘의 이치는 돌고 도는 것이라서, 한번 쓰러졌다 하여 결코 일어나지 못하는 것이 아니다."

역사의 쓸모

위기를 극복해 온
인류의 생존법

《역사의 쓸모》가 세상에 처음 나온 때는 2019년 6월이었습니다. 책이 큰 사랑을 받으면서 여러 도시에서 북토크를 열어 많은 독자를 직접 만나는 기회를 가졌습니다. 그런데 약 반 년이 지나자 코로나19로 팬데믹이 선포되더군요. 집합금지 명령이 내려져 사적 모임이 금지되었고, 음식점에서 식사를 하거나 목욕탕에 가는 등 일상적인 행위도 제한되었습니다. 갑자기 닥친 위기였죠. 혼란스러운 상황에 모두들 두려워했습니다.

저 역시 팬데믹 초기에 당혹감을 크게 느꼈습니다. 제 활동은 크게 온라인 강의와 오프라인 강연으로 나뉘는데요, 코로나 팬데믹으로 예정되어 있던 강연이 모두 취소되고 말았습니다. 여러 사람이 한 장소에 모일 수 없으니 당연한 일이었죠. 하지만 당시에는 예상하지 못했던 일이라 불안한 마음이 컸습니다.

그런데 흥미로운 기사 하나가 눈에 들어왔습니다. 팬데믹이 시작되자 알베르 카뮈의 소설 《페스트》 판매량이 전 세계적으로 상승했다는 기사였어요. 《페스트》는 흑사병 창궐로 봉쇄된 도시에서 여러 사람이 각자의 방식으로 재앙에 대처하는 모습을 그려 낸 소설입니다. 흑사병은 실제로 14세기에 유럽에서 유행했던 병입니다. 유럽 전역을 강타한 이 병 때문에 중세 유럽 인구의 3분의 1이 목숨을 잃었습니다. 유럽을 초토화시킨 병이라 해도 과언이 아니지요. 코로나19와 질병의 성격은 다르지만 사람들은 준비 없이 맞닥뜨린 재난을 이해하고 해결할 방법을 고전, 그리고 과거에서 찾으려 했습니다. 제가 즐겨 쓰는 '역사는 삶의 완벽한 해설서'라는 말이 어울리는 현상이었지요.

우리는 코로나19를 사상 초유의 위기로 표현했지만, 사실 인류의 역사는 인간이 위기에 대처해 온 기록과 다름없습니다. 역사를 살펴보면 어느 시기에나 전염병이 발생했고, 이 때문에 많은 사람이 목숨을 잃고 사회적으로도 큰 변화가 일어났어요. 코로나 팬데믹 이후 현대사회도 변화를 맞이했습니다. 이제껏 해왔던 방식 외에는 다른 방법이 없다고 생각했던 일도 실

역사의 쓸모

은 대안이 있다는 사실을 깨닫게 되었지요. 회사에 출근해야만 일을 할 수 있는 줄 알았는데, 재택근무를 해도 일을 하는 데는 큰 문제가 없었습니다. 영화관에서 영화를 보는 일이 일반적이었지만, 코로나19 이후 오히려 원하는 공간에서 원하는 시간에 영화를 볼 수 있는 OTT를 선호하는 사람이 늘었어요. 문화, 산업 등 여러 분야에서 큰 변화가 일어났습니다. 이처럼 인류는 지금까지 여러 위기를 극복해 왔고, 이후에 새로운 모습의 사회를 만들어냈습니다.

생각이 여기에 미치자 인류에게 닥친 여러 위기를 극복해 낸 방법이 궁금해졌습니다. 지금까지 인류가 생존할 수 있었던 특별한 비결이 있는지 역사에서 찾아보았지요. 그 기원을 찾아 역사를 거슬러 올라가다 보니 구석기 시대까지 가게 되더군요.

흔히 구석기 시대는 배고픈 평등사회라고들 해요. 쉽게 이야기하자면 콩 한 쪽도 반드시 옆 사람과 나눠 먹어야 하는 사회였죠. 수렵과 채집으로 먹고살던 시대라 먹을거리가 풍족하지도 않았을 텐데 왜 나눠 먹었을까요? 옆 사람이 죽으면 나도 죽기 때문입니다. 그때는 총이나 칼 같은 무기가 없었기 때문에 동물을 단번에 제압할 수 없었어요. 대부분의 동물이 인간보다 강했으니 혼자서 싸울 수도 없었죠. 그러니까 먹을 게 아무리 부족해도 나눠 먹어야 했습니다. 나중에 동물들이 위협해 오면 함께 맞서야 했으니까요.

지구에 등장한 수많은 생명체의 역사를 살펴보면 인간은 아주 약한 존재라는 사실을 새삼 깨닫게 됩니다. 뾰족한 이빨이나 날카로운 발톱도 없고, 독이나 날개를 가진 것도 아니에요. 언제 죽을지 몰라서 벌벌 떨며 살았을 것입니다. 그럼에도 인간이 멸종하지 않았던 건 서로 힘을 합쳤기 때문이에요. 연대가 곧 인간의 생존법이자 무기였던 것입니다.

이러한 사실은 우리나라 최초의 국가인 고조선에서도 발견할 수 있습니다. 고조선은 청동기 시대에 만주와 한반도 일대에 세워진 나라로, '홍익인간弘益人間'이라는 건국이념을 바탕으로 세워졌습니다. 홍익인간이라는 말을 처음 듣는 분은 드물 거예요. 학교 시험에서 단골 문제로 출제되는 말이거든요. 한 번쯤 그 뜻을 외워보셨을 테지만 아마 진지하게 살펴본 적은 없을 거예요. 그런데 조금만 생각해 보면 '널리 인간을 이롭게 하라'는 뜻의 홍익인간이 얼마나 사람을 중심으로 한 이념인지 알 수 있습니다. 다른 나라보다 힘이 세거나 더 많은 부를 축적한 나라를 만들려는 게 아니에요. 누군가에게 도움을 줄 수 있는 나라를 세우겠다는 마음인 거예요.

이러한 홍익인간의 정신은 한반도 역사 내내 이어집니다. 그래서 우리 역사에는 연대를 바탕으로 한 제도와 관습이 여럿

역사의 쓸모

존재합니다. 내내 농업 국가였으니 당연한 일인 것 같아요. 농사는 혼자 지을 수 없습니다. 네 땅, 내 땅 할 것 없이 모내기도, 김매기도 같이 해야 해요. 벼를 벨 때도 그렇습니다. 그래서 상부상조했어요. 두레와 계처럼 품앗이 문화가 널리 퍼졌죠. 나 혼자 잘 먹고 잘 사는 법이 아니라 모두 함께 잘 먹고 잘 사는 법을 고민한 결과입니다. 그러니 이 땅의 반만년 역사, 어찌 보면 인류의 생존법이 연대가 아닐까 하는 생각이 드는 거예요.

인간은 살기 위해 연대했고, 우리 사회에는 그 방식을 지켜내기 위한 나름의 장치가 많이 있었습니다. 그런데 자본주의 사회로 들어서면서 상황이 달라졌어요. 우리나라는 광복 이후 경제 성장이라는 한 가지 목표를 향해 달려가는 동안 경쟁과 효율이라는 가치에 내몰리게 되었지요. 남녀노소를 막론하고 치열한 경쟁과 극도의 효율에 익숙해졌습니다. 사람들은 개별화되고 파편화되었어요. '우리가 언제 연대하면서 살았나, 나 혼자 먹고살기도 힘든데', '굳이 누군가의 도움이 있어야 내가 사는 건 아니잖아'라는 생각이 굉장히 팽배해 있는 것 같아요. 무한 경쟁과 효율 추구는 우리나라의 시대정신이 된 것 같습니다.

물론 모두가 치열하게 살아온 덕분에 우리나라는 절대적 빈곤에서 벗어났고, '한강의 기적'이라 불리는 급성장을 이룬 나라가 됐어요. 그런데 행복하다는 사람은 좀처럼 만나기 어렵습니다. 경제 성장만을 향해 내달렸던 국가처럼 국민도 오로지 개인의 부와 명성이라는 한 가지 성공을 위해 달리고 있으니까요. 다들 치열한 경쟁 속에 내던져진 채 발버둥을 칩니다. 그 안에서 살아남으려면 어떻게든 남을 이겨야 한다고 생각해요. 그러는 동안 공동체 의식은 희미해지고 연대의 경험도 적어졌습니다. 그럴 수밖에 없어요. 피라미드 꼭대기는 좁잖아요. 함께 올라설 수 없습니다. 내가 올라가려면 남을 밀어내야 합니다.

가르치는 일을 하다 보니 학생들을 만날 기회가 많습니다. 평소에 착한 친구라 생각했던 학생이 있었는데 그 학생과 최근에 나눈 대화가 인상 깊었습니다. 그 학생은 수시를 준비하고 있어서 내신 관리가 중요했어요. 그런데 저를 만날 즈음에 학교 시험을 잘 보지 못한 모양이더라고요. 다음 시험을 잘 보면 된다고 응원해 줬는데 그보다 다른 친구들도 이번 시험을 못 봤으면 좋겠다고 하더군요. 이미 다른 친구들이 시험을 못 보게 해달라고 기도까지 했다고 했습니다. 농담일 수도 있지만 어린 학생이 이런 생각까지 하게 만든 게 어른들과 사회의 책임인 것 같아서 씁쓸하고 미안한 마음이 들었어요.

경쟁과 효율을 앞세우는 사회에서 살아가다 보니 자연스럽게 그런 생각이 들었을지도 모릅니다. 그러나 한 사람이 아니라 모두가 그렇게 생각하게 되면 이 생각은 곧 문화가 됩니다.

　　　　　　　　　역사의 쓸모

이미 우리 사회에서 타인은 협력의 대상이 아니라 경쟁의 대상이에요. 남이 어떻게 되든 나의 생존이 가장 중요한 각자도생의 시대가 도래했습니다.

문제는 각자도생이 오히려 생존에 불리한 방식이라는 점입니다. 이런 식으로라면 다 같이 살기 힘들어져요. 벌써 그 부작용이 나타나고 있습니다. 자살률은 높아지고, 출생률은 곤두박질치고 있잖아요. 사는 것 자체가 너무 버거운 일이 되었고, 자신이 경험한 혹독한 세상을 자식이 겪게 하고 싶지 않은 마음이 커졌기 때문일 거예요. 우리 사회를 향한 외면할 수 없는 경고등이 켜진 겁니다. 살아남기 위해 각자 살길을 찾지만 사실은 아무도 살아남지 못하게 되는 거죠. 한 드라마의 유명한 대사처럼 이러다가는 다 죽게 되는 거예요.

역사는 우리에게 말하고 있습니다. '연대'가 인류의 가장 주요한 생존법이었다고 말이죠. 하지만 사람들은 연대와 생존을 연결해서 생각하지 못합니다. 연대라 하면 대단한 희생을 해야할 것만 같거든요. 나도 먹고살기 팍팍한데 누굴 챙기냐는 겁니다. 연대를 이야기하면 세상 물정 모르는 사람 취급을 받는 일도 흔하고요. 그런데 저는 이런 생각이 연대를 과대포장하는 데서 비롯된 것이라고 생각해요. 연대라는 게 그렇게 거창하기만 한 일이 아니거든요. 그저 내 자리에서 내가 할 일을 하는 것. 그럼으로써 타인에게 선한 영향력을 미치는 것. 그것 또한 연대입니다.

우리 역사에도 작은 연대가 모여 위기를 해결한 사례가 많이 있습니다. 그중에서도 저는 1987년 6월에 있었던 연대를 이야기하고 싶어요. 이때의 이야기는 영화 〈1987〉로도 만들어져 많은 사랑을 받았는데, 영화의 줄거리를 따라가 보려 합니다.

영화에서 경찰에 끌려간 학생이 사망하는 사건이 발생해요. 참고인 자격으로 조사를 받던 박종철이라는 학생이었습니다. 경찰은 사망한 학생을 얼른 화장해서 사건을 마무리하려 했습니다. 기자들의 취재가 시작된 후에는 "책상을 탁 치니 억하고 쓰러졌다"며 상황을 무마하려 했죠.

영화의 스토리는 이 사건을 둘러싼 인물을 중심으로 긴박하게 흘러갑니다. 검사는 부검을 하기 전까지 화장을 허락할 수 없다고 버텨요. "어떤 아버지가 아들 시신도 확인도 안 하고 화장을 하라고 그러나"라며 경찰의 화장 요청을 거부하죠. 사망 원인을 명확히 알 수 없으니 당연한 일이었습니다. 상식적인 태도였죠.

박종철의 시신을 본 의사는 심장마비가 사인이 아니라고 이야기합니다. 시신을 보고 자신의 의학적 지식을 바탕으로 의견을 밝힌 거예요. 그리고 부검을 한 부검의는 고문에 의한 질식

역사의 쓸모

사라고 소견서를 작성합니다. 경찰이 소견서를 다르게 좀 써달라고 해도 부검한 결과 질식사라면서 있는 그대로 씁니다.

하마터면 이 진실은 모두 묻힐 뻔했습니다. 그런데 기자 한 명이 의사들을 만나면서 이 사실을 파헤쳐요. 교도소의 교도관도 수감 중인 언론인과 재야인사의 소통을 은밀히 돕습니다. 기자는 취재 결과를 한 대학생의 의문사를 다룬 기사로 작성해서 제출합니다. 당시는 '보도지침'이라는 이름으로 정부가 언론을 통제하던 시대였어요. 기사를 받아본 언론사 데스크 부장은 이렇게 이야기해요. "경찰이 고문해서 대학생이 죽었는데, 보도지침이 대수야? 앞뒤 재지 말고 들이박아!" 덕분에 보도지침은 무시되고 기사가 실리죠. 기사를 읽은 학생들은 호헌 철폐와 독재 타도를 외치며 거리로 쏟아져 나옵니다.

당시 정권을 잡고 있던 전두환정부는 태생부터 정통성을 갖지 못했습니다. 1979년 12·12군사 반란으로 권력을 찬탈한 전두환은 1980년 광주에서 5·18민주화 운동이 일어나자 군인들이 국민을 향해 발포하도록 했습니다. 정통성이 없으니 불법적인 방법으로 정부를 유지할 수밖에 없었던 것입니다. 학생들은 이러한 전두환정부의 독재에 저항했고, 그 과정에서 서울대학교 3학년 박종철이 서울 남영동 대공분실에서 물고문을 받다가 사망한 것입니다.

자칫하면 묻혀버릴 뻔했던 한 대학생의 죽음이 자신의 위치에서 자신의 일을 한 사람들 덕분에 세상에 알려졌습니다. 검사는 검사의 일을, 의사는 의사의 일을, 기자는 기자의 일을 그저 했을 뿐입니다. 저는 이것이야말로 진정한 의미의 연대라고 생각합니다. 저마다 자신의 자리에서 자기가 해야 할 일을 제대로 한 것뿐이에요. 하지만 개개인의 충실함이 알게 모르게 타인에게 좋은 영향을 미쳐 진실을 수면 위로 끌어 올렸습니다.

박종철의 죽음에 대한 진실을 알게 된 학생들은 거리로 뛰쳐나왔습니다. 택시운전기사들은 자동차 경적을 울리며 동의의 뜻을 밝혔어요. 직장인들은 빌딩 안 사무실에서 휴지를 던졌습니다. 학생들이 최루탄 가스 때문에 눈물을 흘리니까 휴지를 던져준 거예요. 상인들은 최루탄을 맞고 도망가는 시위대가 얼굴을 씻을 수 있도록 물에 적신 수건을 건네주기도 했습니다. 이 내용을 하나씩 들여다보면 크고 거창하지 않습니다. 하지만 이것이 연대가 아니면 무엇이겠습니까.

6월 항쟁은 전국으로 번졌고, 결국 군사 독재 정치를 종식시켰습니다. 시민 한 사람, 한 사람의 행동은 그리 화려해 보이지 않지만 그 행동이 모여서 우리 현대사의 가장 큰 변화, 바로 대통령 직선제를 쟁취하는 결과를 가져온 것입니다.

저는 코로나 팬데믹 때도 비슷한 모습을 보았습니다. 다들 위기 상황에서도 각자의 자리에서 자신에게 주어진 임무를 수행하면서 위기를 함께 극복해 내려 했잖아요. 방역에 앞장섰던 공무원들, 방호복을 입고 바이러스 속으로 뛰어든 의료진들, 일상의 불편함을 기꺼이 감수한 수많은 시민들…. 그렇게 해야만 바이러스와의 싸움에서 이길 수 있다고 판단한 거지요. 모두가 자신의 몫을 충실히 해낼 때 생존 가능성이 높아진다는 사실을 체감했습니다.

앞서 언급했던 소설 《페스트》에서 제게 특히 인상적이었던 장면은 의사인 리외와 기자 랑베르의 대화입니다. 리외는 체념하거나 신에 기대지 말고 인간 스스로 최선을 다해 싸워야 한다고 생각했어요. 두 사람의 대화는 위기 앞에서 인간이 어떤 자세를 취해야 하는지 보여줍니다.

"이 모든 일은 영웅주의와 관계가 없습니다. 그것은 단지 성실성의 문제입니다. 아마 비웃음을 자아낼 만한 생각일지도 모르나, 페스트와 싸우는 유일한 방법은 성실성입니다."
"성실성이 대체 뭐지요?" 하고 랑베르는 돌연 심각한 표정으로 물었다.
"일반적인 면에서는 모르겠지만, 내 경우로 말하면, 그것은 자기가 맡은 직분을 완수하는 것이라고 알고 있습니다."

코로나19라는 전에 없던 어려움을 이겨내기 위해 우리는 힘을 모았습니다. 각자에게 맡겨진 일을 성실히 완수하며 위기를 극복해 냈어요. 오랜 시간 잊고 있던 연대라는 가치를 환기하는 시간이었습니다.

앞으로도 인류에게는 위기가 찾아올 거예요. 지난 역사에서 그랬듯 위기는 계속 반복되겠지요. 그러나 인류는 또다시 살아남을 것입니다. 수천 년 역사를 통해 검증된 생존법이 있으니까요. 우리는 위기를 극복할 것이고, 그 사실을 역사로 남길 것입니다. 어쩌면 그것이 역사의 가장 큰 효용인지도 모르겠습니다. 역사를 통해 연대와 같은 소중한 가치를 기억하는 한 인류는 계속해서 생존할 테니까요.

역사가 내게 가르쳐 준 것들

2장

약소국 신라가
삼국통일의 주인공이 되기까지

혁신

스포츠 좋아하시나요? 저는 열렬한 야구팬인데요, 야구를 보다 보면 스포츠가 한 편의 드라마 같다는 생각을 많이 합니다. 영원한 승자도, 패자도 없을뿐더러 때로는 의외라고 할 만한 반전이 일어나기도 하니까요. 끝날 때까지 끝난 것이 아니라는 말이 딱 맞죠. 그런데 스포츠만큼 반전의 묘미를 주는 것이 또 있습니다. 그 어떤 것보다 극적인 반전으로 가득한 역사입니다.

우리나라 삼국 시대만 봐도 그렇습니다. 고구려는 드넓은 영토와 강한 군사력을 자랑하던 나라였고, 백제는 일찍이 중앙집권체제를 갖추었을 뿐만 아니라 곡창지대에 위치한 덕분에 경제적으로나 문화적으로 융성한 나라였어요. 일본에도 많은 영향을 주었죠. 두 나라에 비하면 신라는 영토도 작고 발전도 늦었습니다. 하지만 삼국을 통일한 건 신라입니다. 가장 힘이 약했던 나라가 어떻게 최후의 승자가 되었을까요? 어떤 사람들은 당의 힘을 빌렸기 때문이라고도 하지만, 단지 그것만으로 이 반전을 설명할 수는 없습니다.

고구려, 백제, 신라는 차례로 전성기를 누렸습니다. 4세기 백제 근초고왕, 5세기 고구려 광개토태왕과 장수왕, 6세기 신라 진흥왕. 이렇게 배웠던 기억이 있을 겁니다. 돌아가며 강세를 떨쳤던 삼국은 7세기에 마지막으로 자웅을 겨룹니다. 특히 642년은 아주 대단한 해였어요. 역사에 길이 남을 만한 해였죠.

우선 641년에 왕위에 오른 백제의 의자왕이 신라를 거칠게 몰아붙였습니다. 의자왕은 즉위 이듬해인 642년에 신라의 40여 개 성을 빼앗는 데 성공했습니다. 그리고 기세를 몰아 대야성 전투에서 신라를 무릎 꿇리죠. 대야성이 어디냐 하면 백제와 신라 사이의 전략적 요충지입니다. 당시 백제의 수도가 부여였고, 신라의 수도가 경주였는데 대야성은 그 중간 관문이었어요. 지금의 합천 자리입니다. 대야성을 빼앗긴 신라는 치명타를 입은 거나 다름없었지요. 그냥 내달리면 경주에 도착하거든요. 신라로서는 엄청난 위기였습니다.

안으로는 가뭄과 지진 등 자연재해가 연이어 일어났습니다. 한마디로 나라가 위태로운 시기였죠. 고민하던 신라는 200여 년 전에 자신들을 도와준 적이 있는 고구려에 도움을 청하기로 합니다. 400년에 왜가 신라에 쳐들어와 경주가 거의 무너질 지경에 이르렀을 때 고구려가 군대를 보내주었기 때문입니다. 도와달라는 신라의 요청에 고구려의 광개토태왕은 무려 5만여 명의 군대를 보내서 왜군을 다 쓸어버렸고, 그 과정에서 금관가야도 초토화했습니다. 그러니까 이번에도 고구려에 도움을 청하려 했던 것이죠. 당시 신라의 왕이었던 선덕여왕이 고구려에 사신을 보냈는데, 그 사신이 바로 훗날 태종무열왕이 되는 김춘추입니다.

642년은 신라뿐만 아니라 삼국 여기저기에서 큰 사건이 일어난 해입니다. 고구려에서는 연개소문이 쿠데타를 통해 권력을 잡은 사건이 벌어졌죠. 사신으로 간 김춘추는 연개소문에게 상황을 전하고 도움을 요청합니다. 그러나 연개소문은 예전에 신라가 고구려로부터 빼앗은 한강 유역의 땅을 돌려주면 군사를 보내겠다고 답합니다. 신라 입장에서 이것은 고려해 볼 수도 없는 제안이었어요. 결국 신라는 진퇴양난의 상황에 처하게 되었습니다.

즉위 과정부터 순탄하지 않았던 선덕여왕은 위기를 느낄 수밖에 없었습니다. 그러나 그냥 무너지지 않았습니다. 해목은 관습에 얽매이지 않고 접근법을 바꿔서 이 위기를 타개합니다. 말 그대로 혁신한 것이지요.

우선 선덕여왕은 다음 해에 탑을 짓습니다. 나라 안팎으로 위기인 상황에서 황룡사 9층 목탑을 지어 올리라고 명령을 내린 거예요. 무척 과감한 정치적 결단이었습니다. 많은 왕이 왕권 강화를 위해 토목 사업을 벌이지만 그때마다 원성도 자자했거든요. 나라 사정도 안 좋은 마당에 탑을 지었으니 선덕여왕도 어느 정도 부담을 안고 있었을 거예요. 게다가 황룡사 9층 목탑은 높이가 80미터에 이르는 어마어마한 탑이었습니다. 80미터면 아파트 30층에 달하는 높이입니다. 그 규모를 상상하면 굉장하죠? 몽골 침입 때 황룡사가 불에 타지 않았다면 황룡사 9층 목탑은 현재 우리나라를 상징하는 건축물이 되었을 겁니다.

이 목탑의 각 층은 당시 신라를 괴롭히던 주변 나라를 상징합니다. 1층부터 차례로 일본, 당, 오월, 탐라, 백제, 말갈, 거란, 여진, 고구려의 이름을 넣었어요. 탐라는 제주도의 옛 이름입니다. 정말 작은 나라였는데 그런 나라까지도 신라를 괴롭혔으니 당시 신라의 입지가 얼마나 좁았는지 알 수 있지요.

왜 주변 나라의 이름을 탑에 새겼을까요? 한마디로 언젠가는 신라의 발아래 두겠다는 의지의 표현이었습니다. 비록 지금은 신라가 작은 나라지만 힘 있는 나라가 되겠다는 것이었죠. 현대에는 고층빌딩이 많지만 그때는 그런 게 없었잖아요. 황룡사 9층 목탑만 눈에 띄었겠지요. 경주 전역 어디에서나 볼 수 있었을 겁니다. 경주 사람들이 아침에 눈 뜨고 일어나 농사를 지으러 나가면 무엇이 가장 먼저 보였을까요? 황룡사 9층 목탑이었겠죠. 이것이 선덕여왕의 바람이었어요. 신라인들의 마음을 모으는 것. 우리도 강해질 수 있다는 비전을 신라인과 공유하는 것이었죠.

혼자만의 비전은 몽상이나 망상으로 그칠 수 있지만, 함께 꾸는 꿈은 현실이 됩니다. 조직이 움직이려면 비전이 있어야 합니다. 분명한 상을 보여주고 그곳을 향해 같이 가자고 설득해야 해요. 선덕여왕은 그 비전과 꿈의 상징으로 황룡사 9층 목탑을 지은 겁니다. 실제로 선덕여왕은 이 탑을 완공한 뒤에 이렇게 선언합니다. "우리가 삼국의 주인공이 될 것이다." 이 꿈은 결국 이뤄지지요. 신라는 660년에 백제를 제압하고, 668년에 고구려까지 물리칩니다. 가장 작고 힘없던 나라가 삼국의 주인공으로 우뚝 서게 된 것입니다.

저는 신라의 삼국통일, 그 발칙한 상상이 황룡사 9층 목탑에서 시작되었다고 생각합니다. 선덕여왕은 불가능해 보이는 꿈을 가슴에 품고, 황룡사 9층 목탑을 지었어요. 그렇게 꿈을 향해 한 발 내디딘 것이죠. 어디로 나아가야 할지 분명한 비전이 있었기에 혁신도 가능했습니다. 그저 지금 당장의 공격을 막아내는 데 급급했더라면, 또는 강국이 되어야겠다는 막연한 생각만 있었다면 혁신은 이루어지지 않았을 겁니다.

비전을 세웠으면 그 비전을 실행할 인재가 필요하겠죠? 신라의 삼국통일에 가장 큰 공을 세운 두 사람이 있어요. 김춘추와 김유신입니다. 이들은 원래 신라 조정의 비주류였습니다. 아웃사이더죠.

김춘추는 왕족이기는 했지만 할아버지가 폐위를 당해 어찌 보면 폐족이라고 할 수 있었어요. 게다가 앞에서 언급한 대야성의 성주가 김품석이라는 사람이었는데, 이 사람이 김춘추의 사위였습니다. 요충지를 빼앗긴 것만으로도 질타의 대상이 될 텐데, 사실 대야성 전투는 김품석 때문에 패배한 것이나 다름없었습니다. 김품석이 부하의 부인을 탐했고, 이를 원망하던 부하가 백제군과 내통한 것이 패전의 원인이 되었거든요. 김춘추도 그 전투로 딸을 잃은 슬픈 상황이었지만 사위의 잘못으로 중요한 성을 잃었으니 김춘추를 향한 반대파들의 정치 공세가 적지 않았습니다.

김유신은 사실 신라 출신이 아니라 가야 출신이었습니다. 금관가야 왕족의 후손이었어요. 앞서 광개토태왕이 신라의 요청으로 왜를 무찌르기 위해 군대를 보냈을 때 금관가야도 크게 약화되었다고 했지요. 그 뒤에 결국 신라에 흡수되거든요. 김유신은 지배층으로 편입되긴 했지만 신라 지배층 사이에서는 차별을 받을 수밖에 없었습니다.

선덕여왕은 이처럼 비주류인 김춘추와 김유신을 등용합니다. 아무리 능력이 뛰어나도 타고난 신분의 한계를 극복하기 어려운 폐쇄적인 골품제 나라에서는 무척 놀랄 만한 사건이었습니다. 선덕여왕의 그런 행동이 이미 혁신이었어요. 김춘추와 김유신 같은 사람을 등용했기에 신라와 이웃하지 않은 나라인 당과 손을 잡는다는 새로운 발상도 가능했을 겁니다. 기존의 주류 세력이었다면 그런 생각을 하기 어려웠을 거예요.

물론 당과 손잡는 일은 쉽지 않았습니다. 당시는 당 태종 집권기였는데, 그는 많은 업적으로 지금도 중국인의 존경을 받고 있지만 작은 나라인 신라를 우습게 봤습니다. 선덕여왕에 대해서도 어떻게 여자가 왕을 하냐며 모욕적인 발언을 하고 내가 여기 있는 당 남자 중에 똑똑한 사람을 뽑아서 보내줄 테니 그자를 왕으로 삼으라고 할 만큼 굉장히 무시했습니다. 신라와 손을 잡을 생각이 없었던 거지요.

그런데 645년에 고구려와 당 사이에 큰 싸움이 납니다. 당 태종이 642년 연개소문이 일으킨 쿠데타를 핑계로 고구려에 군대를 이끌고 쳐들어간 거예요. 고구려의 성을 차례로 함락시키던 당군은 마침내 안시성을 공격합니다. 안시성 전투는 3개월간 이어졌는데 안시성 성주와 백성들은 끝내 성문을 열지 않고 막강하기로 유명했던 당의 대군을 물리칩니다. 그토록 칭송받던 당 태종도 안시성 앞에서 와르르 무너져 버렸습니다. 아주 혼비백산해서 도망을 갔거든요. 당 태종 본인도 아마 큰 충격에 빠졌을 겁니다. 그만큼 당 입장에서는 쓰라린 패배였죠.

신라는 고구려와 당의 싸움을 지켜보았습니다. '우리를 그렇게 무시하더니 고구려에 졌네?' 하면서 패배 원인이 뭘까 살펴보니 바로 보급로 때문이었습니다. 제아무리 강하다고 한들 수십만이나 되는 대군이 먹을 식량이 없으면 어떻게 되겠어요? 제대로 싸우기는커녕 떼로 굶어 죽는 거잖아요. 전쟁을 하려면 우선 보급로를 안정적으로 확보하는 것이 중요한 이유입니다. 쓰디쓴 패배의 원인인 보급로 문제를 신라가 해결해 주겠다고 나서자 뻣뻣했던 당이 드디어 제안을 받아들입니다. 이렇게 나당연합이 시작된 것이죠. 신라는 무시당하면서도 매의 눈으로 틈을 엿보다 기회를 낚아챘습니다.

660년에 당이 대군을 파견했고, 같은 해에 김춘추는 의자왕의 항복을 받아냈습니다. 갑자기 밀려드는 나당연합군을 막지 못한 백제는 멸망합니다. 김춘추는 다음 해에 죽고 말지만 668

년 고구려가 멸망하면서 삼국통일의 주인공은 신라가 됩니다. 선덕여왕이 세웠던 비전대로 가장 약하고 힘없는 나라인 신라가 최후의 승리자가 된 것이죠.

제가 학교에 있을 때 느낀 것 중 하나가 본인이 속한 집단 안으로 시야를 좁히면 쉽게 불행해진다는 것입니다. 학창 시절을 떠올려보세요. 학교라는 공간에서는 공부를 잘하는 아이들이 주목을 받습니다. 우리나라에서는 중고등학교가 대학입시 위주로 운영되기 때문이죠. 그래서 성적이 좋지 않은 학생들은 스스로가 못났다며 자책하는 경우가 많습니다. 학생에게는 학교가 세상의 전부니까, 거기서 빛을 보지 못하면 영영 패배자가 될 것만 같은 생각이 드는 것이죠.

하지만 어디 인생이 그렇습니까? 야구 경기에서 한 이닝이 종료되면 다음 회가 시작하듯 인생의 다음 단계로 넘어갈 때마다 매번 게임은 다시 시작됩니다. 사회에서는 학교와 다른 기준이 적용되죠. 혼자 똑똑한 사람보다는 소통과 협력을 잘하는 사람이 원만한 사회생활을 하고 성과를 내지요. 저 역시 제자들을 통해서 그런 경우를 참 많이 보았습니다.

비단 학생들만 그런 것은 아닐 겁니다. 직장인도 조직에서 좋은 성과를 내지 못하면 불안하고 초조해지기 마련이니까요. 하지만 지금 내가 처한 현실이 삶의 전부라고 섣불리 결론 내리지 않으면 좋겠습니다. 인생은 끝날 때까지 끝난 게 아니니까 말이죠.

앞이 보이지 않는 위기에 부딪힌다면 642년의 신라를 떠올려봅시다. 그리고 그들의 생각과 결정의 흐름을 따라가는 거예요. 가장 먼저 비전을 세워야겠죠? 위기를 극복하는 것뿐 아니라 최종적으로 자신이 무엇을 바라보고 나아가야 할지 그 목표를 정해보는 겁니다. 선덕여왕이 황룡사 9층 목탑을 세웠듯이 말이죠. 어쩌면 지금이 혁신의 적기일지 모릅니다. 새로운 시선으로 나와 내 주위를 바라보고, 새로운 첫걸음을 떼야 하는 때가 온 것이죠. 위기를 기회로 만드는 발상의 전환이 우리가 써내려가는 인생 드라마에 최고의 반전이 되어줄 것입니다.

태양의 나라 잉카제국은
왜 멸망했는가

성찰

　몇 년 전에 페루에 다녀왔습니다. 잉카 문명의 흔적과 마추픽추를 두 눈으로 직접 보고 오겠다며 야심 차게 떠났는데 공항에 도착하자마자 집에 가고 싶어졌어요. 잉카제국의 수도였던 쿠스코가 해발 3,400미터에 위치한 도시라 고산병에 걸려버린 겁니다. 마추픽추를 보러 가기도 전에 이미 숙소에서 뻗어버렸어요. 고산병이라는 게 심장과 폐가 다 쪼그라드는 것 같은 느낌을 주더군요. 숨을 들이쉴 수가 없었습니다. 숨을 쉬기 어려우니까 산소도 공급이 안 될 테고, 그래서인지 머리가 터질 것 같고 손발이 저리기 시작했습니다. 고통스러워서 잠을 자기 어려웠어요.

밤새 헉헉거리다가 여기서 죽을 수는 없다 싶어서 새벽 2시에 숙소 프런트로 내려갔습니다. 직원에게 마추픽추고 뭐고 난 내려가야겠으니 가장 빨리 내려갈 수 있는 길을 찾아달라고 했습니다. 그랬더니 하는 말이, 두 시간 정도 가면 고도가 좀 내려간다는 거예요. 얼마나 낮아지냐고 물었더니 3,100미터랍니다. 장난하나 싶었죠. 난 못 간다, 죽을 것 같다면서 고통을 호소했더니 그제야 제 상태가 심각해 보였는지 산소호흡기를 주더라고요. 그걸 딱 대니까 사막에서 오아시스를 발견한 것처럼 살 것 같더군요. 산소가 얼마나 고마운 건지 그때 알았습니다.

호흡기로 위기의 밤을 보내고 나니 조금 살 만해졌습니다. 산소가 들어가고 몸이 서서히 고도에 적응해서 그런 것 같아요. 몸이 나아지자 그제야 도시 곳곳이 눈에 들어왔습니다.

제일 먼저 감탄했던 것은 12각 돌입니다. 잉카인들은 돌과 돌을 끼워 맞춰서 건물을 지었습니다. 석조 건축 문화였지요. 그런데 그 벽을 보면 돌과 돌 사이에 종이 한 장 들어갈 틈이 없어요. 12각 돌도 열두 개의 모서리가 주변의 돌과 아주 정교하게 맞닿아 있습니다. 저마다 다른 모양의 돌을 완벽하게 끼워 놓았더라고요. 돌 다루는 기술이 혀를 내두를 정도입니다. 포털 사이트에서 검색해 보면 사진을 볼 수 있습니다. 직접 보면 더 좋겠지만 고산병 때문에 함부로 추천을 못 하겠어요. 사진이나 영상으로 보는 방법도 괜찮습니다.

'모라이moray'도 탄성을 자아냈습니다. 모라이는 쉽게 말해서 계단식 논 같은 것인데, 로마의 원형경기장처럼 되어 있어요. 바깥쪽에서 가운데로 갈수록 낮아지는 거죠. 그런데 각 층의 온도가 달라요. 안쪽의 가장 깊은 곳은 햇빛을 직접 받는 곳이고, 한 층씩 올라갈 때마다 온도가 조금씩 떨어집니다. 그래서 각 층에 그 온도에 맞는 작물을 재배하는 거예요. 가장 높은 곳에는 감자를, 가장 낮은 곳에는 옥수수를 심었다고 해요. 농업기술도 발달해 있었다는 뜻입니다.

그런 길을 지나서 공중도시 마추픽추에 도착하면 그 신비로운 도시는 과학적인 설계가 있어야만 만들 수 있다는 것을 깨닫게 됩니다. 왜 그런 공중도시를 건설했는지 아직까지 밝혀지지 않았지만 그들이 남긴 문화유산을 보면 고도로 문명이 발달한 나라인 것만은 분명합니다.

'잉카 문명'이라고 하니까 수천 년 전 고대 문명처럼 느껴지지만 그렇지 않아요. 잉카제국은 1438년에 건국되어 1533년에 멸망했으니까요. 우리나라 역사와 비교하면 조선 왕조 초기와 동시대입니다. 어쨌거나 잉카제국의 유산을 보고 나면 이런 생각이 듭니다. '이렇게 잘나가던 나라가 왜 100년 만에 망했지?'

잉카제국을 무너뜨린 사람은 프란시스코 피사로^{Francisco Pizarro}입니다. 신항로를 개척해 새로운 땅을 발견하고 그곳을 정복했던 인물 중 하나지요. 당시에는 그런 사람이 무척 많았어요. 콜럼버스가 황금이 가득한 신대륙을 찾았다는 소문이 퍼지자 너도나도 금을 찾아 떠났던 거예요. 그래서 새로운 땅에 도착하면 금을 찾겠다면서 현지인을 약탈했습니다.

이런 무자비한 정복자들 때문에 아메리카 대륙에 있던 나라는 차례로 무너졌습니다. 멕시코의 아즈텍제국이 먼저 멸망했고, 그다음에는 페루의 잉카제국이 몰락했지요. 아즈텍제국을 무너뜨린 사람은 에르난 코르테스^{Hernán Cortés}, 바로 피사로의 친척이었습니다. 피사로는 10여 년 전에 먼저 떠난 코르테스처럼 '엘도라도', 즉 황금의 땅을 찾아 나섰던 겁니다.

피사로와 그 무리들은 남쪽 어딘가에 황금이 많은 땅이 있다는 정보를 듣고 무작정 떠납니다. 그러나 순탄치 않았어요. 사람들이 힘들어서 도저히 못 가겠다면서 집으로 돌아가기를 원했기 때문입니다. 아마도 저처럼 고산병에 시달렸던 것 같아요. 이때 피사로가 나섭니다. 땅에 선을 하나 딱 그어요. 그리고 이야기합니다. "북쪽에는 안정과 가난이, 남쪽에는 황금과 죽음이 있다. 나와 함께할 사람은 이 선의 남쪽에 남아라!" 피사로의 말에 딱 열세 명이 남습니다. 그들만이 계속 가겠다며 버텼고, 이후 스페인 왕실의 지원을 받아 병사 180여 명과 말 30여 마리를 끌고 페루로 원정을 떠납니다.

피사로는 친척이자 선배이기도 한 코르테스의 사례를 꼼꼼하게 분석했습니다. 코르테스는 고작 1,000여 명의 병력으로 아즈텍이라는 큰 나라를 무너뜨리고 멕시코를 세웠지요. 그럴 수 있었던 이유는 아즈텍제국의 왕을 사로잡고 아즈텍에 앙심을 품고 있던 부족들을 포섭했기 때문입니다. 피사로는 자신도 코르테스처럼 할 수 있다고 믿었습니다. 믿음이 없었다면 180여 명의 군사로 인구 600만에 8만 병력을 가진 잉카제국을 상대할 생각을 하지 않았을 것입니다.

피사로는 잉카제국의 황제 아타우알파Atahualpa에게 자신을 보러 올 것을 청합니다. 왕을 위해서 우리가 잔치를 열 테니 참석해 달라고 말이죠. 이때 피사로가 선택한 장소는 페루 카하마르카라는 도시의 광장이었습니다. 광장은 3면이 200미터 정도 높이의 담장으로 둘러싸여 있고 한쪽만 열려 있는 특이한 구조입니다. 병력이 열세하니 전략적으로 장소를 선택한 것입니다. 잉카제국의 정규군만 8만 명인데 180명이 싸워서 이길 수가 없잖아요. 그래서 대군이 들어오지 못하는 장소를 선택한 거예요. 이순신 장군이 단 열두 척의 배로 그보다 열 배나 많은 적선을 물리치기 위해 폭이 좁고 물살이 빠른 울돌목을 택한 것처럼 말이죠.

아타우알파가 피사로의 초대에 응했을까요? 왕은 수락합니다. 수만의 군대가 있었으니 두렵지 않았던 거예요. 아마 조금도 긴장하지 않고 '이 특이하게 생긴 애들은 뭐지?' 하는 호기심으로 응했을 겁니다.

다음 날 아타우알파가 도착하자 피사로의 무리 중 수도사가 성경책을 들고나왔습니다. 그리고 스페인 국왕의 조서를 읽기 시작합니다. 이게 무슨 내용이냐 하면 서양 열강들이 다른 땅에 쳐들어가면서 꼭 했던 주장인데, 미개한 원주민들에게 기독교를 전해 교화시킨다는 내용이었어요. 아타우알파는 별 흥미가 없었겠지요. 잉카제국에는 문자가 없었기 때문에 책이란 게 무엇인지도 몰랐을 겁니다. 신기해했던 것도 잠시, 잉카의 황제는 성경책을 바닥에 던져버립니다. 분위기가 순식간에 안 좋아졌어요. 수도사는 화를 내며 용서할 수 없다고 외쳤고 그 외침을 신호로 전투가 시작됐습니다.

'탕탕' 총소리가 들리자 잉카인들은 엄청나게 놀랍니다. 피사로의 군대가 가진 무기는 총과 대포, 그리고 말이었어요. 세 가지 모두 잉카제국에는 없는 것이었습니다. 총이 뭔지도 몰랐으니 총알이 발사되는 소리도 처음 들었겠죠. 얼마나 무서웠겠어요. 총이 아니라 총소리만으로 공포에 사로잡혔어요. 깜짝 놀라 엎드려 있는데 기마병들이 말을 탄 채 그 사이를 헤집고 다니는 거예요. 잉카인들의 눈에는 탱크처럼 보였을 겁니다. 상황이 이러니 다들 벌벌 떨다가 혼비백산해서 도망갈 수밖에요. 대군을 이끌고 온 아타우알파는 이 과정에서 별 저항도 못 하고 생포됩니다. 전투는 너무나 허무하게 끝났습니다.

붙잡힌 아타우알파는 스페인 사람들의 진짜 목적을 알게 됩니다. 선교가 아니라 금은보화라는 것을요. 그래서 제안하죠. 자신이 갇혀 있던 방을 금과 은으로 가득 채워 줄 테니 그만 풀어달라고 말입니다. 아타우알파가 갇혀 있던 곳의 크기는 가로 6.7미터, 세로 5.2미터, 높이 2.4미터였어요. 그 큰 방을 채우려다 보니 잉카제국 각지에서 금과 은을 털어 왔어야 했죠. 방 안 가득 채운 금은을 스페인 사람들은 모조리 녹여 나누어 가졌습니다. 그 양이 금 6,087킬로그램, 은 1만 1,793킬로그램이라고 하니 어마어마하죠? 그러나 약속을 지킨 잉카의 황제를 기다리고 있는 것은 죽음이었습니다.

태양의 나라 잉카는 이렇게 멸망의 길에 들어섭니다. 약 180명의 군사에 제국이 무너진 것은 피사로의 치밀함도 한몫했지만 잉카 황제 아타우알파의 오만과 무지가 결정적이었습니다.

아타우알파는 적에 대해 몰라도 너무 모르고 있었어요. 모를 뿐만 아니라 상대에 대해 알아볼 생각도 전혀 없었죠. 그저 '나에게는 수만의 군대가 있다, 나는 태양의 신이다, 우리는 주변 부족과 싸워 항상 이겼다, 우리는 최강이다'라는 생각에 파묻혀 있었을 겁니다. 아타우알파는 관성에 따라 늘 하던 대로 사고하고 늘 하던 대로 행동했습니다. 그 안일함에 오랜 시간 쌓아온 문명이 한순간에 와르르 무너진 것은 아닐까요?

＊＊＊

관성이란 참으로 무섭습니다. 연개소문의 경우도 마찬가지예요. 능력만 놓고 따지자면 연개소문은 분명 뛰어난 인물입니다. 연개소문은 신흥 귀족 출신이에요. 말 그대로 새로운 세력이다 보니 이미 권세를 누리고 있던 구舊 귀족들에게는 탐탁지 않은 존재였습니다. 구 귀족들은 연개소문을 천리장성 축조 감독자로 임명해 천리장성으로 가는 길목에서 그를 죽이기로 모의합니다. 그런데 연개소문이 이를 눈치채죠. 그리고 자신이 먼저 그들을 치기로 결심합니다.

642년 연개소문은 천리장성 축조 감독자로 떠나기 전에 연회를 열겠다면서 왕과 귀족들을 초대했습니다. 모두를 한자리에 모으기 위한 함정이었죠. 연개소문의 신호가 떨어지자 탁자밑에 숨어 있던 병사들이 튀어나와서 그곳에 있던 100여 명의 귀족을 모조리 죽입니다. 왕도 토막을 내서 시궁창에 버렸다는 이야기가 《삼국사기》에 실릴 정도로 연개소문은 잔인하기로 유명했습니다.

정권을 잡은 뒤에도 연개소문은 고구려를 강력하게 통제했습니다. 그에 대한 평가는 많이 엇갈려요. 교과서에는 당의 군대를 여러 번 물리쳐 고구려를 지킨 용맹한 인물로 묘사되고 있지만 역적이자 독재자로 보는 시각도 있습니다.

어쨌든 그가 권력을 휘두르던 당시 고구려는 분명 강대한 나라였습니다. 중국도 함부로 건드리지 못했어요. 고구려는 이미 수의 대군을 세 차례나 물리친 경험이 있었습니다. 중국 대륙을 통일했던 수는 고구려에 패한 뒤 힘을 쓰지 못하다가 짧은 역사를 남긴 채 망해버립니다. 수의 뒤를 이어 세워진 당 역시 당 태종이 군사를 이끌고 쳐들어왔다가 안시성에서 혼쭐이 났어요. 주변에서도 인정하는 강한 나라가 고구려였습니다.

그런데 이 때문에 연개소문도 안일해졌나 봅니다. 고구려는 강하며, 지금까지 이겨왔고, 앞으로도 그러리라고 생각했겠지요. 앞에서 이야기했듯이 642년에 김춘추가 제안했던 신라와의 동맹을 거절한 것도 신라는 신경 쓸 것 없다는 오만 때문이었습니다. 당과 관계가 계속해서 나빠졌음에도 그 두 나라가 손을 잡을 가능성은 염두에 두지 못했던 거죠.

연개소문은 자신의 힘을 과신한 나머지 정세의 변화를 읽는 일에 소홀했습니다. 삼국의 격전지였던 한강 유역의 땅을 떠올리고 김춘추에게 그 땅을 다시 돌려달라고 요구했던 것 또한 이전부터 이어져 온 그대로, 관성에 따라 사고한 것이죠. 힘없는 신라가 위기 속에서 주변국들을 정복하겠다는 비전을 세우고 있을 때, 연개소문은 고구려 내에서의 권력을 유지하기 위해 애썼습니다. 그 결과 본인은 권력을 유지했지만, 고구려는 그가 죽자마자 분열되기 시작했습니다. 귀족들 사이에 분쟁이 일어나고, 연개소문의 아들들은 서로 싸우기 바빴지요. 고구려의 국세는 빠르게 기울다가 668년에 역사의 뒤안길로 사라지게 됩니다.

그 어떤 고구려인도 고구려가 그처럼 쉽게 멸망할 줄은 몰랐을 겁니다. 아들들에게 서로 싸우지 말라는 유언을 남겼던 연개소문 또한, 나라가 분열될까 봐 걱정했을지언정 완전히 사라질 것이라고는 예상하지 못했을 거예요. 아타우알파가 스페인 사람들에게 나라를 빼앗길 것이라고 생각하지 못했던 것처럼 말입니다.

역사를 공부하다 보면 다른 무엇보다 자기 자신을 돌아보고 점검하게 됩니다. 그리고 겸손을 배우죠. 역사는 사람뿐만 아니라 실제로 존재했던 나라의 흥망성쇠를 들여다보는 것이기도 합니다. 가만히 보고 있으면 가끔은 허무하다는 생각이 들어요. 천하를 호령하던 인물이 쓸쓸하고 비참하게 죽는가 하면, 사방으로 위세를 떨치던 대제국이 한순간에 지도에서 사라져 버리기도 하니까요. 역사에서 이런 일은 너무나 비일비재합니다.

그렇기 때문에 누구나 시시때때로 자신을 돌아봐야 합니다. 역사를 통해서 자신의 위치를 돌아볼 줄 알아야 합니다. 일이 잘 풀리지 않을 때는 물론이고 순항하고 있을 때도 그렇습니다. 지금 정말 괜찮은가? 그냥 되는 대로 흘러가고 있는 건 아닐까? 무언가 잘못된 건 없을까? 내가 원하는 방향으로 가고 있는 게 맞을까? 자꾸 물어봐야 해요. 스스로에게 질문하는 것을 멈추면 그저 관성에 따라 선택하고 관성에 따라 살게 됩니다.

역사는 그 어느 것도 영원할 수 없음을 알려줍니다. 그때는 맞았던 것이 지금은 틀릴 수도 있어요. 과거의 영광에 기대어, 자신의 성공에 도취되어 현재를 점검하지 않으면 잉카의 마지막 황제나 연개소문과 같은 실수를 하기 마련입니다. 그것이 바로 우리에게 끊임없는 성찰이 필요한 이유입니다.

세상을 바꾸는
생각의 조건

창조

여러 분야에서 인공지능이 인간의 역할을 대신할 거라는 전망이 나온 지는 꽤 되었지만 저는 제 시대의 일은 아니라고 생각했어요. 여러 연구와 실험 결과들이 나와도 아직은 공상과학 소설 속 이야기로 느꼈었죠. 그런데 이제 정말 코앞에 다가온 현실이라는 점을 부정할 수 없을 것 같습니다. 이세돌 9단과 알파고의 대국이 준 충격이 채 가시지도 않았는데, 챗GPT를 위시한 여러 생성형 인공지능 서비스들이 인간의 능력에 도전하고 있으니까요.

세상이 빠르게 변할수록 '창의융합형' 인재가 필요하다고 하

역사의 쓸모

더군요. 창의적인 문제 해결에 필요한 전문 지식과 독창적인 사고력을 갖춘 인재 말입니다. 단순히 아는 것만 많아서는 안 되고 남들과 다른 생각으로 다양한 지식을 융합할 줄 아는, 그래서 새로운 가치를 창출할 수 있는 사람이 필요하다는 뜻입니다. 이렇게 설명하면 사실 감이 잘 오지 않습니다. 설명하는 저도 유니콘 같은 상상 속의 동물을 말하는 것만 같아요. 창의융합형 인재라고 할 만한 사람을 예로 들어야 '아, 이런 사람을 말하는 거구나!' 하고 이해할 수 있을 것 같습니다. 알파고를 통해 인공지능의 개념을 알게 된 것처럼 말이죠.

역사에도 창의융합형 인재라고 할 만한 사람이 많습니다. 미래 사회가 바라는 21세기형 인재라고는 하지만 지식을 융합해서 새로운 가치를 창출해 낸 사람은 어느 시대, 어느 사회에서나 돋보였기 때문이죠.

저는 그 대표적인 인물로 구텐베르크를 꼽고 싶어요. 구텐베르크는 금속활자를 이용해 인쇄기를 발명한 사람입니다. 역사상 최초로 대량 인쇄 기술을 개발했지요. 그러나 그가 세계 최초로 금속활자를 인쇄한 것은 아닙니다. 현존하는 가장 오래된 금속활자 인쇄물은 우리나라의 《직지심체요절》이거든요. 고려 말 청주 흥덕사라는 절에서 찍어낸 것이죠. 《직지심체요절》이 발견되기 전까지만 해도 구텐베르크가 찍어낸 《구텐베르크 성서》가 가장 오래된 금속활자본으로 알려져 있었습니다. 뒤늦게 발견된 《직지심체요절》은 그보다 78년이나 앞섰어요. 고려인들이 구텐베르크보다 훨씬 먼저 금속활자를 만들어 사용했던 것입니다.

그러나 인쇄술이 발전한 곳은 동양이 아니라 서양이었습니다. 왜 우리는 약 80년이나 앞서 이런 기술을 가지고 있었는데도 발전시키지 못했을까요? 고려 시대의 금속활자와 구텐베르크의 금속활자는 그 쓰임이 다르기 때문입니다. 고려에서 금속활자를 이용해 찍은 책은 귀족을 위한 불교서적 정도였습니다. 금속활자로 글자를 찍어내는 기술은 분명 고려가 빨랐지만, 고려에서 대량으로 인쇄할 수 있는 기술을 개발한 것은 아니었습니다. 그럴 필요가 없었던 거죠. 자기들끼리만 보면 되니까요.

구텐베르크의 인쇄기는 이와 다릅니다. 많이 빨리 찍어내기 위해 만든 기술이에요. 대량 인쇄를 하면 돈이 될 것 같았기 때문이죠. 구텐베르크의 인쇄술이 대량 인쇄를 할 수 있었던 가장 결정적인 이유는 '프레스Press'입니다. 프레스는 포도주나 올리브유를 만들기 위해 열매의 즙을 짜는 압착기를 말합니다. 구텐베르크는 여기서 영감을 얻습니다. 좀 더 빠르고 편리하게 글자를 찍는 기계에 딱 맞는 기술이었죠.

금속활자는 구텐베르크가 조폐국에서 일할 때 금화나 은화

역사의 쓸모

에 문양을 새기는 것을 보고 아이디어를 가져왔다고 알려져 있고, 인쇄에 필요한 종이는 이미 중국에서 발명되어 있었습니다. 중국의 제지 기술이 세계 각지에 전해지면서 유럽에서도 종이를 만들어 사용했어요. 구텐베르크 인쇄기를 보면 새롭게 발명된 기술은 하나도 없습니다. 모두 이미 존재하고 있던 기술이었죠. 금속활자와 프레스, 종이를 응용한 것이 구텐베르크의 인쇄술입니다. 알고 보면 창조가 아니라 조합이에요. 하지만, 달리 보면 조합을 통한 창조이기도 합니다.

창조라고 하면 사람들은 대부분 무에서 유를 만들어내는 것을 생각합니다. 그러나 이미 있는 물건이나 기술의 새로운 쓸모를 발견하는 것도 창조예요. 구텐베르크가 금속활자를 최초로 발명하진 못했지만, 그의 인쇄기는 인쇄 역사뿐 아니라 중세 유럽의 역사마저 바꿨습니다. 그 영향력은 실로 어마어마했어요.

구텐베르크가 자신의 인쇄기로 가장 먼저 인쇄한 책은 바로 성경입니다. 《구텐베르크 성서》가 대량으로 찍혀 나오자 유럽의 질서는 통째로 흔들리게 됩니다. 이전에는 책을 그렇게 빨리 만들어낼 수 없었어요. 한 권의 책을 여러 권으로 만들기 위해서는 손으로 일일이 베껴서 써야 했습니다. 당연히 그 값도 비쌌고 왕족과 귀족, 종교인이나 책을 소유할 수 있었겠지요.

이 말은 곧, 지식이 상류층의 전유물이었다는 뜻입니다. 특히 성경처럼 그 내용이 방대한 책은 베껴 쓰기도 힘들고, 그렇게 만든다고 해도 심하게 비쌌어요. 게다가 라틴어로 되어 있었으니 일반인은 읽을 수도 없었습니다. 성경 말씀은 종교인을 통해서나 들을 수 있는 것이었죠.

교회는 자기들이 원하는 대로 성경을 해석하기도 하고 왕실과 결탁해 기존의 질서를 유지하는 데 성경 말씀을 이용하기도 했습니다. 심지어 교회에서 면벌부라는 걸 팔았어요. 죄를 지어도 면벌부를 사면 벌을 면할 수 있다고 홍보했으니 종교계가 얼마나 부패했었는지 알 수 있는 부분이죠.

구텐베르크 인쇄술의 덕을 가장 톡톡히 본 것은 마르틴 루터 Martin Luther의 종교개혁입니다. 종교개혁은 구텐베르크가 죽은 지 약 50년이 되었을 때 발생하는데 그동안 인쇄술이 크게 발전해 있었습니다. 덕분에 루터가 교회를 비판한 〈95개조 반박문〉이 대량 인쇄되어 널리 퍼졌습니다. 그뿐만 아니라 그와 뜻을 함께하는 종교인들이 라틴어로 된 성경을 여러 나라의 말로 번역하기 시작했습니다. 번역 성경도 인쇄소의 단골손님이 되었죠. 이제 누구나 성경을 읽을 수 있게 되었어요. 소수가 지식을 독점하던 시대가 끝난 것이죠. 이는 인류에게 천지개벽과도 같은 일입니다.

역사의 쓸모

구텐베르크가 인쇄기를 발명한 후 이전과는 비교도 안 될 만큼 많은 양의 책이 쏟아져 나왔습니다. 사람들이 얻을 수 있는 정보의 양이 비약적으로 증가했습니다. 누구나 책을 읽으며 공부하고 사고하고 연구할 수 있게 되었어요. 철학, 의학, 과학 등 여러 분야에서 뒤처져 있던 유럽이 수많은 학자를 배출하며 앞서나갈 수 있게 된 것 또한 인쇄술 덕분이라 할 수 있습니다.

구텐베르크는 자신이 인류사에 그토록 큰 영향을 끼칠 줄은 몰랐을 겁니다. 그가 과연 세상을 바꾸려고 했을까요? 아니면 세상이 그처럼 바뀔 거라고 생각했을까요? 아마 그렇지는 않을 거예요. 그저 많은 사람이 원하는 무언가를 만들어서 돈을 벌고 싶다는 생각을 했겠죠. 그 과정에서 소수가 점유하던 것을 대중에게 널리 퍼뜨리게 된 것입니다.

저는 정보 공유의 역사에 두 번의 변혁이 있었다고 생각합니다. 첫 번째는 앞서 언급한 구텐베르크 인쇄기고, 두 번째는 스티브 잡스의 아이폰입니다. 한 사람이 얻을 수 있고 다룰 수 있는 정보량은 인쇄기 이전과 이후, 그리고 스마트폰 이전과 이후로 나눌 수 있을 거예요. 스마트폰 하나에 담기는 정보의 양은 책과 비교할 수가 없으니까요.

아이폰 말고도 스마트폰은 많습니다. 하지만 저는 초기 아이폰 광고를 보면서 굉장히 신선하다고 느꼈어요. 다른 스마트폰 광고와 달랐거든요. 광고만 봐도 그 지향점이 다르다는 걸 알 수 있습니다. 대부분의 기업은 우리가 최고의 기술을 가지고 있다는 걸 보여줘요. 액정이 어떻고, 기능이 어떻다는 걸 설명합니다. 그런데 아이폰 광고는 그렇지 않더라고요. 아이폰의 기술이 사람들의 생활을 어떻게 바꿀지 보여줍니다. 이걸 누르면 당신의 아침이 달라질 것이고, 이 기능을 통해 멀리 떨어져 그리워하던 사람과 얼굴을 보며 통화할 수 있고… 이런 내용이에요. 이게 바로 철학 아닐까요? 마치 기술 자체가 아니라 당신의 삶을 어떻게 하면 좋게 변화시킬지 연구하는 것처럼 보이게 하잖아요.

＊＊＊

창조에 관해 이야기하자면 빼놓을 수 없는 것이 또 있습니다. 바로 세종대왕이 만든 한글입니다. 세종대왕은 참 대단한 분입니다. 한글을 만든 목적부터가 '민본'이에요. 백성들을 위해 만든 거지요. '훈민정음'의 뜻은 '백성을 가르치는 바른 소리'입니다. 《훈민정음 언해본》 서문을 보면 이렇게 나오죠. "나랏말싸미 듕귁에 달아…" 그걸 해석하면 이래요. 우리나라 말이 중국과 달라서 말과 문자가 서로 맞지 않기 때문에 백성들이 하고 싶은 말이 있어도 자기 뜻을 제대로 드러내지 못하는 경우가 많다. 그게 안타까워서 새로 글자를 만들었으니 쉽게 익혀서 편하게 쓰라는 겁니다.

세종대왕의 한글 창제는 엄청난 일이에요. 판도라의 상자를 연 것이나 다름없습니다. 까막눈이었던 백성이 글을 읽고 쓸 수 있게 되었으니 말이죠. 그 파장은 엄청납니다. 지식의 독점은 소수가 다수를 지배하기 위한 장치입니다. 서양의 지식인들이 라틴어로 자기들끼리 지식을 독점했듯이 우리나라도 마찬가지였어요. 조선 시대에 대부분의 일반 백성은 글을 읽고 쓸 수가 없었습니다. 공부는 먹고사는 걱정에서 해방된 양반들이나 할 수 있었어요.

지배층은 피지배층이 공부하는 것을 원하지 않습니다. 억압된 자들이 똑똑해지는 순간 이 상황이 무언가 잘못되었다는 것을 깨달을 테고, 그것을 바꾸려 할 거 아녜요? 그럼 자기들만 골치 아파지잖아요. 그래서 상민이나 여자는 공부를 시키지 않았던 거예요. 체제에 순응해서 살길 바랐으니까요.

그런데 한글이 반포된 지 3년 만에 한글 벽서가 붙습니다. 어느 정승을 비판하는 내용이었어요. 이건 그전에는 상상할 수 없었던 사건이에요. 사극을 보면 벽서 앞에서 사람들이 모여 웅성거리잖아요. 그 사람들 마음이 어떻겠어요? 문제의식을 느끼겠죠? 그저 순응하고 살아가던 사람도 그런 글을 자꾸 접하면 새로운 게 보이고 몰랐던 것을 깨닫게 됩니다. 사람들이 사회의 모순을 깨닫고 문제의식을 공유할 때 세상이 변할 수 있어요. 지식을 쌓고 정보를 나누기 때문에 가능해지는 일입니다.

한글은 백성들이 자신의 뜻을 펼치는 계기가 되었을 뿐 아니라 일상적인 의사소통을 하는 데도 큰 도움을 주었습니다. 조금 가슴 아픈 이야기지만 편지 한 통의 이야기를 해볼게요. 1998년 4월 안동에서 조선 시대 편지 한 통이 발굴됩니다. 무려 400년도 더 지난 1586년에 쓰인 편지인데 보존이 정말 잘 되어 있어 그 내용을 어렵지 않게 알아볼 수 있었습니다.

한글로 쓰인 이 편지에는 사랑하는 남편을 먼저 떠나보내는 아내의 슬픔과 사랑이 고스란히 담겨 있었습니다. 편지의 주인공은 서른한 살의 이응태. 그는 어린 아들과 임신한 아내를 두고 병에 걸려 먼저 세상을 떠나고 말았습니다. 홀로 남은 아내의 마음은 어땠을까요? 장례식을 앞두고 아내는 붓을 꺼내 '원이 아버님께 올림-병술년 유월 초하룻날'이라고 시작하는 편지를 씁니다.

당신 늘 나에게 말하기를 둘이 머리 희어지도록
살다가 함께 죽자고 하셨지요.

그런데 어찌 나를 두고 당신 먼저 가십니까?

나와 어린아이는 누구의 말을 듣고

어떻게 살라고 당신 먼저 가십니까?

(중략)

당신을 향한 마음, 이승에서 잊을 수 없고

서러운 뜻도 끝이 없습니다.

내 마음 어디에 두고 자식 데리고 당신을 그리워하며

살 수 있을까 생각합니다.

절절한 아내의 마음이 전해지지 않나요? 저는 이 글을 보면서 이런 생각이 들었습니다. 한글이 없었다면 일반 백성끼리는 편지 한 장 주고받을 수 없었겠구나. 너무나 당연한 일들이 그전에는 불가능했던 것이지요. 모든 사람이 마음을 전할 수 있는 수단이 생겼다는 건 혁명적인 사건입니다. 남편에게 보내는 편지처럼 개인적인 일부터 벽서와 같은 사회적인 일까지 혁신적인 변화를 가져온 겁니다.

최초의 기술이나 최고의 기술보다 더욱 중요한 것은 영향력입니다. 구텐베르크의 인쇄기, 아이폰, 한글의 공통점은 존재하는지도 몰랐던 대중의 욕구를 발견해 충족시켰다는 것입니다. 많은 사람이 보다 쉽게 소통할 수 있게 해주었죠. 구텐베르크의 인쇄술처럼 인간의 자유를 확대하는 데 도움이 되는 행위는 결국 역사에 큰 자취를 남길 수밖에 없어요. 아이폰 또한 인간의 삶을 변화시킨 기술로 후대에도 오랫동안 회자될 것입니다.

한글은 민본의 글에서 민중의 글로 바뀌었습니다. 촛불시위가 한창일 때, 광화문에 정말 많은 사람이 촛불처럼 밝은 희망을 들고 모였습니다. 광장에 나온 시민들이 들고 있는 팻말에는 모두 한글이 쓰여 있었어요. 세종대왕이 만약 그 장면을 보았다면 깜짝 놀라셨을 겁니다. 한글 덕분에 한결 쉽고 자유롭게 서로의 생각과 감정을 주고받으면서 민주주의를 발전시키고 있다 해도 과언이 아닙니다.

창조나 창의력을 말하면 사람들은 자꾸 전에 없던 새로운 것을 만들어내려고 해요. 그러나 아무리 새로워도 사람들이 선택하지 않으면, 열광하지 않으면 널리 쓰이지 않습니다. 저는 소수를 위한, 소수의 권익을 대변하는 기술은 역사의 흐름에 맞지 않는다고 생각합니다. 역사는 자유의 확대를 향해 나아가고 있어요. 폭발력을 지닌 창조적 발명은 소수를 위한 것이 아니라 다수를 대변하는 것입니다.

무엇이 진정한 창조인가 생각해 봐야 할 때입니다. 새로운 것을 만들어내려고 하기 전에 어떻게 하면 사람들이 더 자유로워지고 편안해질까를 고민해야 합니다. 그런 고민을 바탕으로 한

창조만이 오랜 시간 생명력을 가지고 사람들의 삶에 영향을 미치며 세상을 바꿔나갈 테니까요.

하나를 내어주고 둘을 얻는
협상의 달인들

협상

《어떻게 원하는 것을 얻는가》라는 책이 베스트셀러 순위에 오른 적이 있습니다. 협상이 아주 거창한 비즈니스에만 쓰이는 기술이 아니라 소소하게 물건값을 깎고 애인의 마음을 돌리는 등 일상생활에도 필요한 기술이라는 걸 알려주는 책이었죠. 많은 사람이 비즈니스뿐만 아니라 일상에서도 협상력의 중요성을 느꼈기 때문에 베스트셀러가 될 수 있었던 것 같습니다.

우리 역사에서 협상의 달인을 꼽는다면 저는 제일 먼저 고려의 서희를 말할 겁니다. 서희는 고려 시대의 외교가인데요, 간단하게 그를 설명하자면 몇 마디 말로 전쟁을 막고 땅을 얻어낸 사람입니다.

서희가 재상으로 있을 때 고려는 송과 국교를 맺고 거란을 멀리했습니다. 그런데 거란의 장군 소손녕이 대군을 이끌고 고려로 쳐들어와요. 고구려의 옛 땅은 모두 거란의 차지인데, 고려가 영토를 침범하고 있어서 토벌하러 왔다고 으르렁댑니다. 80만 병사를 이끌고 왔으니 당장 나와서 항복하라고 협박문을 보내죠.

당시 고려 조정에서는 거란의 요구를 들어주자는 의견이 우세했습니다. 지금의 평양에 해당하는 서경의 북쪽 땅을 거란에 주자는 의견이 나왔고 고려 성종도 동의합니다. 그런데 서희가 벌떡 일어나서 반론을 제기합니다. 만나서 이야기 한번 나눠보지도 않고 그들의 요구를 들어주는 게 말이 되냐는 거예요. 그러면서 이렇게 이야기하죠. "만약 우리가 아무런 시도도 하지 않고 적이 원하는 대로 땅을 떼어준다면 만세의 수치로 남을 것입니다." 후세가 어떻게 평가할지 생각해 본 거예요. 역사가 뭔지 아는 분인 거죠. 당장의 목숨도 중요하고 전쟁을 피하는 것도 중요하지만 지레 겁을 먹고 이렇게 앉아서 결정해 버릴 문제가 아니라는 걸 알고 있었던 겁니다. 지금의 결정이 분명 역사로 기록되고 기억될 것이라고 믿었던 서희의 역사의식, 이것이 정말 중요합니다. 역사의식이 있는 사람과 없는 사람의 차이가 이런 데서 나오기 때문이지요.

일단 서희는 뭔가 앞뒤가 맞지 않는다고 생각했어요. 정말 고려를 칠 생각으로 들어왔다면 거침없이 밀고 내려와야 할 텐데 소손녕은 고려 국경을 넘자마자 고구려 땅을 달라고 하면서 강화 요청을 했기 때문입니다. 보통은 당하는 쪽에서 강화 요청을 하잖아요. 먼저 공격한 사람이 '우리 그만하고 화해하자' 하지는 않거든요. 게다가 대군을 끌고 왔다고 큰소리를 떵떵 쳐 놓고 강화를 맺자고 하니까 더 이상했던 거죠. 그래서 거란의 진짜 의도가 무엇인지 알아보려 합니다. 땅을 돌려받는 게 목적은 아닐 거라고 예상한 겁니다.

소손녕을 만나 보니 역시 분위기가 묘했어요. 고구려 땅을 달라고 하긴 합니다. "너희는 신라를 계승한 나라니까 고구려 땅은 우리 것이다." 이렇게 주장하죠. "아니다. 우리야말로 고구려를 계승한 나라다. 나라 이름도 고려라고 하지 않았느냐." 서희도 이렇게 반박해요. 그런데 사실 이건 탐색전이에요. 대화의 핵심은 이게 아닙니다. 고구려 계승이니 신라 계승이니 하는 건 중요한 게 아니에요. 서로가 어떤 패를 가지고 있는지 알아보는 과정일 뿐입니다.

외교를 할 때 가장 중요한 자세는 패를 보여주지 않는 것입니다. 쉽게 속내를 드러내지 않는 거죠. 서희와 소손녕은 자기 패는 보여주지 않고 상대의 패를 읽기 위해 촉각을 곤두세웁니다. 서희는 거란군이 전쟁을 하고 싶은 게 아니라 빨리 돌아가고 싶어 한다는 인상을 받았습니다. 싸울 의도로 대군을 끌고 왔으면 얼른 공격해야 하는데 땅을 돌려달라고만 하잖아요. 그러면서 소손녕은 왜 가까운 거란하고는 교류하지 않고 송과 친하게 지내느냐고 슬쩍 진짜 패를 드러냅니다.

'옳다, 이거였구나.' 서희는 소손녕의 속내를 정확히 간파합니다. 거란이 정말 싸워야 하는 나라는 송이에요. 당을 이어 중원에 들어선 송을 정복해야 하는데, 거란 입장에서는 송과 고려가 친한 게 문제였어요. 군사를 모아 송에 쳐들어가면 후방이 비어버립니다. 이때 고려가 후방을 칠까 봐 염려되었던 거죠.

거란의 패를 읽은 서희는 탐색전을 끝내고 먼저 제안합니다. "우리도 너희와 친하게 지낼 수 있다. 그런데 고려와 거란 사이에는 여진족이 있고, 그 지역을 여진족이 다스리고 있어서 교류가 힘들다. 여진족을 몰아내고 우리가 그 땅을 관리할 수 있게 해주면 얼마든지 거란으로 가서 왕에게 인사를 드릴 수 있다." 어떻습니까? 저는 서희의 협상력에 무릎을 쳤습니다. 고려와 거란의 문제라고 생각했는데 뜬금없이 제3자인 여진을 끌고 들어와서 완전히 새로운 프레임을 만들어버린 겁니다. 대단하지 않나요? 소손녕은 바로 넘어옵니다. "정말 그렇게 해줄 것이냐?" 이에 서희가 걱정하지 말라며 긍정을 합니다. 이 회담으로 고려는 압록강 동쪽의 강동 6주를 얻게 됩니다. 거란에 땅을 줘야 하는 상황이었는데 오히려 거란한테서 땅을 받아 온 거예요.

그럼 거란은 손해를 본 걸까요? 아닙니다. 거란이 목표로 하는 건 송이에요. 그 어마어마한 땅에 비하면 고려에 주기로 한 강동 6주는 콩알만 한 땅입니다. 그건 손해가 아니라 투자예요. 고려에 후방을 공격당할 걱정 없이 송을 총공격하기 위한 투자였습니다. 이 회담에서 진 사람은 없습니다. 고려도 거란도 이긴 겁니다.

협상이란 이처럼 서로가 윈윈win-win할 수 있는 조건을 찾는 일입니다. 다짜고짜 내가 원하는 것을 들이밀면서 달라고 떼를 써서도 안 되고 협상 테이블에 앉기도 전에 겁을 먹고 손 놓고 있어서도 안 돼요. 섬세한 감각을 발휘해서 상대의 패를 읽으며 상대가 왜 이런 이야기를 하는지, 상대의 진짜 속내는 무엇인지를 알아차려 양쪽 모두 납득할 수 있을 만한 제안을 해야 합니다.

서희는 이런 외교의 본질을 정확히 알고 있었습니다. 거란이 투자 차원으로 받아들일 수 있는 수준을 잘 파악하고 딱 그만큼만 제안한 것이죠. 저는 서희를 볼 때마다 외교의 정석, 아트 외교라는 말이 절로 나옵니다. 외교부가 '우리 외교를 빛낸 인물'로 서희를 선정한 것도 너무나 당연한 처사죠.

협상가는 보통 말을 잘하는 사람이라고 생각하지만 사실은 그렇지 않습니다. 협상가에게 중요한 건 훌륭한 말솜씨보다 정확한 눈이지요. 여기서 정확한 눈이란 정세를 파악할 줄 아는 통찰력과 상대의 의중을 감지하는 관찰력을 말합니다. 우리 시대에서도 서희에 비견할 만한 협상가를 찾은 적이 있는데요, 바로 후쿠시마산 수산물 수입 금지 조치를 둘러싼 한일 무역 분쟁에서입니다.

우리 정부는 2011년 일본 후쿠시마에서 발생한 원전 사고 이후 후쿠시마를 포함해 인근 여덟 개 현의 수산물 50종에 대한 수입을 금지하는 조처를 내렸다가, 2013년 원전 오염수가 바다로 유출됐다는 사실이 알려지자 수입 금지 대상을 모든 수산물로 확대했습니다. 분쟁은 일본 정부가 이 조처가 부당하다고 주장하며 세계무역기구WTO에 한국 정부를 제소하면서 시작됐습니다. WTO는 1심에서 일본 정부의 손을 들어주었는데요, 놀랍게도 2심에서 1심의 결과를 뒤집었습니다. WTO에서 거의 유례가 없는 대역전극이 나온 것이죠. 마침내 우리는 안심할 수 있을 때까지 원전 사고 앞바다에서 난 수산물을 먹지 않을 수 있게 된 것입니다. 이 기막힌 대역전극은 어떻게 탄생했을까요?

일본이 승리하고 우리가 패한 1심에서 일본은 후쿠시마 수산물의 방사성 물질 수치가 위해危害 기준치를 넘지 않기 때문에 한국의 수산물 금지는 과도하다고 주장했습니다. WTO는 이 주장을 받아들였지요. 관련 부처의 실무진과 전문가로 구성된 우리나라 소송대응단은 2심을 준비하면서 패배한 1심의 주장을 또다시 반복할 수 없다고 판단했습니다. 수산물의 유해성에 초점을 맞추는 대신 다른 프레임을 준비하기로 합니다. 바로 '특수성'입니다. 한국은 일본과 가장 인접한 국가이며 '원전 사고'라는 특수 상황이 벌어진 만큼 환경이 식품에 미치는 잠재적 위험성을 고려해야 하는데 이를 배제한 1심 결정은 적절하지 않다는 논리를 준비했습니다. 일본은 1심과 다를 게 없는 주장을 들고나왔죠. 결과는 여러분이 아시는 대로입니다. WTO는 우리의 손을 들어주었습니다. 감동적이지 않나요? 서희가 이 모습을 봤다면 얼마나 흐뭇해했을까요?

* * *

고려 전기에 서희가 있다면 고려 후기에는 원종이 있습니다. 공교롭게 제가 협상의 달인으로 꼽는 두 인물이 모두 고려 사람인데요, 그도 그럴 수밖에 없는 게 고려 500년이 끊임없이 외적 침입에 대항한 투쟁사라고 봐도 무방하기 때문입니다. 10세기와 11세기에는 거란족, 12세기에는 여진족, 13세기에는 몽골 제국이 국경을 넘어옵니다. 14세기엔 홍건적과 왜구가 남북으로 괴롭히고요. 한 세기에 한 번씩 외침을 받은 꼴이죠. 그런데도 고려는 강대국 사이에서 500년이나 역사를 지속했습니다.

특히 13세기에 쳐들어온 몽골과는 40년 이상을 싸웠습니다. 당시 몽골은 세계의 패권을 장악한 대제국이었습니다. 그 기세가 정말 대단했어요. 동아시아는 물론이고 동남아 일부와 중동, 서쪽으로 시베리아와 튀르키예를 넘어 유럽의 오스트리아까지 땅을 넓혔으니까요. 러시아는 물론 그 이전의 소비에트 연방보다도 큰 나라였습니다. 말 그대로 세계 제국을 건설했던 셈입니다. 몽골군의 말발굽 소리는 당시 전 세계인에게 공포의 대상이었죠.

몽골은 1231년에 처음 고려에 쳐들어왔습니다. 고려는 몽골 침략에 40년 넘게 버팁니다. 그 강한 몽골 군대를 상대로 참 오랫동안 버틴 거죠. 몽골 군인이 내가 세상을 돌아다니면서 여러 나라를 공격해 봤지만 이렇게 공격당하고도 항복을 하지 않는 나라는 처음이라고 말한 기록이 있을 정도입니다. 하지만 그런 고려도 결국은 무너집니다. 전쟁을 어떻게 정신력만으로 이기겠어요. 그러기엔 상대가 너무 강했습니다.

고려 조정은 몽골에 항복하기로 결정했습니다. 항복할 수밖에 없는 것도 비참한데 항복을 하려면 왕이 직접 몽골의 황제를 찾아가야 했어요. 당시 왕이었던 고종은 속된 말로 오늘내일하는 상황이었습니다. 몽골의 황제를 만나러 가는 길이 얼마나 멀겠어요? 수백 일이 걸릴지도 모를 일이었습니다. 고종은 도저히 움직일 수가 없었죠. 그래서 아들이 대신 항복을 하러 떠납니다.

고려의 태자가 항복하러 길을 떠났을 때 몽골의 황제 몽케는 남송을 정벌 중이었습니다. 태자는 그를 만나기 위해 말 그대로 산을 넘고 물을 건넜습니다. 그 와중에 그의 아버지는 결국 세상을 떠나고 맙니다. 소식을 들은 태자는 비록 먼 곳이었지만 예를 갖추기 위해 가던 길을 멈추고 상복을 입습니다. 간단한 절차를 치르고 다시 또 떠났어요. 그런데 이번에는 몽케의 사망 소식을 듣게 됩니다. 참 허망했겠죠. 부지런히 누군가를 만나러 가고 있는데 만나야 할 사람이 죽은 거예요. 그럼 이제 누구에게 항복을 해야 할까요? 이 문제를 두고 대책 회의가 벌어집니다.

쉽게 결정할 수 없었던 것은 몽케의 후계자가 정해지지 않았기 때문입니다. 몽케의 동생과 아들들이 서로 몽케의 뒤를 잇겠다고 권력 투쟁을 벌이는 혼란스러운 상황이었죠. 그중에서도 유력한 황제 후보는 아리크부카와 쿠빌라이 두 사람이었습니다.

고려 입장에서는 골치가 아프죠. 그중 한 명한테 가서 항복을 하면 고려가 그 사람을 몽골 황제로 생각한다는 뜻이잖아요. 그런데 다른 한 명이 황제가 된다면 어떻겠어요. 당연히 큰 미움을 사겠지요. 함부로 움직였다간 훗날 어떤 일을 당하게 될지 장담할 수 없었습니다.

고려의 태자는 이 위험천만한 상황에서도 고려에 유리한 점이 있음을 깨닫습니다. 이 중 한쪽과 거래를 할 수 있겠다는 생각이 들었어요. 항복할 수밖에 없지만 얻어낼 수 있는 것은 최대한 얻어내자, 좀 더 나은 항복을 하자고 다짐한 거죠. 몽골 입장에서 고려는 변방의 작은 나라였지만 좀처럼 점령하기 어려운 나라이기도 했습니다. 그런 고려가 몽골의 황제에게 항복을 하겠다고 찾아오는 길이었어요. 아리크부카든 쿠빌라이든 고려의 항복을 받는 쪽은 자신이 황위에 오르는 것이 하늘의 뜻이라고 주장할 만한 명분이 생깁니다.

태자는 아리크부카와 쿠빌라이에 대해 최대한 많은 정보를 모았습니다. 아리크부카는 몽골을 기반으로 해서 유럽 쪽으로 세력을 넓히고 있는 인물이었고, 쿠빌라이는 중국 대륙에서 세력을 확장하고 있었습니다. 본국인 몽골에서 영향력을 발휘하는 아리크부카가 정통성 차원에서 조금 앞서는 듯한 모습이었죠. 그러나 몽골과 떨어진 중원에선 쿠빌라이가 대세처럼 보였습니다. 고민에 고민을 거듭하던 태자는 결국 둘 중 한 사람과 만나게 되었습니다.

아니나 다를까, 고려의 태자를 만난 쪽에서는 경사가 났습니다. 당시 동아시아에서 고려는 고구려를 계승한 나라라는 인식이 있었어요. 당 태종도 굴복시키지 못했던 나라의 태자를 만났으니 이게 바로 하늘의 뜻이라며 극진하게 대우합니다. 게다가 말이 태자지 사실은 고려의 왕이나 다름없거든요. 이런 분위기에서 태자는 계획한 대로 거래를 제안합니다. 항복을 하면서도 아주 파격적인 조건을 내걸었지요. 우리가 천명이라는 명분을 주었으니 고려의 정체성을 유지하게 해달라고 요청한 것입니다. 몽골에 항복하더라도 원의 직할령으로 복속하지 않겠다, 그리고 고려의 풍속을 고치지 않겠다가 그 내용입니다. 식민지는 되지 않겠다는 거죠. 고려의 전통을 지킬 테니 내버려두라는 거예요.

이는 전례가 없는 일입니다. 몽골인의 말발굽이 지나가면 그곳은 그냥 몽골 영토가 되는 거예요. 그런데 독립국의 지위를 유지하겠다는 거잖아요. 그 외에도 몇 가지를 요구했는데 가장 중요한 내용은 이것이었습니다. 놀랍게도 태자의 요청은 받아들여집니다. 너희가 하늘의 명을 가지고 왔으니 그 요구 조건은 들어주겠다고 약속한 거죠. 이것이 그 유명한 세조구제世祖舊制입니다. 그러고선 큰 잔치가 벌어집니다.

태자가 만난 황제 후보는 누구였을까요? 바로 쿠빌라이였습니다. 이후 쿠빌라이는 중국에 원을 세우죠. 태자의 선택이 말 그대로 신의 한 수가 된 것입니다. 고려의 태자는 똑똑하고 안목이 높은 사람이었어요. 쿠빌라이와도 아주 가까운 사이가 됩니다. 고려의 왕위도 비어 있으니 쿠빌라이는 태자를 고려 국왕으로 책봉해서 돌려보내지요. 이 태자의 묘호가 바로 원종입니다. 심지어 쿠빌라이는 원종과 사돈 관계를 맺습니다. 자신의 막내딸 제국대장공주를 원종의 아들에게 시집보냈어요. 그러니까 고려는 몽골의 사위 나라, 부마국이 된 것입니다.

고려가 원의 부마국이 된 일을 창피하게 생각하는 사람도 있습니다. 학창 시절에 원 간섭기를 치욕의 역사로 배운 분들도 있을 것이고요. 하지만 저는 꼭 그렇게만 볼 필요는 없다고 생각합니다. 당시 세계를 지배하던 몽골, 그리고 가장 넓은 나라였던 원의 사위 나라입니다. 그 대제국이라는 판 위에서 고려의 위치를 보자는 거예요.

몽골에서는 전통적으로 '쿠릴타이'라고 하는 모임에서 중요한 일을 결정했습니다. 쿠릴타이는 몽골의 귀족들이 모여 정책을 결정하는 최고 기관이에요. 쿠빌라이 이후로는 황권이 워낙 강해져서 황위가 세습되었지만 칭기즈 칸부터 쿠빌라이가 칸이 되기까지는 쿠릴타이에서 칸을 선출했습니다. 원종의 아들 충렬왕은 이 쿠릴타이에 참석할 수 있었어요. 황제의 사위였기 때문에 지위도 상당했습니다. 몽골 귀족 중 일부가 불만을 제기하기도 했어요. "쟤는 뭔데 회의에 끼는 거야" 그랬겠죠. 충분히 그런 말이 나올 수 있거든요. 하지만 아무도 충렬왕을 함부로 대할 수는 없었습니다.

　고려가 원의 간섭으로 힘든 시기를 보낸 것은 사실입니다. 원종 이후로 고려의 왕들은 '조組'와 '종宗'이라는 묘호를 사용하지 못했습니다. 또한 원에게 충렬왕, 충선왕, 충숙왕 등 '충忠'자가 붙은 시호를 받아야 했습니다. '충'은 원에 충성하라는 뜻으로, 원의 제후국이 되었으니 왕이 죽은 후에 받는 시호 또한 원에서 내려주는 대로 받아야 했던 거죠. 계속 이어져 온 고려 조정의 예법도 지켜나갈 수 없었습니다. 왕이 자신을 '짐'이라고 칭할 수 없었고, 신하가 왕을 '폐하'라고 부를 수도 없었지요. 원의 영향력이 강하다 보니 고려의 풍속을 바꾸지 않는다는 불개토풍不改土風 조항이 있었음에도 고려에서 몽골의 변발과 복식이 유행하기도 했습니다. 그럼에도 고려는 원의 직할 통치는 피했습니다.

역사의 쓸모

원종의 업적은 절대 무시할 수 없습니다. 훗날 원이 독립성을 침해하고 속국으로 삼으려 할 때마다 고려는 매번 세조구제 카드를 꺼내 들었습니다. '쿠빌라이가 이렇게 약속했어' 하고 주장했던 거죠. 그냥 황제도 아니고 원을 세운 쿠빌라이의 유지였기 때문에 원 황제들도 어찌할 수 없었습니다.

저는 가끔 항복을 앞둔 원종의 마음이 어땠을까 생각해 보곤 합니다. 자기 힘으로는 어찌할 수 없는 위기의 연속이었어요. '이제 고려는 끝났구나'라는 자포자기의 심정이었다면 정말 고려는 끝났을지도 몰라요. 몽골제국에 편입되어 마치 섬과 같은 <u>끄트</u>머리 변방 땅<u>으로</u> 남았을 수도 있어요. 그러나 원종은 끝이라고 생각하지 않았습니다. 다 포기하고 될 대로 되라지 하고 내버려두는 것이 아니라 그 상황에서 자신이 지켜야 하는 것, 얻어야 할 것을 빠르게 계산했습니다. 그리고 자신이 가진 패를 이용해 그처럼 대담한 제안을 던졌지요. 그가 기지를 발휘한 덕분에 고려는 계속해서 자치 국가로 남을 수 있었습니다. 이는 분명 원종의 외교적 성과였습니다.

살다 보면 누구에게나 협상의 기술이 필요합니다. 거래를 할 때, 업무를 정할 때, 연봉을 높일 때 등 우리는 살아가면서 수많은 협상을 합니다. 심지어 연애를 하고 친구를 사귀는 일에도 협상이 필요한 순간이 있어요. 협상이란 상대방도 만족시키고 나도 만족하는 결과를 내기 위한 과정입니다. 내 것만 생각해서도, 상대의 것만 생각해서도 안 되죠.

어떤 종류의 협상 테이블이든 그 앞에 나서기 전에 서희와 원종의 외교술을 떠올려봤으면 좋겠습니다. 배짱을 가지고 섬세하게 상대를 관찰하면서 본인의 패를 놓지 않는다면 결국 원하는 것을 얻게 되리라고 역사는 말하고 있습니다.

왜 할머니, 할아버지는
태극기를 들고 광장으로 나왔을까

공감

    저희 아버지는 그 나이대의 아버지들이 그러하듯 좀 무뚝뚝한 편이십니다. 대부분의 아버지와 아들처럼 저희 부자도 친밀하게 애정을 표현하는 사이는 아니지요. 그런 아버지가 저에게 먼저 전화를 걸 때가 있는데 바로 텔레비전이 말썽일 때입니다. 일하고 있는데 아버지에게 전화가 와서 받아보면 텔레비전이 이상한데 어떻게 해야 하냐고 하십니다. 이야기를 들어보면 외부입력 버튼을 잘못 눌렀거나 하는 간단한 문제예요. 만약에 제 또래의 친구가 그런 문제를 겪었다면 저에게 전화를 거는 대신 인터넷 검색을 해서 해결했을 테고, 전화를 걸었다 한들 제가 "IPTV 리모컨 말고 TV 리모컨에서 외부입력 버튼을 찾아봐"라고 하면 척척 알아들었겠죠. 하지만 아버지는 그렇지가 않습니다. "채널을 바꾸는 작은 리모컨 말고 더 길쭉한 리모컨 있잖아요, 그 리모컨에서…" 하면서 설명해야 합니다.

이것마저도 쉽지 않아서 결국 영상통화를 하면서 20분이 넘도록 설명해야 할 때도 있습니다. 이것도 처음에는 아버지의 귀와 옆모습만 화면에 보였지요. 연세가 많으시니 시력과 청력도 약하고, 요즘 텔레비전이라는 게 옛날처럼 그냥 켜기만 하면 나오는 게 아니잖아요. 리모컨도 하나가 아니에요. 실수로 뭐 하나 잘못 누르면 어르신들은 어찌할 바를 모릅니다. 설명을 하면서 답답함에 여러 번 울화가 났지만 이런 별것 아닌 일에도 아들의 도움을 받아야 하는 본인의 마음은 오죽하실까 하는 생각에 마음을 다스렸습니다.

이렇게 생각하기까지 저도 참 오랜 시간이 걸렸습니다. 처음에는 화도 많이 나고, 몇 번을 설명해도 다음에 똑같은 문제로 전화를 받을 때면 저도 모르게 목소리가 커지는 걸 막을 수가 없었어요.

제가 어렸을 때 저희 집은 부유하지 않았습니다. 부모님은 고생하면서 저를 키우셨어요. 그 노고를 알기에 어느 정도 벌이가 안정된 다음부터는 용돈을 좀 넉넉하게 드렸습니다. 맛있는 것도 사 드시고, 멋진 옷도 사 입으시고, 좋은 데도 가시라고 제 나름대로 신경을 쓴 것이죠.

그런데 어느 날 부모님이 저를 부르시더니 선물을 주시는 거예요. "이게 뭐예요?" 제가 여쭤보니 그냥 웃으면서 풀어보라고 하시는 겁니다. 열어보니, 그건 통장이었습니다. 제가 용돈을 드릴 때마다 바로 그날 용돈을 통장에 넣으셨던 거예요. 저한테 다시 돌려주시려고 10원 하나 안 쓰고 저축을 하신 거죠. 그걸 보는 제 심정이 어땠냐면… 감동이 아니라 화가 치솟았어요. 이러라고 드린 돈이 아닌데 대체 뭐 하시는 거냐고 크게 퍼붓고 나와서 운전대를 잡았습니다. 분노이기도 하고, 슬픔이기도 한 복잡한 마음으로 한참 차를 몰았습니다. 한강을 끼고 달리기 시작했는데 한강 다리와 주변 마천루를 보니 그제야 다른 생각이 들더군요.

우리나라는 '한강의 기적'을 이뤄낸 나라입니다. 1953년 6·25전쟁이 끝난 뒤 우리나라 1인당 국민총소득은 67달러에 불과했습니다. 전 세계적으로 보면 아프리카 50개국의 평균보다 못한 최빈국이었습니다. 외국의 석학들은 한반도가 구석기 시대로 돌아갔다고 말했습니다. 사람하고 돌멩이만 있다는 뜻이지요. 그런 시대랑 비교될 만큼 우리나라가 가난했어요. 고작 약 70년 전의 이야기인데, 당시 사진을 보면 그처럼 가까운 과거라는 사실이 믿기지 않아요. 지금 '못사는 나라'라고 하면 어느 나라를 떠올릴까요? 소말리아? 에티오피아? 그때 외국 사람들은 한국을 떠올렸습니다. 폐허에서 울고 있는 전쟁고아들과 거지꼴을 한 사람들, 이것이 그들이 생각하는 한국의 모습이었습니다.

제가 어릴 때만 해도 주위에 넉넉하게 사는 사람이 별로 없었습니다. 저도 그랬고요. 좁은 방 한 칸에서 네 식구가 잤습니다. 아버지가 양복점을 하셨는데 기성복이 나오기 시작하면서 가게가 점점 어려워졌습니다. 좋은 기성복이 많이 나오는데 맞춤 양복, 그 비싼 걸 누가 사겠어요? 게다가 그즈음에 보증을 섰다가 날벼락을 맞았습니다. 얼마나 당했는지 오죽하면 저희 가훈이 '보증을 서지 말자'입니다. 어쨌든 무엇이든 해서 먹고살아야 하니까 어머니가 조그마한 문구점을 하나 내셨어요. '디즈니 문방구'라고, 이름은 세련됐지만 구멍가게처럼 좁고 어두컴컴한 곳이었습니다.

중학생 때 방학이 되면 저는 항상 외가로 갔어요. 방학 내내 그곳에서 지냈습니다. 나중에 안 사실인데, 집에 쌀이 부족해서 부모님이 절 외가로 보내셨던 거였습니다. 한창 클 때니까 제가 얼마나 많이 먹었겠어요. 게다가 방학에는 내내 집구석에서 이것저것 먹어대니 그게 감당이 안 됐던 거죠. 외가는 그래도 형편이 좀 나았거든요.

상황은 넉넉하지 않았지만 그래도 아버지, 어머니는 정말 저하나만을 바라보면서 열심히 사셨어요. 저희 부모님뿐만 아니라 그 시대의 모든 사람이 그러했습니다. 어떻게든 살아보겠다고 허리띠를 졸라맸지요. 그들의 목표는 딱 하나였습니다. 내자식에게만큼은 이 지긋지긋한 가난을 물려주지 않겠다. 그 목표에 일생을 바쳤습니다.

저는 현대사를 가르칠 때면 이런 이야기를 합니다. "현대사의 영웅이 누군지 아십니까? 바로 여러분의 아버지와 어머니이십니다." 대한민국 경제 성장은 누구 한 사람이 이룩한 게 아닙니다. 지독하게 가난했던 이 땅의 국민들이 있는 힘을 다해 일하며 일구어낸 발전입니다. 그 결과 한국은 절대 빈곤에서 탈출했습니다. 새벽부터 늦은 밤까지 햇빛도 보지 못하고 일했던, 좁은 다락방에서 쉬지 않고 미싱을 돌렸던, 중동의 뙤약볕 아래에서 땀을 흘렸던, 그분들 덕입니다. 우리의 부모님들이 바로 현대사의 주인공입니다. 우리에게 이 시대를 선물해 주었다고 해도 과언이 아니죠.

이제 시대가 바뀌어 우리는 절대 빈곤에서 벗어났지만 아직도 그분들의 뼛속에는 그때의 경험이 강하게 남아 있습니다. 시간이 생기고 돈이 있어도 제대로 쓰지 못하는 분이 태반이죠. 이런 이야기를 늘 해왔음에도 저는 정작 저희 부모님을 이해하지 못했습니다. 역사의 한 페이지에 있는 아버지, 어머니와 나의 아버지, 어머니를 분리해서 생각했던 거예요. 자식을 위해 인생을 바쳐 살아온 나의 부모도 현대사의 영웅인데 제가 그걸 인식하지 못했다는 게 정말 죄송했습니다. 그날의 일은 제가 그 세대의 역사를 되짚어보는 계기가 되었습니다.

역사는 과거의 사람들에게 끊임없이 질문을 던지는 학문입니다. 그래서 역사를 공부한다는 것은 사람들이 왜 그런 선택을 했는지, 왜 그럴 수밖에 없었는지 상상해 보고 그의 입장이 되어 생각하는 일입니다. 결과만 놓고 잘잘못을 따지는 일이 아니라 그 속내와 그럴 수밖에 없는 사정을 헤아리는 것이지요. 그 과정에서 자연스럽게 공감하고 이해하는 연습을 하게 됩니다.

우리가 어떤 사람과 대화가 잘 통하지 않고, 자꾸 갈등이 생긴다면 그 관계는 서로에 대한 몰이해에서 시작된 것일 수 있습니다. 서로의 사정을 모르다 보니 상대방의 선택을 이해할 수가 없고, 그러다 보면 미움이 생기기 마련이지요. 저도 부모님의 행동을 이해할 수 없을 때는 정말 화가 많이 났어요. '도대체 왜 그러시는 거야?'라는 말이 계속 튀어나왔죠. 그런데 부모님의 사정과 두 분이 살아온 세월을 생각해 보고 그 시대에 내가 살았다면 지금의 나는 어땠을까를 상상해 보니 부모님의 마음이 이해가 되더라고요. 그분들의 행동에 대한 이해가 짧았다는 반성도 했습니다. 그 뒤로는 부모님의 행동에 화를 좀 덜 내게 되었습니다.

* * *

부모 자식 간에도 서로의 입장을 이해하는 데 이렇게 우여곡절이 많은데, 하물며 가족이 아닌 사람과의 세대 갈등은 얼마나 심할까요. 농담처럼 가족끼리도 해서는 안 되는 이야기가 종교와 정치라고 말하는데 과연 틀린 이야기가 아닙니다. 우리나라도 세대 간에 정치적 입장 차이가 굉장히 큰 편입니다. 그만큼 서로의 입장 차이를 좁히기 어려운 주제라는 뜻이겠지요.

2017년 '촛불 탄핵'이 일어나고 우리나라 역사상 처음으로 현직 대통령이 파면되는 사건이 일어나자 이른바 '태극기 부대'의 시위도 거세졌습니다. 태극기 부대를 구성하는 사람 중에는 연배가 높은 어르신이 많이 보였지요. 이전에도 나라에 무슨 일이 생길 때마다 보수를 자칭하며 목소리를 낸 집단이 있기는 했지만, 이렇게 많은 수가 집결한 적은 없었습니다. 그리고 그 당시 미디어에 비친 어르신들의 행동은 젊은 세대가 보기에는 너무나 생경했지요. 어떤 할머니께서는 박근혜 전 대통령이 구속될 때 엎드려 절하며 "마마!" 하고 부르짖고 서럽게 울기도 했습니다. 대한민국이 왕조국가도 아닌데 그런 모습을 보이니 황당할 법도 했지요.

이런 사람들을 비하하는 신조어가 생기기도 했습니다. '틀딱충'이라고 틀니를 끼울 만큼 나이가 많은 노인을 가리키는 말이었죠. 저는 성조기를 들고 거리를 행진하는 이른바 '태극기 부대'의 주장을 그대로 따르지는 않습니다. 하지만 틀니를 딱딱거린다는 표현, 거기에 벌레를 뜻하는 글자까지 붙인 혐오 표현이 등장하는 것을 보면서 큰 충격을 받았습니다. 집단 간의 갈등이 갈수록 심해지고, 세대 갈등 또한 노인 혐오로 표출되는 사태가 대체 어디서부터 시작된 것일까, 고민하게 됐지요.

1994년 북한의 김일성이 죽었을 때 북한 사람들은 대성통곡을 했습니다. 뉴스로 접한 북한 사람들의 모습은 마치 집단 주술에 걸린 것만 같았죠. "저기서 안 울면 잡혀간대", "다들 연기하는 거래" 같은 말을 하는 사람도 있었습니다. 물론 주변의 시선 때문에 우는 척하는 사람도 있었겠지요. 하지만 북한 사람들이 죄다 배우도 아닌데, 어떻게 그토록 많은 사람이 서럽게 울부짖을 수 있었을까요? 김일성은 어버이 수령이라고 세뇌시킨 탓에 정말 자기 부모를 잃은 것처럼 느꼈던 걸까요?

저는 그들이 김일성의 죽음을 슬퍼한 큰 이유 중 하나가 바로

역사의 쓸모

'경험의 공유'라고 생각합니다. 6·25전쟁이 끝난 뒤 북한은 그야말로 초토화되었습니다. 아무것도 남지 않은 상황에서 김일성이라는 지도자와 함께 북한 주민들도 일어선 것이거든요. 풍족하지는 않더라도 어떻게든 먹고살 만한 나라로 만들었어요. 그 세대의 북한 사람들이 김일성에 대해 갖고 있는 향수는 사실 김일성이라는 인물이 아니라 역경을 극복한 자신들의 젊은 시절과 그 성공과 연대감에 관한 것이라고 봅니다. 내가 살아온 시대의 지도자 김일성을 부정하는 것은 곧 그와 함께 시대를 견뎌온 나를 부정하는 것과 같다는 뜻으로 받아들이는 거죠.

태극기 집회에 나가는 어르신들도 마찬가지 아닐까요? 그들이 박정희 전 대통령의 딸이라는 이유로 박근혜 전 대통령을 지지할 때, 혹은 미국 국기를 들고 흔들며 친미 구호를 외칠 때, 일부 젊은 사람들은 경악합니다. 그런데 그 시대를 살았던 사람들에게 박정희라는 지도자와 미국이라는 우방은 소위 '빨갱이'에게서 '국민'을 보호해 주는 절대적인 존재로 인식되었습니다. 그런데 젊은 세대가 박정희 전 대통령을 부정하고 우방국 미국도 부정해요. 그들은 마치 자신의 세계가 무너지는 것 같은 느낌을 받았을 겁니다.

그분들은 이런 말을 자주 합니다. "우리가 어떻게 일으킨 나라인데!" 최근 65세 이상 지하철 무임승차제도에 관한 논의가 불거졌을 때도 이런 말을 들을 수 있었습니다. 토론 방송에 출연한 한 노인 단체의 회장은 광부와 간호사가 월남전에 참전해 달러를 벌어왔고, 그 돈으로 박정희 전 대통령 시절에 지하철을 건설했으며 그때 지하철을 만든 사람들이 지금의 노인들이라고 말했습니다. 그러면서 "한강의 기적을 이루어 10대 경제 강국을 만든 노인들"에게 이 정도 우대는 해줘야 한다고 주장했지요. 이들은 특정 대통령이 아니라 사실은 자기의 삶이 통째로 부정당하고 있다는 생각에 분노하는 것입니다. 내가 살아온 세월, 내가 쏟아부은 노력, 그리고 그것으로밖에는 설명할 수 없는 나라는 존재가 너무나 억울한 것이죠.

저 또한 어떤 주제에서는 아버지와 원활하게 대화하지 못합니다. 제 아버지는 1·4후퇴 당시 남쪽으로 피란을 오신 분입니다. 피로와 굶주림, 병에 쓰러지고 죽어 나가는 사람들의 행렬 속에서 살아남으신 거죠. 제가 아버지를 완전히 이해할 수는 없을 겁니다. 다만 그분의 삶을 아니까 '아, 그래서 저렇게 반응하시는구나' 정도로 이해하고 있습니다. 폐허와 빌딩 숲, 전차와 KTX의 간극을 버티며 살고 계시는 분들이에요. 그런 세대지요.

역사를 공부하는 많은 이유 중 하나는 내 옆에 있는, 나와 다른 사람을 이해하기 위해서입니다. '왜 태극기를 들고나오는 걸까? 독재 정권으로 돌아가자는 거야?'라고 단정 짓기 전에 그들이 살아온 삶의 시간을 상상해 보고 이해한다면 세대 갈등이 갈등을 넘어 혐오로 번지는 것만은 막을 수 있을 것 같습니다.

역사는 단절되는 것이 아닙니다. 주변을 둘러보면 한국 현대사의 산증인이다 싶을 만큼 연세가 많은 어르신이 있습니다. 일제강점기에 태어나 광복을 맞이하고, 전쟁을 겪고, 초고속 경제 성장을 지켜보고, 21세기를 맞이한 분들이지요. 우리는 책과 영상으로 보고 배운 그 시절의 이야기에 그분들을 대입시키지 못합니다. 할머니와 할아버지가 살아온 삶이 실제였다는 것을 잊거나 혹은 관심 자체가 없지요.

사실 상대의 삶에 관심을 갖지 않는 건 기성세대도 마찬가지입니다. "요즘 젊은 애들은 등 따습고 배불러서 패기도 없고 열정도 없다"라고 말하지만 학교에서, 강의실에서 젊은 친구들을 만나보면 감히 그런 말을 할 수 없어요. 기성세대가 당연하게 거쳤던 인생의 과정을 포기할 수밖에 없는 그들 나름의 사정을 아무것도 아닌 것으로 치부해 버리는 것은 가히 폭력적입니다.

요즘 우리 사회는 정치 성향뿐만 아니라 일상 곳곳에서 세대 갈등을 마주하고 있어요. 명절에 만난 친척 어른과 조카 사이에서도, 회사의 부장과 신입 사원 사이에서도, 지하철에서 만난 승객들 사이에서도 서로의 입장을 생각하지 않아 쉽게 갈등이 생기곤 합니다. 자신이 보고 듣고 경험한 것만을 앞세운다면 이런 갈등의 골은 점점 깊어지겠죠.

누구의 주장이 옳고 그른가를 판단하는 일보다 선행되어야 할 일은 상대가 왜 그런 생각과 행동을 하게 되었는지를 헤아려보는 일 아닐까요? 역사를 공부함으로써 서로의 시대를, 상황을, 입장을 알게 된다면 우리의 관점도 달라질 겁니다. 타인에 대한 공감은 바로 그곳에서 시작한다고 저는 믿습니다.

체면과 실속 중
무엇을 챙겨야 할까

합리

장수왕은 고구려의 전성기를 이끌었던 왕입니다. 광개토태왕의 아들로 고구려가 동북아시아를 휘어잡고 있던 5세기 내내 왕위를 지켰습니다. 고구려의 영광을 함께한 왕이라고 할 수 있죠. 왕호에서도 알 수 있듯이 장수의 아이콘이기도 합니다. 98세까지 살았는데 이름 그대로 정말 장수한 왕이죠.

여기까지는 잘 알려진 사실이고요, 제가 놀라운 사실을 하나 알려드리려고 합니다. 장수왕이 정말 잘했던 일 중 하나가 뭐였냐면 바로 조공을 바치는 일이었어요. 고구려가 그렇게 잘나갈 때인데, 떵떵거리지는 못할망정 주위에 조공을 바쳤다니 신기하지 않습니까? 교과서에 이런 내용은 잘 안 나옵니다. 그냥 여러 나라와 사이좋게 지내는 균형 외교를 펼쳤다고 나와요. 아마 국민들이 자존심 상할까 봐 그런 것 같습니다.

장수왕에게 조공은 하나의 외교 전략이었어요. 당시 중국은 위진남북조 시대였습니다. 고구려 옆에는 북위와 북연 두 나라가 있었고, 그 아래에는 송이 있었습니다. 고구려는 조공을 이용해 모든 나라와 친선 관계를 도모했습니다. 당시 중국 대륙에 난립해 있는 여러 국가 사이에서 어느 한쪽에 서지 않고 각 나라와 실리 외교를 했던 겁니다. 말이 쉽지, 절대 쉬운 일이 아닙니다. 북위와 송은 서로 못 잡아먹어서 안달이었는데 그 사이에서 중립적인 태도를 유지하는 게 얼마나 힘들었겠어요.

한번은 문제가 터졌습니다. 북위가 북연을 집중적으로 공격했던 거예요. 북연이 망하기 일보 직전이었던 435년, 북연의 왕이었던 풍홍이 고구려에 망명을 요청합니다. 장수왕은 선택의 기로에 놓이지요. 정말 곤란한 노릇이었을 겁니다. 풍홍의 망명을 받아들이면 분명 이득이 있어요. 고대국가는 사람의 숫자, 그러니까 인구를 늘리는 게 굉장히 중요합니다. 농경사회니까 노동력을 최대한 확보해야 유리해요. 풍홍이 망명하면 어마어마한 인적·물적 자원이 생기는 거잖아요. 왕이었던 사람이니 따르던 백성도 함께 데려오고 재물도 가지고 올 테니까요. 고구려로서는 국력을 키울 수 있는 절호의 기회였습니다. 하지만 풍홍을 받아들이면 북위와 등을 돌리는 것과 마찬가지예요. 굉장히 부담스러운 일이죠.

고심하던 장수왕은 결단을 내립니다. 북위가 북연을 함락하려는 순간, 산등성이에서 커다란 나팔소리가 들려요. 바로 고구려 군대의 나팔소리였습니다. 얼마나 대규모의 군대를 보냈냐면, 군사들의 행렬이 무려 32킬로미터나 이어졌다고 해요. 고구려 군대가 풍홍의 무리를 호위해서 떠나는데도 북위의 군대는 그냥 멀뚱멀뚱 보고만 있었습니다. 고구려의 군사력이 워낙에 막강했거든요. 괜히 전면전을 펼쳤다가 북위의 군사들이 극심한 피해를 볼 수도 있었지요. 게다가 고구려가 동맹을 맺은 국가가 한둘이 아니었던 만큼 여러 나라를 적으로 돌리게 될 수도 있었습니다.

북위는 고구려 군대가 풍홍을 데리고 간 뒤에야 항의합니다. 풍홍을 보내지 않으면 전쟁을 하겠다고 선포하죠. 장수왕은 어떻게 했을까요? 큰소리를 치며 전쟁을 선포했을까요? 아니면 풍홍을 데려온 것을 후회하며 돌려보냈을까요? 둘 다 아니었습니다. 오히려 조공을 바치면서 납작 엎드려요. 그러고는 북위를 살살 달랩니다. "풍홍이 다시 세력을 얻는 일은 절대 없을 것이다. 내가 막을 테니 나를 믿어라." 이렇게 답하지요. 북연의 왕은 여기 있지만 아무런 힘이 없으니 걱정 말라고 한 거예요.

만일 이런 일이 지금 일어난다면 언론은 어떻게 반응할까요? 댓글은 또 어떨까요? '장수왕의 굴욕 외교', '국격 없는 나라 망신'이라는 기사가 나오고, 싸우면 이길 수 있는데 왜 그렇게 낮은 자세를 취하느냐고 비난 일색일지도 몰라요. 하지만 장수왕은 풍홍을 받아들임으로써 많은 자원을 얻었고, 북위에 몸을 숙임으로써 전쟁도 피했습니다. 이득을 취하고 손실은 피했어요. 체면을 잠시 내려놓은 대신 실속을 챙긴 겁니다. 이게 장수왕의 선택이었어요.

그런데 문제가 생깁니다. 고구려에 온 풍홍이 자신도 대국의 왕이었다면서 무리한 요구를 하기 시작한 거예요. '왕년에 내가'를 운운하면서 자기를 이렇게 대접하면 안 된다며 날뛴 거죠. 하지만 고구려 입장에서는 북위에 약속한 것도 있으니 풍홍에게 후한 대접을 할 수는 없었습니다. 풍홍이 세력을 휘두르게 해서는 안 됐어요. 풍홍은 '너희들 이런 식으로 하면 후회할 거야!' 하면서 북위의 경쟁자인 송으로 망명하기 위해 몰래 준비를 합니다. 송도 얼씨구나 했겠지요. 풍홍이 오면 가뜩이나 싸우고 싶었던 북위를 공격할 명분이 생기거든요. 하지만 풍홍의 계획은 발각되고 맙니다.

이 상황에서 장수왕은 두 번째 선택을 합니다. 가차 없이 풍홍을 처형합니다. 풍홍뿐만 아니라 그 일가를, 아들 손자까지 다 죽여버려요. 북위는 만족했겠지만 이번에는 송이 화를 냈어요. 송으로 망명을 시도하는 정치 인사를 고구려에서 죽인 거잖아요. 열받은 송은 풍홍 일가를 데리러 고구려로 떠났던 군사들에게 고구려 장수들을 죽일 것을 명합니다. 까딱하면 전쟁이 날 판국이에요. 장수왕은 또다시 고민에 빠집니다. 한두 나라만 얽혀 있는 게 아니다 보니 외교라는 게 정말 골치 아픈 문제예요. 풍홍 사건만 아니었으면 장수왕은 100살 넘게 살았을지도 모릅니다.

여기서 장수왕이 세 번째 선택을 합니다. 고민을 거듭하던 장수왕은 고구려 장수들을 죽인 송 군사들을 송에 그대로 돌려보냅니다. "너희 군사들이 먼저 싸움을 걸었으니 너희 나라에서 알아서 처리해라." 그러면서 800필이나 되는 말까지 함께 보내요. 송 조정에서 보낸 군사임을 알면서도 일부러 그렇게 이야기한 거죠. 북위에 그랬듯이 한 번 더 물러난 것입니다.

이처럼 장수왕은 가능한 한 전쟁을 피합니다. 고구려는 힘이 있었어요. 여차하면 전쟁을 일으킬 수도 있었고, 이길 수도 있었습니다. 하지만 전쟁이 일어나면 승자도 큰 타격을 입을 수밖에 없습니다. 많은 사람이 죽고 다치니까요. 장수왕은 약간의 손해로 큰 피해를 막으려고 했습니다. 고구려는 단지 무력이 아니라 실속을 챙기는 유연한 자세로 전성기를 유지했던 거예요. 우리는 그 점을 기억해야 합니다.

사회생활을 하면서 겪는 거의 모든 문제는 체면과 실속 사이의 갈등으로 정리되는 것 같습니다. 체면을 지키자니 왠지 손해를 보는 것 같고, 실속을 챙기자니 자존심을 구기는 것 같죠. 그럴 때 저는 장수왕의 세 가지 선택을 떠올립니다. 장수왕에게 가장 중요한 목표는 고구려의 안정이었을 것입니다. 이를 위해 잘나가는 나라의 왕으로서 체면을 차리기보다 고구려의 안정에 도움이 되는 선택을 했어요. 그렇다고 매번 자존심을 내팽개친 것도 아닙니다. 풍홍 일가를 척결한 두 번째 선택을 보면 자존심을 세워야 할 때는 세울 줄 아는 인물이었어요. 그 누구보다 현명하게 명분과 실리를 택한 왕이라고 할 수 있습니다.

우리나라에 이런 인물이 많지 않은 것이 사실이에요. 역사를 돌아보면 우리나라는 명분과 자존심에 너무 많은 점수를 주곤 했습니다. 예를 들어 조선 시대에 병자호란이 일어나는 과정을 보면요, 어떻게 이럴 수 있을까 싶을 정도예요. 임진왜란이 끝나고 조선 북쪽에는 여진족이 엄청나게 성장해 있었거든요. 누르하치가 여러 부족을 통일하고 금을 세웠어요. 이전에도 금이라는 이름을 가진 나라가 있었기 때문에 조선을 비롯한 주변 국가들은 이를 '후금'이라고 불렀습니다. 얼마 지나지 않아

역사의 쓸모

후금은 청으로 국호를 바꿉니다. 훗날 명을 무너뜨리고 중원을 차지하는 그 청이지요.

그만큼 후금의 세력이 컸음에도 광해군을 몰아내고 인조를 앞세워 권력을 잡은 서인 정권에는 명과 친하게 지내고 후금은 멀리한다는 '친명배금'의 명확한 외교 정책이 있었습니다. 실리도 실용도 필요 없고 오로지 명분에 입각한 외교였어요. 주변 상황 자체를 인식하지 못했고, 그럴 생각조차 없었습니다. 후금에서 조선의 왕족을 보내라고 하면 보내기는 해요. 보내기는 하지만 가짜 왕족을 보냅니다. 그리고 후금 사신들이 오면 제대로 대접하지 않았습니다. 오랑캐라고 깔본 거죠. 조선의 이런 태도가 꼭 전쟁의 원인이라고 할 수는 없지만, 병자호란이 일어나는 데 영향을 미쳤던 것은 사실입니다.

훗날 청에 방문한 박지원은 문화 충격을 받아요. 오랑캐 나라인 줄로만 알았는데 직접 가보니 굉장히 발전한 나라였기 때문이죠. 일례로, 박지원은 청의 수레를 보고 놀랍니다. 수레에다가 짐을 실어서 물자를 교류하는 모습을 보고는 우리나라는 왜 저렇게 하지 않을까 의문을 가져요. 그런데 다른 사신들은 상업이 발달한 모습조차 우습게 봅니다. 오랑캐들이라서 돈만 탐낸다고 생각한 거예요. 조선의 양반은 상업을 천시했잖아요. 조선은 산이 많아서 길이 많이 나지 않았으니 수레도 필요 없다는 게 그들의 생각이었어요. 하지만 박지원의 관점은 달랐습니다. 수레를 만들면 길이 만들어진다는 거예요. 배울 점이 있으면 배워야 한다는 게 그의 생각이었습니다. 하지만 조선 조정에는 명분과 자존심이라는 색안경을 낀 사람들이 많았습니다. 그래서는 어떤 이익도 챙길 수가 없었겠죠.

요즘 많이 회자되는 단어 중 하나가 가성비죠? '가격 대비 성능'의 줄임말로 지불한 가격에 비해 소비자가 느끼는 효용이 클 경우 가성비가 높다고 말합니다. 소비 측면에서 보자면 체면보다 실속을 중요하게 여기는 추세인 것 같아요.

그렇다면 가성비를 삶의 문제에 대입시켜 보면 어떨까요? 자존심만 세우다가 손해 보는 경우는 가성비가 낮은 선택입니다. 반면에 겉치레는 좀 덜하더라도 순이익이 발생하는 경우는 가성비가 높은 선택이죠. 우리나라는 다른 사람의 시선을 중요하게 생각하는 분위기가 있기 때문에 가성비가 높은 선택을 하는 데 큰 용기가 필요합니다. 저 역시 남들이 어떻게 생각할지, 남들에게 어떻게 보일지를 걱정하다가 정작 제 삶에 도움이 되는 선택을 하지 못한 경우도 많았어요. 그래서 요즘은 어떤 선택을 해야 할지 고민될 때 장수왕을 떠올리며 합리적으로 생각하려고 노력합니다. 겉으로 보이는 것보다 중요한 게 있다는 사실을 다시 한번 깨닫게 해주거든요.

역사의 쓸모

메시지를
효과적으로 전달하는 법

소통

저는 참 다양한 곳에서 강연 요청을 받는데, 그중 높은 비율을 차지하는 곳이 기업체입니다. 기업에서는 주로 혁신에 관한 주제를 원합니다. 자고 일어나면 바뀌는 세상이라 변화에 민감하게 대응하고, 좀 더 좋은 성과를 내기 위해 고민하는 것이 그분들의 일이니까요. 세상은 빠른 속도로 변하고 기업은 더 빨리 변해야 살아남는데, 늘 하던 대로 하다 보면 자칫 '고인 물'이 되기 십상입니다. 아마도 그래서 직원들에게 혁신을 강조하고 싶은 것이겠죠.

한번은 모바일 게임 회사에 강연을 하러 갔습니다. 임원 대상의 강연이었는데 굉장히 젊은 기업이어서 누가 사장이고 대표인지 모르겠더라고요. 모두 양복 대신 청바지를 입고 있어서 역시 게임 회사는 다르구나 생각했습니다.

그날 저는 앞서 소개했던 신라의 삼국통일 과정을 이야기했습니다. 위기를 기회로 바꾸기 위해서는 비전을 공유할 것, 그리고 발상의 전환을 통해 혁신할 것. 이 두 가지를 강조하기 위해서였죠.

경영자라면 한 가지 교훈을 더 얻을 수 있겠죠. 선덕여왕이 황룡사 9층 목탑을 세웠던 것처럼 리더로서 명확한 비전을 제시하고, 그 비전을 직원들과 공유하기 위해 소통해야 한다는 것입니다. 회사의 목표에 직원들이 공감하지 못하면 그 회사는 발전하지 못합니다. 발전한다고 하더라도 한계가 있을 거예요. 공동의 목표가 아니라 자신의 이익만을 생각하며 일할 테니까요.

강연이 끝나고 질문을 받는 시간이 되자 어떤 분이 손을 들었습니다. 우리 회사도 지금 신라와 같은 위기를 겪고 있는 것 같다는 것이 그분의 첫마디였습니다. 고구려와 백제처럼 기반을 다진 회사들에 비하면 신라처럼 작고 힘없는 회사라는 것이죠. 신생 회사들이 끊임없이 생겨나고 기존 회사들이 줄줄이 폐업하는 업계 특성상 불안감이 크다고 했습니다. 그러더니 "이 위기를 어떻게 돌파해야 할까요?"라고 질문했어요. 그래서 제가

"글쎄요, 그건 여러분의 몫 아닐까요? 여러분이 역사에서 자극과 힌트를 얻을 수 있도록 실마리가 되는 이야기를 전하는 것이 저의 몫이고, 그것을 참고하여 현실의 해결책을 구하는 것은 여러분의 몫이지요"라고 말하고 "저는 경영은 모릅니다. 역사학과 출신이에요"라고 덧붙였더니 다들 웃으시더라고요.

그런데 제게 질문을 던졌던 분이 제 답변이 끝나자마자 마치 기다렸다는 듯 이렇게 말씀하셨습니다. "그럼 제가 신라의 사례를 참고해서 이렇게 생각해 볼 수도 있는 걸까요?"로 말문을 열더니 역사에 빗대서 앞으로의 경영 과제에 대해 술술 이야기했습니다.

저는 그분의 이야기가 끝나자마자 "혹시 대표이신가요? 임원들에게 하고 싶은 말을 저를 통해서 하신 거죠?" 하고 물었습니다. 그랬더니 다들 빵 터졌습니다. 역시나 제 예상이 맞았던 거지요.

그분이 강연을 주최한 이유가 뭘까요? 역사 이야기를 듣는 것도 좋지만, 강연을 통해 자신의 메시지를 전하고 싶었던 것입니다. 하고 싶은 이야기가 있었던 거예요. 하지만 사장이 사람들을 한자리에 모아 놓고 그 앞에 서서 자신의 생각을 말하면 어떻겠어요? 사장은 소통을 원해서 마련한 자리지만 듣는 입장에서는 그렇게 느껴지지 않습니다. 그냥 지시를 받는다고 생각할 수 있어요. 학교 조회시간에 듣는 교장 선생님 훈화처럼 지루한 잔소리로 들릴 게 뻔합니다. 그래서 역사 강연을 함께 듣는 시간을 준비했던 겁니다. 재미있는 역사 이야기를 들으면서 공통의 주제에 대해 함께 논의해 보면 좋겠다고 생각했던 거죠. 부드러운 분위기 속에서 회사의 상황을 진단하고, 우리가 어디로 나아가야 하는지 방향성을 공유하고 경영자의 생각까지 전달할 수 있으니 이거야말로 금상첨화가 따로 없습니다.

기업에서 외부 강사까지 초청해 강연을 진행하는 것도 이 때문입니다. 사실 실무자 입장에서는 업무 효율이 중요합니다. 할 일도 많고, 퇴근시간 전까지 일을 다 마치고 싶은데 굳이 시간을 내서 강연도 들어야 하니 불만도 생길 수 있어요. '왜 갑자기 역사 이야기를, 인문학 강의를 들으라고 하는 걸까? 이게 당장 업무에 도움이 되는 것도 아닌데.' 이런 생각이 들 거예요. 진짜 의도는 강연이 끝나야 알 수 있습니다. 신라의 삼국통일이 소재였다면 '주어진 일을 처리하느라 모두의 목표나 새로운 발상은 무시하고 있지 않나요?' 등의 메시지를 직원에게 던지겠지요. 저는 그 회사의 대표를 보면서 역사의 쓸모를 잘 알고 활용하는 분이구나 하고 생각했습니다.

＊＊＊

　누군가와 소통하기 위해 역사만큼 자연스러운 도구도 없습니다. 지난 2018년 2월 북한 고위급 인사들이 청와대를 방문했어요. 김정은의 여동생이자 노동당 중앙위 제1부부장을 맡은 김여정, 그리고 북한 최고인민회의 상임위원장인 김영남입니다. 두 사람은 먼저 평창 동계올림픽 개막식을 참관하고 다음 날 문재인 전 대통령과 오찬을 가졌습니다. 개막식에서 남북한 선수들이 단일팀으로 함께 입장하는 모습에 감격했던 김영남 위원장은 "역사를 더듬어보면 문씨 집안에서 애국자를 많이 배출했다"라는 말을 했습니다. 그러면서 문익점 이야기를 꺼냈지요. 목화씨를 갖고 들어와서 인민에게 큰 도움을 주었다고요.

　문익점은 고려 말의 문신으로 원에 갔다가 목화씨를 들여온 것으로 잘 알려져 있습니다. 그 시절 문익점의 업적은 정말 굉장한 것이었습니다. 목화가 우리 조상들의 의생활에 얼마나 큰 기여를 했냐면요, 고려 시대에는 대부분 모시나 삼베를 입었어요. 할아버지들이 여름에 입는 까칠까칠한 질감의 옷 같은 것이죠. 겨울에도 그런 옷을 입는다고 상상해 보세요. 아무리 겹쳐 입어도 헐벗은 것이나 다름없었을 겁니다. 그나마 부유한 귀족들은 비단옷이나 가죽옷을 입었겠지만, 일반 백성들은 정말 견디기가 힘들었을 거예요.

한반도에 없던 목화씨를 들여온 문익점 덕분에 백성들은 부드러운 무명옷을 입게 되었고, 겨울에는 목화솜을 넣어 솜옷도 만들어 입을 수 있게 되었습니다. 백성들의 삶의 질이 얼마나 높아졌겠어요. 우리나라 의복 문화가 문익점 이전과 이후로 나뉜다고 해도 과언이 아닙니다.

김영남 위원장은 문익점이라는 인물을 내세워 문재인 전 대통령과 대화를 시도했습니다. 왜 그랬던 걸까요? 효과적으로 자신의 메시지를 전달하기 위해서 그랬던 거예요. 그는 바라는 것이 있었을 겁니다. 남북의 평화와 통일을 위해, 더욱 활발한 교류와 경제 협력을 위해 다시 만남의 기회를 갖자는 메시지를 전하고 싶었겠지요. 그런데 이대로 전달하면 너무 공식적인 말이 되어버리잖아요. 지나치게 딱딱하거나 무겁지 않고 자연스럽게 언급하고 싶은데 말이지요.

외교적인 만남과 대화에 '그냥'이라는 것은 없습니다. 어떤 말이든 그냥 툭 나오는 것은 없고, 큰 고민 없이 아무렇게나 던져서도 안 되지요. 김영남 위원장 또한 어떻게 이야기를 풀어나갈지 고민했을 겁니다. 문재인 전 대통령에 대해 조사하고, 준비했을 거예요. 그런데 대한민국 대통령이 문씨란 말이죠. 남평 문씨 충선공파 33세손이라고 해요. 여기서 충선공이 바로

역사의 쓸모

문익점입니다. 아마 '이거다!' 하며 무릎을 탁 쳤을 것 같아요.

백성의 삶을 윤택하게 만들었던 문익점이라는 인물을 예로 들어서 문씨 집안에 애국자가 많음을 강조하고, 문재인 전 대통령 역시 그런 사람이라는 칭찬을 한 거예요. 당신 집안은 이런 사람을 많이 배출하는 집안이고 당신도 그런 일을 할 것이라는 공감대를 형성하기 위해 역사라는 소재를 끌어온 것입니다. 문재인 전 대통령 당신도 우리 모두를 위해 애써줄 것을 믿으며, 그렇게 해달라는 속뜻까지 담겨 있는 것이지요.

좋은 관계는 좋은 대화로 만들어집니다. 개인 간에도 그런 법인데 나라를 대표해 만나는 경우야 오죽하겠습니까. 어떤 소재를 택해야 편안한 분위기를 만들고 원하는 바를 전달할 수 있을지 고민할 수밖에요. 나와 상대방이 관심사를 공유하고 서로의 말에 공감하면서 마음을 열어야 비로소 진정한 소통이 가능해집니다. 그런 의미에서 문익점 이야기는 아주 좋은 연결 고리였다고 생각합니다.

'소통'의 사전적 정의를 찾아보면 '뜻이 서로 통하여 오해가 없음'이라는 풀이가 나옵니다. 언뜻 보면 쉬울 것 같지만 사실은 굉장히 어려운 일이죠. 같은 문장을 보고도, 같은 말을 듣고도 서로 이해하는 바가 다른 경우가 비일비재합니다. 사람마다 자라온 환경과 가치관, 지향점이 달라서 같은 말을 두고도 여러 가지 해석이 나올 수밖에 없기 때문입니다.

그러니 상대방에게 찰떡같이 알아들어 주길 원하면 안 됩니다. 대신 찰떡같이 말할 수 있도록 노력해야 해요. 내 메시지를 찰떡으로 만들어주는 것이 바로 역사입니다. 한 줄의 메시지를 전달하는 것이 아니라 주제가 있는 이야기를 던지는 것이기 때문에 머리와 마음으로 이해하게 되거든요.

누군가와 처음 만나서 이야깃거리가 없을 때 역사를 화제에 올리는 것도 좋은 방법이지요. 공감대를 형성하는 데 효과적입니다. 처음 관계를 맺을 때 상대와 나 사이에 연결 고리를 찾으려고 많이 노력하잖아요. 그래서 출신 학교를 묻고, 지역을 묻고 하는데 그것보다는 역사적 사실로 다가가는 게 훨씬 더 그럴듯해 보이지 않겠어요? 역사는 꽤 유용한 소통의 도구입니다. 어떤 이야기를 꺼내서 상대와 나 사이의 공통점을 찾아야 하는지 고민된다면 역사에서 답을 찾아보세요. 분명 같은 경험이나 감정을 공유할 수 있는 좋은 연결 고리가 있을 겁니다.

역사의 쓸모

한 번의 인생, 어떻게 살 것인가

3장

억압으로부터
자유로워지려면

정도전

한때 대한민국에 '멘토' 열풍이 불었던 적이 있습니다. 지식과 경험을 바탕으로 다른 사람에게 조언해 주는 사람을 멘토라고 하는데요, 요즘처럼 힘든 시기에 멘토를 만나기 위해 노력하는 사람이 많은 것도 이상한 일은 아닙니다. 현명한 스승은 흔들리고 무너지기 쉬운 인생길에 든든한 조력자가 되어주니까요.

그런데 시대의 멘토라고 불리며 지지를 얻던 사람들이 이따금 논란에 휘말리기도 합니다. 다방면으로 검증되지 않은 인물이 유행처럼 인기를 얻다가 이런저런 이유로 질타를 받고 순식간에 몰락하는 모습을 보면 안타까운 마음이 듭니다. 본인에게도 상처지만 그를 따르던 사람들에게도 큰 충격일 테니까요.

동시대 사람을 멘토로 삼으면 간혹 이런 일이 생깁니다. 사람은 누구나 완전하지 못하기 때문입니다. 훌륭한 사람이지만 실수할 수도 있고, 원래 부족한 사람인데 과대평가되었을 수도 있죠.

그래서 저는 역사 속 인물을 멘토로 삼습니다. 그리고 농담처럼 이렇게 얘기합니다. 이미 검증된 분이라 걱정이 없다고요. 실제로 그래요. 언제 탈이 생길지 모르는 멘토 대신 역사에서 롤모델을 찾는 편이 낫지 않나 하는 생각이 듭니다. 그분들은 강연을 열지도 않고 매체에 출연할 수도 없지만, 전 생애를 통해 우리에게 조언을 건네고 있습니다.

* * *

여기 집안도 별 볼 일 없고, 돈도 없고, 심지어 직장에서도 쫓겨난 남자가 있습니다. 그래도 뭔가 해보겠다고 일을 벌이는데 족족 망합니다. 성격은 또 얼마나 깐깐한지 타협이라곤 모릅니다. 그러면서 세상을 탓합니다. 세상이 잘못돼서 자기가 이렇게 산다는 거죠. 세상뿐 아니라 마음에 들지 않는 사람은 죄다 욕합니다. 전형적인 사회 부적응자의 모습이죠. 그런데 잘못된 세상이라고 욕만 하는 게 아니라 아예 잘못된 세상을 뒤집어엎겠다고 나섭니다. 그의 이름은 정도전. 자신의 이름처럼 '도전'의 연속인 삶을 살다 간 인물입니다.

정도전은 고려 말기에 향리 집안에서 태어났습니다. 향리는 지방 행정을 담당하는 관리로, 수령처럼 중앙에서 임명되는 관리가 아니라 그 지역에 살면서 대대로 수령을 보좌하며 사는 사람입니다. 조선의 향리만큼 지위가 낮은 것은 아니었지만, 고려의 향리도 이렇다 할 힘은 없었습니다. 지역 유지 정도라고 할까요? 정도전의 집안은 딱히 내세울 만한 것도 없었죠. 어쨌거나 정도전은 과거에 급제해 관직 생활을 시작합니다. 개혁적인 성향을 가진 신진사대부였던 만큼 원을 배척하는 개혁 정치를 펼치던 공민왕의 총애를 받기도 했지요.

당시 원은 쇠락의 길을 걷고 있었습니다. 한족 왕조인 명에 수도를 빼앗기고 몽골 지역으로 쫓겨나죠. 이를 북원北元이라고 합니다. 성리학을 공부했던 신진사대부는 몽골이 세운 원보다 한족 정통성을 가진 명을 높이 평가했습니다. 정도전 또한 명의 시대가 올 것이라고 믿었던 친명 세력이었습니다. 그러나 공민왕은 피살되었고, 친원파인 고려 권문세족의 힘은 사그라지지 않았습니다. 어린 나이의 우왕을 즉위시키고 정권을 잡은 이인임도 그중 한 명이었죠.

이인임은 친명파 신진사대부인 정도전에게 고려에 온 북원 사신을 접대하라고 지시합니다. 그런데 정도전은 단칼에 거부해요. "나는 원을 싫어하는 사람인데 어떻게 접대를 하라는 거냐?" 하면서 반발하죠. 위에서 그걸 이해하겠어요? 그래도 가서 접대하라고 합니다. 그랬더니 정도전이 나에게 그 일을 맡긴다면 그 사신을 죽이든지 포박해서 명으로 보내버리겠다고 합니다. 보통 성격은 아니죠. 주위에서도 어이가 없었을 거예요. 아무리 그래도 원 사신을 죽이겠다니 '뭐 이런 놈이 다 있어?' 그랬겠죠.

결국 정도전은 명령에 불복종한 죄로 유배를 가게 됩니다. 나주에서 2년간 유배 생활을 했는데 복직이 안 돼요. 함께 유배 갔던 신진사대부들은 권문세족과 사이가 안 좋더라도 하나둘씩 복직을 하는데, 정도전만큼은 조정에서 부르지 않습니다. 그때부터 무려 10여 년 동안 정도전은 여기저기를 떠돌며 생활합니다.

정도전은 원이 싫기도 했지만, 고려도 싫었던 거예요. 어느 왕조든 말기에는 혼란이 가득합니다. 고려 말기도 마찬가지였어요. 무려 40년 가까이 몽골의 침입을 받으면서 나라 꼴이 말이 아니었습니다. 전쟁이 나면 사람이 많이 죽을 수밖에 없죠.

역사의 쓸모

고아가 많아지고 이산가족도 생겨요. 땅이 황폐해지면서 백성들의 삶도 파탄 납니다. 오랫동안 원의 간섭을 받은 탓에 조정은 엉망이고 국교인 불교의 폐단도 커졌습니다. 그 와중에 권문세족의 부정부패는 점점 심해졌어요. 이들이 대토지를 경영하면서, 농민들은 땅을 빼앗기고 노비로 전락합니다. 노비는 세금을 내지 않으니 자연히 국가의 조세 수입도 줄어들었습니다. 엎친 데 덮친 격으로 중국의 홍건적과 왜구까지 고려를 침략했습니다. 그야말로 '말세'라는 말이 절로 나오는 상황이었습니다.

조정으로 돌아가지 못한 정도전은 후학을 양성하기 위해 당시 삼각산이라고 불렸던 북한산에 조그만 학교를 세웁니다. 하지만 정도전을 미워하는 세력 때문에 제대로 운영하지 못합니다. 찾아와서 다 때려 부수거든요. 지금의 부평 쪽으로 쫓겨 가서 다시 후배들을 좀 가르쳐보려 했는데 또 철거되고, 다음에는 김포로 가고…. 요즘 시대로 치면 정도전은 전과자예요. 유배 다녀온 죄인 출신인 데다가 세상과 불화하고 타협하지 못하는 성격 때문에 도처에 적도 많았습니다. 재야의 지식인으로 살며 재기를 노리지만 기회는 쉽게 오지 않았습니다.

정도전의 부인은 가슴을 칩니다. 남편이 가진 건 없어도 국가를 위해 일하는 훌륭한 관리가 되겠거니 생각했는데 떠돌이나 다름없이 생활하니까 얼마나 속이 상했겠어요. 그래서 어느 날 정도전에게 한마디 합니다. 어쩌다 국법을 어긴 죄인이 되어 우리가 이렇게 방랑하며 살아야 하느냐고 하죠. 정도전은 이게 다 하늘의 뜻이라고 대답합니다. 순식간에 나락으로 떨어졌음에도 느긋한 태도를 취해요. 하지만 머릿속으로는 새로운 세상을 그리고 있었습니다.

유랑 생활 동안 정도전은 자신의 한계를 인식했습니다. 정도전의 어머니에게 노비의 피가 섞여 있었거든요. 이게 정도전의 약점이었던 겁니다. 정도전이 유배를 당할 시점에 정몽주도 유배를 가는데요, 둘 다 유배 생활이 끝났는데 정몽주만 복직을 합니다. 정도전은 그러지 못했고요. 천민의 피가 흐른다는 것이 정도전이 다시 조정으로 돌아가지 못한 이유 중 하나였습니다.

2년간의 유배 생활과 7년간의 유랑 생활이 그에게 고통만 안겨준 것은 아니었습니다. 밑바닥에서 보니 백성들의 현실이 눈에 들어왔어요. 잦은 전쟁으로 헐벗고 굶주린 백성들의 삶은 정말 비참했습니다. 가난에 한 번 울고, 가진 자들의 수탈에 또 한 번 울어야 했어요. 먹을 것도 없는 판국에 불합리한 조세 제도까지 더해져 이중으로 세금을 내야 하는 등 그야말로 총체적 난국이었습니다. 조정에만 있었다면 백성의 이런 사정을 자세히 알지 못했을 겁니다.

정도전은 무언가 잘못되어도 단단히 잘못되었음을 느낍니

다. 정의롭지 않은 사회에 분노하지요. 바로잡고 싶은 마음은 굴뚝같지만 고려 조정에서 변화를 일으키는 건 거의 불가능한 일이었어요. 권문세족과의 불화, 신분상의 결함 등 벽이 너무 높았습니다. 정도전은 벽 앞에서 멈추는 대신 벽을 깨부수기로 합니다. 내 신분 때문에 관직 생활을 할 수 없구나 하고 좌절하는 대신 관직 생활을 못 하게 하는 세상을 바꿔버리겠다고 다짐한 거예요.

'세상이 나를 이렇게 대접하다니, 이건 불합리해!' 이게 그의 반응이자 세상을 향한 태도였습니다. 이렇게밖에 살 수 없는 자신을 연민하고, 세상을 향해 불평불만을 쏟아내는 것이 아니라 세상을 바꿔보려고 했어요. 고려에서 안 된다면 다른 왕조를 세우자고 결심한 거죠. 혁명을 꿈꾼 거예요.

정도전은 자신의 뜻을 이루기 위해 사람을 물색합니다. 자기에게는 없는 힘을 가진 사람을 찾았던 거죠. 그리고 고려의 영웅으로 불리던 인물을 찾아갑니다. 그가 바로 이성계입니다. 이성계는 수많은 전투에서 혁혁한 공을 세운 인물이었습니다. 함경도에서는 어마어마한 세력을 자랑했지만, 이성계 또한 정도전과 같이 치명적인 약점을 가지고 있었어요.

아시다시피 이성계는 전주 이씨입니다. 시조는 전주 사람이지만, 4대조인 이안사가 전주를 떠나 삼척으로, 그리고 다시 함경도로 이주했지요. 전주 지역의 관리와 불화가 생겨 떠난 것이었는데 무려 170호, 그러니까 170가족을 데리고 갔어요. 본래 권세가 있는 가문이었음을 알 수 있지요. 고려 조정에서는 이안사에게 원의 군대를 막는 임무를 주었지만 이안사는 원에 항복했습니다. 그 뒤로 이성계의 가문은 원이 고려 북부를 통치하기 위해 설치한 쌍성총관부에서 주위 고려인을 관리하는 일을 합니다. 그 지역에 살았던 여진족도 통솔했지요. 그러다가 원이 몰락할 때쯤 이성계의 아버지인 이자춘이 쌍성총관부를 공격해 점령하면서 다시 고려로 귀순했습니다. 이성계는 고려인의 후손이지만 변방에서 태어났고, 여진족의 문화에 익숙했어요. 아무리 많은 공을 세웠다 한들 고려 조정의 관리들에게는 상당히 이질적인 존재였을 거예요.

이런 점을 잘 알고 있던 정도전은 이성계가 어떤 인물인지 살펴봅니다. 견적을 내본 거죠. 그리고 잘 훈련된 이성계의 군대를 보면서 의미심장한 말을 던져요. "이만한 군대로 무슨 일인들 못 하겠습니까?" 이성계는 정도전에게 무슨 뜻이냐고 묻습니다. 정도전은 왜구를 칠 수 있다는 말이었다고 답하지만 사실 두 사람 모두 그 속뜻을 알고 있었습니다. 물론 말을 더 이어갈 수는 없었지요. 내뱉는 순간 역모가 되니까요. 성공하면 혁명이지만 실패하면 반역이잖아요. 하지만 그날 두 사람은 새

역사의 쓸모

왕조의 그림을 이미 그려놓았는지 모릅니다.

결국 이성계는 위화도회군으로 조정의 권력을 장악하고 뒤이어 조선이라는 새로운 나라를 세웁니다. 조선의 왕이 된 사람은 이성계지만, 조선의 기틀을 닦고 질서를 만든 사람은 정도전이었어요. 어느 정도였냐면, 정도전이 한양 지도를 펼쳐 놓고 선을 하나 그으면 그것이 길이 되었습니다. 정도전이 붓으로 그은 길을 600년이 지난 지금도 우리가 거닐고 있어요. 그가 점을 뚝뚝뚝뚝 찍은 곳에는 성문이 건립되었습니다. 도성을 중심으로 한 사방의 문들, 흥인지문, 숭례문, 숙정문, 돈의문이 모두 정도전의 구상에 따라 만들어졌어요. 한마디로 정도전은 조선의 설계자였습니다.

정도전의 사상은 굉장히 급진적이었습니다. 모든 토지를 몰수해서 백성들에게 무상으로 나눠주고, 노비들도 해방시키자고 주장했어요. 기득권 계층의 반발로 그 뜻을 다 이루지는 못했지만 기본적으로 다른 사람들보다 시대를 앞서 있었어요. 정도전은 왕과 지배층만이 사람 취급을 받던 시대에 백성이 나라의 근본이라는 민본주의를 실현하려 했습니다. 왕 한 사람이 나라를 좌우하는 전제 왕권을 경계하고 재상을 중심으로 하는 정치를 지향하기도 했지요. 왕은 있지만, 실질적인 정치는 유능한 재상에게 맡기자는 거예요. 왕은 실력으로 뽑히는 게 아니니까요. 그 시대에 보기 드문 대단히 급진적이고 선진적인 사람입니다.

그러나 무엇보다 주목해야 할 사실은 그가 대안을 제시하는 사람이었다는 것입니다. 유배당하고 유랑하면서 만난 비뚤어진 세상에 문제의식을 느낀 정도전은 그런 세상을 고쳐야 한다고 생각했습니다. 그리고 그 해결 방법을 하나하나 치밀하게 고민했어요. 길고 어두운 인생의 터널에서 주저앉는 대신 자신이 바라는 세상을 만들기 위해 움직였습니다. '나 같은 사람을 이렇게 대접하다니, 고려 망해라!' 하면서 괴로워하고 술이나 퍼마셨다면 정도전이라는 이름은 역사에서 잊히고 말았을 겁니다.

정도전에게 고려가 그러했듯이 지금 우리 사회도 행복하게 살기가 쉽지 않습니다. 우리는 너무 자주 부조리와 불합리를 목도합니다. 이럴 때 '내가 못나서', '내가 부족해서', '내가 졸업한 학교가 별로라', '우리 집이 가난해서'라고 생각할 수도 있지만 저는 그러지 않았으면 좋겠어요. 정도전처럼 시대와의 불화로 나락에 떨어졌을 때 이렇게 된 가장 큰 이유가 무엇일까를 고민하고, 사회와 자신에 대한 인식과 비판의 불을 항상 환하게 밝혀놓았으면 합니다. 그러면 쉽게 좌절하거나 비현실적인 꿈을 꾸는 대신 지금, 여기에서 할 수 있는 것이 눈에 보일

역사의 쓸모

겁니다. 어쩌면 '나'의 어려움을 극복하는 과정에서 '우리'의 어려움도 해결할 수 있는 방법을 찾을지도 모르고요.

자신의 인생만큼은 대안 없이 성급하게 비판하거나 포기하지 않았으면 합니다. 물론 자신이 비판하는 것에 대해 진지하게 해결책을 고민하고 대안을 제시하며, 나아가 그것을 실현하고자 노력하는 일은 결코 쉽지 않습니다. 하지만 그 어려운 일을 해내는 사람만이 자신을 둘러싼 상황을 조금이나마 바꿔나갈 수 있습니다. 그리고 그런 사람들이 늘어날 때 높게만 보이던 세상의 벽도 서서히 무너지게 될 것입니다.

삶을 던진다는
것의 의미

김육

저는 가끔 강연 중에 청중에게 묻습니다. 인생의 화두가 무엇이냐고 질문을 던져요. 대답은 세대에 따라 달라집니다. 청년은 취업이나 연애에, 중년은 자녀 혹은 내 집 마련에, 좀 더 나이가 든 분들은 건강에 관심을 가져요. 정의나 평화, 나눔과 같은 가치를 화두로 꼽는 사람도 있습니다. 그게 무엇이든 우리에겐 저마다의 목표가 있고 그 목표를 이루고자 열심히 살아갑니다.

그런데 평생을 다해 이루고 싶은 것이 있는지 물으면 대부분 쉽게 답하지 못합니다. 사랑도, 돈도, 다른 목표도 다 중요하지만, 정말 내 삶을 던질 만큼 간절히 원하고 있는지는 확신하기 어려우니까요. 아마 그런 생각을 해본 사람 자체가 그리 많지 않을 거예요. '이걸 이룰 수만 있다면 내 인생을 바쳐도 좋다!' 이렇게 말할 만한 무언가가 있다는 건 참 대단한 일입니다.

이런 주제가 나올 때마다 제가 꼭 소개하는 인물이 있습니다. 바로 조선 후기의 문신이자 학자인 김육입니다. 김육이라는 이름을 처음 들어보는 사람도 많을 거예요. 이분에 대해서는 짧고 굵게 설명할 수 있습니다. '대동법의 아버지.' 이 외의 수식어는 필요하지 않아요. 그만큼 대동법 시행에 온 힘을 쏟은 인물입니다.

대동법이란 쌀 등으로 세금을 내는 제도예요. 당시 백성이 내는 세금은 크게 세 종류가 있었습니다. 각각 전세, 역, 공납이라고 했는데요. 전세는 토지에서 생산한 것의 일부를 내는 거니까 지금으로 치면 소득세 같은 것입니다. 역은 노동력을 제공하는 거예요. 요역은 국가에서 궁궐을 짓거나 길을 만들 때 노동력을 제공하는 것이고, 군역은 군대에 가서 국방의 의무를 수행하는 거고요. 어찌 보면 지금도 존재하는 세금 형태라고 볼 수 있겠습니다.

문제는 공납입니다. 공납은 지역 특산물을 바치는 거예요. 백성들에게는 공납이 굉장히 큰 부담이었습니다. 예를 들어 제주도의 특산물은 귤이잖아요. 지금이야 마트에 가면 산처럼 쌓여 있지만, 옛날에는 귤이 무척 귀했어요. 운송 수단도 변변치 않은데 한반도의 가장 남쪽, 그것도 섬에서 가져와야 했으니 희소가치가 클 수밖에 없었죠. 왕이 공신이나 과거에서 1등을 한 장원에게 주는 하사품이 귤 몇 알일 정도였습니다. 하사품을 받은 사람들은 귤을 가지고 와서 가족들과 한쪽씩 나눠 먹었어요. 그 정도로 귀한 과일이었습니다.

제주도 백성들은 당연히 귤을 공납으로 바쳐야 했습니다. 어느 마을에 귤 100상자 하는 식으로 할당량이 다 있었어요. 귤나무에 귤이 열리기 시작하면 관리들이 찾아왔습니다. 아직 콩알만 한 귤을 모조리 세어서 나중에 몇 개를 제출하라고 미리 정해줍니다. 100상자를 채우기 위해 집집마다 분배를 해주는 거죠.

그런데 처음에 열린 귤이 모두 수확되는 것은 아니었습니다. 썩는 것도 있고, 떨어지는 것도 있고, 새나 동물이 몰래 먹는 경우도 있겠죠. 게다가 제주도에는 바람이 엄청나게 많이 불잖아요. 하지만 그런 변수는 고려하지 않아요. 사정을 봐주지 않습니다. 그렇다고 썩은 귤을 조정에 바칠 수도 없어요. 공납용 귤을 준비하는 일이 너무 힘들어서 귤나무에 뜨거운 물을 붓는 농민도 많았다고 합니다. 몰래 귤나무를 죽였던 거예요.

사람들이 공납 때문에 괴로워하니까 수수료를 받고 공납을 대신 내주는 대행업자까지 등장합니다. 요즘도 다양한 대행업체들이 있잖아요. 조선 시대에도 그런 사업을 하는 자들이 생겨난 거죠. 이 사람들을 방납업자라고 합니다. 여기에서 방은 '막을 방防'이에요. 공납을 막아준다는 거죠.

이제 좀 숨통이 트이나 싶었던 백성들은 곧 더욱 고통스러운 상황을 맞게 됩니다. 방납업자들이 공납을 걷는 사또와 결탁했기 때문입니다. 그런 사또는 방납업자의 특산물만 받아요. 백성들 입장에서는 원하지 않아도 무조건 방납업자에게 공납을 맡길 수밖에 없는 거예요. 당연히 방납업자들은 마음대로 값을 올립니다. 나중에는 도를 넘어서 말도 안 되는 상황이 벌어져요. 귤이 한 상자에 1만 원이라면 방납업자는 귤 한 상자를 내주면서 10만 원을 받는 식이에요. '그럴 바에는 그냥 내가 어떻게든 마련하겠다' 해서 사또에게 직접 귤을 바치면 사또는 안 받죠. 이건 상처가 났고, 이건 색깔이 안 좋고, 이건 맛이 없어 보이고…. 별의별 트집을 다 잡아요. 이런 걸 어떻게 임금님에게 바치느냐고 도리어 큰소리를 칩니다.

결국 백성들은 울며 겨자 먹기로 방납업자들의 10만 원짜리 귤을 살 수밖에 없었어요. 그러면 방납업자들이 사또에게 사례비를 주는 거죠. 그 돈을 당시에 뭐라고 했는지 아세요? '인정人情'이라고 했어요. "너 왜 이렇게 인정이 없냐?" "사또, 이게 다

인정입니다." 이랬던 거예요. 사람의 따뜻한 마음을 뜻하는 말이지만, 저는 인정이라고 하면 부정부패가 떠오릅니다. 이 인정 때문에 백성들이 죽어났어요.

대동법은 공납의 문제를 해결하기 위한 개혁안이었습니다. 그냥 쌀 등으로 세금을 내자는 거예요. 그때의 쌀은 화폐랑 똑같았어요. 조정에 바칠 양을 채우기 위해 이 집, 저 집 개수를 할당할 필요도 없지요. 백성들 입장에서는 무척 반가운 내용이죠. 게다가 대동법은 토지에 부과된 세금이었습니다. 공납은 집집마다 부과되는 것이라 누구나 다 내는 것이었다면 대동법은 토지 한 결마다 세금이 매겨져 땅을 가진 사람만 세금을 내게 하는 제도였어요. 토지가 없거나, 적게 소유하고 있던 일반 백성에게는 감세인 반면 넓은 토지를 소유한 양반 지주에게는 증세였던 셈이죠.

이 법안이 시행되기란 하늘의 별 따기였습니다. 조정 대신들이 자신들에게 불리한 정책을 통과시킬 리가 없으니까요. 요즘 같아도 쉽지 않을 텐데 양반이 곧 지주인 신분제 사회에서는 더욱 어려운 일이었죠. 하지만 공납에서 비롯된 문제가 극심해져서 결국 광해군은 경기도에서 대동법을 시행하기로 합니다.

사실 광해군은 대동법을 적극적으로 찬성하지는 않았습니다. 왕은 기본적으로 선대의 질서를 유지하려는 보수적인 성향을 가지고 있어요. 경기도에서만 대동법을 시행한 것도 영의정 이원익이 강력하게 밀어붙인 결과입니다.

경기도에서 시행되던 대동법이 전국적으로 확산되는 데 무려 100년이 걸립니다. 한 세기가 흐른 거죠. 그 긴 시간 동안 대동법 확산을 위해 인생을 바친 사람이 바로 김육이에요.

김육은 1580년에 태어났습니다. 김육이 열두 살 때 임진왜란이 터져서 아버지가 돌아가셨어요. 10대 소년 가장이 됐는데 곧이어 어머니도 돌아가십니다. 힘든 상황에서도 과거에 합격해 스물네 살에 성균관에 들어갔어요. 4년이 지나 광해군이 왕위에 오르자 김육을 비롯한 성균관 유생들은 〈청종사오현소請從祀五賢疏〉라는 상소를 올렸습니다. 김굉필, 정여창, 조광조, 이언적, 이황 이렇게 다섯 명의 학자를 문묘에 모시자는 내용이었어요. 당시 북인의 수장이었던 정인홍은 이를 반대했고, 광해군은 정인홍 편을 들어줬어요. 심하게 반발한 성균관 유생들은 처벌을 받았습니다. 요즘으로 따지면 총학생회 활동을 했던 김육도 대과 응시 자격을 빼앗겼지요. 더 높은 관직으로 나아갈 방법이 없어진 거예요.

영창대군이 살해되는 등 조정에 혼란이 더해지자 김육은 성균관을 박차고 나와 귀농해 버립니다. 가족을 데리고 가평의 잠곡이라는 곳으로 갔어요. 벼슬도 잃고 부모도 없으니 무슨 돈이 있겠어요. 집 지을 돈도 없어서 땅을 파고 움막 생활을 해야 했습니다. 2년을 고생한 후에야 겨우 집을 마련했다고 해요. 그러고는 숯 장사를 합니다. 나무를 태워서 숯을 만든 다음 한양으로 가져가서 팔았어요. 가평에서 서울까지 거리가 자그마치 80킬로미터입니다. 왕복 160킬로미터를 걸어 다녔던 거예요.

이쯤 되면 보통 자신의 처지를 비관할 겁니다. 열심히 공부해서 대학에 들어갔는데 쫓겨나고, 벼슬길은 아예 막혔고, 숯을 팔아 겨우 먹고사는 생활이었잖아요. 꼬일 대로 꼬인 인생이라고 해도 과언이 아니었어요. 하지만 김육의 눈에 들어온 건 자신의 처지가 아니었어요. 그보다 더 비참한 백성들의 처지였어요. 매일 한양을 오가면서 봤던 거예요. 굶어 죽은 시신이 거리에 널려 있는 걸 보면서 김육에게는 좌우명이 하나 생깁니다. '애물제인愛物濟人'. 만물을 사랑하여 사람을 구제하자는 뜻입니다. 공납 문제에 관심을 가진 것도 이 시기였어요. 직접 노동하고 세금을 내면서 제도의 모순을 절실하게 느낀 것이죠.

* * *

잠곡에서 10여 년의 시간을 보낸 뒤에 김육에게 기회가 찾아옵니다. 인조반정이 일어나 세상이 바뀐 거죠. 광해군 때는 이른바 블랙리스트였던 김육에게 곧바로 관직 제의가 옵니다. 관직 생활을 하는 내내 김육의 주 관심사는 공납 문제를 해결하는 것이었습니다. 그런데 관직이 낮아서 그럴 만한 힘이 없었어요. 문제 해결에 나서기 위해서는 고위 공무원이 되는 수밖에 없었습니다. 결국 과거 시험을 또 봅니다. 결과는 장원이었어요. 그럴 수밖에 없는 게, 최종 시험에는 현실 문제를 해결할 대책을 논하라는 문제가 나오거든요. 김육이 쓴 답은 책만 달달 외운 사람들의 답과 차원이 달랐을 거예요.

이제 뭔가 좀 되려나 보다 싶은 그때 또다시 전쟁이 터집니다. 호란이 일어나요. 얼마나 파란만장한 인생입니까. 10대에 전쟁, 20대에 투쟁, 30대에 귀농, 40대에 다시 전쟁. 김육이 제대로 정치 생활을 시작한 건 50대가 되어서예요. 전쟁이 끝나고 정세가 안정되기 시작하자 바로 대동법 이야기를 꺼냅니다. 제대로 된 땅 한 뙈기 없는 백성들이 자신에게 부과된 특산물을 준비하기 위해 얼마나 고생하는지 알리고 그 대안으로 대동법을 주장했습니다. 경기도에서만 시행되던 대동법을 전국으로 확산시키는 게 김육의 목표가 돼요.

기득권의 반대도 반대지만, 김육의 주장은 먹히기 어려운 것이었어요. 어쨌거나 대동법 시행을 허락한 건 광해군이에요. 인조는 그걸 이어가고 싶지 않을 거예요. 정권이 바뀌면 이전 정부의 성과는 지우려고 애쓰잖아요. 반정으로 탄생한 조정이니 그런 경향이 더욱 심했겠죠. 김육도 광해군이 미울 거예요. 자기 인생을 망친 사람이나 마찬가지니까요. 그럼에도 김육은 대동법은 큰 의미가 있다고 생각했습니다. 오로지 백성만 봤던 겁니다. 백성에게 도움이 되느냐 아니냐, 이것만 기준으로 삼았어요.

김육은 대동법에 인생을 걸었습니다. 대동법 확대 시행을 끊임없이, 정말 끊임없이 주장했어요. 반대로 양반들은 대동법이 확산되지 못하도록 열을 올렸죠. 전세는 토지 1결당 쌀 4~6두를 내는데, 대동법은 1결당 12두를 부과했어요. 땅을 가진 사람 입장에서는 전세의 두세 배나 되는 부담을 추가로 지는 거니까 세금 폭탄이라며 난리를 친 거죠. 그러면서 말도 안 되는 이야기를 합니다. 백성들이 대동법을 불편해한대요. 요즘 정치인들도 그러죠. 정책을 얘기할 때 국민을 들먹이면서 이건 안 된다, 저건 안 된다 그래요. 실은 자기들 이익을 챙기려고 그러는 것인데 국민 핑계를 댑니다. 김육은 이런 관리에게 버럭 화를 내요. "대동법을 불편하게 여기는 사람은 오직 모리배들뿐입니다!" 하고 직격탄을 날리기도 합니다.

하지만 매번 논쟁을 해도 대동법 확산의 길은 멀기만 했습니다. 인조가 사망하고 70세의 나이가 된 김육은 새로 즉위한 왕 효종에게 사직 상소를 올립니다. 효종은 업무 능력이 뛰어난 김육을 붙잡았습니다. 결국 김육은 효종이 자신의 사직 상소를 일곱 번이나 물리치고 계속 벼슬을 내리자 조건을 내겁니다. 대동법을 확대 시행해 주면 일을 하겠다고 한 거예요. 이렇게까지 나가니까 드디어 충청도에도 대동법이 시행됩니다.

호서대동법이 시행되고 김육이 어떤 말을 했는지가 기록에 남아 있습니다. 쉽게 말해 인터뷰 같은 건데요. 기분이 어떠냐고 묻는 말에 김육은 이렇게 답합니다. "나는 학문에 대해서는 잘 모른다. 그저 백성들에게 부과되는 세금이 줄어서 너무 기분이 좋다." 백성이 배고픈데 무슨 학문이 필요하냐는 거예요. 성리학이며 양명학이 무슨 소용인가, 백성이 잘살면 최고지. 이 것이 바로 그의 사상이었습니다.

물론 이게 끝이 아닙니다. 호서대동법이 시행되자마자 이번에는 대동법을 전라도까지 확산시키기 위해 김육은 또 상소를 올리기 시작합니다. 대동법이 왜 시행되어야 하는지, 전라도가 왜 중요한지, 백성들은 어떻게 생각하는지⋯ 쭉 써서 올리는 거예요. 전라도가 최고의 곡창지대이지 않습니까? 전라도에서 대동법이 시행되면 게임 끝이거든요. 금방 전국으로 확산될 수 있어요. 그러나 양반들 입장에서는 경악스럽죠. 그 어마어마한 토지에 세금을 물린다고 생각해 보세요. 이들이 완강하게 버티다 보니 또 시간은 흘러만 갔습니다.

70세에 사직 상소를 올렸던 김육은 79세에 유언 상소를 올립니다. 자기가 죽으면 대동법 시행이 취소될까 봐 너무 두렵다는 겁니다. 이제 병들어 곧 죽을 몸이 되었으니 호남에도 빨리 시행해 달라고, 김육은 효종에게 마지막 간청을 합니다. 그리고 며칠 뒤에 세상을 떠납니다.

아픈 몸으로 한 글자, 한 글자를 써내려 가면서 과연 무슨 생각을 했을까요? 아마도 끝까지 백성을 걱정했을 겁니다. 김육은 평소 자신이 이루고자 했던 일, 바로 만물을 사랑하여 백성을 구제하는 일에 인생을 바쳤다고 해도 과언이 아닙니다. 애물제인이라는 목표가 있었기에 어떤 시련에도 흔들리지 않고, 굳건하고 꾸준하게 자신의 길을 걸었을 것입니다.

비록 김육은 호남까지 대동법이 확대되는 것을 보지 못한 채 눈을 감았지만, 그의 유언에 따라 호남에도 대동법이 실시되었습니다. 숙종 대가 되어서는 전국으로 확대되기에 이르렀지요.

인생은 단 한 번 주어지는 것입니다. 그래서 인간은 더욱 해답에 목말라 있는지 모릅니다. 무엇을 위해 살아야 하는지, 어떻게 살아야 하는지 알기 위해 책을 읽고 조언을 듣고 때로는 직접 부딪쳐가면서 답을 구합니다. 저는 김육이 '한 번의 인생을 어떻게 살 것인가?'라는 질문에 자신의 일생으로 답했다고 생각합니다. 삶을 던진다는 것의 의미를 보여주는 분이죠.

다시 처음의 질문으로 돌아가 봅니다. '나에게는 삶을 던져 이루고 싶은 것이 있는가?'를 고민해 보는 거예요. 그리고 '삶이 뭐 다 그렇지'라는 말을 '삶은 이런 거지'라는 말로 바꿔봤으면 합니다. 그런 귀중한 목표를 찾아가는 과정만으로도 우리의 하루는 이전보다 훨씬 충만하게 채워질 테니까요.

바다 너머를
상상하는 힘

장보고

  역사에 등장하는 인물은 대부분 지배층입니다. 근대 이후를 제외하면 죄다 왕이나 고위 공직자, 아니면 장군들이죠. 정도 전처럼 과거에 급제해 관직에 올라도 어머니의 신분이 미천하면 주홍글씨가 새겨지는 신분제 사회였기 때문에 그럴 수밖에 없었어요. 천한 신분으로 태어나면 이름을 떨칠 기회조차 얻지 못했습니다. 그런데 평민임에도 고대 중국과 한국, 일본 역사서에 모두 이름을 올린 사람이 한 명 있어요. 조선도 고려도 아니고 신라 사람, 우리에게는 바다의 신 해상왕으로 유명한 장보고입니다.

역사의 쓸모

신라는 골품제骨品制 사회였습니다. 골품제란 문자 그대로 뼈를 등급으로 나눈 신분제도로, 태어나면서부터 혈통에 따라 신분이 결정되었습니다. 굉장히 폐쇄적인 성격의 제도라서 골품마다 얻을 수 있는 관등의 상한선도 정해져 있었습니다. 그렇기 때문에 최고 귀족인 진골이 주요 관직을 독차지했고 6두품 이하는 아무리 뛰어난 능력을 가졌더라도 신분의 한계를 뛰어넘는 관직을 가질 수 없었지요.

이런 상황이니 평민들의 삶은 어땠겠어요? 그야말로 흙수저 중의 흙수저인 거죠. 장보고가 그런 사람이었습니다. 한중일 삼국의 역사서에 모두 등장할 정도로 이름을 떨쳤는데도 출생과 부모에 대한 기록은 없어요.《삼국유사》에 출신이 미천했다는 기록이 있을 뿐입니다. 완도 근처에서 태어난 평민이었을 거라고 추측할 뿐이죠. 전라도의 바닷가에서 태어났다면 출신 지역에 대한 차별도 심했을 거예요. 당시 신라는 수도인 경주, 즉 서라벌을 중심으로 돌아가는 나라였습니다. 그러니 지방 출신이라는 점 역시 한계로 작용했지요.

심지어 장보고는 이름조차 없던 사람입니다. 평민들은 성도 없고 이름도 정식으로 짓지 않았으니까요. 그냥 어린 시절부터 활을 잘 쏜다고 활보라고 불렸대요. 잘 먹는 사람을 먹보라고 하듯이 주변에서 그냥 그렇게 부른 거죠. 좀 더 자란 후에는 '활궁ᄅ'자를 써서 궁복이라는 이름을 썼습니다.

그 시대에 신분이란 건 운명과도 같았습니다. 신분의 벽은 감히 뛰어넘을 수가 없는 것이었습니다. 장보고 같은 사람에게 관직은 말도 안 되죠. 농촌에서 태어나면 농사짓고, 어촌에서 태어나면 물고기를 잡으며 살아야 했던 겁니다. 이 시기에 평민은 절대로 꿈을 가져서는 안 됐어요. 왜? 100퍼센트 이루어질 수 없기 때문입니다. 꿈을 갖는 순간 비극과 고통이 시작될 것이 불 보듯 뻔했어요. 그런데 다 자란 장보고는 그만 꿈을 갖게 됩니다. 그리고 그 꿈을 이루기 위해 바다를 건너 당으로 갔어요.

장보고가 왜 바다를 건너기로 결심했는지는 알 수 없습니다. 아마 바닷가에서 태어났기 때문이 아닐까 싶어요. 어린 시절부터 푸른 바다를 보며 자랐잖아요. 등 뒤의 육지는 아무것도 할 수 없는 땅이에요. 어차피 이 땅에서 아무것도 할 수 없다면 눈앞의 바다를 건너가 보면 어떨까? 장보고는 그런 생각을 했을 것 같아요. 잘 아는 안전한 세계에서 주어진 대로 사는 것보다 조금 무섭지만 미지의 세계로 가보자. 저 바다 건너로 가면 내가 무언가 할 수 있을지도 모른다. 그러고는 당으로 가는 배에 올랐을 겁니다.

당시 신라는 진골 귀족들이 왕위를 놓고 다투느라 바빴습니다. 사회는 혼란하고 경제는 어려운 게 당연한 결과겠죠. 그래서 난민이 많았어요. 더욱이 지방은 통제가 잘 안 되는 상황이었기 때문에 많은 사람이 몰래 배를 타고 당으로 갔습니다. 장보고도 신라가 아닌 낯선 땅에서 인생 2막을 시작하게 됩니다.

당은 대제국으로 불리는 나라였습니다. 중원은 물론 서역까지 영토를 넓혀 실크로드를 통해 여러 나라와 교류했어요. 그런데 사방으로 땅을 넓히다 보니 중앙의 힘이 곳곳에 미치지 못했고, 여기저기서 반란이 일어났습니다. 결국 당은 병역제도를 모병제로 바꾸고 이민족 용병을 고용해 반란을 진압하려 합니다.

당으로 건너간 장보고도 이 용병 모집 광고를 보고 외인부대에 들어갔습니다. 월급을 받는 군인이 된 거죠. 장보고라는 이름도 이때 정했어요. 월급을 받으려면 이름을 등록해야 하니까 말이에요. 보니까 주변에 장씨가 참 많은 거예요. 그래서 성은 중국에서 가장 흔한 장씨로 정하고 활보를 한자로 바꾼 궁복이라는 이름에서 '복' 자를 따서 한자 이름을 만든 거예요.

군 생활이 잘 맞았는지 장보고는 승승장구합니다. 중국 역사서에 그 활약이 기록되어 있어요. 활을 쏘고 창을 휘두르며 싸우는 장보고의 모습을 마치 영웅처럼 묘사하고 있습니다. 연이어 큰 공을 세운 장보고는 병사들을 지휘하는 관직까지 얻어요. 가진 것 하나 없이 낯선 땅에 와서 외국인 용병으로 시작해 장교가 된 거니까 엄청나게 성공한 거죠. 아메리칸 드림에 버금가는 당 드림을 이룬 셈이에요. 하지만 반란군이 모두 진압되자 장보고는 위기감을 느꼈습니다. 할 일이 없어진 거잖아요. 게다가 외국인이니 언제 해고될지 모른다는 생각이 들었을 겁니다.

고민하던 장보고는 어린 시절에 그랬듯이 또 푸른 바다를 바라봅니다. 당과 신라를 오가는 무역선들을 보고 실마리를 얻었는지 이번에는 장사를 시작해요. 당 군대에서 나온 뒤 국제 무역업을 합니다. 당에 오래 살았으니까 현지 사정에 빠삭하잖아요. 인맥도 많이 쌓았을 거고요. 장보고는 어디에 가야 물건을 싸게 살 수 있는지, 어느 곳에서 누구와 교역하고 어디에 팔아야 많은 이윤을 남길 수 있는지 알았습니다. 장사 수완도 좋아 점점 많은 돈을 벌게 되지요.

당시 중국 동해안에는 신라방이라는 마을이 있었어요. 당에 온 신라 사람이 하도 많으니까 코리아타운처럼 집단 거주 지역이 생긴 거죠. 신라방에는 신라원이라는 사찰도 있었습니다. 이민자들이 한인 교회를 중심으로 교류하듯이 신라 사람들도 절에서 정보를 나누고 친분을 쌓았습니다. 이 네트워크를 활용해야겠다고 생각한 장보고는 산둥반도의 적산에 법화원이라는 큰 절을 세웠습니다. 자연히 많은 사람이 이 절에 드나들게 되었어요. 예불을 드릴 때면 200~300명이 족히 모였고 신라어로 진행했을 정도였다고 합니다.

법화원을 통해 정보를 수집한 장보고는 어마어마한 돈을 벌었습니다. 중국에서도 이름이 날 정도로 재산이 많았다고 하니 거의 재벌이었던 거죠. 중국 적산에 가면 적산명신이라는 거대한 동상이 있어요. 앞면은 스님의 모습이고 뒷면은 장보고의 모습을 본떠 만든 것입니다. 이 적산명신은 앉은 채로 오른손을 펴서 아래를 살짝 누르는 듯한 모습이에요. 이 손이 파도를 잔잔하게 해준다고 합니다. 지금까지 중국 사람들은 적산명신을 재물을 관장하는 신이자 바다를 지키는 해신으로 생각합니다. 그 상징이 장보고니까 장보고가 얼마나 유명한 인물인지 알 수 있죠.

일본에서는 장보고의 이름을 원래와 다른 한자로 써요. 원래는 '지킬 보保'에 '언덕 고皐'를 쓰는데, 일본은 '보배 보寶' 자에 '높을 고高' 자를 써요. 외국의 귀한 물건을 가져다주는 장보고를 아예 재물의 신으로 섬겼습니다. 적산명신을 모시는 절도 있었습니다. 지금도 그 절에는 교토와 오사카의 상인들이 찾아와 장보고를 참배합니다. 그렇게 하면 돈을 잘 번다는 속설이 있다고 해요.

군인으로서 능력도 입증하고, 장사를 통해 재력까지 얻은 장보고는 누구나 부러워할 만한 사람이 되었습니다. 벌어놓은 돈으로 여생을 편안하게 살아도 됐을 텐데 그는 안주보다 도전을 선택합니다. 바다를 건너 다시 신라에 가기로 결심했던 것이죠.

저는 장보고가 바다를 바라보며 꿈을 키웠을 거라는 생각이 들어요. 바다와 떼려야 뗄 수 없는 사람이거든요. 바다를 보며 살던 어린아이가 낯선 땅으로 향하고, 바다를 보며 고민하던 청년이 장사라는 길을 떠올렸던 거예요. 더는 바랄 것이 없을 만큼 큰 성공을 거두고 바다를 바라보니 이제는 다른 풍경이 눈에 들어왔어요. 해적들에게 끌려가 노예로 팔리는 신라 사람들이 보였던 거죠. 장보고에게 해적을 소탕해야겠다는 새로운 꿈이 생긴 겁니다.

신라로 돌아온 장보고는 서라벌로 가서 신라의 왕 흥덕왕을 만납니다. 바닷가 마을에 살던 흙수저가 해외에서 출세해 금의환향한 거예요. 정말 한 편의 드라마를 보는 것 같죠? 장보고는 흥덕왕에게 이렇게 제안합니다. "나에게는 경제력도 있고 군사력도 있다. 나에게 권한을 준다면 해적들을 소탕해 보겠다." 흥덕왕은 듣자마자 이를 허락했습니다. 장보고는 완도 앞바다에 청해진을 건설했어요. 청해진이 세워진 후로는 해적들이 난동을 일으켰다는 기록이 거의 없습니다.

장보고는 그야말로 바다를 장악했습니다. 강력한 병력이 있었고, 무역업으로 돈도 끊임없이 벌었습니다. 청해진 일대는 거의 장보고가 다스리는 왕국이라고 해도 과언이 아니었어요. 세력이 커지니 조정에도 영향력을 행사하기 시작했습니다. 돈도 있고 군사도 있어요. 그러면 다음에는 뭘 갖고 싶을까요? 장보고는 명예를 얻고 싶었을 겁니다. 신라는 아무리 돈이 많아도 신분이 바뀌지 않는 폐쇄적인 사회였지만, 자신의 배경을 바꿔보고 싶었을 거예요. 그때 기회가 찾아옵니다.

왕위를 차지하기 위한 진골 귀족들의 다툼에서 밀려난 김우징이라는 사람이 장보고를 찾아옵니다. 왕위에 오르고 싶은 자는 당연히 장보고에게 손을 내밀 수밖에 없어요. 강력한 경제력과 군사력을 가진 장보고가 밀어줘야 왕이 될 수 있을 테니까요. 두 사람은 일종의 거래를 합니다. 장보고가 김우징을 밀어주는 대신 김우징이 왕이 되면 장보고의 딸을 왕비로 맞을 것을 약속한 거죠.

혼란이 가득했던 왕실에서는 마침 반란이 일어났고, 장보고는 군사를 보내 그 반란을 진압합니다. 김우징이 왕위에 오르게 된 것이죠. 하지만 약속은 지켜지지 않습니다. 김우징은 금방 세상을 떠났고, 그 아들이 왕이 되었어요. 장보고는 새로운 왕에게 아버지가 한 약속을 대신 지키라고 요구했습니다. 그런데 신하들의 반대가 거셌어요. 중국과 일본에까지 이름을 떨치고 있는 세력가라 하더라도 신라의 진골들이 봤을 때는 그냥 평민입니다. 그런 미천한 집안의 딸을 왕비에 앉힐 수 없다고 한 거죠. 아비인 장보고의 심정이 어땠겠어요. 결혼도 못 하고 있는 딸을 보면서 속이 문드러지고 이가 갈렸겠죠.

《삼국사기》에는 장보고가 반란을 일으켰다고 나오지만, 장보고의 위협이 두려웠던 신라 조정에서 누명을 씌운 거라는 의견도 있습니다. 실제로 신라 조정에서는 염장이라는 자를 장보고에게 보내죠. 장보고는 염장을 알고 있었기에 별다른 의심을 하지 않았습니다. 하지만 염장은 술에 취해 잠든 장보고를 칼로 찔러 죽입니다. 염장을 지른다는 표현이 이 사건에서 유래되었다는 이야기가 있죠. 바다를 호령하던 해상왕은 이렇게 삶을 마쳤습니다.

한 사람의 성공 스토리만으로 모든 이에게 똑같은 사고와 행동을 요구할 수는 없습니다. 장보고처럼 산다고 해도 장보고만큼 성공할 수 없을지도 몰라요. 하지만 저는 장보고의 성공 신화보다 그가 본 삶의 가능성에 초점을 맞추고 싶습니다. 당시 사람들은 자신의 신분을 운명으로 받아들였어요. 노비에게서 태어나면 노비로 살고 6두품이면 끝까지 6두품인 거예요. 그런데 장보고는 달랐어요. 어려서는 타고난 한계를 뛰어넘고자 바다를 건넜고, 나이가 들어서는 단단한 신분제 사회의 벽을 두드렸어요.

장보고는 자신의 굴레를 탈피하길 원했던 겁니다. 비록 완전히 벗어나지는 못했지만 그러한 시도를 했기 때문에 한중일 삼국에 이름을 남길 만큼 큰 인물이 될 수 있었죠. 저는 장보고가 스스로를 다른 사람과 비교하지 않는 사람이었기에 이런 일이 가능했다고 생각해요. 장보고는 다른 사람보다 부족한 점을 메우려는 사람이 아니라 자신의 장점을 가장 효과적으로 발휘하는 방법을 찾는 사람이었습니다. 그는 자신의 최대 무기가 활쏘기라고 생각했고, 이를 내세워 한계를 돌파하는 기회를 마련했습니다.

삶의 가능성이라고 하면 굉장히 거대한 말 같지만 사실은 몹시 연약한 말이기도 해요. 다른 사람의 가능성과 비교하면 상처 입기 쉽거든요. '저 사람에게는 있는데 나는 없네'라는 시각으로 보면 삶은 쉽게 초라해지고 가능성은 희박해집니다. 그래서 비교는 오로지 나 자신과만 해야 합니다. 어제의 나보다 오늘의 내가 더 낫기를, 또 오늘의 나보다 내일의 내가 더 나아지기를 바라는 거죠.

우리 모두의 앞에는 푸른 바다가 있다는 사실을 잊지 마세요. 누군가는 그저 바라만 보고 누군가는 기꺼이 그 바다를 건널 것입니다. 삶의 가능성은 언제나 존재합니다. 우리의 삶은 어떤 계기로든 변할 수 있어요. 그래서 저는 꼭 말하고 싶습니다. 삶의 모든 것이 이미 결정되어 있는 것 같다는 생각이 들어도 가능성을 불신하지 말라고. 그러니 우리 쫄지 맙시다. 이미 엉망이라면 바다에 발 한번 담근다고 무슨 일이 일어나겠어요. 그저 자신의 가능성을 믿고 한 걸음 내딛어 보자고요. 어린 활보가 그랬듯이.

꿈은 명사가 아니라
동사여야 한다

박상진

여러분은 학창 시절의 꿈을 기억하시나요? 교사였을 때 저는 3월에 새 학기가 시작되면 학생들에게 꿈을 물어보곤 했습니다. 대개 "제 꿈은 변호사예요", "CEO예요", "공무원이에요" 하고 대답합니다. 그런데 이건 대부분 직업이잖아요. 대한민국 학생들에게 꿈은 곧 직업이에요. 직업 이름을 대지 않은 학생들의 꿈도 출세, 성공 이런 식입니다. 원하는 직업을 얻거나 성공한다고 해서 삶이 끝나는 것도 아닌데 딱 거기까지만 생각하고 있는 경우가 많아요.

이러니 정작 꿈을 이룬 뒤에는 뭘 해야 할지 모릅니다. 그 순간 참 많이 흔들려요. 달성해야 할 목표가 사라지니 공허하기도 하고, 내가 원했던 삶이 이런 것이었나 하는 회의가 들기도 합니다. 성공했다는 사람들이 삶을 제대로 이끌어가지 못하고 도리어 망쳐버리는 모습을 우리는 종종 보게 됩니다. 이런 일이 생기는 까닭은 그들의 꿈이 '명사'였기 때문입니다. 무엇이 되느냐가 중요했을 뿐, 어떻게 사느냐에 대한 고민은 없었던 것이죠.

대한제국의 외교권을 일제에 넘겨준 을사오적 아시죠? 이완용, 이지용, 이근택, 박제순, 권중현. 이 다섯 사람에게는 매국노라는 사실 외에도 또 하나의 공통점이 있습니다. 모두 고관대작이었다는 점입니다. 각각 학부대신, 내부대신, 군부대신, 외부대신, 농상공부대신이었습니다. 오늘날로 말하면 교육부, 행정안전부, 국방부, 외교부, 농림축산식품부와 산업통상자원부 장관이죠. 그리고 모두 법관 출신이었습니다. 그 시절에도 법조계는 권력으로 향하는 지름길이었나 봅니다. 모두 평리원 재판장 혹은 재판장 서리를 거쳤어요. 평리원은 지금의 대법원입니다. 그러니까 대법원장이거나 그와 비슷한 지위를 가졌던 사람들인 거예요.

을사오적 모두 집안도 좋고 머리도 좋은 그 시대 최고의 엘리트들이었습니다. 그렇게 뛰어난 사람들이었는데, 나라를 팔아

먹는 데 앞장섰어요. 어찌 될지 뻔히 알았으면서 어떻게 그럴 수 있었을까 하는 생각이 들어요. 그들이 을사늑약에 찬성하지 않았다면 우리나라 역사는 조금 달라졌을지도 모릅니다.

물론 법관 중에도 그들과 다른 사람이 있었습니다. 바로 독립 운동가 박상진입니다. 우리나라는 2차 갑오개혁 때 재판소가 만들어졌어요. 그러면서 법관들도 양성했는데, 박상진도 법학을 공부하던 학생이었습니다. 머리가 좋았을 뿐만 아니라 부와 권력을 모두 지닌 이름난 가문 출신이었지요. 1910년에는 판사 시험에 합격합니다. 평양 법원으로 발령까지 받았는데, 사표를 던집니다. 우리나라가 국권을 상실했거든요.

1910년 8월 29일 경술국치로 일제의 강점이 시작되자 일본은 대한제국의 엘리트들을 앞세워 식민 통치를 하려고 했습니다. 영향력이 있는 사람들이니 말만 잘 듣는다면 이들을 통해 한국인을 움직이는 게 효율적이었을 테니 말이죠. 박상진은 최고의 엘리트였으니 당연히 회유 대상이었겠지요. 어느 정도 협조만 하면, 눈 질끈 감고 입 뻥긋하지 않으면 잘 먹고 잘살 수 있는 길이 열렸을 겁니다. 실제로 호의호식하는 사람들도 많았고요.

눈앞에 두 갈래의 길이 있는데 그 차이점이 확연하게 보인다면 누구나 망설일 겁니다. 탄탄대로와 가시밭길 중에서 가시밭

길로 발걸음을 옮기기란 쉽지 않은 일이죠. 그렇지만 박상진은 그 길로 들어섰어요. 열심히 공부해서 원하는 직업을 얻었는데 포기한 것이죠. 그 이유가 참 감동적입니다. 일제강점기에 판사로 일한다면 누가 죄인으로 끌려올까요? 아마 '불령선인'들일 거예요. '불령선인'이 뭐냐면 일본이 보기에 불온하고 불량한 조선 사람을 일컫는 말이에요. 자기네 말을 따르지 않는 사람들이요. 그게 누구겠습니까? 일제에 저항하는 사람들이겠지요. 일본 입장에서는 죄인이지만, 우리에게는 영웅인 사람들입니다. 판사가 되면 이런 사람들에게 징역과 사형을 선고해야 하는 거예요. 박상진은 그럴 수 없다고 생각합니다. 그리고 결심합니다. 이제 내가 앉을 자리는 판사의 자리가 아니라 판사의 맞은편, 바로 피고인석이라고 말이죠.

박상진이 판사를 꿈꾼 사람이라면 그런 판단을 내리지 못했을 거예요. 판사라는 꿈을 드디어 이룬 셈인데 그걸 내던지기가 얼마나 어려웠겠어요. 하지만 박상진의 꿈은 판사가 아니었어요. 그의 꿈은 명사가 아니었습니다. 법에 대해 아는 게 없어서 늘 당하고만 사는 평범한 이에게 도움을 주고, 정의가 살아 있음을 증명하는 사람이 되려고 판사가 된 것입니다. 이것이 그의 꿈이었어요. 명사가 아닌 동사의 꿈이었지요. 그렇기 때문에 판사라는 직업이 중요한 게 아니었습니다. 사람들에게 도움을 주고 정의가 살아 있음을 증명하는 것이 진짜 꿈이었으니까요. 그 꿈을 향해 나아간 것뿐입니다.

판사를 포기한 박상진은 쌀가게를 열었습니다. 겉으로 보기에는 평범한 가게였지만, 사실은 독립군이 연락을 주고받는 곳이자 자금을 마련하는 장소였습니다.

1915년 박상진은 조선국권회복단을, 곧이어 대한광복회를 조직했습니다. 박상진은 비밀, 폭동, 암살, 명령 네 가지를 일제 타도의 행동 강령으로 삼습니다. 대한광복회 강령을 보면 만주에 학교를 세우고 독립군을 양성해서 무력으로 독립을 쟁취하려고 해요. 국내외에 비밀조직을 만들어서 일제의 통치기관을 폭파하고 일본의 주요 인사와 친일파를 사살하는 거지요.

이런 활동을 의열 투쟁이라고 합니다. 정의롭고 맹렬한 투쟁이라는 뜻이에요. 광복회의 독립군들은 만주와 국내 주요 도시에 조직망을 만들어 활동했습니다. 일본군을 크게 무찌른 청산리 전투로 유명한 김좌진도 그들 중 한 명입니다.

대한광복회 총사령으로 의열 투쟁에 앞장섰던 박상진은 결국 체포되었습니다. 그가 결심했던 대로 판사석이 아니라 피고인석에 서게 된 것이죠. 그리고 그 자리에서 사형을 선고받았고, 결국에는 교수형에 처해집니다. 불꽃같은 인생을 살던 박상진은 그렇게 형장의 이슬로 사라졌습니다.

박상진은 떠났지만 대한광복회는 의열 투쟁의 본보기로 큰 자극이 되었고, 그 영향을 받은 수많은 청년이 독립을 위해 기꺼이 몸을 던졌습니다. 1919년에 김원봉이 조직한 의열단의 활약은 그야말로 대단했습니다. 동양척식주식회사에 폭탄을 던진 나석주를 비롯하여 조선총독부에 폭탄을 던진 김익상과 종로경찰서에 폭탄을 던진 김상옥, 일본에 가서 도쿄 궁성에 폭탄을 던진 김지섭도 모두 의열단 단원이었습니다.

의열 투쟁의 맥은 계속 이어져 1931년에는 김구가 한인애국단을 만들었습니다. 이봉창은 도쿄에서 일본 국왕이 타고 가는 마차에 폭탄을 던졌고, 윤봉길은 상하이 홍커우공원에서 열린 일왕 생일 기념행사에 폭탄을 던져 일본인 고위 관리 여럿에게 상해를 입혔습니다.

일제강점기 내내 목숨까지 바쳐가며 독립을 위해 애쓴 애국지사들이 있었기에 우리 민족은 독립이 이루어지리라는 열망을 품은 채 살 수 있었습니다. 태극기를 흔들며 대한 독립 만세를 외친 학생들이 있었고, 일제의 수탈에 소작 쟁의를 일으킨 농민들이 있었고, 독립을 하려면 지식과 실력을 쌓아야 한다며 민족실력양성운동을 펼친 교육자들이 있었고, 우리가 만든 물건을 쓰자며 물산장려운동을 실천한 시민들이 있었습니다. 이 모든 일들이 우리 민족이 일제강점기에서 벗어나 광복을 맞이

하는 힘이 되었습니다.

시간이 흐르면서 사람들은 그들의 이름을 잊었습니다. 친일파의 후손은 계속해서 돈과 권력을 움켜쥔 채 떵떵거렸고, 박상진 의사의 후손은 가난 속에서 쓸쓸하게 살아야 했습니다. 1961년이 돼서야 선열유족이 굶주림과 추위에 시달린다는 사실이 언론을 통해 전해졌지요. 여전히 박상진이라는 이름은 유명하지 않지만, 그 삶을 전하는 책과 다큐멘터리, 뮤지컬이 나오면서 점점 더 많은 사람이 그분의 업적을 알아가고 있습니다.

✳ ✳ ✳

저는 학생들이 명사의 꿈을 꾸는 것이 결코 그들의 잘못이라고 생각하지 않습니다. 우리 사회가 그런 사회예요. 제가 어릴 적에 주위 어른들이 저한테 꿈을 물어보면 저는 없다고 대답했어요. 제 대답을 들은 어른들의 눈빛이 지금도 기억납니다. 걱정하는 눈빛, 실망하는 눈빛이었어요. 어린 나이에도 그 마음을 눈치챌 수 있었습니다.

그러던 어느 날 텔레비전에서 멋진 장면을 봤어요. 검은 옷을 입고 있는 사람이 근엄한 표정으로 나무망치를 땅땅땅 때리는 거예요. 어린 제 눈에는 굉장히 멋있어 보였습니다. 그래서 어머니께 물어봤어요. 저 사람이 도대체 누구냐고요. 그랬더니 대법원장이래요. 그래서 그때부터는 누가 꿈을 물어보면 대법원장이라고 했어요. 대법원장이 뭘 하는지는 모르지만 그렇게 대답하니까 다들 너무 좋아하더라고요. 안심하고 만족하셨어요.

학생들도 그랬을 거예요. 어릴 적부터 이렇게 학습이 된 거죠. 누구도 그다음은 질문하지 않아요. 대법원장이 되어서 뭘하고 싶은지, 어떤 삶을 살고 싶은지 아무도 묻지 않습니다. 아이들에게 동사의 꿈을 물어봐야 하는데 명사의 꿈만 듣고 나면 그걸로 끝이에요. 그러니까 아이들도 거기까지만 생각을 하게돼요. 그리고 자라면서 꿈을 잃어버립니다. 정체성을 확립하는 시기에 자신에 대해 깊게 고민해야 원하는 삶의 윤곽이 잡히는 법인데 모두 대학 입시라는 한 가지 목표를 향해 달리다 보니까 그럴 틈이 없는 거죠.

그런데 요즘 고등학생이 대학에 가려면요, 꿈이 없으면 안 됩니다. 학생부 종합전형, 입학사정관 전형에 지원하려면 어릴 때부터 꿈을 정하고 그걸 위해 어떤 활동을 했는지 보여줘야 하거든요.

하지만 중고등학생 때는 꿈을 탐색하는 시기 아닌가요? 이미 꿈을 정하고 그와 관련된 활동을 하고 인생을 설계해 나가기에는 일러요. 어른들도 그렇게 하지 못했잖아요. 그걸 학생들에게 강요하는 건 좀 가혹하다는 생각이 듭니다.

저는 스물일곱 살에 비로소 진짜 꿈이 생겼습니다. 그전까지 저는 무척 자신감이 없는 사람이었어요. 항상 제 단점만 생각하고 저보다 뛰어난 사람과 비교하기 바빴습니다. 자신감 없이 하루하루 '버티는' 삶을 살았습니다. 당연히 무슨 일을 해야 할지도 감이 안 잡혔어요. 심지어 이 땅에 왜 태어났을까 생각한 적도 있습니다. 공부도 1등은 아니었고, 얼굴이 잘생긴 것도 아니고, 집안이 좋은 것도 아니고, 운동이나 노래도 별로 못하고…. 무엇이든 잘하는 사람에 비하면 제가 너무 부족한 것만 같았죠.

선생님이 되고 나서 첫 수업 시간이었을 거예요. 저는 제 나름대로 열심히 수업을 했습니다. 수업이 끝나고 종이 울리니까 아이들이 웅성거리기 시작했어요. 참았던 수다를 터뜨리는 거죠.

교실 앞문을 열고 나가려는데 한 아이가 다른 아이에게 하는 말이 귀에 딱 들어왔어요. "우와, 이 선생님 진짜 잘 가르친다!" 이 말을 들은 순간, 저는 감격했습니다. 태어나서 처음으로 자신감이라는 걸 갖게 되었어요. '나도 잘하는 게 있나 보다' 생각했어요. 내가 가진 지식을 정리하고 전달하는 능력. 이것이 나의 장점이라는 걸 알게 되었습니다.

그때부터 저는 동사의 꿈을 꾸기 시작했습니다. 내가 가진 능력이 한 학생에게 도움이 되었다고 하니까, 이 능력으로 더 많은 사람에게 도움을 주는 사람이 되어야겠다고 결심한 거죠. 그 학생의 말 한마디가 제 인생을 바꿔놓은 셈입니다. 저는 지금도 어떤 이들의 칭찬보다 학생들의 말에 더 많은 힘을 얻어요. 제 강의가 도움이 되었다는 이야기를 들으면 정말 기분이 좋습니다. 다른 사람에게, 나아가 이 사회에 미약하게나마 보탬이 되는 것이 제 꿈이기 때문입니다.

살아가는 데 직업은 무척 중요합니다. 어떤 직업을 가질지 고민하는 만큼 무엇을 위해서 그 직업을 원하는지도 생각해 봐야 해요. 도전도 용기도 좋습니다. 그런데 대체 무엇을 위한 도전이고, 무엇을 위한 용기인지 알아야 합니다. 그 최종 종착지는 동사의 꿈이었으면 해요. 그렇지 않으면 자신의 삶에서 길을 잃기 십상입니다.

스스로 생각하지 않으면 주변에 휘둘리게 돼요. 우리는 주위 사람들과 끊임없이 관계를 맺으며 살아갑니다. 원하지 않아도 그럴 수밖에 없어요. 그러면서 진짜 내가 원하는 게 무엇인지도 모른 채 그저 좋아 보이는 것만 따라가지요. 자기 길을 모르니까요.

돈 많으면 행복하지요. 좋은 직업을 가져도 행복해요. 재주가 많은 것도 좋은 일입니다. 하지만 내 꿈을 이룰 때가 가장 좋습니다. 그리고 그보다 더 큰 행복도 있어요. 타인에게 도움을 줄 수 있을 때입니다. '아, 나도 누군가에게 도움이 되는 존재구나' 하고 내 존재가 가치 있다고 느낄 때야말로 무엇과도 비교할 수 없는 행복을 얻습니다. 인간은 관계를 통해서 존재하기 때문이죠.

꿈은 더 행복해지기 위해 꾸는 것입니다. 불행해지고 싶은 사람은 없잖아요. 저는 사람들이 명사가 아닌 동사의 꿈을 꾸면 좋겠습니다. 이왕이면 다른 사람에게 도움을 줄 수 있는 꿈이면 좋겠지요. 그 꿈에서 삶의 의미를 찾고 더 나은 세상을 만드는 데 기여하는 자신만의 자리를 발견하길 바랍니다. 그 힘이 우리를 앞으로 나아가게 하거든요.

동사의 꿈을 꾸는 사람이 많아지면 많아질수록 우리 사회는 더욱 건강해질 것입니다. 인생의 어느 순간에 와 있든 동사의 꿈이 없다면 이제 진짜 꿈에 대해 생각해 볼 때입니다. 여러분의 꿈은 무엇입니까?

시대의 과제를
마주하는 자세

이회영

한국사를 공부하는 사람들에게 가장 어려운 부분이 뭐냐고 물으면 거의 대부분이 독립운동사라고 말합니다. 이름이 비슷한 단체가 엄청 많고, 각자의 방향과 방식으로 독립운동을 펼치기 때문이죠. 흐름을 잡기도 어렵고 외울 것도 많아서 가르치는 입장에서도 쉽지 않습니다. 그런데 저는 독립운동 부분이 외울 것이 많아서 정말 다행이라고 생각합니다. 이렇게 많은 단체가 다양한 방법으로 독립운동을 펼쳤다는 건 그만큼 많은 사람이 치열하게 독립을 위해 싸웠다는 뜻이잖아요. 자기 시대의 과제를 해결하기 위해서 일제강점기를 살았던 사람들이 얼

역사의 쓸모

마나 노력했는지 미루어 짐작할 수 있는 대목입니다.

우리 역사를 돌아보면 각 시대별로 해결해야 할 과제가 있어요. 이해하기 쉽게 먼저 시대를 좀 나누어보겠습니다. 한국사는 크게 전근대와 근현대로 나뉩니다. 전근대는 구석기 시대부터 조선 후기까지, 근현대는 개항기 이후부터죠. 근현대는 다시 세 부분으로 나눌 수 있습니다. 1876년 강화도조약을 체결한 이후부터 1910년 경술국치 이전까지는 개항기고, 1910년 경술국치부터 1945년 광복 전까지는 일제강점기입니다. 그 이후가 현대고요. 각 시대만의 과제라는 건 당대의 많은 사람이 고민하고 해결하고자 했던 그 무엇입니다. 다른 말로 하면 그 시대 사람들의 꿈입니다.

개항기 사람들의 꿈은 무엇이었을까요? 바로 신분 해방이었습니다. 김득신의 〈양반과 상민〉이라는 그림은 신분제 사회의 모습을 상징적으로 보여줘요. 상민이 길을 가다가 양반을 만나면 땅에 얼굴이 닿을 정도로 허리를 숙여 인사해야 했거든요. 제가 이 동작을 따라 해봤는데요, 굉장히 힘듭니다. 보통 사람은 그만큼 숙이지도 못할 거예요. 하지만 그림에 등장하는 상민의 자세는 아주 자연스럽습니다. 마치 유전적으로 타고난 것처럼 양반을 만나면 자연스레 그런 자세가 나오는 거예요.

그런데 양반을 만날 때마다 인사를 하기가 번거롭긴 했나 봐요. 아예 상민들과 천민들만 다니는 길을 만들기도 했어요. 아직도 그 길의 흔적이 남아 있습니다. 어디냐 하면 서울 종로에 피맛골이라는 골목입니다. 양반들이 타는 말을 피해서 다니는 길이라 피맛골이라는 이름이 붙은 거죠.

개항기의 시대적 과제는 양반, 중인, 상민, 천민이라는 신분을 없애는 것이었어요. 그 과제를 위해 앞장섰던 사람들의 이야기를 우리가 배운 겁니다. 그들이 일으켰던 대표적인 사건이 갑신정변이고, 동학농민혁명이고, 갑오·을미개혁이에요. 급진개화파의 개혁정강과 동학농민군의 폐정개혁안, 갑오개혁과 을미개혁의 개혁안에는 당시 사람들의 꿈과 희망이 담겨 있어요.

이후 신분제는 사라졌지만, 우리나라에 큰 시련이 닥쳤습니다. 주권을 잃은 것이죠. 일제강점기에는 식민지배로부터의 해방이 우리 민족의 과제였습니다. 정말 많은 사람이 나라의 독립을 위해 평생을 바쳐 싸웠어요.

1910년 경술국치로 나라의 명이 다하자 압록강을 넘은 가족이 있습니다. 조선 땅에서 둘째가라면 서러운 명문가였던 삼한갑족, 우당 이회영 일가의 이야기입니다. 이회영은 오성과 한음으로 유명한 이항복의 직계 후손이었습니다. 삼한갑족이란 우리 역사상 가장 으뜸가는 집안을 뜻하는 말입니다. 그런 만큼 이회영 일가 또한 부와 권력이 엄청났습니다. 몇 대에 걸쳐 풍

역사의 쓸모

족하게 쓸 수 있을 만큼 재산이 많았어요. 일제강점기에도 대우를 받으며 지낼 수 있었을 겁니다.

하지만 이회영 일가는 가족회의를 열어 한반도를 떠나기로 결정합니다. 대의가 있는 곳에서 죽을지언정 구차히 생명을 도모하지 않겠다면서 결정을 내리죠. 국외에 독립운동기지를 건설하여 독립운동에 이바지하자고 말입니다. 그리고 급히 재산을 처분했습니다. 일본이 이 사실을 알면 방해할지도 모른다는 생각에 급매로 헐값에 내놓습니다. 명동 일대의 넓은 땅을 팔고 집과 물건들도 팔아버렸습니다. 그 돈을 지금 시세로 환산하면 무려 600억 원이 넘는다고 합니다. 어마어마한 재산이죠.

이회영을 포함한 여섯 형제와 그 식솔들은 만주 서간도로 가서 땅을 샀습니다. 그곳에 집을 짓고, 학교를 짓고, 인재를 양성하는 한편 독립투사들을 지원했지요. 또한 형제들이 모두 직접 독립운동에 참여했습니다. 온 가족이 독립운동가였던 거예요.

어마어마한 액수의 돈은 3년 만에 바닥이 나버렸습니다. 훗날 이회영의 가족이 쓴 기록에 따르면 가족들은 모두 배를 곯았다고 합니다. 강냉이죽도 마음껏 먹지 못했다고 해요. 그토록 잘나갔던 집안의 사람들이 왜 그런 고생을 사서 했던 것일까요? 꿈이 있기 때문에 그랬던 거예요. 식민지 해방의 꿈을 위해 추운 만주 땅에서 강냉이죽을 먹으며 버텼던 것입니다.

만주로 간 이회영은 동료들과 신흥학교를 설립했습니다. 그 유명한 신흥무관학교의 전신이죠. 신흥무관학교 출신 독립투사들은 1920년대 항일무장투쟁에 앞장섰습니다. 만주는 독립투쟁의 거점이었어요. 홍범도는 봉오동에서 일본군을 대패시켰고, 김좌진은 청산리 전투를 대승으로 이끌었습니다. 독립투쟁 사상 최대 규모의 승리였죠. 약이 오를 대로 오른 일본은 5만 명의 병력을 동원해서 독립군 토벌 작전을 펼칩니다. 이에 만주지역의 독립군 부대들은 대한독립군단이라는 이름으로 연합하지요.

교과서를 보면 이때 만주에서 활동했던 독립투쟁단체의 이름과 주요 활동 지역을 표시한 지도가 나옵니다. 한국독립군, 대한독립군, 서로군정서군, 북로군정서군, 조선혁명군… 참 많죠? 게다가 이런 단체들의 이동 경로까지 나와요. 이쯤 오면 많은 학생이 공부하기를 포기합니다. 등장하는 인물도, 단체도 너무 많다 보니 외우기가 힘들죠. "선생님 저 안 할래요. 왜 이렇게 비슷한 단체가 많아요?"라고 묻는 학생도 있습니다. 누가 뭘 결성하고, 어느 단체가 생겼다가 없어지고, 또 다른 단체랑 합치고… 학생 입장에서는 정말 고난의 시작입니다.

그런데 만약 일제강점기의 역사가 공부하기 어렵지 않다면 그 역사는 어떤 역사입니까? 고작 몇 개의 단체와 몇몇 사람의 이름만 존재한다면 말이죠. 그런 역사는 비겁의 역사입니다. 우리 후손에게 보여주기도 민망한 굴욕의 역사인 것이죠. 외우기 힘들 만큼 수많은 단체와 수많은 독립투사가 있기에 우리 근현대사는 살아 있는 것입니다. 생각을 바꾸면 이런 사실을 깨닫게 됩니다.

독립투쟁단체들의 이동 경로를 외우려고 하지 말고 한번 상상해 봅시다. 그들은 수천 킬로미터를 움직였습니다. 낮에 다녔을까요? 아닙니다. 일본군을 피하기 위해서 밤에 다녔을 거예요. 평지로 편하게 다녔을까요? 아닐 겁니다. 역시 일본군을 피하기 위해 험한 산을 행군했을 겁니다. 만주가 얼마나 추운 곳입니까? 그 추운 땅에서 칼바람을 맞으면서 다닌 그 길이 화살표로 그려져 있는 거예요. 우리는 그 화살표를 그냥 화살표로만 봐서는 안 됩니다. 그 안에 담겨 있는 그들의 발자국을 봐야 합니다. 그 속에 숨겨져 있는 건 그들의 꿈입니다. 그 시대 사람들의 꿈이에요. 다음 세대에게는 식민지 조국을 남겨주지 않겠노라는 결심을 품고 아무도 가보지 않은 길을 앞으로, 또 앞으로 나아갔던 것입니다.

이회영은 1932년 예순여섯의 나이에 중국 상하이에서 붙잡혔습니다. 일흔이 다 된 적지 않은 나이에 모진 고문을 받다가 숨을 거두었지요. 마지막 순간까지 쉬지 않고 전 생애를 바쳐서

독립운동을 한 분입니다. 목적을 이루든 이루지 못하든 사명과
의무를 다하다가 죽는 것이 가치 있다고 믿었기 때문이죠.

＊

독립투사들을 비롯하여 조국을 사랑하는 수많은 사람의 열
망으로 우리나라는 광복의 날을 맞았습니다. 그러나 기쁨도 잠
시, 이번에는 전쟁의 포화가 이 땅을 휩쓸어버립니다. 당시 한
국은 세계에서 가난하기로 손꼽히는 나라였습니다. 외국에서
돈을 빌려주지 않았어요. 너무 못사는 나라였으니까요. 결국 한
국 정부는 독일에 노동자를 파견합니다. 그들의 임금을 담보로
돈을 빌리기 위해서였지요.

수많은 광부와 간호사가 독일로 갔습니다. 독일인은 들어가
지 않는 지하 광산에 한국인 광부들이 들어갔어요. 그 깊고 뜨
거운 땅속에서 광물을 채굴했습니다. 간호사들은 시신 닦는 일
부터 했고요. 우리는 그들의 이야기를 알고 있습니다. 중동 뙤
약볕에서 일한 사람들의 이야기도 알고, 하루 12시간이 넘도록
미싱을 돌린 사람들의 이야기도 잘 알고 있습니다.

그 시대 사람들의 과제는 가난을 벗어나는 것이었습니다. 허
리띠를 졸라매고 악착같이 살았던 이유는 단 하나, 자식들에게

지긋지긋한 가난을 물려주지 않겠노라는 꿈이 있었기 때문입니다.

시대의 과제라는 키워드를 중심으로 보면 우리나라 근현대사는 이렇게 정리할 수 있습니다. 개항기에는 신분 해방을, 일제강점기에는 조국 해방을, 현대에는 빈곤 해방을 위해 노력했다고요. 다음 세대에 더 좋은 세상을 물려주겠다는 꿈을 꾸고 시대의 과제를 해결했던 그들 덕분에 우리는 정말 많은 선물을 받았습니다.

100여 년이 흘러 이제 우리나라에는 신분제가 없습니다. 식민지도 아닙니다. 절대 빈곤에서도 벗어났습니다. 그렇다면 우리 시대의 과제는 무엇일까요? 이제 우리는 무엇을 해결해야 할까요? 우리는 다음 세대를 위해 어떤 꿈을 꾸어야 할까요? 이제 우리 시대의 과제와 꿈을 이야기할 차례입니다.

우리 시대의 가장 큰 과제는 한반도 평화와 통일일 것입니다. 박정희정부 시절에 통일의 기본 원칙을 처음으로 합의한 7·4남북공동성명 발표 이후, 노태우정부의 남북기본합의서 발표로 평화통일을 지향하는 원칙이 확고해졌습니다. 이후 김대중정부의 6·15남북공동선언, 노무현정부의 10·4남북정상선언을 거치며 통일을 향한 움직임은 더욱 활발해졌지요. 문재인정부 시절에는 2018년에만 무려 세 차례의 남북정상회담이 개최되었습니다. 그러나 이런 분위기에는 부침이 반복되어 왔습니다. 그 과정 속에서 미래 세대에게 통일에 대한 필요성이 잘 전달되지 않기도 했지요. 실제로 통일부가 발표한 '2023년도 학교 통일교육 실태조사'에 따르면 학생 10명 중 4명은 통일이 불필요하다고 생각하는 것으로 나타나기도 했습니다. 한반도 평화와 통일의 필요성을 미래 세대에게 이해시키는 것까지가 우리 시대의 과제가 된 것입니다.

저는 이런 상상을 합니다. 우리 아이들이 서울역에 가서 프랑스 파리행 기차에 오르는 상상. 저는 그런 시대를 만들어주고 싶습니다. 물론 통일에는 비용도 많이 들고 당장은 손해를 입을 수도 있습니다. 개항기, 일제강점기, 전후시대에 살던 분들도 이런 생각을 했을 거예요. 시대의 과제를 해결하기 위해 나서면 내가 손해를 많이 보겠구나 했겠죠. 그럼에도 다음 세대에게 새로운 세상을 꼭 만들어주고 싶었던 것입니다. 그냥 손해 보는 게 아니라 목숨까지 바쳐가면서요.

빈부격차 문제를 해결하는 것 또한 우리 시대의 과제입니다. 절대 빈곤은 극복했지만, 이제 상대적 빈곤이 만들어내는 열등감과 좌절감이 국민을 불행하게 만들고 있습니다.

안전도 마찬가지입니다. '더 빨리', '더 많이'를 외치며 효율만 중시하다 보니 안전이 뒷전이 됐어요. 삼풍백화점 붕괴부터 세월호 참사와 이태원 참사까지 끔찍한 비극으로 온 국민이 슬픔에 잠겨야만 했습니다. 더는 이런 일이 반복되어서는 안 되겠죠. 우리 아이들이 안전한 환경에서 살 수 있는 사회를 만들어야 합니다.

그 외에도 환경 문제와 교육 문제 등 우리가 해결해야 할 과제는 도처에 산재해 있습니다. 우리는 스스로에게 물어봐야 합니다. "나는 어떻게 살아야 하는가?"라고 말입니다. 사실 이 질문은 어디에서나 들을 수 있는 질문이지요. 하지만 이 진부한 질문을 스스로에게 던지고 답을 찾는 사람은 많지 않습니다. 저는 누구든 이 질문을 손에 쥐고 살아야 한다고 생각합니다. 답을 찾지 못할지라도 계속 고민하며 살아야 한다고 생각해요.

편히 살 수 있는 신분을 버리고, 재산을 바치고, 인생을 내던지며 오로지 독립 하나만을 바라보았던 이회영은 30대 청춘의 나이에 스스로에게 이렇게 물었습니다. '한 번의 젊음을 어찌할 것인가?' 그는 죽음을 맞이한 순간에야 그 질문에 답을 할 수 있었습니다. 말이 아니라 예순여섯 해의 '일생'으로 답했던 것입니다.

우리는 모두 언젠가는 죽습니다. 한 번뿐인 인생, 한 번뿐인 젊음을 어떻게 살 것인지 고민하지 않는다면 역사라는 무대에서 어떤 역할을 할 수 있겠어요? 저는 늘 사람들에게 역사에 무임승차하지 말자고 이야기합니다. 우리가 앞선 시대의 사람들에게 선물을 받은 만큼 뒤이어 이 땅에서 살아갈 사람들을 위한 선물을 준비해 주고 싶어요. 그리하여 훗날 눈을 감는 순간, 어떻게 살 것인가라는 질문에 일생으로 답할 수 있게 되기를 간절히 바랍니다.

인생의 답을 찾으려는 사람들에게

4장

각자의 삶에는
자신만의 궤적이 필요하다

학생들을 가르치다 보니 10대들이 쓰는 말을 많이 접하게 됩니다. 최근 들었던 말 중에 인상 깊었던 말은 '인싸'입니다. 무슨 뜻인가 했더니, 인사이더의 줄임말이라고 하더라고요. '아싸', 그러니까 아웃사이더와 반대로 무리에 잘 섞여 놀고 주변 사람들한테 인기도 좋은 사람이 인싸래요. 여기까지는 그러려니 하게 돼요. 사람 성향이 다 다르고, 그중에는 주목받는 사람도 있을 테니까요.

그런데 '인싸템'이라는 게 있답니다. 인싸템은 인싸가 되기 위해 필요한 아이템이라고 해요. 친구들 사이에서 유행하는 물건을 가지고 있으면 관심을 받는다는 거죠. 그 물건을 사야 인싸가 될 수 있다는 거예요. 실제로 많은 학생이 그런 이유로 물건을 구입합니다. 그걸 가진다고 해서 바로 인기를 얻는 것은 아닐지라도 내가 속한 무리에서 뒤처지지 않는다는 안도감을 느낄 수 있을 테니까요.

저는 그 얘기를 듣고 '아, 우리가 진짜 자본주의 한가운데서 살고 있구나'라는 생각을 했습니다. 자본주의가 요구하는 것은 크게 두 가지입니다. 비교와 소비. 쟤는 있는데 나는 없네? 다들 샀는데 난 안 샀네? 이렇게 끊임없는 비교를 통해 소비하도록 만드는 거예요. 나의 소비로 인해 누군가가 또다시 비교하고 또 소비하겠지요. 이런 식으로 톱니바퀴처럼 맞물려 돌아가는 겁니다.

제가 학생이었을 때도 또래집단에서 유행하는 물건들은 있었습니다. 닉스 청바지 같은 것들이죠. 그보다 어릴 때는 조다쉬 청바지가 인기였습니다. 아마 각 세대별로 학창 시절에 유행했던 물건이 있을 거예요. 그러니까 이런 현상이 갑자기 생긴 것은 아닙니다. 다만 점점 심해질 뿐이지요. 인싸템이라는 새로운 말이 생길 정도로 '소비해야 하는 물건'을 정해버리고 그것을 사도록 부추기는 현상은 자본주의사회가 만들어낸 문화입니다.

고가의 패딩이나 운동화를 갖고 싶어 하는 청소년들만 그런 것이 아닙니다. 성인도 똑같아요. 친한 친구는 이번에 외제차를 뽑았던데, 직장 동료는 집값이 엄청 올랐다던데, 이런 소식을 들으면 갑자기 한없이 작아지면서 괜한 박탈감이 몰려옵니다.

외모, 직업, 학벌… 남과 비교할 수 있는 부분은 한두 가지가 아니에요. 자본주의가 그 모든 것을 돈으로 연결합니다. 더 예뻐져야 하니까 이 다이어트 식품을 구입하세요! 좋은 회사에 가고 싶으면 취업 컨설팅을 받아보세요! 고액과외를 받아야 성적이 올라갑니다! 그래서 많은 사람이 두 번 상처 받습니다. 비교로 상처받고, 그걸 극복할 돈이 없다는 생각에 또 상처받는 거죠.

누군가와 비교하는 순간부터 인생은 불행해지기 시작합니다. 내가 가진 게 많으면 남과 비교도 안 하고 자긍심이 생길 것 같지만, 그렇지 않습니다. 아무리 많이 가져도 나보다 많이 가진 사람을 보며 부족하다고 느끼는 게 인간입니다. 그러니 마음을 굳게 먹고 중심을 잘 잡고 있어야 비교하지 않고 흔들리지 않을 수 있어요.

이렇게 말은 하지만 저도 인간이다 보니 가끔은 흔들립니다. 나의 색깔과 내가 가야 할 방향을 정하고 굳건하게 가야지 하고 다짐하다가도, 혹시 잘못 가고 있는 것은 아닌가 불안할 때가 있어요.

조선 시대에 이원익이라는 인물이 있었는데요, 이 사람은 산에 있는 오두막에 살았습니다. 하루는 집에서 돗자리를 짜고 있는데 산지기가 웬 아이를 그의 집에 맡깁니다. 그러면서 아이에게는 너 여기에서 꼼짝 말고 있어라 하고, 집주인인 이원익에게는 아이를 놓치면 옥에 갇힐 것이라고 큰소리를 치고 가죠.

산지기가 떠난 뒤 이원익은 아이에게 왜 잡혀 왔냐고 물어봤겠죠. 아이는 산에서 나무를 베다가 산지기에게 붙잡힌 거였어요. 그런데 그 사정이 무척 딱합니다. "저희 집이 너무 추워서 그랬어요. 어머니가 병들어 누워 계신데 땔감이 하나도 없어요." 이렇게 이야기를 한 거예요. 여러 번의 전쟁을 겪은 뒤라 백성들의 삶도 피폐하던 때였습니다. 아이의 이야기를 들은 이원익은 "알았다. 집으로 돌아가거라" 합니다. 아이는 못 간다고 해요. 산지기 아저씨가 꼼짝 말고 있으라고 했으니 말이죠. 그러자 그는 이렇게 얘기합니다. "괜찮다. 가도 된다. 이 땅에서 제일 높은 사람이 임금님인데, 그다음이 나다. 그러니까 걱정하지 말고 가거라." 아이는 어안이 벙벙해져 집으로 돌아갑니다.

이튿날 산지기가 포졸을 데리고 와 맡긴 아이를 내놓으라고 횡포를 부립니다. 그때 가마를 멘 사람들이 옵니다. 베옷을 입고 돗자리를 짜던 오두막의 노인이 사실은 정승이었던 것이지요. 그의 말대로 임금 바로 다음 가는 높은 사람, 바로 영의정이었습니다.

이 이야기는 오리 이원익의 유명한 일화입니다. 이원익은 스물두 살에 과거에 급제해서 명종, 선조, 광해군, 인조 네 임금 밑에서 무려 여섯 차례나 영의정을 지냈던 인물입니다. 한 번 되기도 힘든 영의정을 여섯 번이나 했다니 그 권세가 얼마나 대단했을까 싶지요? 그런데 그는 오두막에서 일반 백성들과 다름없이 생활했습니다. 영의정은커녕 양반이 맞나 싶을 정도로 가난했어요.

당시 조선은 임진왜란과 병자호란을 연달아 겪고 나라가 초토화된 상황이었습니다. 일부를 제외하고는 비참한 생활을 할 수밖에 없었어요. 영의정이라면 당연히 그 '일부'에 속할 것 같은데 이원익은 오로지 나랏일만 고민했습니다. 성품이 대쪽 같아서 주변의 미움을 살 때도 있었고 귀양도 많이 갔지만, 그만큼 이익에 휘둘리지 않고 바른 정치에 힘을 쏟았어요. 백성들을 위해 대동법을 제안했고, 모함에 빠진 이순신을 구명하는 데 앞장서기도 했습니다.

기록에 의하면 이원익은 중국어도 무척 잘했습니다. 지위가 높지 않았던 시절에 중국에 외교사절로 가면 중국 관리들이 이원익에게만 이야기를 할 정도였다고 해요. 막상 이야기를 나누

어야 할 더 높은 사람이 있는데도 중국어에 능한 사람과 대화해
야 편하니까 그랬던 거죠. 이 또한 흔한 일이 아닙니다. 그 시대
에는 양반들이 외국어를 공부하지 않았거든요. 통역은 역관들
의 일이었어요. 중인 계급이나 하는 일로 취급됐습니다. 하지만
이원익은 나랏일에 도움이 된다면 상관없다고 생각한 것이죠.

키가 160센티미터도 채 안 될 정도로 무척 작은 데다가 집에
서 공부만 하니 이렇다 할 인맥도 없었습니다. 사람을 사귈 시
간에 글자 하나를 더 보겠다는 성격이었어요. 하지만 천재는
천재를 알아본다고 하잖아요. 류성룡은 이원익이 크게 될 것이
라는 말을 종종 했다고 합니다. 율곡 이이도 이원익의 능력을
높이 평가해 그를 사간원 정언正言이라는 요직에 발탁하기도 했
지요.

그의 생활은 가난했을지언정 그는 초라하지 않았습니다. 끼
니 걱정을 해도, 중인들이 하는 일을 해도 스스로 부끄러움이
없던 분이에요. 역사적으로 이름을 남긴 인물 중에는 자기중심
을 잡고 살기 위해 노력하며 떳떳한 삶을 살아낸 분이 참 많습
니다.

* * *

순천에 가면 팔마비八馬碑라는 비석이 있는데요, 고려 시대에 순천에서 일한 사또 최석의 공덕을 기리기 위해 만든 비석입니다. 순천 사또로 부임한 최석은 개경에서 순천까지 내려오게 됩니다. 당시에는 육지 교통수단이 말뿐이었으니까 말을 타고 왔겠지요. 그런데 순천에는 나쁜 관행이 있었습니다. 바로 전별금입니다. 전별금이 뭐냐 하면요, 예를 들어 팀장이 회사를 그만두면 팀원들이 십시일반 모아서 돈을 챙겨주는 거예요. 다행히 요즘에는 사라진 것 같은데 저도 예전에 그랬던 경험이 있어요. 고려 시대에도 있었던 걸 보니 아주 오래된 관행이었나 봅니다.

아무튼 당시 순천의 전별금은 바로 '말'이었습니다. 사또가 임기를 마치고 떠나면 말 여덟 마리를 줘야 합니다. 그때 말 한 마리의 가격은 지금 자동차 한 대 값과 같습니다. 그러니 엄청난 돈이지요. 사또 임기가 3년이니까 순천 사람들은 3년마다 한 번씩 그 돈을 마련해야 했습니다. 게다가 관리가 사또만 있는 건 아니잖아요. 사또는 말 여덟 마리, 사또 바로 아래 관리는 몇 마리, 그 아래는 또 몇 마리… 이런 식으로 서열에 따라 전별금이 정해져 있었습니다. 이걸 마련하는 일이 얼마나 큰 고역이었겠습니까?

최석이 임기를 마치자 순천 사람들은 말 여덟 마리를 준비해 바칩니다. 최석은 이 말들에 짐을 싣고 개경으로 떠났습니다. 그런데 개경에 도착한 뒤 순천으로 말을 돌려보내요. 심지어 여덟 마리가 아니라 아홉 마리를 보냈습니다. 자신이 처음 부임할 때 타고 왔던 말이 새끼를 낳았는데 이 말은 순천의 녹을 먹고 생겨난 것이므로 순천의 재산이라면서 그 말까지 함께 돌려보낸 것입니다. 순천 사람들은 몹시 당황했어요. '어라? 이런 관리도 있네? 이거 정말 기념비적인 일이다!' 그래서 최석 공덕비를 세우는데 그것이 바로 팔마비입니다. 팔마비는 기록상 백성들이 세운 최초의 공덕비예요.

우리는 잘 모르지만 조선 시대에는 이 팔마비를 모르는 사람이 없었습니다. 순천은 청렴의 도시로 불렸고 순천하면 팔마, 그리고 최석을 떠올렸어요. 얼마나 유명했는가 하면, 당시 지식인들이 모두 최석을 존경했고 특히 《지봉유설》을 집필한 실학자 이수광은 최석의 열렬한 팬이었습니다. "최석은 대단한 인물이다. 우리 모두 최석을 보고 배우자" 하고 외치고 다닐 정도였어요.

이 팔마비 때문에 나중에는 웃지 못할 일이 생기기도 합니다. 사또가 부임하기도 전에 공덕비를 세우는 곳도 있었어요. 그중 한 곳이 안성이에요. 안성 하면 뭐가 떠오르세요? 제가 학생들에게 이렇게 물으면 라면 이름이 나올 때가 많은데, 예로부터

　　　　　　　　역사의 쓸모

안성이라고 하면 무조건 유기였습니다. 유기는 몰라도 '안성맞춤'이라는 말은 들어보셨을 겁니다. 이 말도 사실은 유기 때문에 생겼어요. 당시 안성에는 장에서 팔기 위한 '장내기 유기', 주문을 받아 제작하는 '맞춤 유기'가 있었습니다. 당연히 맞춤 유기가 더 품질이 뛰어나고 값도 비쌌겠지요. 안성맞춤은 안성의 맞춤유기처럼 품질 좋은 물건을 뜻하는 말이었습니다. 지금은 딱 맞는다, 잘 어울린다는 의미로도 쓰이고요.

이렇게 새로운 말이 생겨날 만큼 안성 유기는 귀한 물건이었습니다. 그러니까 사또들이 안성에만 가면 유기로 한몫을 챙기려고 혈안이 됐어요. 그 탐욕 때문에 안성 주민들은 죽어나갈 지경이었습니다. 결국 사람들이 머리를 맞대고 고민하다가 방법을 생각해 냅니다. 만약에 최태성이라는 사또가 부임한다 하면 '우리 최태성 사또는 하늘이 내린 분이고 무지 청렴하며 백성을 위하고…' 이런 내용의 공덕비를 미리 세우는 거예요. 새로 온 사또가 조금이라도 찔렸으면 하는 마음으로 선수를 치는 거지요.

오죽하면 이런 생각까지 했을까요? 지금 남아 있는 공덕비 중에는 사또가 자기 자랑하려고 스스로 세운 공덕비가 더 많아요. 그런 면에서 순천의 팔마비는 확실히 그 가치와 격이 다르다고 할 수 있습니다.

자기에게 주어진 시간을 '잘' 살아낸 인물들의 삶을 들여다보면 세부적으로는 다를지 몰라도 그 궤적은 같아요. 자기만의 중심을 가지고 있다는 것. 어떤 외풍에도 흔들리지 않고 꿋꿋하게 자신의 길을 걸어나갔던 사람들이거든요.

저는 현대사회에도 여전히 이런 분위기가 남아 있다고 생각해요. 물질만능주의가 판을 치고 있지만, 예나 지금이나 돈이 많다고 해서 훌륭한 사람일 수는 없어요. 아무리 가진 게 많은 사람이라도 인격이 부족하고 그 사람만의 무언가가 없으면 진정한 인싸가 되지 못합니다. 손에 쥔 것이 없어지면 전부 사라질 인기고 인연인 것이죠.

오랜 시간 동안 존경받아 온 역사 속 인물들을 만나다 보면 자긍심이라는 게 무엇인지 알 수 있습니다. 우리는 아무나 만나지 않잖아요. 역사가 검증한 사람들을 만나는 겁니다. 그 사람들이 살아온 삶의 궤적을 쫓아가다 보면 그들이 굉장히 단단한 중심을 갖고 삶을 살아냈다는 걸 느낄 겁니다. 어떤 외풍에도 흔들리지 않고 떳떳한 삶을 살기 위해 자신만의 길을 걸어나갔기 때문이죠. 과거의 사람들을 만나고, 그 사람들이 보낸 시간을 들여다보는 것이야말로 역사를 제대로 공부하는 방법입니다. 그 시간을 들여다보면서 내 앞에 놓인 시간을 어떻게 쓸지 생각하게 되니까요.

자아정체성이 확립되면 다른 사람의 말이나 행동에 쉽게 흔들리지 않게 됩니다. 누가 뭐라 해도 내 존재를 긍정하고 내가 하는 일에 자긍심이 생겨요. 그렇게 생겨난 자긍심은 물질을 바탕으로 만들어진 자긍심과 달리 쉽게 무너지지 않습니다. 이 것이야말로 상처받지 않을 힘이자 요즘 세상을 살아가는 데 가장 필요한 힘이 아닐까 싶습니다.

역사의 흐름 속에서
현재를 바라본다면

최근 사회 변화를 크게 일으킨 움직임 중 하나는 '미투운동'일 것입니다. 여기서 미투는 '나도 피해자'라는 뜻으로 사용되죠. 즉, 미투운동은 우리 사회에 성범죄가 얼마나 만연한지 알리는 캠페인입니다. 할리우드 내의 성폭력을 공론화시킨 이 캠페인은 전 세계로 빠르게 확산되었습니다. 우리나라도 예외는 아니었죠.

피해자들이 자신이 당한 일을 더는 숨기지 않겠다며 가해자를 고발하고 범죄 내용을 폭로하기 시작하자 사회적으로 파장이 일었습니다. 가해자가 한국 사회에서, 적어도 자신의 분야에서 권력을 가진 경우가 많았기 때문이죠. 하지만 이는 시작일 뿐이었고, 여성들은 점점 더 목소리를 내기 시작했습니다. 부당하다고 느꼈지만 지금껏 말하지 않았던 문제들을 꺼낸 것이었죠. 미투운동은 마른 숲의 불길처럼 거세게 번져나갔습니다.

이 운동으로 많은 사람이 여성을 대상으로 한 성범죄의 실체와 심각성을 눈으로 확인하게 되었습니다. 하지만 곱지 않은 시선을 보내는 사람도 있었습니다. 일부 남성은 부당하게 모든 남성을 잠재적 가해자로 만들고 있다거나, 혹은 다른 목적이 있는 폭로가 분명하다며 미투운동을 폄하하기도 했죠.

제가 처음 미투운동을 접했을 때 가장 먼저 들었던 감정은 놀라움이었습니다. 그토록 많은 여성이 크고 작은 성범죄를 겪었다는 사실이 정말 충격적이었어요. '바바리맨'을 본 적이 없거나 희롱이나 추행을 한 번도 당한 적이 없는 사람을 찾는 것이 오히려 어려울 정도라고 하니, 평소 여성이 느끼는 두려움은 제가 감히 상상할 수도 없는 것이었죠. 제가 몰랐던 여성들의 일상을 알고 나니 제가 얼마나 무관심했는지 반성하게 되고, 그동안의 행동을 돌아보고 점검하게 되더군요.

그런데 고백하자면 운동을 지지하면서도 왠지 모르게 가끔 마음이 편치 않을 때가 있었습니다. 그래서 스스로에게 물어봤죠. '이 불편함의 이유는 뭘까?' 하고요. 아니라고 생각했지만 저 역시도 긴 시간 동안 이 땅에 뿌리내린 가부장적 사고방식에서 자유롭지 못했기 때문이었습니다.

'어우동'이라는 이름, 들어보셨나요? 영화와 드라마는 물론, 게임에서도 자주 등장하는 인물이니 이름은 익숙할 것 같아요. 그럼 어우동이라고 하면 어떤 모습이 생각나세요? 아마 머리에는 전모를 쓰고 화려한 한복을 입은 채 교태를 부리는 여성을 떠올리지 않을까 싶습니다. 어우동을 기생으로 알고 있는 사람이 많거든요. 그런데 사실 어우동은 양반집 규수였습니다. 지금으로 따지면 외교부와 다름없는 승문원의 지사였던 박윤창의 딸로 태어나 왕족인 이동과 혼인했지요. 이동은 세종대왕의 형인 효령대군의 손자입니다. 그런 사람과 혼인할 정도이니 아주 뼈대 있는 가문이었겠죠?

그러나 어우동의 결혼 생활은 순탄하지 않았습니다. 남편 이동은 기생에게 빠져 이혼을 원했어요. 심지어 아내가 바람났다고 모함할 정도였습니다. 당시 왕이었던 성종이 이동에게 어우동과 이혼하지 말라고 명하기까지 했지만 이동은 그 명령에 따르지 않았습니다. 그렇게 어우동은 남편에게 버림을 받습니다. 흔히 소박맞는다고 하죠. 혼인 상태이긴 하지만 사실은 과부나 다름없는 거예요.

얼마 지나지 않아 조정이 발칵 뒤집힐 만한 섹스 스캔들이 터집니다. 어우동이 무려 열일곱 명의 남자와 간통을 한 거예요. 《성종실록》에 기록된 바에 따르면 그중에는 병조판서, 대사헌 같은 고위급 관리도 있었어요. 지금으로 말하자면 국방부장관, 감사원장과 만난 거죠. 그 외에도 왕족과 양인, 노비까지 신분 구분 없이 사랑을 나눴습니다.

이 사건이 조정에 보고되자 성종은 단단히 화가 났습니다. 성종이 어떤 왕이냐면, 말 그대로 '이룰 성成' 자가 어울리는 왕이에요. 조선의 기본 법전인《경국대전》을 완성해 유교 이념에 입각한 통치 질서를 확립했거든요. 성종은 성리학적 윤리를 강화해 사회 질서를 유지하고자 했습니다. 남자는 하늘, 여자는 땅이라 말하는 성리학적 우주론에 따라 여성에 대한 유교 규범을 세우려 했죠. 그런 사람이 이런 사건을 마주했으니 얼마나 열이 받았겠어요.

당시 법에 따르면 유부녀의 간통에 가하는 형벌은 장 90대였습니다. 나이가 많은 사람은 곤장 다섯 대만 맞아도 사망하는 일이 비일비재했으니 장 90대는 아주 엄벌에 처하는 것이었습니다. 그런데도 성종은 성에 안 찼어요. 이 타락한 여인을 제대로 벌줘야 하는데, 그 정도로는 충분하지 않다고 생각한 거예요. 간통죄로는 더 큰 벌을 내릴 수가 없으니 성종은 패륜 등에 적용되는 강상죄를 명목으로 어우동에게 교수형을 내리라고 합니다. 결국 어우동은 교수형에 처해지죠.

그렇다면 어우동과 간통했던 남자들은 어떻게 되었을까요? 장 몇 대를 선고받았으나 돈을 내고 풀려나거나, 귀양 갔다가 풀려나거나, 그것도 아니면 무고로 인정되어 아무런 죗값도 치르지 않은 경우마저 있었습니다. 고위급 관리들은 모두 다시 등용되었고, 오히려 더 출세한 사람까지 있습니다. 최근까지 우리가 겪었던 현실과 다르지 않아 보이죠. 이런 일이 벌어지면 여성은 사회적으로 매장되는 반면 남성들은 어떻게든 면죄부를 받아요.

그렇다고 옛날부터 우리나라에 남존여비 사상이 강고했던 것은 아닙니다. 오히려 고려 시대에는 가정 내의 남성과 여성의 지위가 평등했습니다. 충렬왕 때 박유라는 관리가 있었는데요, 당시 고려가 몽골과의 오랜 전쟁으로 남자들이 많이 죽어 여자에 비해 수가 적어지자 그가 해결책으로 첩제妾制의 수용을 건의합니다.

저는 이 주장이 조선 후기에 발의됐다면 채택됐을지도 모른다고 생각합니다. 이미 조선 시대에 축첩이 횡행했었거든요. 자기 남편이 나가서 첩을 만들어 와도 본처는 반기를 들기 어려웠고, 오히려 질투가 칠거지악 중 하나라며 남편의 외도를 받아들이도록 강요했습니다.

역사의 쓸모

그러나 고려 시대는 달랐습니다. 이런 주장을 한 박유가 충렬왕과 함께 연등회에 참석했는데, 박유를 발견한 한 노파가 박유를 향해 손가락질을 하며 외쳤습니다. "첩을 두자고 요청한 자가 저 늙은이다!" 그러자 근처에 있던 모든 여성이 박유를 질타했다고 전해집니다. 대신들도 부인의 심기를 거스르지 않으려고 감히 박유의 주장을 지지하지 못했다고 해요. 결국 이 주장은 안건으로 상정되지도 못했습니다. 이처럼 고려 시대에는 여성이 자신의 권리를 지키기 위해 의사를 표현하고 실제로 힘을 행사할 수도 있었어요. 우리나라 역사에도 여성이 남성과 같이 목소리를 낼 수 있었던 시기가 분명히 존재했다는 말입니다.

우리도 모르는 사이에 세계관을 형성하는 데 영향을 끼치는 정신적 유산들이 있습니다. 우리는 이를 전통이라 부르고 대부분 그것에 따르는 것을 긍정적으로 여기죠. 하지만 저는 그 전통이라는 것도 의심해 볼 필요가 있다고 생각해요. 옛날부터 그랬으니까, 당연히 그래 왔으니까 하는 마음으로 그 기원을 낱낱이 가려본 적 없는 것들을 기꺼이 심판대에 올리고 과연 내가 따를 만한 생각인지를 살펴보는 거지요. 나에게 맞지 않는 생각이라는 판단이 들면 받아들이지 말고, 그 생각을 수정하는 데 힘을 보태면 됩니다.

고려 시대에는 아들과 딸에게 똑같이 재산을 상속했고, 딸도 제사를 지냈어요. 요즘도 제사를 지낼 때 여자들은 절하지 말라고 하는 집이 있는데 말이죠. 그때는 과부의 재가가 문제로 취급되지도 않았습니다. 하지만 조선 시대에는 어땠나요? 혼인한 첫날 남편이 죽어도, 어우동처럼 남편에게 소박을 맞아 과부나 다름없는데도 수절을 장려했지요. 물론 여성에게만 해당하는 이야기였습니다. '열녀'라는 이름으로 여성의 희생을 강요했던 것이지요.

과부의 재가를 법적으로 규제하는 재가금지법이 시행된 것도 성종 대입니다. 46명 대신 중 42명이 반대했음에도 제정되었지요. 이 법이 재가 자체를 막은 것은 아니에요. 다만 재혼해서 낳은 아들은 관리로 등용될 수 없다는 내용입니다. 즉, 엄마의 입장에서 보면 내가 재혼을 하면 아이의 벼슬길이 나 때문에 막히는 거예요. 아예 자격이 박탈되는 겁니다. 엄마에게 너무나 가혹한 일이죠.

여성의 재가를 좋지 않게 보는 경향은 점점 심해져서 중종 대에는 거의 죄악시되었습니다. 그리고 병자호란이 일어나 북방에 끌려갔던 여성 중에 일부가 고향으로 돌아오자 남편들은 너나 할 것 없이 상소를 올립니다. 상소의 주요 내용은 '이혼하게 해달라'는 것입니다. 지아비를 한 명만 섬겨야 하는 아내가 멀리 끌려가 정조를 잃고서는 죽지도 않고 돌아왔다는 거죠. 정

역사의 쓸모

말 기가 막힙니다.《인조실록》에 이 내용이 고스란히 기록되어 있어요.

15세기에 만들어진 재가금지법은 19세기에 가서야 봉건적 질서를 거부하는 동학농민혁명에 의해 폐지를 요구받습니다. 동학농민혁명에서는 개혁적인 구호를 많이 외쳤는데 찬찬히 살펴보면 세금제도를 철폐하라, 노비제도를 폐지하라와 함께 과부의 재혼을 허용하라는 구호가 있어요. 1477년에 제정된 법이 400년 넘도록 여성의 삶을 옭아매고 있었던 겁니다. 재혼하는 순간 자식 생각은 안 하고 자기 욕정만 채우는 '못된 년'으로 취급받았기 때문에 여성은 스스로를 검열하고, 자신의 삶을 선택할 수 있는 권리를 제한받아야 했습니다. 경제 활동이 자유로운 것도 아니었는데 남편 없이 자식을 키우며 생계까지 책임져야 하는 고통도 극심했죠. 과부의 재가 허용 요구는 400년 넘게 여성을 억압했던 악법 철폐를 위한 처절한 외침이었습니다.

이뿐만이 아니에요. 성종 대에 또 뭐가 만들어졌냐면, 성종의 어머니 인수대비가 여성이 지켜야 할 규범을 담은《내훈》이라는 책을 냅니다. 조선 사대부집 여자들이 시집을 갈 때 달달 외워야 하는 책인데, 그 책 내용 중에 아주 놀랄 만한 내용이 있습니다. "만일 남편이 몹시 화를 낼 경우에는 기다렸다가 기분이 풀렸을 때 다시 간하며, 비록 ○○○을 당한다 하여도 어찌 감히 원망하거나 한탄할 수 있겠는가? 남편의 직분은 마땅히 존중하여야 하며, 아내는 모름지기 나직이 낮추어야 하는 것이다"라는 부분이 있거든요. 이 ○○○에 들어가는 말이 뭘까요? 놀라지 마세요, 바로 채찍질입니다. 제가 과장하는 것이 아니라 정확하게 '채찍질'이라고 나옵니다. 남편이 채찍질을 하더라도 아내는 원망하지 말라는 것이죠.

어우동 처형 방식과 재가금지법, 내훈… 이들이 이야기하는 바는 모두 같습니다. 여성은 집안에 종속되어 남편을 떠받들며 가문의 자손을 낳는 존재고, 여자의 역할은 이것이 전부라는 것입니다. 성종 때 만들어진 이러한 사고방식은 시간이 흐를수록 더욱 견고해집니다. 그전까지 어느 정도 유지되던 남성과 여성의 평등한 관계는 이때부터 힘을 잃기 시작하고 남성중심적 사고가 수백 년 동안 우리 생활을 지배해 왔습니다. 갑오개혁으로 재가의 자유가 겨우 허용되었지만 광복이 찾아오고 1950년대가 될 때까지도 여성의 재가는 흔한 일이 아니었습니다.

＊ ＊ ＊

여성의 권리와 지위를 향상시키기 위한 여성운동이 현대에 이르러 처음 등장한 것은 아닙니다. 100여 년 전에 이미 여성을 억압하는 가부장적 사회 분위기에 반기를 든 기념비적인 인물이 있었어요. 바로 나혜석입니다. 나혜석은 1896년 부유한 집안에서 태어났습니다. 출중한 재능과 실력을 바탕으로 일본의 미술전문학교로 유학까지 다녀온 신여성이었지요.

어린 첩을 둔 아버지와 그런 아버지에게 아무 말도 못 하는 어머니를 보며 자란 나혜석은 남성과 여성이 평등하지 않은 사회에 일찍부터 반감을 가졌고, 그림뿐 아니라 소설과 시를 통해 우리 사회에 여러 가지 문제를 제기했습니다. 명절은 여자에게 고단한 날이고 결혼은 여성을 억압하는 제도라는 것, 모성애는 임신하자마자 생기는 본능이 아닌데 사회가 학습을 종용하고 있다는 것, 여성 또한 개인의 성취 욕구를 가지고 있다는 것 등 그녀의 주장을 살펴보면 현대 여성들의 문제의식과 결을 같이한다는 것을 알 수 있습니다.

1920년 나혜석은 자신에게 끈질기게 구애해 온 열 살 연상의 김우영이라는 외교관과 결혼을 합니다. 그는 한 번 결혼했다가 아내를 먼저 떠나보낸 인물로 어머니와 자식이 있는 사람이었습니다. 나혜석은 결혼을 약속하면서 지금 봐도 놀라운 네 가지의 결혼 조건을 내겁니다. 일생을 두고 지금과 같이 나를 사랑해 줄 것, 그림 그리는 것을 방해하지 말 것, 시어머니와 전처의 딸과 함께 살지 않도록 할 것, 그리고 자신의 첫 번째 사랑이었던 최승구의 묘지에 비석을 세워줄 것. 김우영은 이 모든 조건을 받아들입니다. 그리고 신혼여행을 가서 최승구의 묘지에 비석을 세워줘요. 시대를 앞서가는 커플이 아니었나 싶어요.

해피 엔딩일 것 같았던 이들의 사랑에 문제가 생긴 것은 부부가 함께 떠난 세계여행에서였습니다. 이 여행에서 나혜석은 최린이라는 남자를 만나게 됩니다. 1919년 3·1운동 때 나혜석은 학생운동을 주도한 혐의로 5개월간 투옥된 적이 있는데요, 최린은 이때 함께 투옥됐던 사람 중 한 명으로 그림에 조예가 깊은 사람이었습니다. 두 사람의 관계에 분노한 김우영은 나혜석에게 이혼을 요구합니다.

그런데 여기서 짚고 넘어가야 할 점은 김우영에게도 이미 여자가 있었다는 사실입니다. 나혜석은 어떻게든 재결합하려고 노력했지만 김우영은 그렇지 않았어요. 결국 두 사람은 이혼하고 김우영은 다른 사람과 결혼합니다. 그런데 이 일이 신문기사로 보도되자 모든 질타는 나혜석에게만 쏟아졌습니다. 남편도 외도를 했고, 나혜석의 외도 상대였던 최린도 유부남이었지만 대중에게 손가락질받은 사람은 나혜석뿐이었어요.

어우동을 향한 질타와 나혜석에게 쏟아지는 비난은 다르지 않을 것입니다. 딴마음을 품었던 것도, 외도를 저지른 것도 다 같지만 누구는 여자이기 때문에 더 큰 지탄을 받고 누구는 남

역사의 쓸모

자라는 이유로 이해를 받았던 것이지요. 여성에게만 정조를 강요하는 사회의 이중성에 나혜석은 분노합니다.

그리고 놀라운 사실을 밝힙니다. 나혜석이 최린을 고발하면서 '내가 최린과 관계를 맺었던 것은 그가 나를 강간했기 때문이다'라고 밝혔어요. 오늘날 미투운동의 효시라고도 볼 수 있겠죠. 지금이라면 나혜석과 연대하는 사람들이 있었겠지만 당시에는 전혀 그렇지 않았어요. 여자들도 나혜석을 비난하던 시대였으니 남자들은 오죽했겠어요. 나혜석은 자신의 심정을 《삼천리》에 〈이혼고백서〉라는 장문의 글로 발표합니다.

조선 남성 심사는 이상하외다.

자기는 정조관념이 없으면서 처에게나

일반 여성에게 정조를 요구하고

또 남의 정조를 빼앗으려고 합니다.

(중략)

조선의 남성들아, 그대들은 인형을 원하는가,

늙지도 않고 화내지도 않고

당신들이 원할 때만 안아주어도 항상 방긋방긋

웃기만 하는 인형 말이오.

나는 그대들의 노리개를 거부하오.

내 몸이 불꽃으로 타올라 한 줌 재가 될지언정

언젠가 먼 훗날 나의 피와 외침이 이 땅에 뿌려져

우리 후손 여성들은 좀 더 인간다운 삶을 살면서

내 이름을 기억할 것이리라.

그러니 소녀들이여 깨어나 내 뒤를 따라오라 일어나 힘을 발

하라.

<이혼고백서> 중에서

이 같은 외침에도 나혜석은 결국 조선 시대에 만들어진 여성 억압의 파도 속에 묻힐 수밖에 없었습니다. 그녀가 남긴 수많은 작품과 업적은 잊히고 불륜을 저지른 여성으로 낙인찍혔지요. 결국 나혜석은 53세에 어느 시립요양병원에서 무연고자로 외롭고 쓸쓸하게 생을 마감합니다.

약 100년 전 나혜석의 외침 이후로 상황은 얼마나 달라졌을까요? 냉정하게 보면 크게 변한 게 없다고 생각합니다. 500년 동안 내려온 여성 억압의 기제는 아직도 일상에 만연하죠. 저를 포함해 일부 사람들이 여성해방운동을 편안하게 받아들이지 못한 이유도 적극적으로 연대하고 행동하는 여성의 모습이 지금까지 우리가 규정하고 강요한 여성의 모습과 다르기 때문입니다. 낯서니까 왠지 모르게 위협적으로 받아들이는 것이지요.

역사의 쓸모

어떤 사람은 이런 움직임을 마치 돌발 행동처럼 유난스러운 것으로 여깁니다. 금방 꺼질 불로 보는 사람도 있지요. 하지만 저는 그렇게 생각하지 않아요. 역사적 맥락에서 살펴봐도 이는 자연스러운 흐름이라고 봅니다. 1934년 나혜석부터, 그보다 먼저 1894년 동학농민혁명에서부터 계속되어 온 외침이기 때문이죠. 느닷없는 주장도 아닐뿐더러 지금 당장 면피만 하면 조용해질 문제도 아니라는 겁니다. 이제는 정말 달라져야 할 우리 시대의 과제인 거죠.

나혜석이 쓴 소설 〈경희〉에 이런 글이 나와요. "경희도 사람이다. 그다음에 여자다. 그러면 여자라는 것보다 먼저 사람이다." 이제는 나혜석의 외침대로 나혜석의 후손들이 인간다운 삶을 쟁취해야 하는 때가 온 것입니다.

역사를 공부하면 우리가 어느 방향으로 나아가고 있는지 맥락이 잡힙니다. 역사에서 인간의 자유는 늘 이기는 방향으로 가고 있어요. 이것이 바로 역사의 수레바퀴예요. 역사를 통해 우리는 사회의 변화를 이해할 수 있습니다. 역사의 수레바퀴 안에서 갑자기 튀어나오는 문제란 별로 없습니다. 받아들이기 어려운 변화의 움직임도 알고 보면 역사에서 그 문제의 뿌리를 찾을 수 있습니다. 그러면 좀 더 폭넓게 사회 문제를 이해하고 균형 잡힌 시각을 가질 수 있게 되죠. 이해의 폭이 넓어지는 순간, 문제의 핵심을 바라보고 해결하는 원동력을 얻게 될 것입니다. 그러면서 우리 사회가 또 한 발자국 나아갈 수 있는 것 아닐까요?

지금 나의 온도는
적정한가

《조선왕조실록》은 조선의 임금이 왕위에 있는 동안 조정에서 일어난 일과 그 밖의 여러 사실을 정리한 기록입니다. 여덟 명의 사관이 교대로 근무하면서 24시간 내내 임금의 곁을 지켰기 때문에 가능한 일이었죠. 그러다 보니 그 시대의 크고 작은 일이 모두 기록되었습니다. 우리가 지금 조선 시대 역사를 잘 알고 있는 것도, 다양한 역사 드라마와 영화를 즐기고 있는 것도 《조선왕조실록》 덕분이라고 해도 과언이 아닙니다.

그런데 조선 제18대 왕 《현종실록》을 보면, 거의 대부분이 '예송'에 관한 이야기입니다. 얼마나 큰 갈등이었으면 현종에 관해서는 예송 말고 달리 거론할 게 없을 정도였겠습니까. 재위기간 내내 이 논쟁에서 자유로울 수 없었어요.

현종 대에 일어난 논쟁이지만 원인을 찾아 거슬러 올라가면 인조부터 효종, 현종까지 3대에 걸친 이야기예요. 이 이야기는 현종의 할아버지 인조가 마흔세 살에 늦장가를 간 것에서 시작합니다. 중전이 사망했기 때문에 재혼을 한 거죠. 근데 계비가 너무 어렸어요. 겨우 열네 살이었습니다. 인조의 아들이자 뒤를 이어 왕이 된 효종보다도 다섯 살이나 어렸습니다. 이 어린 중전이 바로 장렬왕후입니다. 훗날 자의대비로 불리게 되지요. 이렇게 어린 나이에 궁에 왔으니 대비로서 얼마나 오래 살았겠어요. 여기에서 뜻밖의 문제가 생깁니다. 효종이 자의대비보다 먼저 죽었거든요. 아들이 죽은 셈이니까 자의대비도 상복을 입고 장례를 치러야 하는데, 다름 아닌 상복을 입는 기간이 조정의 논쟁거리가 되었습니다.

정해진 기간에 따라 상복을 입으면 되지 이게 왜 논쟁이 되냐고 생각할지도 모르겠어요. 이것을 이해하려면 붕당에 대해서 알아야 합니다. 간략하게 짚고 넘어가 보죠. 현대 정치에서 여당과 야당이 대립하듯 조선왕조 때는 붕당이라고 하여 학문과 정치사상에 따라 당파가 갈렸습니다.

붕당은 성리학을 기반으로 한 사림파가 집권을 하면서 시작

되었습니다. 갈등의 씨앗은 바로 이조전랑 자리였어요. 이조전
랑은 낮은 직급이었지만 삼사의 관원을 임명하는 자리였기 때
문에 무척 중요했습니다. 삼사란 사헌부, 사간원, 홍문관을 말
합니다. 사헌부는 관리들을 감사하는 관청이고, 사간원은 간쟁
을 담당하는 관청이에요. 홍문관은 궁내 문서를 관리하는 국
왕 자문 기구입니다. 세 군데 모두 왕을 비롯하여 관리들의 잘
못된 언행을 감시하고 바로잡는 역할을 하는 곳이었습니다. 단
연 중요한 관직이었지요. 게다가 재상들은 대개 이 자리를 거
쳐 올라간 사람들이에요. 한마디로 이조전랑은 막강한 인사권
을 가지고 있었던 겁니다. 그러니 이조전랑 자리를 놓고 싸우
게 될 수밖에요.

결국 누구를 이조전랑으로 미느냐에 따라 사림파는 서인과
동인으로 나뉘었습니다. 이후 동인은 또 남인과 북인으로 나뉩
니다. 현종의 할아버지인 인조는 인조반정을 일으켜 광해군을
쫓아내고 왕이 된 사람이기 때문에 인조 대에 와서 광해군을
지지하던 북인들은 세력을 잃어버립니다. 자, 그럼 이제 누가
남았을까요? 이제 서인과 남인이 남았죠. 바로 이들이 예송을
일으킨 두 세력입니다.

이제 다시 상복 문제로 돌아가 보죠. 예송은 예절에 관한 논
란이라는 뜻으로 궁중 의례를 어떻게 지키느냐에 대한 싸움이

었습니다. 서인은 효종이 둘째 아들이니까 당시 예법에 따라 자의대비는 1년 동안 상복을 입으면 된다고 주장합니다. 효종은 원래 인조의 장남이 아니었고, 따라서 당연히 세자도 아니었습니다. 인조의 장남은 소현세자였어요. 동생인 효종은 봉림대군이라고 불렸죠. 소현세자와 봉림대군은 병자호란 때 청에 끌려갔습니다. 소현세자는 청에서 접한 선진문물을 조선에 들여오려던 개혁적인 인물이었는데 그 때문에 인조에게 미움을 받아요. 인조는 병자호란으로 청에 무릎을 꿇었던 왕입니다. 얼마나 청을 싫어했겠어요. 결국 소현세자는 의문의 죽음을 맞이합니다. 심지어 인조가 던진 벼루에 맞아 시름시름 앓다가 죽었다는 이야기까지 전해져 내려올 정도입니다. 아무튼 서인들은 효종이 둘째 아들이라는 점에 초점을 맞추고 있어요.

반면 남인들은 이렇게 말합니다. 둘째 아들이긴 하지만 그래도 효종은 왕이니까 장남에 준해서 3년간 상복을 입어야 한다는 거예요. 어떻게 왕한테 사대부 예법을 적용하느냐는 거죠, 왕은 왕인데 말입니다.

현종은 상중이었기 때문에 이런 논쟁을 계속 두고 보기가 좀 부담스러웠던 것 같아요. 그래서 그냥 예법에 따르자고 합니다. 서인의 주장대로 상복을 1년만 입기로 한 거죠. 이게 1차 예송인 기해예송입니다.

역사의 쓸모

그런데 15년 뒤에 효종의 부인인 인선왕후가 사망합니다. 자의대비는 이때도 살아 있었습니다. 며느리보다 어렸으니까요. 이번에도 같은 논쟁이 일어납니다. 며느리가 죽었는데 시어머니인 자의대비는 얼마 동안 상복을 입어야 하는가로 또다시 서인과 남인이 싸우기 시작한 거죠.

서인은 또 1차 예송처럼 예법에 따르자고 했겠죠. 《경국대전》에 따르면 맏며느리는 1년, 다른 며느리는 9개월이니까 자의대비는 9개월 동안 상복을 입어야 한다고 말합니다. 반면에 남인은 그래도 왕인데 장남 대우를 하는 것이 맞으니 맏며느리에 준하는 1년 동안 상복을 입어야 한다고 주장합니다. 이때 현종이 좀 열을 받습니다. 2차 예송인 갑인예송이 시작된 거죠.

사실 현종은 1차 예송 때부터 이미 화가 나 있었을 거예요. 그걸 이때 터뜨린 것 같아요. 생각해 보세요. 서인들이 자꾸 사대부 예법을 들고 나오면서 아버지를 적장자가 아닌 사람으로 취급하니까 기분이 나쁠 수밖에 없잖아요. 이게 그냥 태어난 순서에 관한 문제가 아니에요. 정통성에 관한 문제인 겁니다. 아버지의 정통성이 위협당하면 본인의 정통성 역시 흔들리게 되죠. 예민한 문제일 수밖에 없어요.

현종은 결국 1차 예송 때와 달리 이번에는 남인의 손을 들어 줍니다. 효종이 장자가 아니라는 이유를 계속해서 들먹이는 게 싫기도 했거니와 나는 새도 떨어뜨린다는 권위를 가진 우암 송시열과 그가 이끄는 서인들을 압박하려는 목적도 있었습니다. 그렇게 최종적으로 예송의 승자는 남인이 되었습니다. 놀라운 건 이게 끝이 아니라는 사실입니다.

＊＊＊

2차 예송 직후 현종은 세상을 떠났습니다. 뒤이어 숙종이 열네 살의 어린 나이에 왕위에 올랐지요. 즉위한 숙종은 송시열의 제자에게 아버지의 행장을 짓는 일을 맡깁니다. 행장은 죽은 사람의 일대기를 적는 글인데 나중에 실록을 편찬할 때 자료가 되기 때문에 굉장히 중요한 글이었어요. 그런데 송시열의 제자가 현종에 관해 쓰려고 보니까 현종 대에 있었던 일의 대부분이 예송인 거예요. 예송에 대해 자세히 기록을 해야 하는데 그 와중에 송시열이 걸리는 겁니다. 송시열은 자신의 스승인데 어떻게 그가 잘못했다고 쓰겠어요. 그래서 적당히 쓰고 넘어갔습니다.

숙종은 행장을 보며 두루뭉술하게 표현된 부분을 하나하나 짚었어요. 그리고 명확하게 다시 써 오라고 다그쳤죠. 제자는 입장이 무척 난처했을 것 같아요. 결국 수정을 거듭해 송시열의 이름이 언급되고 말았습니다. 그런데 그게 끝이 아니었어요. '송시열이 인용한 예법'이라는 구절을 숙종이 '송시열이 잘못 인용한 예법'으로 고쳤거든요. 제자는 자신과 송시열이 사제지 간인데 이것은 제자 된 도리로 못 할 짓이다 하면서 상소를 올립니다. 그러자 숙종이 불같이 화를 내며 도성에서 쫓아내 버려요. "어찌 스승과 제자 사이의 도리만 있고, 임금을 섬기는 도리는 없단 말인가!" 하면서 말이죠. 송시열은 당시 68세였는데 숙종의 할아버지 효종과 아버지 현종의 스승 역할도 했던 거물이었습니다. 그러나 숙종은 송시열과 담판을 벌이는 데 조금도 주저하지 않았어요. 지금으로 치면 중학교에 다녔을 나이인데 서슬이 시퍼렜습니다.

조선은 신권의 나라예요. 특히 조선 후기로 갈수록 왕권보다 신권이 강합니다. 갓 즉위한 애송이 왕이 송시열 같은 거물급 정치인의 잘잘못을 가리는 게 쉬운 일은 아니라는 거죠. 하지만 조선 역사상 가장 강력한 카리스마를 내뿜은 군주가 바로 숙종이거든요. 장희빈을 사랑한 로맨틱한 왕으로 기억하는 사람이 많지만 그건 드라마가 만들어낸 이미지입니다. 오히려 내막을 살펴보면 숙종이 인현왕후와 장희빈을 이용해 신하들을 좌지우지했지요. 즉위할 때부터 그 싹이 보였던 거예요.

숙종의 미움을 받은 송시열은 훗날 유배되고 결국 사약을 받아 죽습니다. 상복을 몇 년 입느냐는 문제가 참 오랜 시간 동안 조선의 조정을 시끄럽게 한 셈입니다. 서인과 남인은 당운을 걸고 정말 치열하게 싸웠습니다. 왜 그토록 치열했을까요? 여기에 그네들의 정체성 문제가 걸려 있었거든요.

조선은 성리학의 나라입니다. 성리학은 정통과 명분을 따지는 학문입니다. 양반, 중인, 상민, 천민은 저마다 자신의 위치와 분수에 맞게 살아야 해요. 그게 바로 본분이에요. 상민으로 태어나면 상민의 역할을 다하면 되는 겁니다. 양반은 마치 부모처럼 백성을 살피고, 백성은 양반에게 충성하는 관계인 거예요. 성리학에서는 이런 사회를 이상적이라고 봅니다. 조선 전기의 사회는 이 사상을 바탕으로 200년간 유지됐어요.

그런데 임진왜란과 병자호란이라는 큰 전쟁을 거치면서 나라의 기강이 무너졌습니다. 전쟁이 일어나자 백성을 챙겨야 할 양반들이 가장 먼저 도망쳤거든요. 창피한 일이었죠. 백성들에게 면이 안 섰을 거예요. 양반 스스로 성리학의 질서를 깨버린 거나 마찬가지잖아요. 그러니까 백성들 눈에 양반들이 얼마나 한심하고 우스워 보였겠어요. 우리를 보살펴줄 것처럼 하더니 백성이고 나라고 다 팽개치고 제일 먼저 도망을 갔네. 이렇게 생각할 거 아녜요? 상황이 상황이다 보니 예송은 무너져 내린 예법을 다시 자리매김할 수 있는 좋은 기회가 되었습니다. 예법이 중요한 것이라는 사실을 강조하기 위해 예송이라는 문제를 확산시킨 거예요. 예송에는 이런 목적과 의도가 있었던 겁니다.

그로부터 약 350년이 흐른 지금, 예송을 바라보면 어떤 생각이 드나요? 백성들의 삶은 안중에도 없고 잘난 양반끼리 대단한 기싸움을 벌였다는 생각이 들지 않나요? 그들 나름대로는 왕조의 정통성, 왕권과 신권, 양반의 정체성 등 무척이나 중요한 쟁점들이 포함된 문제였을 터지만 전쟁이 끝난 뒤 차마 눈 뜨고 볼 수 없을 만큼 비참해진 백성들의 삶을 돌보는 방안을 논하는 것이 먼저가 아니었을지, 아쉬움과 안타까움을 지울 수가 없습니다.

21세기를 사는 우리에게도 여러 논쟁거리가 있습니다. 어떤 논쟁은 엄청나게 뜨거워요. 입장이 다르고 생각이 다르고 이념이 다른 사람 사이에 살벌한 말들이 오가지요. 그런데 한번 생각해 봐야 합니다. 그게 그만큼의 에너지를 쏟을 정도로 우선순위에 있는 일인지 말이죠. 과연 100년 뒤 우리의 후손이 이 대립을 꼭 필요한 과정이었다고 평가할 것인지, 혹시 우리가 예송을 싸늘하게 바라보듯 우리의 쟁점도 쓴웃음 짓게 만드는 문제는 아닌지 점검해 볼 필요가 있습니다. 예송이 그랬던 것처럼 정말 중요한 것을 놓치고 있을 수도 있으니까요. 갈등은 당연한 것이고 뜨거움도 잘못된 것은 아니지만 우리의 뜨거움이 혹시 빗나간 열정은 아닌지 스스로에게 물어봐야 합니다.

　인류 역사에서, 그리고 우리나라 역사에서 첨예한 대립과 갈등은 언제나 존재하는 일입니다. 제각기 다른 사람이 공존하기 위해서 꼭 거쳐야 할 과정인 경우도 있어요. 그러니 나의 이익, 내 집단의 이익을 위해 목소리를 높이세요. 문제를 제기하세요. 다만 내가 추구하는 방향이 과연 옳은지, 역사나 인류의 발전 방향과 맥을 같이하는지는 반드시 짚어봐야 합니다. 역사를 통해 문제를 객관적으로 바라보는 연습도 해야 하고요. 옳고 그름을 떠나 무조건 내가 속한 집단의 편에 서는 대신에 말입니다.

　도처에 갈등 요인이 널려 있는 현대사회를 사는 우리에게는 당면한 문제에 나의 온도를 몇 도로 맞출 것인지 조절할 줄 아는 안목이 필요합니다. 서인과 남인의 이념 싸움처럼 허무한 싸움에 나의 열정을 쏟을 필요는 없습니다. 대신 나의 뜨거움이 많은 사람에게 자유와 행복을 선사하는 의미 있는 것이라면, 역사의 수레바퀴가 향하는 곳으로 힘을 더하는 일이라면 더욱 온도를 높여 뛰어야 하죠. 필요에 따라 더 차가워질 수도 반대로 더 뜨거워질 수도 있도록 의지의 온도를 조절할 수 있는 능력, 저는 이런 능력을 가질 수 있도록 도와주는 것이 역사라고 생각합니다.

시민이라는
말의 무게

한국사를 가르치다 보니 가끔 국가, 조국에 관한 질문을 받을 때가 있어요. '당신에게 대한민국이란 어떤 의미입니까?'라는 질문을 받은 적이 있는데 솔직히 안절부절못하겠더라고요. 편치가 않았습니다. 혹여나 지나치게 국수주의적인 발언을 할지도 모른다는 불안감이 앞섰기 때문이죠. 그래도 의미가 없는 질문이라고 생각하지는 않았습니다. 다만 답변하기에 어쩐지 조심스럽고 어려운 상황이었죠. 그래서 역사 속 사람들에게 '대한민국'이라는 네 글자가 갖는 의미를 물어보았습니다.

〈대한민국 헌법 전문〉을 읽어본 적 있나요? 전문이란 헌법

조문 앞에 있는 공포문인데요, 헌법의 기본 원리를 담고 있는 글이라고 보면 됩니다. 이 글은 이렇게 시작합니다. "유구한 역사와 전통에 빛나는 우리 대한국민은 3·1운동으로 건립된 대한민국임시정부의 법통과 불의에 항거한 4·19민주이념을 계승하고…". 이 문장에서 무엇이 눈에 들어오나요? 저는 '3·1운동으로 건립된 대한민국임시정부 계승'이라는 말이 특히 눈에 뜁니다. 이 말은 3·1운동의 결과로 대한민국임시정부가 건립되었고, 현재 대한민국이 1919년 4월 11일에 수립된 대한민국임시정부에 그 뿌리를 두고 있다는 말이죠. 대한민국, 즉 민주공화국의 역사는 이렇게 1919년 3월 1일부터 시작됩니다.

1919년 3월 1일, 광장에 학생들이 모여들었습니다. 이들은 거리에서 대한 독립 만세를 외쳤고, 일반 민중까지 여기에 가세하면서 인파는 점점 불어났습니다. 서울에서 시작된 만세운동은 삽시간에 전국으로 퍼져나갔죠. 시위가 지속된 두 달 동안 거리로 나온 사람은 200만 명에 가까운 것으로 추산하고 있습니다. 당시 인구의 10분의 1에 달하는 규모니 사실상 온 겨레가 들고일어난 항일독립운동이었어요. 남녀노소 할 것 없이, 이름도 알 수 없는 수많은 아무개가 독립을 부르짖었던 것이죠. 민(民)이 한자리에 모여 더 나은 세상을 위해 한목소리를 내는 광장의 역사가 시작된 날이었습니다.

3·1운동은 시대를 구분 짓는 중요한 역사적 사건입니다. 우리는 3·1운동으로 굉장한 성과를 얻었어요. 무엇이냐면 바로 '민주주의'입니다. 1919년 3월 1일 이전은 대한'제국'의 시대였습니다. 대한제국의 주권자는 누구일까요? 바로 황제입니다. 모든 권력은 황제로부터 나오는 것이죠. 그러나 1919년 3월 1일 이후는 다릅니다. 이때부터 대한'민국'의 시대입니다. 3·1운동을 계기로 대한민국임시정부가 탄생했으니까요. 말 그대로 민의 나라가 탄생한 것입니다.

제국의 시대에 사람들은 황제의 보살핌을 받는 백성들이었습니다. 백성은 전적으로 수동적인 존재를 의미합니다. 하지만 1919년 3월 1일 우리는 나라의 독립을 위해 광장에 모여 자신의 목소리를 내는 시민으로 만나게 됩니다. 모든 권력은 왕이 아닌 국민으로부터 나온다는 근대 혁명의 DNA를 장착한 능동적이고 주체적인 시민이 탄생한 것이죠. 반만년의 시간 동안 백성으로 살던 이들이 시민이 되었습니다. 3·1운동은 대한'제국'이 대한'민국'으로 바뀌고 '백성'이 '시민'으로 변화한 아주 중요한 계기였습니다.

우리는 태어날 때부터 국민이었고, 시민이었기 때문에 이 단어가 갖는 힘을 잘 모릅니다. 평소에 공기의 중요성을 잘 느끼지 못하는 것처럼 말이죠. 그런데 나라가 없어진다면, 또 민주주의가 사라진다면 어떻게 될까요? 기본이라고 생각했던 권리조차 누리지 못하게 될 거예요. 말도 안 되는 폭력에 힘없이 당할 수밖에 없는 자신을 보게 될지도 모르죠. 일제강점기 동안 이런 설움과 아픔은 반복되었습니다. 관동대지진 때 수많은 한국인이 일본에서 학살당했지만 이들을 지켜주는 이가 없었어요. 스탈린에 의해 연해주 지역 동포들이 중앙아시아로 강제이주를 당할 때도 막을 방법이 없었습니다. 기차 화물칸에 짐짝처럼 빼곡하게 들어가 며칠을 이동해도 누구에게도 사정을 호소할 수 없었지요. 이것이 바로 식민지 조국을 가진 사람들이 겪었던 아픔입니다.

대한 독립 만세를 외쳤던 200만 선조들, 일본군의 총탄에 맨몸으로 맞서고, 그 과정에서 체포되고 고문당하고 목숨을 잃은 수많은 아무개가 있었기에 오늘의 대한민국이 있습니다. 그들이 만들어낸 대한민국에 대해 생각해 본 적이 있나요? 그 시대 사람들에게 과연 국가란 어떤 의미였을까요? 그리고 지금 우리에게 대한민국은 또 어떤 의미인가요?

거족적인 항일운동이었지만 산발적 시위로 끝난 3·1운동 이후, 많은 사람이 체계적인 독립운동을 위해서 구심점이 되는 조직이 필요하다는 사실을 깨닫게 되었습니다. 1919년 4월 11일 항일독립운동가들은 국호를 정하고 임시헌장을 제정한 뒤

대한민국임시정부를 세웠습니다. 임시정부의 위치는 외교활동에 유리한 상하이로 결정되었습니다. 당시 상하이의 프랑스 조계지는 중국의 국내법이 적용되지 않는 치외법권 지역이라 일제의 영향력이 비교적 덜 미쳤기 때문입니다. 현재 대한민국 정부는 이날 수립된 대한민국임시정부를 계승한 것입니다.

1920년대 임시정부 요원들의 생활은 가혹하리만치 어려웠습니다. 임시정부 건물의 월세를 내지 못해 소송을 당할 정도였으니 개개인의 삶은 오죽했을까요. 백범 김구의 어머니는 새벽에 시장에 가서 중국인들이 배추를 다듬고 버린 겉잎을 주워왔다고 합니다. 먹을 것이 하도 없으니까 질겨서 씹기도 힘든 배추 겉잎으로 김치를 담갔던 것입니다. 그만큼 가난한 삶이었지요.

어느 겨울날, 김구의 아내였던 최준례가 계단에서 발을 헛디뎌 허리를 다쳤습니다. 평소 건강이 좋지 않았는데 허리까지 다치니 회복이 쉽지 않았던 모양입니다. 가족들은 어떻게든 살리고자 병원에 입원시켰지만, 최준례는 결국 세상을 떠나고 맙니다.

김구의 가족이 최준례의 무덤에서 찍은 사진이 있습니다. 묘비 뒤로 김구와 모친이 서 있고, 아직은 죽음이 무엇인지 알지 못할 만큼 어린 두 아들은 어머니의 묘비 곁에 서서 사진 찍는 이를 바라봅니다. 비석 오른쪽에는 마치 암호 같은 문자가 보입니다.

ㄹㄴㄴㄴ해 ㄷ달 ㅊㅈ날 남
대한민국 ㅂ해 ㄱ달 ㄱ날 죽음

이 문자를 해석하는 방법은 간단합니다. 기역부터 치읓까지 쭉 쓰고 그 아래 1부터 10까지 숫자를 달아보세요. 그렇게 하고 보면 'ㄹㄴㄴㄴ해'는 4222년입니다. 4222년은 단기겠죠. 고조선은 기원전 2333년에 세워졌으니 단기 4222년은 1889년입니다. '대한민국 6해'라 함은 대한민국임시정부가 수립된 1919년에서 6년째 되는 해, 즉 1924년을 뜻합니다. 해석해보면 1889년 3월 19일에 나고 1924년 1월 1일에 죽었다는 뜻입니다.

저는 이 비문에서 이들의 의지를 느꼈습니다. 출생일은 단기로 표현했지만, 사망일은 단기를 사용하지 않았어요. 대한민국을 기준으로 해서 대한민국 6년으로 표기했습니다. 이들에게 대한민국은 이미 가슴 깊이 존재하고 있었던 겁니다. 우리는 고조선에서 출발했지만 이제 대한민국이라는 새로운 역사를 열고 그 나라에서 살고 있다는 사실을 분명히 알리려고 한 거예요. 반만년의 역사에서 새로운 시대의 대한민국을 선포한 것과 다름없습니다. 그들에게 조국은 간절한 염원이었습니다.

＊＊＊

1919년 9월 1일 프랑스 파리로 한번 가볼까요? 파리로 전보한 통이 날아옵니다. 수신인은 대한민국임시정부 파리 위원부, 발신인은 리첸코Licenko라는 사람이었습니다. 아무도 들어본 적이 없는 이름이었지요. 전보 내용은 불어로 되어 있었으나 읽기 힘들었습니다. 알아보기조차 힘든 서툰 불어였거든요. 겨우겨우 번역을 해보았더니 다음과 같은 메시지였습니다.

SSS 무르만스크 701 68 30 9시 27분
우리 임시정부의 상황을 알려주시길 바랍니다.
러시아 북부의 임시정부와 러시아 북부에 있는 모든 세력 단체들,
우리는 무엇을 해야 할지 모르겠습니다.
노동자들은 애타게 기다리고 있습니다.
자유 한국 만세, 한국 독립 만세, 평화회의 만세! 만세! 만세!

내용을 보아하니 분명 도와달라는 신호 같습니다. 발신지 무르만스크Murmansk는 러시아의 항구도시입니다. 지도를 찾아보면 알겠지만, 한반도와 가까운 러시아 동쪽이 아니라 반대편인 서쪽, 그중에서도 가장 북쪽에 위치한 곳이에요. 바로 왼편에 핀란드가 있어요. 그야말로 대륙의 끝자락, 혹독한 추위가 내려앉은 땅이죠.

이렇게 멀고 먼 곳에 한국인이 있었습니다. 어떻게 여기까지 갔을까요? 일제의 탄압으로 땅을 잃고 집을 잃고 그저 먹고살기 위해 한반도를 떠나 만주에서, 연해주에서 떠돌던 사람들이 흐르고 흘러 무르만스크까지 간 것입니다. 장장 1만 킬로미터가 넘는 대장정 끝에 낯선 도시에 들어간 이들을 생각할 때마다 저는 가슴이 먹먹해집니다.

무르만스크에는 무려 500여 명의 한인 노동자가 일하고 있었습니다. 영국군 휘하에서 철도회사에 고용된 채 잡역에 동원되었던 것으로 보입니다. 제1차 세계대전이 끝날 무렵 영국과 미국이 무르만스크를 점령했거든요. 그런데 러시아에서 볼셰비키 혁명이 일어났습니다. 세계 최초의 사회주의 혁명이죠. 그 영향으로 철도회사는 문을 닫고 영국군은 무르만스크에서 철수하기로 합니다. 한인 노동자들은 갑자기 일자리를 잃게 되었지요. 게다가 혁명으로 러시아의 상황은 무척 혼란스러웠을 거예요. 그래서 리첸코라는 외국인에게 부탁해 어설픈 불어로나마 파리 위원부에 전보를 친 겁니다.

파리 위원부는 대한민국임시정부가 프랑스 파리에 설치한 외교부서로 파리강화회의에 한국 문제를 호소하고 독립을 청원할 목적으로 만들어진 곳이었습니다. 전보를 접한 대한민국임시정부는 분주하게 움직입니다. 1919년 10월 12일 무르만스크를 떠나는 영국군들은 한인 노동자 200여 명을 산타엘레나호에 태워 영국 에든버러로 데려왔지요. 나머지 300여 명도 구출해 내야 했으나 산타엘레나호는 무르만스크를 떠난 마지막 배가 되었습니다. 소비에트 혁명군이 무르만스크에 들어오면서 연락도 끊겨버리고 맙니다.

임시정부 요원들은 에든버러에 도착한 200여 명의 한국인을 프랑스로 데려가기 위해 영국 외무부와 교섭했습니다. 협상은 쉽지 않았습니다. 일본이 본국 송환을 강력하게 주장하고 있었기 때문입니다. 당시 영국은 일본과 동맹 관계였고, 사실 이 노동자들의 법적 국적은 일본이었기 때문에 일본이 자국민을 데려가겠다는 것이 당연한 요청이었거든요. 영국도 일본의 요구를 무시할 수 없었죠.

하지만 우리 임시정부도 끈질기게 항의했습니다. 한인 노동자들은 연합군과 함께 철도공사를 한 파트너들이었다, 이들을 외면하지 말아 달라고 끊임없이 영국에 요청했습니다. 프랑스에는 이렇게 얘기했어요. 자유, 인권, 박애라는 가치를 내걸고 혁명한 나라에서 이들을 버린다면 그건 프랑스의 수치라고요. 간곡한 설득 끝에 파리 위원부는 30여 명을 프랑스로 데려올 수 있었습니다. 나머지 170여 명은 안타깝게도 일본의 요구대로 중국 칭다오를 거쳐 인천으로 강제 귀환되었습니다.

프랑스에 온 30여 명의 한인 노동자에게 가장 시급한 것은 일자리였습니다. 파리 위원부는 프랑스 정부와 교섭하여 이들에게 일자리를 마련해 주었고, 한인 노동자 30여 명은 파리 인근의 작은 마을 스위프Suippes에 터를 잡습니다.

스위프는 독일이 일곱 차례나 점령했던 도시입니다. 1차 대전 시기 최대 격전지 중 하나였기 때문에 폐허나 다름없는 상태였어요. 한인 노동자들은 이곳에서 전후 복구 사업에 종사하게 됩니다. 파괴된 철도를 복구하고 시신을 수습하는 등 온갖 궂은일을 담당했지요. 얼마나 성실하게 일을 했는지 몰라요. 프랑스 정부가 수여하는 '노동헌신상'까지 받았을 정도입니다.

더욱 놀라운 사실은 이들의 체류증에 표시된 국적이 '코리아Coreen'였다는 점입니다. 당시 대한민국은 법적으로 지구상에 없는 나라였어요. 일본에 주권을 빼앗기고 식민지가 된 상황에서 그들이 한국인으로 기재될 수 있었던 것은 대한민국임시정부 파리 위원부의 활동 덕분이었습니다. 스위프로 이주한 한인 노동자들이 자신들의 정체성을 잃지 않도록 갖은 노력을 다했던 것입니다.

스위프의 한국인들은 유럽 최초의 한인 단체인 재법한국민회를 결성했습니다. 그토록 힘들게 돈을 벌면서도 월급을 받으면 4분의 1은 파리 위원부에 보냈습니다. 잃어버린 조국을 되찾겠다는 희망을 가진 채 조국의 독립에 일조하고자 했던 것이죠. 1920년 3월 1일이 되자 스위프의 노동자들은 파리 위원부와 함께 3·1운동 1주년 기념식을 거행합니다. 그들은 눈물을 흘리면서 대한민국 만세를 외쳤습니다.

대한민국임시정부는 '임시'였지만 엄연한 정부였습니다. 무르만스크에서 갈 곳을 잃은 한인 노동자들은 분명 대한민국임시정부를 인지했고, 또 의지했습니다. 대한민국임시정부는 그들을 구출하기 위해 나섰지요. 그들이 프랑스에 정착할 수 있도록 도왔으며, 한국 국적으로 체류 허가를 받을 수 있도록 애썼습니다. 우리 국민을 대표하여 다른 나라와 교섭하고 국민을 보호하는 역할을 한 것입니다. 그들은 식민지 국가의 백성이 아니라 대한민국 국민으로서 대한민국을 지켜내고자 했습니다. 다시 헌법에 관한 이야기를 해볼게요. 혹시 우리나라 헌법 제1조를 들어봤나요? 대한민국 헌법 제1조는 1항과 2항으로 구성되어 있는데요, 내용은 다음과 같습니다.

① 대한민국은 민주공화국이다.
② 대한민국의 주권은 국민에게 있고, 모든 권력은 국민으로
부터 나온다.

얼핏 보면 간단한 두 문장이지만, 대한민국이라는 이름과 민
주공화국이라는 체제를 수립하기까지 정말 많은 사람의 피
와 땀, 눈물이 필요했습니다. 영화에서도 주인공이 '모든 권력
은 국민으로부터 나온다'라는 문장을 결의에 찬 목소리로 외치
는 장면을 종종 볼 수 있는데요, 이 문장이 나오기까지의 역사
를 안다면 누구나 뜨거운 감정에 휩싸이게 될 것입니다. 그리
고 자기 자신에게 질문을 던질 수 있죠. 과연 나는 나라의 주인
으로서, 민주공화국의 시민으로서 그 역할을 제대로 하고 있는
가?

제국에서 민국으로, 백성에서 시민으로의 변화를 이끌어냈
던 사람들이 일제의 폭압에 항일운동으로 맞섰다면, 우리는 우
리의 자유와 민주주의를 위협하는 여러 위험에 무엇으로 맞설
수 있을까요? 여러 형태가 있겠지만 무엇보다도 선거 참여겠
죠. 시민의식이 다른 게 아닙니다. 불의에 저항하고 합리적인

사고를 추구하는 정신, 법과 도덕을 준수하며 민주주의를 지지하는 태도를 이룹니다. 될 대로 되라고 포기한다면, 권리만 찾고 의무는 나 몰라라 한다면, 어떤 방식으로도 정치에 참여하지 않는다면 과연 우리에게 시민의 자격이 있는 것일까요? 시민사회가 탄생한 지 100년, 이제 시민으로서 우리의 자세를 돌아볼 시간입니다.

오늘을 잘 살기 위해
필요한 것

　제가 가르치고 공부하는 과목이 역사다 보니 가끔 이런 오해를 받습니다. '고지식하고 미련할 것 같다.' 스스로도 아주 틀린 얘기는 아니라고 생각하지만, 이렇게 생각했던 사람들이 나중에 알고 보니 그렇지 않더라고 말해주는 것을 보면 저보다 '역사'라는 과목이 주는 편견에서 시작한 오해가 아닌가 싶습니다. 아무래도 급변하는 21세기에 굳이 옛날 일을 찾아서 공부하는 게 미련해 보이긴 하나 봐요. 토익이나 취업, 부동산처럼 당장 먹고사는 문제에 필요한 공부도 산더미 같이 쌓여 있는데 고구려, 백제, 신라라니 어쩌면 당연한 생각일지도 모릅니다.

　　　　　　　　　　　　　　　　역사의 쓸모

그런데 저는 다른 무엇보다 역사야말로 오늘 내가 잘 살기 위해 필요한 것이라고 생각합니다. 역사는 나 자신을 공부하고, 나아가 타인을 공부하고, 그보다 더 나아가 세상을 공부하는 일이죠. 이 책에서 계속 얘기하는 것들도 결국은 모두 여기에 해당하는 이야기입니다.

어쩌면 나와 타인의 관계, 나와 세상의 관계를 잘 정립하는 것이 인생의 과제가 아닐까 하는 생각이 듭니다. 우리가 관계 속에서 살아가기 때문입니다. 누군가 말했듯이 혼자만 잘 살면 무슨 재미겠어요. 좋은 관계가 주변에 많을수록 우리가 바라는 행복한 인생에 더 가까이 다가갈 수 있을 테니 말이죠. 그래서 많은 사람이 타인과 소통하고 함께하는 방법을 알기 위해, 시대의 흐름을 읽고 인생의 방향을 정하기 위해 역사를 배우는 게 아닌가 싶습니다. 저도 마찬가지고요.

초임 교사였을 때, 여느 교사가 그렇듯 저 또한 뜨거운 열정을 가지고 있었습니다. 사실 너무 뜨거워서 문제였죠. 그때 저는 아이들의 삶을 건강하게 바꿔놓겠다는 결심으로 교단에 섰어요. 특히 '문제아'로 불리는 아이들만큼은 사회에 나가서 사람답게 살 수 있도록 바로잡아 줄 테다, 이렇게 굳게 다짐했습니다. 그래서 제 나름대로 아이들에게 많은 애정을 쏟았습니다. 야단도 많이 쳤고요. 그런데 어떻게 해도 바뀌지 않는 학생이

한 명 있었어요. 너무 속상했죠. 결국 그 친구는 별다른 변화 없이 학교를 졸업했어요. 구제 불능, 저 역시 그 녀석을 그렇게 단정 짓고 말았죠.

그 후로 10년 정도 지났을 거예요. 어느 날 백화점에 갔는데 한 점원이 신나게 돗자리를 팔고 있더라고요. 꼭 시장처럼 아주머니들이 몰려 있었습니다. 궁금해서 귀를 쫑긋하고 들어봤더니 그럴 만도 하더라고요. 돗자리 파는 점원이 말을 엄청 잘하는 거예요. 심지어 돗자리가 필요하지 않았던 저도 어느새 '이건 사야 해!' 하는 생각이 충동적으로 들 만큼 홍보를 잘하고 있었습니다. 그러다가 판매원의 얼굴을 봤는데, 소름이 돋았습니다. 바로 10년 전에 제가 구제 불능이라고 생각했던 그 학생이었거든요.

역사를 공부하고 나이를 먹으며 많은 사람과 만나고 헤어지면서 저는 제가 사람과 관계에 대해 꽤 많이 알고 있다고 생각했습니다. 그런데 그 순간 저의 생각이 오만이고 건방이었다는 것을 확인했습니다.

제가 그 아이를 만났을 때 그 아이는 이미 16년 동안 자신의 인생을 살아왔을 겁니다. 제가 아이를 알고 지낸 시간은 1년도 채 되지 않았습니다. 16년 동안 만들어온 인생을 고작 몇 개월 만난 제가 바꿔놓겠다고 생각한 것부터가 욕심이었더라고요.

역사의 쓸모

내가 노력한 만큼 지금 당장 바뀌지 않는다고 포기할 것이 아니라 그 아이의 삶에 계속해서 좋은 자극을 주는 것, 그리고 그 자극이 5년 뒤, 10년 뒤, 20년 뒤에라도 그 아이의 삶에 도움이 될 수도 있다는 희망을 버리지 않고 기다리는 것이 저의 역할이라는 사실을 그제야 알았습니다. 그 아이가 받아들이지 않더라도 제가 변하지 않고 꾸준히 노력하는 모습을 보였더라면 참 좋았을 텐데 하는 후회가 밀려왔습니다. 열심히 땀 흘리며 돗자리를 팔고 있는 그 아이의 모습을 보면서 단정 짓지 말자, 교만해지지 말자고 깊이 반성했던 기억이 납니다.

신영복 저자의 책 《감옥으로부터의 사색》을 읽으며 크게 감명받은 문구가 있습니다. 사람에 대한 평가는 관계로부터 시작된다는 것이었어요. 어떤 사람과 관계가 형성되지 않은 상태에서 그 사람에 대해 이러쿵저러쿵 이야기하면 안 된다는 거예요. 그게 무슨 말인지 그날 깨달았습니다. 역사를 공부할수록 그때의 경험이 더 생생해집니다. 어떤 사람을 그 사람의 일부만으로 평가해서는 안 되는 것이더라고요. 그의 인생 전체를 봐야 하는 거죠.

관계와 관련된 특별한 일이 하나 더 있습니다. 제가 인터넷 무료 강의를 시작한 지 10년쯤 되었을 때였는데요, 사실 이때까지만 해도 인터넷 강의로 사제 관계가 형성되지 않는다고 생각했습니다. 저는 카메라를 보고 이야기하고 학생들은 모니터로 보기만 하는 일방적인 수업 방식이었으니까요. 차가운 기계를 통해 누군가와 관계가 형성될 거라고는 전혀 상상하지 못했던 겁니다.

그런데 이 무렵 저에게 큰 위기가 닥쳤습니다. 제 강의에 의도와 무관하게 정치적 색깔이 입히고, 제가 아이들에게 잘못된 역사를 가르치는 것처럼 몰렸습니다. 워낙 반대쪽 힘이 세서 더는 강의를 할 수 없는 상황이 눈앞에 있었습니다. 그땐 정말 모든 것을 내려놓는 것밖에 방법이 없다고 생각했어요. 그런데 예상치 못한 곳에서 돌파구가 마련되었습니다. 한 번도 만난 적 없는, 그래서 그 누구 하나 얼굴도 제대로 알지 못하는 사람들이 온라인뿐만 아니라 오프라인에서도 저를 옹호하며 구명 활동을 벌이고 있었습니다. 다름 아닌 제 인터넷 강의 수강생들이었습니다.

직접 얼굴을 보고 대화를 나누는 것이 아니라서 형성되지 않을 거라고 생각했던, 그래서 제가 소홀하게 여겼던 관계가 저를 지켜준 것입니다. 이들이 저를 열정적으로 보호해 준 덕분에 다시 강의를 하게 되었고, 지금까지 올 수 있었습니다. 서로 마주하지 않으면 소용없다고 생각한 제 생각이 완전히 틀렸던 거죠.

생각해 보면 제가 역사를 통해 만나는 사람들 역시 면대면 관계를 맺는 것이 아니라 글을 통해, 자료를 통해 만나는 관계입니다. 그들과 끊임없이 대화를 하며 성장했다고 자부하면서 왜 그때는 온라인 관계를 그렇게 생각하지 못했는지, 그저 10년 전 이름 모를 수많은 제자에게 고마운 마음뿐입니다.

* * *

경주에 갈 일이 있다면 최부자댁에 방문하기를 권해드립니다. 최부자댁은 200여 년 동안 12대에 걸쳐 만석꾼의 지위를 유지한 집안입니다. 대단하죠. 부자는 3대를 못 간다고 하는데 무려 12대라니. 비결이 무엇일까요?

그 집에 들어서면 우선 지붕 아래 현판을 마주하게 됩니다. 그 현판에는 '대우헌大愚軒'이라고 쓰여 있어요. '큰 바보가 사는 집'이라는 뜻입니다. 만석꾼 주인이 스스로는 큰 바보라고 지칭하니 이게 무슨 말일까요? 이뿐만이 아니라 또 다른 현판엔 '둔차鈍次', 즉 '재주가 둔하여 으뜸가지 못하고 버금감'이라고 쓰여 있습니다. 현판의 내용이 다 왜 이런 것인지… 곰곰이 생각해 봤습니다.

12대 동안 만석꾼 집이 유지될 수 있었던 배경은 현판에서 엿보이는 '겸손'을 생활화했기 때문이 아닐까 싶어요. 이 집주인들은 아침에 일어나면 제일 먼저 현판을 마주했을 겁니다. 밤에 무슨 꿈을 꾸었더라도 아침에 이 현판의 글을 마주하면 다른 사람과의 관계에서 겸손한 자세를 유지할 수 있었겠죠. 매일매일 그 노력을 게을리하지 않기 위해서 현판에 글을 새긴 것 같습니다.

이 집에는 또 다른 부자의 비결이 숨어 있습니다. 가훈인데요, 그중에 하나가 '100리 안에 굶어 죽는 사람이 없도록 하라'는 것입니다. 100리라면 40킬로미터, 그러니까 당시 경주 전체나 마찬가지입니다. 이 구역에서 굶어 죽는 사람이 생긴다면 부자인 자신들의 책임이라는 것입니다. 얼마나 변변찮으면 부자 옆에 사는 사람들이 굶어 죽어 나가는 데도 챙기지를 못하느냐는 것이죠. 노블레스 오블리주의 본보기로 손색이 없습니다.

많은 돈을 자기 집뿐만 아니라 이웃을 위해 쓰는 데 아낌이 없었던 최부자댁의 진심은 주변 사람들에게도 전해졌습니다. 19세기 민란이 일어나서 가난한 자들이 부정한 부자들을 공격할 때 오히려 경주 최부자댁은 주변 이웃들의 보호를 받습니다. 진실한 마음에서 시작된 관계는 서로를 지켜주는 사이로 발전하기 마련이니까요.

초임 교사 시절에 가졌던 그 뜨거웠던 열정, 저는 아직 가지고 있습니다. 다만 그 열정의 모양이 좀 달라졌습니다. 이제 누군가를 바꾸려는 태도는 없어졌고, 그저 제가 기대하지 않았던 사람들에게 구원받은 것처럼 저 역시 누군가에게 그런 도움이 되었으면 하는 바람입니다. 나의 중심을 잡는 것만큼 주변 관계에 충실한 것이 얼마나 중요한지 깨달았기 때문입니다.

작은 관계라도 소홀히 하지 않고 내가 할 수 있는 최선을 다하고, 나눌 수 있는 도움을 주자고 매일 다짐합니다. 나를 힘들게 하는 사람만큼 나를 아껴주는 사람도 많다는 걸 알기 때문입니다. 그러다 보면 분명 나와 우리가 행복한 사회가 가까워질 거라 믿습니다. 70만 년의 역사를 돌아봐도 이 생각엔 변함이 없습니다. 인류는 분명 이전보다 더 많은 자유를 확보하며 전진하고 있습니다. 긴 호흡으로 역사를 바라보면 결국은 사람과 세상에 대해 낙관적인 시각을 갖게 됩니다.

역사는 흔한 오해와 달리 고리타분하거나 미련한 것이 아닙니다. 오히려 현시대의 맥을 짚는 데 가장 유용한 무기이자 세상의 희망을 발견하는 데 도움이 되는 도구죠. 불확실성의 시대에서 우리는 늘 불안해합니다. 이 시대는 어디로 가고 있는 것일까? 그 속에서 나는 어떻게 살아야 할까? 역사를 공부한 사람은 이 질문에 긍정적으로 답할 것입니다. 과거보다 현재가 나아졌듯이 미래는 더 밝을 거라고, '나'보다 '우리'의 힘을 믿으며 서로 의지하며 살아가면 된다고. 역사를 통해 혼란 속에서도 세상과 사람을 믿고 나아갈 수 있는 힘을 얻었기 때문입니다. 역사를 다시 공부하려는 사람들에게 저는 이렇게 말하고 싶습니다. 우리가 공부하는 건 역사지만 결국은 사람을, 인생을 공부하는 것이라고.

삶의 밑그림을 그려준
이들을 생각하며

아직 진행 중이지만, 제 인생도 하나의 역사가 될 것입니다. 역사는 수많은 아무개의 작은 시간들로 빚어낸 큰 시간의 덩어리니까요. 살아가야 할 시간이 더 남았겠지만 제 인생에도 몇 번의 '역사적 사건'이 있었습니다.

처음 EBS에서 역사를 가르치게 되었을 때의 일입니다. 그때는 제가 텔레비전에 나온다는 사실에 마냥 기뻤습니다. 왜 우리가 어려서 많이 불렀던 노래 있잖아요. '텔레비전에 내가 나왔으면 정말 좋겠네.' 딱 그 노래 가사처럼, 딱히 방송에 나가고 싶었던 것도 아닌데 어려서부터 만들어진 로망인지 방송에 나간다니까 좋더라고요.

몇 번 수업을 하고 나니 학생들이 수강 후기도 보내왔습니다. 그때 받았던 수강 후기 중 하나인데 꽤 오래전이라 제 기억을 더듬어 소개해 봅니다.

"선생님, 저는 사교육을 제대로 받기 어려운 시골 낙도에 살아요. 저도 대학에 가고 싶어요. 대도시에 사는 아이들처럼 사교육도 받고 싶지만 여러 형편이 안 돼요. 선생님이 도와주세요. 선생님만 믿고 따라가겠습니다."

머리를 제대로 얻어맞은 듯한 순간이었습니다. 텔레비전에 나왔다고 우쭐대던 제가 얼마나 초라해 보였는지…. 그 학생의 간절한 바람이 지금까지 제가 20년 넘게 무료 강의를 하도록 이끌었고, 앞으로도 계속해서 이어나갈 힘이 되어주고 있습니다. 그때 '내 강의는 돈이 없어서 어쩔 수 없이 듣는 무료 강의가 아니라 돈이 있어도 들을 수밖에 없는 무료 강의로 만들겠다'는 제 인생의 밑그림을 그리게 되었거든요.

그 길이 순탄하기만 했던 것은 아닙니다. 달리다 보니 힘들고, 흔들리는 순간도 있더군요. 그때마다 이회영이 제게 남긴 '한 번의 인생, 어떻게 살 것인가'라는 말을 떠올립니다. 이 말을 가슴 깊이 새기고 저의 한 번뿐인 인생을 누군가에게 작은 도움을 주는 일로 채워 제가 죽을 때 이 질문에 '일생'으로 답

역사의 쓸모

할 수 있기를 바라며 하루하루 성찰하며 살고 있습니다.

그러고 보면 제 인생은 과거 역사를 통해 만나는 사람들과, 현재 그러나 곧 역사가 될 시간에서 만나는 사람들에 의해 만들어지는 것 같습니다. 역사는 사람을 만나는 인문학이라고 말했는데 제 인생 역시 사람을 만나는 과정인가 봅니다. 저를 여기까지 성장시켜 주신 저의 모든 '사람'들, 감사합니다. 그리고 이 책을 통해 새롭게 관계를 맺을 여러분과 함께 또 한 번 건강한 성장을 할 수 있도록 노력하겠습니다. 저의 삶에 함께해주셔서 정말 감사합니다.

다시, 역사의 쓸모

시간이 지나도 변하지 않는
가치를 찾는 일

"당신의 가장 큰 두려움은 무엇입니까?"

한국인 최초로 미국 주 대법원장에 오른 문대양 전 대법원장이 삶의 끝자락에서 받은 질문입니다. 그는 잠시 생각을 고른 뒤 이렇게 답했습니다.

"세상에 기여한 바 없이 떠나는 것입니다."

이는 영화 〈무지개 나라의 유산〉의 한 장면입니다. 그가 두려워한 것은 죽음도, 지난 시간에 대한 후회도 아니었습니다. 삶의 끝에서 세상을 위해 자신이 무엇을 했는지 돌아보는 그의 대답은 살아가는 동안 나의 시선은 어디를 향해야 하는가를 고민하게 만들더군요.

역사를 공부할 때도 이 같은 고민을 자주하게 됩니다. 역사를 알면 알수록 제가 살아가는 이 시대와 공간이 누군가의 시간과 재산, 심지어 삶 전부를 바쳐 만든 연대의 결과물이라는 사실을 알게 되거든요. 여기저기에서 각자도생의 시대라 말하지만 나의 삶이 홀로 완성된 것이 아니라 세상에 많은 빚을 지고 있음을 깨닫게 되지요.

역사를 알리는 사람으로서 제가 세상에 기여할 수 있는 방법은 역사에서 얻을 수 있는 통찰과 지혜를 끊임없이 공유하는 것이라고 생각합니다. 과거의 이야기에 생명을 불어넣고 이 시대에 맞는 의미를 찾아내서 알려주는 것이죠. 우리 시대에 맞는 스토리텔링으로 계속 전하다 보면 사람들의 삶에 역사의 지혜가 스며들지 않을까 생각합니다.

또 한 번 역사의 '쓸모'를 말하는 책을 쓴 것도 이러한 시도 중 하나입니다. 다만 더 많은 역사의 쓸모를 알고 싶다고 응원해 주신 독자분들이 있었기에 가능한 일이었습니다. 아니었다면 책을 쓸 용기를 내지 못했을 것 같아요. 다산 정약용은 18년 동안 500여 권의 책을 집필했다는데 저는 책 한 권을 쓸 때마다 탈진해 버려 솔직히 엄두가 나지 않았거든요. 역사를 알기 쉽게 정리한 책이면 몰라도 《역사의 쓸모》는 더는 못 쓰리라 생각했는데, 어느 순간 쓸모 있는 역사 주제를 하나둘 모으고 있는 저를 발견했습니다. 고백하자면 새로운 역사의 쓸모를 정리하며 얼마나 신이 나고 설렜는지 모릅니다. 제게 다시 한번 그 기쁨을 느낄 수 있는 기회를 주신 독자 여러분께 진심으로 감사드립니다.

이 책의 제목이 《다시, 역사의 쓸모》인 것에서 알 수 있듯이 이 책은 전작 《역사의 쓸모》와 그 주제 의식을 공유합니다. 저는 이 책들을 통해 두 가지를 이야기하고 싶었습니다. 첫 번째는 역사가 우리에게 얼마나 실용적인 도움을 주는 학문인가. 두 번째는 세상을 바라보는 건강한 시선이란 무엇인가. 전작이 첫 번째 질문에 집중했다면 이번 책은 두 번째 질문에 조금 더 집중했습니다.

제가 다시금 역사의 쓸모에 대해 이야기하는 까닭은 우리 사회가 자꾸만 잃어가는 가치들을 환기하기 위함입니다. 수백 년이 지나도 살아남은 소중한 가치들을 소개하고, 이를 바탕으로 세상을 어떻게 바라보아야 하는지, 또 그 세상 속에서 나는 어떤 선택을 내리고 어떻게 살아야 하는지 함께 고민하고 싶었습니다.

역사는 세상이 어떻게 변할지 예측하지 않습니다. 다만 시간이 지나도 변하지 않는 가치를 이야기합니다. 사랑, 진심, 신뢰,

품위, 도리, 연대…. 현대에는 지나치게 이상적이거나 거추장스러운 것으로 치부되는 가치들이 여전히 우리의 삶에 큰 의미가 된다는 사실을 역사는 말해주고 있습니다.

우리는 역사를 통해 다시 한번 확신하게 됩니다. 선한 사람이 결국에는 승리한다는 것을, 끊임없이 도전하는 중에 겪게 되는 실패는 성공을 위한 과정일 뿐이라는 것을, 하루하루 정성을 다하는 삶이 훌륭한 결과를 만들어낸다는 것을, 그리고 함께 사는 삶을 고민하는 사람만이 행복에 닿을 수 있다는 것을 말이죠. 이 책으로 막연하게 느꼈던 여러 가치의 실체를 확인한다면, 또 그 가치들을 나의 오늘에 적용할 수 있게 된다면 그것이 이 책의 쓸모이자 역사의 쓸모를 입증하는 일일 것입니다.

* * *

저는 여전히 '역사란 사람을 만나는 인문학'임을 믿습니다. 그래서 이 책에서도 제 선택과 삶에 영감을 준 인물을 여럿 소개했어요. 특히 이 책을 쓰는 내내 제 머릿속을 떠나지 않은 인물이 있었습니다. 바로 도산 안창호입니다.

독립운동가이자 교육자인 안창호에게는 잘 알려지지 않은 이력이 하나 있습니다. 미국에서 직업소개소를 운영한 일입니다. 오렌지 재배로 유명한 캘리포니아주의 리버사이드에서 말이죠. 이곳은 20세기 초 미국에서도 손에 꼽을 만한 부촌이었어요. 어마어마한 크기의 오렌지 농장에는 항상 일손이 필요했고, 각국의 이주 노동자들은 돈을 벌기 위해 이곳으로 몰려들었습니다.

그중에는 한국인도 있었습니다. 그런데 좀처럼 일자리 잡기가 어려웠습니다. 중국인이나 일본인에 비해 숫자가 적었고, 나라까지 무너져가는 상황이다 보니 해외에서도 설 자리가 없었던 것이죠. 이 모습을 본 안창호는 농장주들과 직접 협상하며 일자리를 알선했습니다. 소개만 하는 것이 아니라 함께 일도 했어요. 원래는 공부를 하러 미국에 갔는데, 비참하게 사는 동포들의 삶을 개선하는 것이 더 시급한 문제임을 깨달았던 것입니다.

쉴 틈이 없는 고된 노동을 하면서도 안창호는 이렇게 말했습니다.

"오렌지 하나를 따더라도 정성껏 땁시다."

그러면서 그는 덧붙였습니다. 정성껏 오렌지를 따는 것이 곧 나라 사랑이라고요. 너무 과한 생각 아니냐고 할 수도 있겠습니다. 그러나 나라의 운명이 위태로운 시대를 살았던 안창호는 오렌지를 정성껏 따면 낙과가 줄 것이고, 낙과가 줄면 오렌지

다시, 역사의 쓸모

농장주가 좋아할 것이고, 그러면 한국인에 대한 신뢰가 쌓여 취업도 수월해질 것이고, 언젠가 한국이 독립을 호소할 때 미국인들이 지지해 줄 것이라고 이야기했어요. 안창호에게는 한낱 오렌지를 따는 일도 정성껏 하면 나라를 위하는 방법이었던 셈입니다.

삶이라는 단어는 크고 거창해 보이지만 이를 구성하는 오늘의 일상은 어쩐지 그리 특별하게 느껴지지 않습니다. 대부분은 어제와 크게 다르지 않은 오늘을 보내고, 재미와 보람에 앞서 생존을 위해 일하는 경우가 많습니다. 반복되는 행위로 채워진 예측 가능한 일상을 보내죠. 그런데 일상의 행위에 건강한 의미 하나가 부여되면 지루하게만 느껴졌던 오늘이 전혀 다른 방향성을 갖게 됩니다. 이는 곧 우리 삶에 의미를 부여하는 일과 다름없습니다. 일상에 의미를 부여함으로써 나의 삶을 정성 들여 살아내야 하는 이유를 찾게 돼요. 적어도 지금 당장을 버텨 낼 수 있는 이유 하나 정도는 알게 됩니다. 그래서 저는 오늘도 주어진 하루를 정성껏 보내려고 노력합니다.

정성껏 하루를 보내려는 시도가 모여 우리의 삶을, 그리고 우리 모두의 역사를 바꿀지도 모릅니다. 이를 깨닫는 순간 우리는 스스로에게 질문을 하게 됩니다.

"한 번의 인생, 어떻게 살 것인가"

여전히 인간다운 삶의 쓸모를 고민하는 여러분에게 이 책이 작은 단서가 될 수 있기를 바랍니다.

기여할 수 있는 삶.
정성껏 사는 삶.
다시, 역사에 묻습니다.

2024년 여름
대나무 숲에서
당신과 연대하고 싶은 최태성

다시, 역사를 찾는 이유

1장

평범한 내가
역사의 주인공이 되는 순간

30년 가까이 역사를 알리다 보니 사람들이 종종 묻습니다. 오랫동안 역사 이야기를 해왔는데 아직도 새롭게 할 이야기가 있느냐고, 혹시 지겹지는 않느냐고, 무엇보다 여전히 재미있냐고 말이죠. 이런 질문이 낯설게 들릴 정도로 저는 지금도 역사가 새롭고 재미있습니다. 인류의 역사가 얼마나 다채로운지 밤을 새서 이야기해도 끝이 없을 정도입니다. 강의를 하는 제 입장에서는 역사를 선택한 것이 천운이었어요. 국가의 흥망과 전쟁, 획기적인 발명과 발견처럼 큰 규모의 사건뿐만 아니라 세상을 바꾼 비범한 인물들의 이야기가 무궁무진하게 펼쳐지니까요. 더군다나 역사는 지금 이 시간에도 새로 쓰이고 있습니다. 마르지 않는 이야기 샘을 공부하니 지겨울 틈이 없을 수밖에요. 재미있는 일을 업으로 하는 호사를 누리고 있는 셈입니다.

다음으로 많이 받는 질문은 '만약'에 관한 것입니다. 역사를 공부하다 보면 대단한 일이 많이 벌어지는데 '만약 나였다면 저렇게 할 수 있었을까?' 하는 생각이 든다는 거예요. 일제강점기에 활동한 독립운동가에 대해 배울 때 많이 하는 가정입니다. 대개는 고개를 절레절레 흔들게 되고요. 독립운동은 목숨 걸고 하는 일이잖아요. 자신은 물론이고, 가족까지 핍박받는 위험을 감수해야 합니다. 그러다 보니 이런 숭고한 희생은 내가 할 수 있는 일이 아닌 것처럼 느껴져요. 그래서 학생들 중에는 자조적인 목소리로 그 시절에 태어났으면 자신은 '매국노'가 됐을 거라고 말하는 사람도 있습니다. 친일 행위에 적극적으로 가담하지 않더라도 엄청난 손해와 희생을 감당할 자신은 없으니 체제에 순응하며 살았을 것 같다는 말이죠.

이런 가정은 역사와 현실, 그리고 역사 속 인물과 자신 사이에 거리감을 느끼게 만듭니다. 역사 앞에서 자꾸만 작아지게 되는 거예요. 이런 가정을 계속하다 보면 역사는 평범한 사람의 이야기가 아니라 남다른 사람, 이름을 남길 만한 뛰어난 사람의 것이라고 여기게 됩니다. 결국 역사가 너무 버거워져 점

다시, 역사의 쓸모

차 등을 돌리게 되지요.

그래서 저는 이런 질문을 받으면 이렇게 말씀드립니다. "역사를 배운 사람이 '나라면 목숨 바쳐 독립운동을 했을 거야'라고 장담하는 게 오히려 이상하지 않을까요?" 지금 우리가 살고 있는 시대는 과거와 다릅니다. 우리나라는 식민 지배에서 벗어났고, 신분제도 사라졌습니다. 국민 대다수는 절대 빈곤에서 벗어났어요. 다른 시대에 나고 자라 전혀 다른 고민을 하며 살아온 사람이 갑자기 이전 시대의 과제를 마주한다면 어떨까요? 독립운동이라는 시대적 과제를 처절하게 고민할 기회 자체가 없었으니 선뜻 하겠다고 나설 수 없을 거예요. 저는 못 한다고 하는 게 당연하다고 생각해요.

과거의 위인을 기리고 존경하는 일은 무척 중요하지만, 전혀 다른 시대를 나란히 놓고 비교하는 것은 아무런 의미가 없습니다. 그 시대에는 그 시대의 과제가 있었듯 우리 시대에는 우리 시대의 과제가 있어요. 우리는 이 과제를 풀어나가면 됩니다. 그러니 '만약 나였다면'이라고 상상하며 자신에게 실망할 필요가 없다는 말을 하고 싶어요. 무엇보다 역사를 나와 동떨어진 이야기라고 생각하지 않았으면 좋겠습니다. 평범하게 살아가는 것 같은 우리도 분명 역사에 깊이 관여하고 있기 때문입니다.

＊＊＊

　대구상원고등학교는 고교 야구 명문으로 손꼽히는 학교입
니다. 1923년 대구공립상업학교로 설립된 이 학교는 광복 다
음 해인 1946년에 6년제 대구공립상업중학교로 개칭되었다가
6·25전쟁 중인 1951년에 대구상업고등학교로 개편되고, 2004
년 일반계 고등학교로 전환되면서 현재의 대구상원고등학교가
되었습니다. 일제강점기에 설립되어 한국 근현대사의 격변을
몸소 겪었지요.

　1928년 창단한 이 학교의 야구부는 창단 초기부터 전국대회
에서 여러 번 우승했고, 1930년에는 '조선' 대표로 일본 전국
고교야구대회인 고시엔에 출전할 정도로 뛰어난 팀이었습니
다. 그런데 광복 이후부터 웬일인지 우승권에서 조금 멀어졌다
고 해요. 시기가 시기였던 만큼 재정적인 이유로 학교에서 야
구부를 그다지 밀어주지 못했나 봅니다. 하지만 감독과 선수들
은 어려운 상황에 굴하지 않고 똘똘 뭉쳐 실력을 키워나갔습니
다. 그리고 1950년 제5회 청룡기 전국야구선수권대회에서 돌
풍을 일으켰어요. 사실 학교 측에서는 이 대회에 나가지 말라
고 했대요. 성적이 좋을 리가 없다는 것이 그 이유였습니다. 하
지만 예상과 달리 당시 대구상업중 야구부는 기세가 대단했어

요. 마침내 1950년 6월 18일에 열린 결승전에서 동래중을 2대 1로 꺾고 우승을 차지했습니다. 기적 같은 일이 일어난 거예요. 어린 학생들이 얼마나 기뻤겠습니까.

한번 우승의 기쁨을 맛보면 그 희열을 잊기 어렵습니다. 계속해서 이기고 싶은 욕심이 생기지요. 마침 청룡기 대회에서 우승한 직후인 6월 23일에 서울에서 제2회 학도호국단 체육대회가 열렸습니다. 대구상업중 야구부원들은 이 대회에 참가하기 위해 대구로 내려가지 않고 서울에 머물렀어요. 목표는 전국대회 2연패였습니다. 1회전을 부전승으로 통과한 야구부는 6월 25일에 열릴 준결승전에서 또다시 동래중과 맞붙을 예정이었어요.

많은 이들의 관심이 이 라이벌전에 쏠렸을 겁니다. 그 시절 야구의 인기는 정말 엄청났거든요. 지금도 그렇지만, 그때 야구 경기는 거의 축제나 다름없었습니다. 그런데 6월 25일로 예정되어 있던 준결승전은 열리지 못했습니다. 그날 새벽, 6·25전쟁이 발발했기 때문입니다. 대구상업중 야구부 학생들은 시합도 해보지 못한 채 헐레벌떡 대구로 내려와야 했어요.

6·25전쟁 당시 북한은 선전포고도 하지 않고 쳐들어왔습니다. 무방비 상태였던 대한민국 국군은 북한군에 속수무책으로 당할 수밖에 없었습니다. 북한군은 단 3일 만에 서울을 점령했

어요. 그리고 아주 빠른 속도로 진격했습니다. 우리 군은 낙동 강 방어선까지 밀려 내려왔어요.

전황은 시시각각 불리해졌습니다. 대구에도 휴교령이 내려 졌고 학생들은 학도병으로 참전하게 되었습니다. 대구상업중 야구부 학생들도 예외는 아니었어요. 청룡기 대회 우승의 주역 이었던 3루수 이문조, 유격수 박상호, 우익수 석나홍은 야구 방 망이와 글러브가 아닌 소총과 수류탄을 들고 낙동강 방어선으 로 갔습니다.

전쟁 초기에 벌어진 낙동강 방어선 전투는 말할 수 없이 치열 했어요. 그곳까지 내주면 대한민국은 꼼짝없이 북한에 점령당 할 상황이었습니다. 어떻게든 낙동강 방어선을 사수해야 했습 니다. 반대로 북한은 무슨 일이 있더라도 한 달 내에 전쟁을 끝 내겠다는 일념으로 낙동강 방어선을 돌파하려 했어요. 약 50일 간의 치열한 전투 끝에 다행히 우리 군은 북한 인민군을 막아 내고 전세를 역전시킬 수 있었습니다. 그러나 이 과정에서 수 많은 사람이 목숨을 잃어야 했어요. 세 명의 야구부 학생 역시 다시는 그라운드로 돌아오지 못했습니다.

전쟁은 1953년에 끝이 났지만, 그 이후 대구상고 야구부는 1950년대에 열린 전국대회에서 단 한 번도 4강에 들지 못했다 고 합니다. 주력 선수들이 사라지면서 힘이 빠졌던 거죠. 낙동

다시, 역사의 쓸모

강 방어선 전투에서 사망한 학생들은 장래가 유망했어요. 살아 있기만 했다면 저마다 멋진 인생을 일궈나갔을 거예요. 좋아하는 야구도 실컷 했을 겁니다. 대구상고 야구부 역시 연이어 우승하면서 더 빠르게 명문 야구단으로 도약했을지 모릅니다. 그런데 전쟁이라는 역사적 사건이 그런 기회를 전부 앗아가고 말았지요.

과연 이 어린 학생들은 자신이 원해서 6·25전쟁의 한복판에 뛰어들었을까요? 목숨 바쳐 싸우길 원했을까요? 물론 그런 측면도 전혀 없진 않겠죠. 하지만 평소에 '나는 조국을 지키는 애국자가 될 거야'라는 생각으로 살아가지는 않았을 거라고 생각해요. 저라도 그랬을 것 같거든요. 그저 매일 야구를 하고, 그 나이 또래가 하는 걱정과 고민을 하며 지냈을 겁니다.

시대적 상황이 그들을 야구장이 아닌 전쟁터로 향하게 했습니다. 야구가 아닌 전투에 청춘을 불사르게 했습니다. 분명한 의도와 신념을 가지고 있지 않았더라도 전선에 뛰어들어 자신의 모든 것을 내어주게 된 거예요. 말 그대로 역사의 주인공으로 우뚝 서게 된 것입니다.

우리의 삶도 마찬가지인 것 같아요. 우리가 전쟁에 나가서 목숨을 내걸고 싸울 수 있을까요? 일제에 대항해 폭탄을 던지고, 온갖 고초를 이겨낼 수 있을까요? 지금 생각하면 못 할 것 같아요. 상상만 해도 두렵고 떨리거든요. 그런데 막상 그래야 하는 순간이 찾아오면 나도 모르게 그 현장에 서 있게 될 수도 있어요. 저는 현장에 나가게 만드는 동력이 역사에서 나온다고 생각합니다.

역사의식은 마치 DNA처럼 우리 몸에 각인되어 있는 것 같아요. 그래서 평소에는 모르고 있다가 필요한 상황이 되면 짠 하고 발현되는 거죠. 역사의식이라는 DNA가 온몸을 휘감으면서 내가 전혀 상상하지 못했던 모습으로 역사적 장면에 뛰어들게 될 수도 있다는 거예요. 그러니까 '내가 그런 일을 할 수 있을까?'라고 질문을 던지는 것보다 '그런 일이 있었다'라고 기억하는 것이 중요합니다. 역사를 기억하는 것, 그리고 역사 속 사람들을 기억하는 것. 그것이야말로 역사적으로 사는 길일 거예요. 이것이 '만약'으로 시작하는 여러분의 질문에 제가 드릴 수 있는 답입니다.

전쟁이 끝난 뒤에 대구상고 야구부는 다시 꾸려졌습니다. 팀은 예전 같지 않아도 야구부 학생들은 전설과도 같았던 한때를 추억했겠죠. 그 시절을 함께했던, 다시는 함께할 수 없는 이들의 이름도 떠올렸을 거예요. 이문조, 박상호, 석나홍이라는 이름은 그렇게 역사가 되었습니다.

다시, 역사의 쓸모

＊＊＊

평범한 사람의 이야기를 하나 더 해볼게요. 떠오르는 이야기가 무척 많지만 그중에서도 하와이 이주 노동자 이야기를 들려드리고 싶습니다. 우연한 기회에 음악 영화 〈하와이 연가〉를 보고 미지의 땅 하와이로 향한 사람들의 삶을 만나게 되었습니다. 아름다운 음악과 함께 그들의 삶을 따라가다 보니 어느덧 근현대라는 역사의 길목에 들어서게 되더군요.

우리나라 최초의 공식 이민이 시작된 때는 1902년이었습니다. 1800년대 후반에도 만주와 연해주로 떠난 사람이 많았지만, 합법적인 이주는 아니었어요. 먹고살 길이 없으니 새로운 삶의 터전을 찾아 몰래 떠났던 거였지요. 하지만 1902년에 시작된 이민은 그 성격이 달랐습니다. 정부 주도하에 이뤄졌으니까요.

대한제국은 당시 주한 미국 공사인 알렌의 소개로 하와이 사탕수수재배자협회 회장인 비숍과 이민 협정을 체결했습니다. 그리고 하와이에서 일할 노동자를 모집했어요. 그때 전 세계적으로 설탕 수요가 폭증했거든요. 사탕수수 농장이 활황을 맞았는데 일할 사람은 부족했던 거죠.

당시에 한인 노동자를 모집하는 광고 내용을 보면 누구나 혹했을 것 같아요. 하와이는 1년 내내 따뜻한 나라인 데다 일거리가 많다는 거예요. 교육도 무료로 받을 수 있대요. 하와이에 대한 환상이 얼마나 컸던지 심지어 나무에 돈이 열린다는 말까지 있었습니다.

이주는 1905년까지 계속됐습니다. 주로 제물포, 그러니까 지금의 인천 사람들이 많이 이주했습니다. 굶주림 없는 삶을 꿈꾸며 떠났지만, 그들을 기다린 것은 불볕더위와 끝없는 노동이었어요. 말이 통하지 않고, 음식은 입에 맞지 않았습니다. 인종 차별도 심했어요. 힘없는 나라의 국민은 어디에서나 서러웠습니다. 1910년에는 나라마저 사라졌어요. 대한제국이 일제의 침탈로 국권을 상실한 것입니다.

우리 민족은 일본의 식민지 지배에 끊임없이 저항했습니다. 1919년 3월 1일 독립 선언을 시작으로 한반도뿐만 아니라 세계 각지에서 항일독립운동이 일어났고, 상하이에는 대한민국 임시정부가 들어섰습니다. 임시정부에 당장 필요한 것은 다름 아닌 돈이었어요. 어떤 단체든 자금이 있어야 운영을 할 수 있으니까요. 그래서 발행한 것이 독립공채입니다. 일종의 채권이었죠. 채권은 정부나 공공단체 혹은 주식회사가 발행하는 차용증서입니다. 채권을 팔아서 자금을 조달한 다음, 정해진 기한 내에 이자를 더해서 갚는 겁니다.

다시, 역사의 쓸모

대한민국임시정부는 야심차게 독립공채를 발행했지만 외국인들은 쳐다보지도 않았습니다. 언제 독립할지 기약할 수도 없는 나라의 채권인데 누군가가 찾아와서 "나는 대한민국임시정부의 일원이오. 훗날 나라를 되찾으면 반드시 돈을 돌려주겠소"하며 권한다고 생각해보세요. 상식적으로 누가 이런 채권을 사겠어요? 경제학에서 말하는 불량 채권이 바로 이런 거겠죠. 회수가 어렵잖아요. 그런데 믿기 힘든 일이 일어납니다. 이 독립공채가 매수되기 시작한 거예요. 하와이 사탕수수 농장의 이주 노동자들이 기꺼이 독립공채를 구매하기 시작한 것이었습니다.

당시 이주 노동자들은 일요일을 제외하고 하루 10시간씩 노동했다고 합니다. 그때 받은 월급이 평균 17달러 정도였대요. 온종일 뙤약볕에서 힘들게 일해서 번 돈을 독립공채 사는 데에 쓴 것입니다. 하와이를 비롯한 미주 지역의 한인 숫자가 그리 많은 것도 아니었습니다. 1만 명이 될까 말까 했어요. 그런데 독립 자금은 거의 다 이 지역에서 나왔어요. 상하이에 있는 임시정부 청사 건물도 안창호가 미주 지역에서 모아온 독립 자금으로 빌린 것입니다. 김구는《백범일지》에 미주와 하와이에 있는 동포들을 만나고 오는 길에 죽고 싶다고 적었습니다. 그만큼 고마운 마음이 컸던 거예요.

1909년 안중근 의사의 의거 소식을 들은 이곳 한인들이 독립 운동 기금을 처음 모집한 이후 1920년까지 하와이에서만 모인 독립 자금의 규모는 300만 달러 수준으로 알려져 있습니다. 하와이 이주 노동자들은 자기가 할 수 있는 일을 했습니다. 머나먼 타국에서 일하며 생계를 꾸리는 그들이 당장 고국을 위해 총이나 폭탄을 들 수는 없었어요. 정부에 들어가 일을 할 수도 없었습니다. 하지만 열심히 모은 돈을 독립 자금에 보태는 것, 그건 할 수 있다고 생각한 거예요. '나는 이것밖에 못 해', '내가 무슨 큰일을 하겠어'라고 생각했을지 모르지만 그런 작은 마음이 모이고 모여서 시대정신을 만든 것입니다. 이것이 곧 역사가 되었고요.

대단한 역사적 사건에 이름을 남긴 사람에 비해 나의 힘과 역할은 얼핏 별 볼 일 없어 보입니다. 하지만 내가 하고 있는 이 작은 일이 역사의 발전 방향에 부합한다면 시대정신의 한 조각을 쥐고 있는 것과 다름없다는 사실. 지나간 역사를 기억하고, 앞으로 다가올 역사에 관심을 가진다면 나의 옆 사람, 또 그 옆 사람에게 분명 영향을 미치게 될 것이라는 사실. 하나는 작아 보이지만 그것들이 모이면 역사를 움직이는 거대한 힘이 된다는 사실. 이는 제가 역사를 공부할 때마다 확인하는 진실들입니다.

세상은 위인에 의해서만 좌우되지 않습니다. 하나하나의 물방울이 모여 거대한 물결을 이루듯, 평범한 일상을 살아가는 한 사람 한 사람의 건강한 시대정신이 결국 역사를 바꾸거든요. 나의 역사가 모여서 우리의 역사가 되고, 그것이 곧 인류의 역사가 되는 거죠. 그런 의미에서 역사를 쓰는 사람은 따로 있지 않습니다. 바로 나, 그리고 우리의 행동이 곧 역사가 되는 것입니다. 그러니 내 존재가 작아 보이더라도 나 역시 역사의 구성원이자 주체라는 사실을 잊지 않았으면 좋겠어요. 역사는 나와 상관없는 이야기가 아니라 바로 지금 나의 이야기니까요.

우연을 필연으로
만드는 힘

나비효과라는 말을 들어본 적이 있을 겁니다. 미국 소설가 레이 브래드버리가 처음 쓴 말인데, 이후 기상학자 에드워드 로렌즈가 강연에서 언급해 널리 알려졌어요. 로렌즈는 날씨를 예측하기 어려운 이유를 이렇게 설명했습니다. "브라질에서 나비가 날갯짓을 하면 텍사스에서 토네이도가 일어난다." 나비의 날갯짓처럼 아주 작은 변화도 연쇄적으로 이어지면 그 영향이 증폭되어 어디에선가는 토네이도 같은 엄청난 결과를 불러일으킬 수 있다는 거예요. 전혀 예측하지 못했던 일이 일어나는 것이죠.

다시, 역사의 쓸모

우연히 발생한 작은 사건 하나가 엄청난 결과를 불러오는 일은 현실에서 드물지 않습니다. 드라마 작가가 썼다면 시청자들에게 항의를 받을 만큼 믿지 못할 일도 심심찮게 벌어지죠. 그만큼 여러 우연이 겹치고 겹친 경우가 많거든요.

1914년부터 1918년까지 이어져 무려 4000만 명의 사상자가 발생한 제1차 세계대전도 그렇습니다. 세계대전이라 불리는 이 엄청난 전쟁의 도화선이 된 사라예보 사건을 살펴보면 '어떻게 이렇게 우연이 겹칠 수 있을까?', '이게 가능한가?' 하는 생각이 듭니다.

사라예보 사건은 1914년 6월 28일, 보스니아 수도 사라예보에서 울린 총성에서 시작됐습니다. 오스트리아-헝가리제국의 황태자였던 프란츠 페르디난트를 노린 암살 기도였어요. 황태자 페르디난트와 그의 부인인 황태자비 조피는 암살단원의 총에 맞아 숨졌습니다. 범인은 열아홉 살의 보스니아 청년이었어요.

그런데 황태자 부부에게는 이 청년의 총을 피할 기회가 무려 네 번이나 있었습니다. 암살 위협이 있는 줄 모르고 있다가 당한 게 아니라 뻔히 알고 있었는데 당했다는 말입니다. 이 사건을 추적해보면 엄청난 사건이 벌어지는 데에 우연과 필연이 어떻게 작동하는지 알 수 있습니다.

당시 오스트리아-헝가리제국은 보스니아를 위임 통치하고 있었습니다. 오랫동안 오스만제국의 지배를 받던 보스니아는 독립을 쟁취하기 위해 노력했으나, 오스만제국에서 자치권을 획득한 지 1년 만에 열강들의 이해관계에 따라 오스트리아-헝가리제국의 지배를 받게 되고 말았습니다. 일제강점기가 끝난 뒤에 강대국들이 한반도를 신탁통치하려고 했던 형태와 비슷해요. 그러니까 보스니아 사람들이 오스트리아를 좋게 볼 리 없었죠.

이렇게 분위기가 좋지 않은 때에 오스트리아 황태자 부부가 군사 훈련 참관을 위해 보스니아로 간 겁니다. 페르디난트도 그 점을 모르지는 않았습니다. 세르비아에서 첩보가 날아왔거든요. 자신을 노리는 수상한 움직임이 있다는 첩보였습니다. 하지만 황태자는 보스니아 방문을 고집해요. 본인이 통치해야 할 지역인데 두려움 때문에 가지 않을 수 없다는 것이었습니다. 그래서 결국 예정된 날짜에 보스니아로 출발합니다. 어떻게 보면 살 수 있는 첫 번째 기회를 놓친 거예요.

보스니아를 방문한 황태자 부부의 호위 병력은 100여 명밖에 되지 않았습니다. 제국의 황제가 될 사람인 데다가 암살 첩보까지 있었는데, 그런 것 치고는 너무 적은 수였습니다. 경호 인력이 너무 많으면 사람들의 불안감이 커질까 봐 그랬던 것 같아요. 치안이 나쁘지 않다는 걸 보여주려는 의도였을 수도 있고요. 그래도 조심성이 좀 부족했던 게 아닌가 싶습니다. 심지어 부부는 오픈카를 타고, 눈에 띄는 모자를 쓰고 깃털까지 휘날렸습니다. "황태자는 나야, 나!"라고 외치는 것과 다를 게 없었어요.

1909년 안중근 의사가 이토 히로부미 암살을 계획했을 때 가장 걱정했던 것이 무엇인지 아십니까? 이토 히로부미의 얼굴을 모른다는 점이었습니다. 당시는 지금처럼 사진이 흔한 시대도 아니었고, SNS 같은 것도 없었으니까 제아무리 유명한 사람이어도 생김새를 알기 어려웠어요. 그래서 주변 인물의 행동을 잘 살핀 다음에 누가 이토 히로부미인지 판단이 되면 총을 쏴야 하는 거예요. 그러니 페르디난트의 행동은 암살범에게 표적을 알려준 것과 같아요. 이렇게 살 수 있는 두 번째 기회를 놓쳤습니다.

기차역에서 내려 차를 탄 황태자 부부는 시청으로 향합니다. 이때 첫 번째 암살 시도가 있었습니다. 황태자 부부를 총으로 쏜 사람은 한 명이지만, 암살 계획에 가담한 사람은 한 명이 아니었거든요. 황태자가 움직이는 행로에 맞춰서 여러 명의 암살단원이 매복하고 있었지요. 우리도 그랬어요. 안중근 의사가 이토 히로부미를 저격한 곳은 하얼빈역이었지만, 다른 곳에서도 준비를 하고 있었습니다. 여기에서 실패하면 다음 장소에서, 또 실패하면 그다음 장소에서… 이런 식으로 계획을 촘촘하게 짜서 성공 확률을 높였지요.

페르디난트를 향한 첫 암살 시도는 어이없게 실패했습니다. 총을 쏴야 하는데 "어어…" 하는 사이에 황태자 부부를 태운 차가 지나가 버렸어요. 다음 장소에 숨어 있던 암살단원은 첫 시도가 실패했다는 사실을 눈치챘습니다. 차가 멀쩡하게 왔잖아요. 그러니까 '나는 절대 놓치지 말아야지' 하는 생각으로 이를 악물고 폭탄을 던졌을 거예요. 그런데 그 순간, 운전사가 액셀을 꽉 밟았습니다. 폭탄이 날아오는 걸 본 거예요. 차가 앞으로 확 나가니까 폭탄은 차 뒤에 떨어졌어요. 황태자 부부는 무사했지만, 많은 부상자가 발생했습니다.

이쯤 되면 공식 행사는 접었어야 해요. 목숨을 노리는 사람들이 있고, 실제로 폭탄까지 날아왔는데 또 무슨 일이 벌어질지 알 수 없잖아요. 여기서 남은 일정을 취소했다면 황태자는 목숨을 건졌을 것입니다. 그런데 행사를 강행했어요. 아랑곳하지 않고 계획대로 시청으로 갔습니다. 그렇게 살 수 있는 세 번째 기회도 사라졌죠.

시청에 도착한 페르디난트는 일정을 바꿔 갑자기 병원에 가봐야겠다고 했습니다. 폭탄 때문에 다친 사람들을 살펴봐야 한

　　　　　　　　　　　　　　　　다시, 역사의 쓸모

다고 판단했던 거예요. 원래 일정은 시청에서 박물관으로 가는 것이었습니다. 시청에서 박물관으로 가는 길에는 암살단원이 매복해 있었죠. 하지만 이조차 보나 마나 실패할 상황이었어요. 황태자 부부를 태운 차는 박물관이 아니라 병원으로 향할 테니까요.

그런데 참 묘한 일이 일어났습니다. 운전사가 그대로 박물관을 향해 차를 몰았던 겁니다. 목적지가 바뀌었다는 사실을 아무도 운전사에게 전달하지 않았던 거예요. 함께 차를 타고 있던 장군은 얼른 차를 돌리라고 지시합니다. 운전사는 속도를 줄여 천천히 방향을 틀기 시작했습니다. 당시에는 차에 후진 기어가 없어서 무조건 유턴을 해야 했대요. 그런데 얄궂게도 그 앞에는 마지막 암살단원이 있었습니다. 그는 얼른 총을 꺼내서 방아쇠를 당겼습니다. 운전사에게 변경된 목적지만 제대로 알려주었어도 마지막 암살단원을 만나지 않았을 텐데, 결국 네 번의 기회를 모두 놓친 황태자 부부는 숨을 거두고 말았습니다.

페르디난트 황태자 부부의 암살범은 세르비아계 보스니아인이었어요. 차기 황태자를 잃은 오스트리아-헝가리제국은 암살범의 배후에 세르비아 군부가 있다는 정보를 입수했고, 이에 세르비아에 전쟁을 선포합니다. 황태자 암살은 개인이나 특정 집단의 일탈이 아니라 한 국가가 조직적으로 움직인 결과라고 판단한 것이죠.

그러자 세르비아의 뒷배나 다름없던 러시아가 끼어들고, 오스트리아-헝가리제국의 동맹국인 독일이 끼어들었습니다. 영국이 참전하면서 영국과 동맹이었던 일본도 참전해요. 오스만제국과 이탈리아, 나중에는 미국까지 참전하게 됩니다. 말 그대로 세계대전이 된 거예요.

어떤 사람들은 사라예보의 총성이 우연히 전쟁을 불러왔다고 말합니다. 그런데 꼭 그렇지만은 않아요. 당시 유럽 열강은 두 세력으로 나뉘어 있었습니다. 영국과 프랑스처럼 이미 식민지를 많이 거느리고 있는 나라도 있었고, 독일처럼 뒤늦게 식민지 경쟁에 뛰어든 나라도 있었어요. 그러니 서로 사이가 좋을 리 없겠죠.

이러한 제국주의의 반대편에는 민족주의가 있었습니다. 앞서 말한 대로 보스니아를 비롯한 유럽 남동부 발칸반도에 있는 나라들은 오스만제국의 통치를 받고 있었는데, 모두 독립을 원했어요. 마침 오스만제국은 힘을 잃었고, 비슷한 시기에 여러 나라가 독립하게 됐습니다. 독립한 나라들은 저마다 더 많은 땅을 차지하려고 했어요. 그중에서도 세르비아의 야심이 가장 컸습니다. 발칸반도에는 세르비아와 같은 남슬라브족이 많았는데,

그들을 모아서 하나의 국가를 건설할 마음을 먹은 겁니다.

물론 유럽 열강은 그걸 원하지 않았어요. 민족의 독립과 분열을 부추기는 세력을 제압해서 제국의 영속성을 유지하는 것이 그들의 바람이었으니까요. 독일은 오스트리아-헝가리제국의 보스니아 통치를 지지했습니다. 게르만족끼리 뭉치려 한 거죠. 게다가 오스트리아의 페르디난트 황태자는 제국의 지배하에 있는 민족들에게 일정한 주권을 보장하며 연방제 형태의 국가를 만들겠다고 주장했어요. 그러니 세르비아는 불만을 가질 수밖에 없었습니다. 보스니아를 자기 세력으로 끌어들이고, 국민으로 만들어야 남슬라브 민족 국가 건설이라는 원대한 꿈을 이루잖아요. 그 계획이 성사되지 않을 것 같다는 위기감이 든 거예요.

그러니까 제1차 세계대전은 제국주의와 민족주의, 또 다른 한편으로는 범게르만주의와 범슬라브주의의 충돌이었어요. 우연의 결과가 아니었습니다. 어떻게 해서든 일어날 필연적인 결과였던 것입니다. 사라예보에서의 총성은 하나의 명분이었을 뿐이에요.

어떤 사건이든 현상만 바라보면 오류를 범하기 쉽습니다. 막장 드라마처럼 난데없이 사건사고가 일어나는 것처럼 보이거든요. 그래서 주변 상황은 물론이고, 과거에서부터 이어지는 흐름을 읽어야 해요. 흐름의 학문이 바로 역사입니다. 그래서 역사를 알면 겉으로 드러나지 않은 사건의 본질을 볼 수 있게 되지요.

* * *

역사 속 기막힌 우연으로 자주 언급되는 또 하나의 사건은 베를린장벽 붕괴입니다. 제2차 세계대전이 끝난 뒤 독일은 동독(독일민주공화국)과 서독(독일연방공화국)으로 갈라져 우리나라처럼 분단국가가 되었습니다. 한반도는 남북이지만, 독일은 동서로 나뉘어 있었죠. 수도인 베를린은 공산주의 진영인 동독 안에 있었는데, 기묘하게도 이 베를린 역시 동서로 나뉜 형국이었습니다. 동독 안에서 자본주의 진영인 서독의 영향을 받던 서베를린은 고립된 자유의 섬과 같았습니다.

분단 이후 동독과 서독의 경제 격차는 계속해서 벌어졌고, 동독 사람들은 서베를린을 통해서 서독으로 가기 시작했습니다. 정신적 자유와 경제적 여유를 찾아 탈출한 거예요. 그 숫자가 너무 늘어나서 동독이 골치를 앓을 정도였어요. 결국 동독 정부는 동베를린과 서베를린 사이에 벽을 세워 서베를린을 봉쇄하기에 이릅니다. 우선 철조망을 쳤다가 벽돌을 쌓았고, 다시 콘크리트 장벽을 만들었어요. 높이는 3.6미터, 길이는 150킬로 미터가 넘었습니다. 이 거대한 장벽은 냉전의 상징이나 다름없 었습니다.

장벽이 생겨도 동독을 탈출하려는 사람은 줄어들지 않았습 니다. 동독 정부는 이탈자를 막기 위해 계속해서 감시를 강화 했어요. 이중, 삼중으로 세운 장벽 근처에는 무인지대를 만들고 곳곳에 감시탑과 도랑, 지뢰도 배치했습니다. 사람들은 이곳을 죽음의 지대Death Strip라고 불렀습니다. 이 지대를 넘어야 서베를 린으로 갈 수 있었어요. 하지만 장벽을 넘기도 전에 군인들에 게 사살당하는 사람도 많았습니다.

베를린장벽이 세워진 다음 해인 1962년, 동독의 열여덟 살 청년 페터 페히터가 친구와 함께 베를린장벽을 넘으려고 시도 했습니다. 서베를린에 사는 누나를 만나기 위해서였어요. 두 사람은 장벽 인근의 목공소 건물 속에 숨어 있다가 창문을 통 해 죽음의 지대로 뛰어내렸습니다. 그리고 서베를린을 향해서 무작정 뛰었어요. 페히터의 친구는 장벽을 넘는 데 성공했지 만, 페히터는 경비병들의 총에 맞은 뒤 죽음의 지대로 떨어졌 습니다.

서베를린 사람들은 그 모습을 보면서도 아무런 조치를 취할 수가 없었어요. 그곳이 동독 영토였기 때문에 도움을 줄 수가 없었던 거예요. 페히터는 구조받지 못한 채 서서히 죽음을 맞았습니다. 이 모습을 무력하게 지켜만 봐야 했던 사람들은 충격과 슬픔에 휩싸였죠. 냉전 시대의 비극이 고스란히 느껴지는 사건이었습니다. 베를린에 가면 페히터를 추모하는 비석이 있어요. 그 비석에는 이런 글이 쓰여 있다고 해요. "그는 단지 자유를 원했다."

결코 해소되지 않을 것 같았던 베를린의 냉전 분위기는 동독과 서독의 관계가 나아지면서 조금씩 달라졌습니다. 점진적인 변화는 지금의 러시아인 당시 소련의 최고 권력자 고르바초프의 등장으로 급물살을 탔어요. 1985년 고르바초프는 야심차게 개혁·개방 정책을 추진했습니다. 그러나 갑작스런 시장경제 도입은 혼란을 불러왔고, 동구권의 중심이었던 소련의 위상은 빠르게 곤두박질쳤어요. 베를린뿐 아니라 유럽을 가로막고 있던 냉전이라는 벽에 금이 가기 시작했습니다. 1989년 헝가리는 중립국이었던 오스트리아와 맞대고 있던 국경선을 전면 개방했습니다. 동독 사람들은 같은 사회주의 인접국이었던 헝가리로 여행이 가능했기 때문에 이곳을 통해 서독으로 탈출할 수 있게 된 거예요.

변화의 흐름이 느껴지자 동독 사람들은 여행의 자유를 외쳤습니다. 서독을 편하게 오갈 수 있게 해달라는 거죠. 사실 그즈

다시, 역사의 쓸모

음에는 명확한 사유만 있으면 동독에서도 서독을 다녀올 수 있었어요. 물론 서독 사람들이 동독을 방문하는 것보다 절차가 훨씬 까다로웠습니다. 시위가 거세지자 동독 정부는 불만을 잠재우고자 기자회견을 열기로 했습니다.

1989년 11월 9일, 기자회견장에는 동독 사회주의통일당 정치국 대변인이었던 귄터 샤보브스키가 참석했습니다. 샤보브스키는 동독 국민의 여행 요건 완화 계획에 대해서 발표했습니다. 그런데 회견 중 기자의 질문에 엉뚱한 대답을 하고 맙니다. 이탈리아인 기자가 언제부터 여행 자유화가 가능하냐고 묻자 즉흥적으로 "지금부터"라고 말한 거예요.

샤보브스키의 대답은 명백한 실수였습니다. 동독 정부의 여행 자유화 정책은 사실상 새로운 내용이 없었는데, 샤보브스키가 당정회의에 참석하지 않아서 그 내용을 숙지하지 못했대요. 제대로 이해하지 못한 상태인데 자기도 모르게, 말 그대로 영혼 없이 대답을 한 것이죠. 하지만 이런 사정을 알 리 없는 기자들은 샤보브스키의 대답을 듣고 동독이 국경을 개방한다는 긴급 뉴스를 전 세계에 타전했습니다.

뉴스가 보도되기 시작하자 너도나도 베를린장벽으로 모여들었어요. 장벽을 지키는 군인도 어찌할 수 없을 만큼 많은 인파였습니다. 그날 밤, 동베를린과 서베를린 사람들은 그들을 가로

막고 있던 장벽을 문자 그대로 부수기 시작했어요. 철옹성 같았던 거대한 베를린장벽은 그렇게 무너졌습니다.

흔히들 베를린장벽이 한 사람의 말실수 때문에 무너졌다고 이야기합니다. 샤보브스키의 일화만 두고 보면 그럴지도 모르죠. 하지만 그것이 전부였다고 말할 수는 없습니다. 당시에는 이미 동구권에 개방의 물결이 몰아치고, 냉전의 종식이 가까워지면서 사람들의 생각도 달라져 있었습니다. 자유를 향한 욕구가 커졌기 때문에 여행의 자유를 요구하게 된 거잖아요. 그 목소리가 너무 커지니까 정부도 더는 무시할 수가 없었던 것입니다. 상황이 그랬기 때문에 "지금부터"라는 말실수도 나올 수 있었던 거고요. 샤보브스키가 실수를 하지 않았더라도 아마 얼마 지나지 않아 베를린장벽은 무너졌을 것입니다. 말실수가 우연치 않게 그 시기를 당기는 불씨가 되어주긴 했지만요.

역사에서 우연이라 회자되는 것들은 필연적으로 벌어질 일의 조건이 성숙되는 과정에서 나타난 하나의 계기 같아요. 사라예보 사건과 샤보브스키의 말실수처럼 우연을 가장한 필연에 따라 세계를 뒤흔든 사건이 발생하게 되는 것이죠. 그래서 역사를 살펴보면 모든 일에는 원인과 전조가 있습니다. 우연히 벌어지는 일은 거의 없는 것 같아요. 우연처럼 보이는 사건도 찬찬히 뜯어보면 그렇지 않은 경우가 많으니까요. 마치 나비효과처럼 말입니다. 언뜻 보면 아무 상관없어 보이는 작은 움직임이 인간의 삶과 인류의 역사에 커다란 영향을 미치는 거예요.

그런 의미에서 역사를 공부한다는 것은 필연을 찾는 작업이기도 합니다. 어떤 사건이든 표면에 드러난 현상을 넘어 그 배경, 상황, 흐름, 그리고 인과관계를 읽어내는 거죠. 그래서 역사를 공부하다 보면 한층 깊은 시선과 통찰력을 가질 수 있게 됩니다. 지금 벌어지는 일이 왜 벌어졌는지, 어떤 날갯짓이 모여 여기까지 왔는지 알 수 있게 되거든요. 우연에 기대어 해석하는 대신 보이는 것 너머를 볼 수 있는 힘이 생기는 것입니다. 그것이 역사를 배우는 이유겠죠.

우리의 인생도 한 사람의 역사니까 이런 마음으로 접근하면 좋겠습니다. 살다 보면 예상치 못한 큰일을 마주할 때도 있고, 바라는 결과가 마음만큼 빨리 오지 않을 때도 있습니다. 마음이 답답하고 내가 할 수 있는 게 하나도 없는 것처럼 느껴지죠. 우연이나 요행에 기대고 싶은 마음도 커집니다. 그럴 때일수록 작은 날갯짓이 되어줄 일을 하는 게 중요해요. 오늘 나의 작지만 성실한 움직임이 언제 어디서 효과를 발휘하게 될지 모르니까요.

프랑스의 화학자이자 미생물학자인 루이 파스퇴르가 남긴 유명한 말이 있어요. "우연은 준비된 자에게만 미소 짓는다."

바라는 일을 삶의 필연으로 만들기 위해 오늘도 힘차게 날개를 펼쳐봅니다.

각자도생의 시대에
사랑이 갖는 의미

제가 어릴 때 동네 친구들 사이에는 '깍두기'라는 문화가 있었습니다. 공놀이처럼 편을 갈라서 놀 때 짝이 안 맞으면 남는 친구를 깍두기라 해서 어느 한 편에 끼워주고 외톨이 없이 같이 어울려 노는 문화였죠. 깍두기인 친구는 대부분 게임을 잘 못하거나, 체구가 작거나, 친구가 데려온 어린 동생이었기에 서로 사정을 봐주며 함께 놀았습니다. 이제 친구들과 어울려 공놀이 할 기회는 없지만, 가끔은 깍두기 문화가 그리울 때가 있습니다. 서로의 사정을 기꺼이 헤아려주고 배려하며, 내가 가진 것을 아까워하지 않고 함께 누리는 문화 말입니다. 정과 배려,

헌신 같은 단어도요.

언젠가부터 한국 사회를 설명하는 키워드에 '각자도생'이 빠지지 않는 것 같습니다. 얼마 전에는 아주 충격적인 이야기도 들었습니다. 고등학교 교실에서 벌어진 일인데요, 그 학교에서 반 대항 축구 대회가 있었나 봅니다. 열한 명의 학생이 대표로 시합에 나갔고, 같은 반의 나머지 학생들은 열심히 응원을 했죠. 우승을 했고, 상금도 받았습니다. 그런데 여기서 문제가 발생합니다. 담임 선생님이 상금을 어떻게 쓸지 논의하는 학급 회의를 열었는데, 축구 선수로 뛰었던 학생 중 몇 명이 이의를 제기했답니다. 땀 흘리며 경기를 뛰어 우승한 사람은 우리인데 왜 시합에 나가지 않은 친구들과 상금을 나누어야 하냐는 것이었죠.

여러분은 어떻게 생각하십니까? 제 학창 시절에는 이 같은 사고방식 자체가 존재하지 않았기에 솔직히 당황스러웠습니다. 학교는 우리 사회에서 연대와 협력을 배우는, 그리고 배워야만 하는 마지막 공간으로 당연하게 생각했으니까요.

이러한 태도가 만연한 문화이다 보니 이야기를 하기에 앞서 우려와 슬픔이 먼저 듭니다. 지금부터 들려드릴 이야기가 자칫 철 지난 이야기로 들리면 어쩌나 하는 마음도 있거든요.

다시, 역사의 쓸모

＊＊＊

　기네스북에 가장 많은 인원을 구출한 단일 선박으로 등재된 선박은 '메러디스 빅토리호'입니다. 60명이 정원인 배가 무려 1만 4,000여 명을 구출했다고 해요. 정원의 230배나 되는 사람을 태운 겁니다. 더 놀라운 사실은 이 배의 기록이 우리나라에서 세워졌다는 거예요. 1950년 12월에 벌어진 흥남철수작전에서였죠.

　당시는 6·25전쟁이 발발한 지 반년 정도 된 시점이었습니다. 북한군은 단숨에 낙동강까지 밀고 내려왔지만 국군과 유엔군이 낙동강 방어선 전투로 북한군의 남하를 저지했고, 9월 인천상륙작전을 시작으로 반격에 박차를 가했습니다. 전세가 역전되자 이번에는 국군과 유엔군이 평양을 함락시켰습니다. 11월 말에는 두만강 근처에 있는 함경북도 청진까지 갔어요. 전쟁은 곧 끝날 것 같았습니다. 그런데 곧 어마어마한 규모의 중국군이 한반도로 향했습니다. 중국에서 북한에 지원군을 보낸 거예요. 상황은 다시 뒤집혔고, 국군과 유엔군은 급히 후퇴를 결정했습니다. 육상으로의 퇴로도 막힌 상황이라 흥남항을 통해 해상으로 철수하기로 작전을 세웠죠.

　흥남에는 철수 예정인 병력 10만 5,000여 명, 차량 1만 7,000

여 대, 군수물자 35만 톤 등이 모였습니다. 이뿐만이 아니었습니다. 살고자 하는 절박함으로 이곳에 온 피난민 20만 명도 있었습니다. 부두는 군인과 군수물자, 피난민이 몰려들어 인산인해를 이루었어요.

당시 흥남철수작전에는 민간인 이송이 포함되어 있지 않았다고 합니다. 군인과 군수물자를 이송하기에도 벅찼기 때문이죠. 전쟁이라는 비정한 현실 앞에 민간인의 목숨은 뒤로 밀려날 수밖에 없었습니다. 하지만 국군 지휘부와 통역을 맡았던 현봉학 박사가 작전을 지휘하고 있던 에드워드 알몬드 장군을 강하게 설득했습니다. "만약 피난민을 배에 태우지 않는다면 국군은 그들과 함께 육로로 내려가겠습니다. 국군은 피난민을 안전하게 돌봐야 할 의무가 있기 때문입니다." 간곡한 부탁에 감동한 알몬드 장군은 결국 피난민의 승선을 허락했어요. 사람의 목숨이 가장 중요하다는 판단에서였습니다.

메러디스 빅토리호도 흥남철수작전에 투입되었습니다. 원래 메러디스 빅토리호는 화물을 실어 나르는 배라 정원이 60명밖에 되지 않았고, 이미 선원 마흔일곱 명이 승선한 상태였어요. 남은 정원은 열세 명밖에 안 되었죠. 하지만 부두에는 아직 너무 많은 사람이 남아 있었습니다. 이 사람들을 태우는 방법은 배에 있는 군수품을 버리는 것뿐이었습니다. 전쟁 중에 군수품

다시, 역사의 쓸모

은 가장 중요한 물자라 해도 과언이 아닙니다. 병사들이 싸우려면 식량, 무기와 각종 장비가 필요하니까요. 하지만 메러디스 빅토리호는 군수물자 대신 피난민을 태우기로 결정합니다. 결국 배에 실려 있던 군수물자 25만 톤은 버려지고, 정원의 230배나 되는 피난민 1만 4,000여 명이 배에 올라탔습니다. 한 사람의 생명이라도 더 살리기 위해 결단을 내렸던 거예요.

참혹한 전쟁 상황에서 사람을 먼저 생각한 결정이 있었다는 사실이 참 놀랍습니다. 이런 것이 바로 휴머니즘의 역사일 거예요. 전쟁 중이었던 이때에 오히려 휴머니즘의 흔적을 더 많이 찾아볼 수 있습니다. 메러디스 빅토리호가 도착한 거제도에서 또 한 번 사랑의 역사가 펼쳐졌거든요.

12월 23일 흥남을 떠난 메러디스 빅토리호는 한 명의 희생자도 없이 무사히 거제도에 도착했습니다. 그런데 거제도에는 메러디스 빅토리호처럼 큰 배가 정박할 곳이 없었습니다. 항구에 배를 대지 못해 이러지도 저러지도 못하고 있는데, 거제 어민들이 자신의 배를 가지고 메러디스 빅토리호로 갔어요. 그렇게 수만 명의 피난민을 한 명 한 명 실어 날랐습니다.

피난민들은 어선을 타고 장승포항 자갈밭에 내렸어요. 그 자갈밭을 따라서 장승포초등학교로 걸어갔다고 합니다. 낯선 풍경 속으로 발을 옮기는 피난민들에게 거제 주민들이 다가왔습니다. 그리고 피난민들에게 주먹밥을 건네줬어요. 3일이나 배를 타서 다들 제대로 먹지 못했을 테니까요.

저는 그날을 상상하면 괜히 먹먹해집니다. 남루한 행색으로 자갈밭을 걷는 피난 행렬과 그들에게 다가가 주먹밥을 건네는 거제 주민의 모습을 그려보게 돼요. 배에서 내린 사람들은 아마 몸보다 마음이 더 추웠을 겁니다. 쫓기듯이 고향을 떠나 난생 처음 보는 곳에 온 거잖아요. 며칠 동안 배 안에서 얼마나 많은 생각을 했겠어요. 지치고, 두렵고, 서러운 감정이 밀려왔겠죠. 그때 거제 주민이 건넨 주먹밥은 끼니 이상의 의미였을 겁니다. 걱정하고 환대하는 마음, 가진 건 없어도 나누려는 마음으로 다가왔을 거예요. 거제 주민들 역시 주먹밥을 준비하는 일이 그리 쉽지는 않았을 겁니다. 겨울인데다 전쟁 중이었으니 자신이 먹을 것도 넉넉하지 않았겠죠. 사정을 다 아는 피난민에게는 이때 먹은 주먹밥이 더욱 따뜻하게 느껴졌을 것입니다. 배가 거제도에 도착한 날은 마침 12월 25일이었어요. 이것이야말로 크리스마스의 기적 아닐까요?

거제 주민들은 피난민이 머물 공간까지 마련해 줬어요. 보따리 하나 들고 온 사람들인데 잘 곳이 어디 있겠어요. 그래서 논의 끝에 주민들의 집에 머물 인원을 정했습니다. 당시 성포리 구장 집에는 아홉 명이 머물렀대요. 구장은 지금의 동장이나 이장처럼 그 마을을 대표하는 사람인데, 생전 처음 보는 사람들에게 밥과 이불을 내주며 세 달 동안 싫은 내색 한번 하지 않았다고 합니다.

물론 같은 민족이라고 해도 모든 거제 주민이 피난민을 달갑게 여기지는 않았을 거예요. 피난민 중에 소위 빨갱이라고 불리던 공산주의자가 숨어 있을지도 모른다고 생각한 사람도 있었을 겁니다. 실제로 메러디스 빅토리호가 피난민들을 태울 때 미군 지휘부도 바로 이런 점을 걱정했다고 해요. 첩자를 태우게 되면 배 안에서 테러가 일어날 수도 있으니까요. 배타적인 태도로 대한다고 해도 이해가 갈 만한 상황이었지요. 그게 아니더라도 거제 주민들 입장에서는 풍족하지도 않은 먹거리를 생판 모르는 외부 사람과 나눠야 하는 거잖아요. 흔쾌히 음식과 잠자리를 내어준 것이 오히려 신기할 정도입니다. 그래서 대단하게 느껴져요. 말 그대로 조건 없는 사랑을 베푼 것이니까요.

메러디스 빅토리호가 피난민을 싣고 거제로 온 3일 동안 배 안에서는 다섯 명의 아기가 태어났습니다. 항해사는 그 아기들에게 김치 원, 김치 투, 김치 쓰리, 김치 포, 김치 파이브라는 이름을 붙여줬다고 해요. 재미있는 이름이죠? 이중 김치 파이브가 이경필이라는 분인데, 거제에서 수의사로 일하고 계세요.

이경필 님의 아버지는 북한에 계실 때 사진관을 하셨습니다. 피난 오신 뒤에도 사진관을 하셨다고 해요. 사진관 이름은 '평화 사진관'이었어요. 전쟁으로 고향을 떠나야 했던 아픔과 다시는 전쟁이 일어나지 않기를 바라는 염원을 담은 이름이죠. 어머니는 잡화점을 하셨는데, 잡화점 이름도 '평화 상회'였다고 합니다. 이경필 님이 수의학과를 졸업하고 가축병원을 열었을 때도 아버님은 역시 '평화'라는 상호를 고집하셨대요. 가축병원과 어울리지 않는다고 해도 아들 말을 안 들으셨다고 합니다.

결국 상호는 바꿨지만, 이경필 님은 아버지의 당부를 지키며 살고 있습니다. "거제에 와서 받은 게 많으니까 너 역시 여기를 떠나지 말고 거제 주민들에게 베풀며 살아라" 말씀하셨대요. 평화와 나눔. 그것이 아버님이 남긴 유언이었습니다. 자신이 세상을 떠나면 묘비에 북한 집 주소를 적어달라고도 말씀하셨답니다. 나중에 통일이 되면 후손들이 꼭 찾아보라는 의미였죠.

* * *

이제 우리나라는 전쟁의 혼란에서 벗어났지만 세상 곳곳은 여전히 전쟁 중입니다. 난민 문제도 국제사회의 큰 문제로 떠올랐고요. 2021년 8월 미군이 아프가니스탄에서 철수할 때도

260만 명의 난민이 발생했습니다. 아프가니스탄 정부를 지원하던 미국의 철수 결정은 아프가니스탄 국민들에게는 갑작스러운 일이었어요. 수많은 사람이 정든 땅을 떠날 준비를 했습니다. 미군이 철수하면 탈레반이 집권할 테고, 그러면 미군에 협력했던 사람이나 탈레반과 사상이 다른 사람은 목숨이 위험해질 테니까요.

미국에 의존하고 있던 정부가 무너지자, 탈레반은 수도인 카불로 빠르게 진격했습니다. 미국은 난민 이송을 시작했지만, 상황이 너무 긴박했어요. 6·25전쟁 당시 흥남부두에 모인 피난민처럼 공항에 몰려든 사람들은 어떻게든 비행기에 몸을 밀어 넣었고, 탑승에 실패하자 문과 바퀴에 매달렸습니다. 하지만 비행기가 이륙하자 하나둘씩 추락하고 말았죠. 너무 끔찍한 일이었습니다.

세계 여러 나라가 아프가니스탄에 있는 자국민과 난민을 탈출시키기 위해 힘을 쏟았습니다. 한국 정부는 우리 교민을 빠르게 탈출시켰어요. 하지만 한국에 협력한 아프가니스탄 사람들이 아직 그곳에 남아 있었습니다. 미군이 철수하기 전에 한국 정부는 아프가니스탄에서 재건 사업을 했었어요. 그때 도움을 주었던 아프가니스탄 사람들은 대부분 한국으로 오길 원했어요. 한국 정부도 우리와 인연을 맺었던 이들만큼은 안전하게 한국으로 데려오겠다는 의지를 불태웠습니다. 그래서 치밀한 난민 구출 작전을 세웠어요. 일명 '미라클 작전'입니다.

당시 카불공항은 이미 탈레반이 접수한 상황이었습니다. 우리 정부는 공항에서 10분 거리의 장소에 사람들을 모이게 한 다음, 버스를 타고 함께 이동할 계획이었죠. 주의사항은 '절대 미리 모이지 말 것'이었다고 합니다. 무리 지어 있다가 눈에 띄기라도 하면 작전이 무산될 수도 있으니까요. 약속한 대로 정해진 시간에 모인 사람들은 버스에 몸을 실었습니다. 모든 버스는 밖에서 안을 들여다볼 수 없도록 창문을 어둡게 칠한 상태였어요. 어떤 버스에는 에어컨도 없었대요. 그 더운 나라에서 에어컨이 없는 버스에 잔뜩 모여 앉아 창문조차 열지 못했으니 무척 힘들었을 겁니다.

사람들을 버스에 태웠다고 해서 안심할 수는 없었어요. 공항으로 가는 길목에는 탈레반의 검문소가 많았습니다. 그 검문소를 일일이 통과하는 일이 만만치 않았다고 해요. 버스에 탄 사람들이 가지고 있던 여행 증명서를 보여줘도 원본이 아니라고 트집을 잡거나 다시 보여 달라고 우기면서 자꾸 시간을 끌었거든요. 수월하게 보내줄 생각이 없었던 거예요. 우리 측에서도 공항에 원본이 있으니 가져와서 다시 보여주겠다는 식으로 대처해가며 겨우겨우 검문소를 통과했습니다. 대부분 무사히 지나갔지만, 어떤 버스는 공항에 도착하기까지 무려 15시간이 걸렸다고 합니다. 버스 안에 있던 사람들, 그리고 작전을 지휘했던 사람들은 그 시간이 15일처럼 느껴졌을 거예요. 매 순간 피가 마르는 것 같았겠죠.

다행히 미라클 작전은 대성공을 거뒀습니다. 400명 가까운 인원을 한 명의 낙오자 없이 모두 구출했어요. 인원이 많은 데다가 짐도 많아서 필수품을 빼고는 다 버려 이륙 중량을 아슬아슬하게 맞출 수 있었다고 해요. 군수물자를 버려가면서도 최대한 많은 사람을 태우려고 한 메러디스 빅토리호를 연상케 하는 부분입니다. 6·25전쟁 중에 우리가 받았던 것을 이제는 나눌 수 있게 되었다는 점이 감격스럽기도 하고요.

저는 사랑이야말로 세상을 변화시킬 수 있는 유일한 힘이라고 생각합니다. 피난민을 한 명이라도 더 많이 태우기 위해 귀한 군수물자를 바다에 버린 사람들, 낯선 얼굴의 피난민을 품어주고 아낌없이 베풀어준 사람들, 난민을 구출하는 데 진심을 다한 사람들, 그들을 기억하고 그들의 사랑에 보답하려 또 다른 사랑을 나누는 사람들. 득실을 따지기에 앞서 사람부터 생각하고 보는 모습에 여지없이 울컥하고 맙니다. 그러면서 좋은 사람이 되고 싶은 마음이 들어요. 역사를 통해 사랑할 수 있는 능력이 회복되는 것을 느낍니다.

***

경쟁이 치열한 시대를 살다 보니 요즘은 누구를 만나도 '나와 같은 사람'이라 생각하기보다는 '차이'에 집중하는 것 같아요. 인종, 국가, 지역, 종교, 성별…. 수많은 기준으로 나와 너를 가르고 벽을 세웁니다. 현대 사회의 문제 중 이주 노동자 이야기도 빼놓을 수 없어요. 이주 노동자라고 하면 우리나라에 들어와 있는 외국인 노동자를 생각하지만, 우리도 이주 노동자였던 시절이 있습니다. 앞서 대한제국 독립공채 이야기를 하며 소개했지요. 1900년대 초반에 한반도를 떠나 미국 하와이 사탕수수 농장으로 건너간 사람들 이야기입니다.

하와이 이주 노동자들은 낯선 땅에서 정착하기 위해 애썼어요. 그러나 나이가 차도 결혼을 할 방법이 없었습니다. 또래 한국 여성이 없었으니까요. 결국 고국으로 사진을 보내 신부를 구하기에 이릅니다. 여성들은 남편 될 사람의 사진만 보고 하와이행을 결정했죠. 이렇게 하와이로 온 여성들을 '사진 신부'라 불렀습니다. 그런데 막상 하와이에 가보니까 사진 속 청년은 온데간데없고 잔뜩 나이 든 남자가 있더래요. 땡볕에서 하루에 12시간씩 일하다 보니 얼굴이 금방 늙어버린 겁니다. 잘 살아보겠다고 고향을 떠나 머나먼 나라에 온 어린 신부들은 대성통곡을 했다고 합니다. 하지만 돌아갈 방법은 없었어요. 한바탕 난리 끝에 다들 가정을 꾸리고 힘든 생활을 이겨내며 결국 미국 사회에 적응해 나가야 했지요.

제가 이야기하고 싶은 사람들은 이들의 자손들입니다. 이분들이 후에 미국 사회에서 대법원장이 되고, 시장이 되었다는 사실이에요. 이민 초기에 배척당하고 차별당했던 설움을 딛고 사회 구성원으로 당당히 자리 잡은 것입니다. 이 지점에서 우리 사회를 돌아볼 필요가 있어요. 우리 동포들이 당했던 설움을 우리 또한 누군가에게 주고 있지는 않은가 말이지요.

2024년 6월 경기도에 있는 한 배터리 공장에서 화재가 일어났습니다. 순식간에 화마가 덮쳐 많은 사상자가 발생했지요. 그런데 이 사고로 사망한 스물세 명 중 열여덟 명이 이주 노동자였습니다. 현재 대한민국에서 험하고 힘든 일에 종사하는 사람들 중 이주 노동자가 차지하는 비중은 점점 커져가고 있습니다. 사람들이 꺼리는 일을 맡아서 하고 있는 그들을 우리는 어떤 시선으로 바라보아야 할까요? 100여 년 전 이주 노동자로 살아야 했던 우리 선조들의 역사 속 모습을 기억한다면 건강한 답을 찾을 수 있지 않을까요?

인지신경학자 매리언 울프는 자신의 저서 《다시, 책으로》에서 '왜 책을 읽는가'라는 질문에 이렇게 답합니다. "저는 이 세

상을 사랑할 새로운 이유를 발견하기 위해 읽습니다." 누군가
가 제게 '왜 역사를 공부하는가'라는 질문을 한다면 저도 비슷
한 답을 할 것 같아요. 다시 사랑할 수 있는 힘을 가지기 위해서
라고.

진짜 이야기를 알아가는
지적 기쁨

    역사적 사실을 기반으로 한 콘텐츠가 흥행하면 관련 역사도 주목을 받습니다. 재미있게 보고 입소문이 날수록 실화와 배경에 대한 관심도 높아지죠. 영화든 드라마든 역사를 소재로 한 작품이 인기를 끌면 저도 덩달아 바빠집니다. 작품의 해설 강연을 해달라는 의뢰가 많이 들어오거든요.

    흥미로운 이야기를 접하면 이에 관한 더 많은 이야기가 궁금해집니다. "이 이야기 너무 재미있고 대단한데 실제로도 그랬을까?", "이 사건 후에는 어떻게 됐을까?", "영화에서 다루지 않은 숨겨진 이야기는 없을까?" 이런 궁금증이 생기면 실제 역사를 찾아보게 됩니다. 지적 호기심이 발동하는 것이죠.

최근 천만 영화가 된 〈파묘〉도 그렇습니다. 수상한 묘를 이장하는 이야기를 담은 오컬트 영화인 줄 알았는데 알고 보니 항일 메시지가 짙게 깔린 영화였죠. 개봉 후에 등장인물의 이름을 모두 실제 활동한 독립군 이름에서 따온 것으로 알려져 화제가 됐습니다. 영화 속에 등장하는 차량번호도 광복한 해인 1945, 삼일절을 뜻하는 0301, 광복절 날짜인 0815 등으로 디테일이 살아 있어서 보고 온 사람들이 계속해서 영화 이야기를 하고 싶게 만들었습니다. 처음 볼 때는 흥미로운 스토리텔링을 따라가기 바쁘지만, 이야기를 둘러싼 배경을 알고 나면 놓쳤던 서사적 장치를 찾는 재미에 몇 번이고 재관람을 하게 됩니다.

저는 이런 것이 일종의 '지적 유희'라고 생각해요. 역사적 배경 지식을 알게 되면 더욱더 몰입하게 되잖아요. 창작자의 의도도 이해되고 감동도 깊어지죠. 알면 보이고, 보이면 더 큰 감동을 얻을 수 있어요. 미술사학자 유홍준 교수의 말처럼 아는 만큼 보이게 되니까요. 문화를 향유하고 교양을 쌓으려는 인간에게 이러한 지적 유희는 큰 기쁨입니다.

* * *

세계적으로 인기 있는 뮤지컬 〈레 미제라블〉은 프랑스의 대문호 빅토르 위고가 쓴 동명의 대하소설을 원작으로 합니다. 제목처럼 '가련한 사람들'의 이야기를 19세기 초 혁명의 한가운데에 있던 프랑스를 배경으로 풀어냈죠. 우리나라 번역본 기준으로 약 2,500쪽에 달하는 어마어마하게 긴 이야기입니다.

소설과 뮤지컬을 보지 않았더라도 '장 발장'이라는 이름은 익숙할 것 같아요. 청소년 필독서로 많이 추천되는 책의 제목이기도 하고 신문 기사 등에서 생활고에 못 이겨 식료품 등을 훔친 사건에 '현대판 장 발장'이라는 표현을 쓰기도 하잖아요. 이 장 발장이 〈레 미제라블〉의 주인공입니다.

주인공 장 발장은 굶주리는 조카들을 위해서 빵을 훔치다가 발각되어 노역형에 처해집니다. 그런데 조카들 걱정에 몇 번이나 탈출을 시도하는 바람에 정해진 형량보다 훨씬 긴 시간을 보내게 돼요. 마침내 19년간의 형기를 마치고 세상에 나왔지만, 전과자라는 이유로 오갈 데 없는 처지가 됐습니다. 그런 장 발장에게 미리엘이라는 주교가 손을 내밀었으나 장 발장은 그를 배신하고 은식기를 훔쳐 달아나 버리죠. 하지만 얼마 가지 못해 경찰에 붙잡혀 옵니다. 그런데 미리엘 주교는 자신이 장 발장에게 은식기를 주었다고 거짓말을 하고, 한술 더 떠서 "이건 왜 가져가지 않았소?"라고 하면서 은촛대까지 안겨줍니다. 이 사건을 계기로 장 발장은 크게 뉘우치고 새 사람이 됩니다. 하지만 형사 자베르는 그의 정체를 의심하며 집요하게 뒤를 쫓지요.

여기까지가 잘 알려져 있는 내용입니다. 소설은 총 5부로 되어 있는데 그중 1부에 해당하는 이야기입니다. 뒤이어 여러 인물이 등장하는데, 그들은 모두 어지러이 급변하는 시대 속에서 파란만장한 삶을 살아갑니다. 프랑스가 혁명의 소용돌이에 한없이 흔들리고 있던 때였거든요.

소설은 시대의 걸작이라 불리며 뮤지컬로, 영화로 각색되어 전 세계에서 사랑받았습니다. 뮤지컬 〈레 미제라블〉의 음악인 〈I Dreamed a Dream^{나는 꿈을 꾸었지}〉과 〈Do You Hear the People Sing?^{민중의 노래}〉은 뮤지컬 넘버 중 명곡으로 손꼽히기도 하죠. 워낙 노래도 좋고 무대도 멋있다 보니 쉽게 감동받을 만한 작품입니다. 그런데 보고 있으면 궁금해져요. '이게 어느 시대를 배경으로 하는 거야?' 하는 생각이 듭니다. 워낙 많은 인물이 등장하고 여러 사건이 겹쳐지니 배경이 된 역사적 사건이 알고 싶어지는 거예요.

프랑스에서 일어난 혁명을 배경으로 하니, 파리 민중들이 1789년 바스티유 감옥을 무너뜨리고 루이 16세를 단두대에서 처형한 사건을 떠올리기 쉽지만 〈레 미제라블〉의 배경은 이때가 아닙니다. 이로부터 약 43년이 지난 1832년 6월에 발생한

다시, 역사의 쓸모

민중 봉기가 그 배경입니다.

　프랑스혁명은 구제도의 모순에 저항해 1789년부터 약 10년 동안 이어진 프랑스대혁명을 시작으로, 1830년 부르봉 왕조를 무너뜨리고 입헌군주제를 수립한 7월 혁명, 1848년 다시 왕정을 폐지하고 공화정을 수립한 2월 혁명까지를 포함합니다. 약 60년 동안 혁명의 시대가 이어진 것이지요. 1789년 첫 혁명이 일어나기 전, 프랑스의 상황은 침몰하기 직전의 배와 같았습니다. 이미 여기저기서 봉기를 일으키는 농민들이 많았어요. 하루하루 생계에 허덕이는 사람들이 무기를 들고 나오는 이유는 하나뿐입니다. 도저히 먹고살 수가 없었던 거예요.

　프랑스에서 가장 높은 신분은 성직자였고, 그다음이 귀족, 그다음이 평민이었어요. 성직자와 귀족은 전체 인구의 2퍼센트 정도밖에 되지 않았습니다. 그런데 이들이 프랑스의 절반 가까운 토지를 소유하고 있었어요. 그렇게 많은 땅을 차지하고 있으면서 세금도 내지 않았습니다. 세금은 전부 평민들이 내야 했어요. 문제는 세금을 내지 않는 사람들이 지나치게 사치스러웠다는 점입니다.

　왕실의 사치가 가장 큰 문제였습니다. 프랑스 파리의 대표적 관광지인 베르사유 궁전만 봐도 알 수 있어요. 프랑스 왕실은 자신들이 머무는 궁전을 꾸미기 위해 돈을 펑펑 써댔습니다.

있는 돈을 써도 걱정될 정도인데, 없는 돈까지 끌어다 썼어요. 빚을 낸 거지요.

'태양왕'이라고 불리며 강력한 왕권을 자랑했던 루이 14세 시절부터 쌓이기 시작한 빚은 루이 16세에 이르러 도저히 해결하기 어려운 수준이 되었습니다. 돈이 부족하면 아껴야 하는데, 귀족이나 부르주아에게 계속 빌려 썼어요. 그리고 그 대가로 세금을 거둬들일 수 있는 권한인 수조권을 내줬습니다. 수조권을 가진 귀족은 농민을 쥐어짰어요. 세금을 한 푼이라도 더 받아내야 왕에게 빌려준 만큼의 돈을 회수하고 자기 호주머니까지 채울 테니까요.

당시의 상황을 풍자한 그림을 보면 힘없고 가난한 평민이 통통하게 살찐 귀족과 성직자를 등에 업은 채 지팡이로 겨우 몸을 지탱하고 있습니다. 얼마나 말이 안 되는 상황인지 알 수 있어요. 사람들의 불만은 극에 달했습니다. 결국 1789년 7월 14일 파리 시민들의 바스티유 감옥 습격을 시작으로 프랑스 전역에서 봉기가 일어났어요. 혁명의 시작이었습니다.

이 혁명의 가장 대단한 성과는 인간으로서 마땅히 누려야 할 권리를 담은 〈인간과 시민의 권리 선언〉이 공포된 것입니다. 이 선언의 제1조는 이렇습니다. "인간은 자유롭고 평등한 권리를 지니고 태어나서 살아간다. 사회적 차별은 오로지 공공 이익에

근거할 경우에만 허용될 수 있다." 강력한 신분제 사회에서는 상상도 못할 문장이죠. 이로써 대단한 왕권을 자랑하던 프랑스 왕조가 무너지고 입헌군주제로 전환됐습니다.

하지만 혁명 이후에도 혼란은 이어졌습니다. 오히려 혁명이 더욱 과격해져 공화정이 선포되고 루이 16세는 단두대에서 처형당했죠. 이후 권력을 장악한 급진파는 공포정치를 실시하며 혁명에 반대하는 수많은 사람들을 학살했습니다. 시민들의 불만은 커져갔고 결국 급진파를 이끌던 로베스 피에르가 처형되면서 공포정치는 끝이 났습니다. 이후 총재 정부가 들어섰지만 무능하기 짝이 없었어요. 프랑스 내부에는 혼란이 계속되었고 경제는 무너졌습니다. 프랑스 민중들의 삶은 조금도 나아지지 않았고 오히려 혁명 이전보다 피폐해졌죠. 〈레 미제라블〉에서 장 발장이 굶주린 조카들을 위해 빵을 훔친 것도 바로 이때의 일입니다. 혁명 속에서 희생당한 평민을 대변하는 인물이 바로 장 발장이었던 것이지요.

내부 상황도 심각한데, 프랑스는 전쟁까지 치러야 했습니다. 프랑스의 귀족들이 살해당하고 심지어 왕이 처형당하는 걸 보면서 유럽의 다른 군주들은 충격과 공포에 빠졌어요. 자기들도 그런 일을 당할까 봐 불안했지요. 그래서 프랑스를 상대로 전쟁을 벌인 것입니다. 이때 등장한 사람이 나폴레옹이에요. 나폴레옹은 연이은 전쟁에서 큰 공을 세우며 프랑스 구국의 영웅이 됩니다.

나폴레옹은 유럽 각지를 정복하며 프랑스혁명 정신에 기반한 자유주의와 민족주의 사상을 전파했습니다. 동시에 자신의 군사적 재능도 뽐냈죠. 시민들은 그런 그에게 환호했습니다. 하지만 승승장구할 것 같았던 나폴레옹은 워털루 전투에서 패해 1815년 완전히 몰락하게 됩니다. 뮤지컬 〈레 미제라블〉은 장 발장이 배를 끌어올리는 장면으로 시작하는데, 그 배가 워털루 전투에 출정하는 나폴레옹의 전함입니다. 빵을 훔친 죄로 감옥에 갇힌 장 발장이 배를 끌어올리는 노역에 동원된 거예요. 그리고 바로 이 해에 장 발장이 출소하죠.

나폴레옹 몰락 이후 망명해 있던 루이 16세의 동생들이 돌아와 차례로 즉위합니다. 오랜 전쟁 끝에 유럽 국가들이 유럽의 질서를 프랑스혁명 이전으로 되돌리는 빈 체제를 수립하는 바람에 프랑스인들은 왕정을 다시 받아들일 수밖에 없었어요. 그런데 왕권을 잡은 샤를 10세가 욕심을 부립니다. 혁명 이전의 강력한 왕권을 꿈꾼 거예요. 절대왕정을 폐지하기까지 얼마나 많은 사람이 피를 흘렸는데, 다시 절대왕정으로 돌아가려 한 것입니다. 게다가 당시 프랑스는 전쟁에서 패배한 뒤 엄청난 손실을 떠안아야 했어요. 이 때문에 민중들의 삶도 더욱 피폐해졌지요.

결국 분노한 민중들은 다시 혁명을 일으켰습니다. 1830년 7월 혁명이 일어난 거예요. 7월 혁명은 프랑스 화가 외젠 들라크루아가 그린 〈민중을 이끄는 자유의 여신〉이라는 그림으로 유명해요. 이 그림을 보면 총칼을 든 사람들이 프랑스 국기를 높이 치켜든 여인을 따르고 있습니다. 땅 위에는 시신들이 널려 있지요. 실제로 혁명이 이어지는 동안 많은 혼란과 희생이 잇따랐습니다.

7월 혁명으로 프랑스는 또다시 입헌군주제 나라가 되었습니다. 〈레 미제라블〉은 이 시대를 배경으로 본격적으로 이야기를 풀어냅니다. 이때 등장하는 인물이 〈레 미제라블〉의 '판틴'입니다. 판틴은 남편에게 버림받고 홀로 어린 딸을 키우며 어렵게 살아가는 여성이었어요. 당시 프랑스는 산업혁명의 영향으로 본격적으로 산업화가 진행되던 시기였습니다. 기계의 등장으로 노동자들은 홀대받았고, 돈을 벌어야 했던 노동자들은 어쩔 수 없이 임금을 낮추고 근로시간을 연장했지요. 이런 상황에서 가장 궁지로 몰린 사람들은 여성이었습니다. 가족의 생계를 위해 공장에 취직하면 저임금으로 착취당했고, 일자리를 구하지 못한 여성은 부양해줄 남자 친척이나 남편이 없으면 먹고 살기 위해 매춘을 하기도 했죠.

판틴 역시 어린 딸 코제트를 부양하기 위해 공장에 취직했었습니다. 이름을 바꾸고 새 삶을 살고 있던 장 발장의 공장이었지요. 하지만 이곳에서 판틴은 모함을 당해 억울하게 해고되고, 이후 머리카락과 생니를 팔다가 결국 몸까지 팔게 됩니다. 끝내 건강까지 잃고 딸을 보지 못한 채 죽고 말죠.

판틴이 공장에서 쫓겨난 후 부르는 노래가 〈I Dreamed a Dream〉입니다. 이 노래는 이렇게 끝나요. "바라던 인생이 이건가. 왜 난 이 지옥에서 사는가. 그 꿈은 어디로 갔나. 다신 찾지 못할 내 꿈." 가난한 여성들에게 희생을 강요한 시대의 잔혹함을 알고 나면 이 노래가 더 처절하게 들립니다. 하늘에는 신이 없고 땅에는 자비가 없던, 모두가 이 불쌍한 사람들을 외면했던 시대가 그려지거든요.

7월 혁명으로 왕이 된 루이 필리프는 절대왕정의 왕들과 달리 신이 아닌 시민의 선택을 받았다고 해서 시민왕으로 불렸어요. 하지만 일부 상층 부르주아의 이익만 보호하고 그들에게만 선거권을 주었습니다. 시대의 변화를 이해하지 못한 처사였죠. 그 때문에 공장을 소유한 부르주아는 잘 먹고 잘살게 되는데 판틴 같은 가난한 사람은 계속해서 생겨났습니다. 결국 노동자들이 들고 일어섰습니다. 〈레 미제라블〉의 클라이막스, 1832년 6월 봉기가 일어난 것입니다.

뮤지컬을 보면 공화주의 성향의 학생들이 좁은 골목에 바리케이드를 쌓아 올리고 군대에 대항해 시가전을 펼칩니다. 그들과 뜻을 함께했던 한 장군의 장례식이 진행되는 동안 자유가 아니면 죽음을 달라고 외쳐요. 이틀 동안 벌어진 이 시가전으로 발생한 사상자만 800여 명에 달할 정도로 굉장히 치열한 전투가 이어집니다. 하지만 이 봉기는 이틀 만에 진압됐고 그들은 결국 패배합니다. 혁명은 실패했습니다.

그런데 뮤지컬 〈레 미제라블〉 마지막 장면에서 죽은 장 발장이 다시 나타납니다. 그리고 혁명에 희생된 사람들과 함께 합창곡 〈Do You Hear the People Sing?〉을 부르죠. "너는 듣고 있는가. 분노한 민중의 노래. 다시는 노예처럼 살 수 없다 외치는 소리. 심장 박동 요동쳐 북소리되어 울릴 때. 내일이 열려 밝은 아침이 오리라."

혁명에 실패해 목숨을 잃은 이들이 나와 부르는 노래라기에는 희망차지 않나요? 이 장면에는 이후 역사에 대한 힌트가 숨어 있습니다. 16년 후 1848년 2월, 노동자 계급이 중심이 되어 왕정을 끝내는 2월 혁명에 성공하거든요. 물론 프랑스는 완전한 민주주의 쟁취까지 험난한 과정을 겪었지만, 이 혁명으로 프랑스 임시 정부가 수립되고 새로운 공화국이 선포되었지요. 이 희망의 단초가 되었던 것이 〈레 미제라블〉의 배경인 1832년

6월 혁명입니다.

이후의 역사를 알아서인지 저는 마지막 장면을 볼 때 온몸에 전율이 흐르더라고요. 비통했던 마음이 어느새 희망으로 벅차올랐습니다. 장 발장이 노래하는 것이 다름 아닌 희망이라는 것이 강하게 느껴졌거든요. 6월 혁명은 실패로 끝났지만, 절망하지 마라. 우리의 목표, 그리고 꿈은 이루어진다. 이런 메시지가 가슴에 와 박혔어요. 가사 하나하나가 가슴을 울렸지요.

훌륭한 작품은 그 자체로도 큰 감동을 주지만 그 배경이 되는 이야기를 알면 감동과 이해의 폭은 훨씬 더 넓어집니다. 그런 의미에서 어쩌면 역사를 배우는 가장 기초적인 이유는 똑똑해지고 싶어서인 것 같아요. 알아가는 재미를 계속 찾는 것이죠. 이런 인간의 욕구를 미국의 심리학자 에이브러햄 매슬로는 '인지적 욕구'라고 표현했습니다. 인간은 앎을 추구하는 동물이라는 것이지요.

눈앞에 두고도 그 배경과 의미를 알지 못한다면 제대로 감상하기 어렵습니다. 그게 너무 아깝고 아쉬워서 찾아보게 되죠. 비단 영화와 뮤지컬만이 아닙니다. 유명한 미술 작품도 마찬가지예요. 예술 작품이야말로 당대의 시대상황에서 자유로울 수 없으니까요. 그런 의미에서 여러 가지 역사의 쓸모를 이야기해 드렸지만 딱 하나만 꼽으라고 하면 바로 이 똑똑해지는 재미를

354

꼽고 싶어요. 재미야말로 인류가 역사를 지속적으로 기록하고 유지해 온 비결이니까요. 여러분도 지금 여기서 우리가 나누고 있는 역사 속 숨은 이야기를 통해 똑똑해지는 재미를 느끼시길 바랍니다.

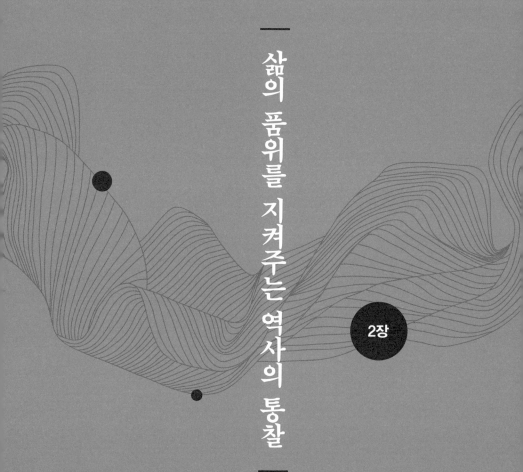

삶의 품위를 지켜주는 역사의 통찰

2장

애쓰고 노력한 끝에는
결국 이룸이 있다

김득신

우리나라 역대 왕 중에서 가장 책을 좋아했던 사람은 누구일 까요? 아마 최고의 책벌레는 세종대왕이 아닐까 합니다. 세종 대왕은 어렸을 때부터 책을 무척 좋아했습니다. 아버지 태종과 는 많이 달랐지요. 태종은 사냥을 무척 좋아하는 호방한 인물이 었습니다. 반면 세종은 눈병이 날 정도로 꼼짝하지 않고 책만 들여다보곤 했죠. 보다 못한 태종은 세종의 방에 있던 책을 모 두 치우라고 명령했어요. 그런데 신하들이 병풍 뒤에 떨어진 책 한 권을 빼먹었던 모양이에요. 세종은 병풍 뒤에 숨어 그 책을 수십 번 반복해서 읽었다고 합니다. 왕위에 오른 후에는 주자소

鑄字所라 불린 금속활자를 만들고, 이를 이용해 책을 찍어내는 관청에 각별한 애정을 갖고 수많은 책을 발행하기도 했어요.

하지만 우리나라 독서왕은 따로 있습니다. 세종대왕보다 책을 더 많이 읽은 사람입니다. 아마 전 세계 독서왕이라고 해도 무리가 없을 거예요. 그분의 이름은 김득신입니다. 김득신이라고 하면 보통 조선 후기의 화가를 떠올리는데요. 제가 소개하려는 김득신은 훨씬 이전인 효종 대에 활동했던 문인이에요.

김득신이 가장 많이 읽은 글은 〈백이열전〉이었습니다. 사마천의 《사기》에는 열전이라고 해서 천하에 이름을 떨친 인물들에 대한 기록이 있습니다. 〈백이열전〉은 말 그대로 백이라는 인물에 대한 기록이에요. 백이와 그의 동생 숙제가 주의 무왕이 벌인 정벌 원정이 의롭지 않다고 여겨 주의 곡식을 거부하고 수양산에 들어가 고사리만 캐 먹다가 죽었다는 내용이지요.

김득신은 이런 이야기가 담긴 〈백이열전〉을 1억 1만 3,000번 읽었다고 합니다. 믿기지 않는 횟수죠? 그런데 정확히 1억 1만 3,000번이라고 기록되어 있습니다. 사실 조선 시대의 1억은 지금의 1억과 다릅니다. 10만이 되면 그냥 '억'이라는 글자를 붙였어요. 억수로 많다는 뜻입니다. 당시에는 지금처럼 큰 숫자를 쓸 일이 별로 없었거든요. 2024년 우리나라 정부의 예산이 약 700조 정도예요. 엄청난 액수죠. 이게 어느 정도인지 가늠이 되

다시, 역사의 쓸모

시나요? 평범한 사람들에게는 피부로 와닿지 않는 금액이에요. '경'이나 '해'처럼 조보다 큰 단위는 어떻겠어요. 조선 시대에는 10만이라는 숫자가 그랬어요. 헤아리기 어려울 만큼 큰 숫자니까 그냥 억이라고 하는 거예요. 그러니까 1억 1만 3,000번은 11만 3,000번을 뜻하는 것입니다. 그래도 엄청나죠. 같은 책을 두세 번 읽기도 쉽지 않은데, 11만 3,000번이나 읽다니요.

김득신에게는 독서 기록장이 있었는데, 1만 번 이상 읽은 책만 기록해 두었다고 합니다. 1만 번까지 읽지 않은 책은 적지도 않은 거예요. 이렇게 엄청난 조건을 통과한 책은 모두 서른여섯 권이었습니다. 서른여섯 권은 적어도 1만 번 이상 읽은 책이고, 그중 가장 많이 읽은 책이 11만 3,000번 읽은 〈백이열전〉이었던 거예요. 앞서 제가 전 세계 독서왕이라는 별명을 붙인 이유를 아시겠죠? 이보다 책을 더 많이 읽은 사람은 아무리 생각해도 떠오르지 않아요.

김득신은 굉장히 좋은 집안에서 태어났습니다. 임진왜란 3대 대첩이라고 하면 행주대첩과 한산대첩, 진주대첩을 꼽잖아요. 이 대첩 중 진주대첩을 이끈 김시민의 손자가 김득신이었어요. 그런데 김득신은 그리 좋은 머리를 타고나지는 못했습니다. 오히려 머리가 너무 나빠서 가족들이 걱정할 정도였어요. 어릴 때 천연두를 앓고 겨우 살아남았는데, 그 영향이었는지도 모르겠습니다.

조선 시대 양반 집안에서는 머리가 나쁜 게 무척 큰 결점이었어요. 명문가 자손들은 반드시 과거에 합격해야 했거든요. 지금이야 공부를 못해도 할 수 있는 일이 많지만, 그때는 공부 외의 길이 전혀 존재하지 않았어요. 자손들이 과거에 계속 불합격하면 주위에서 그 집안을 더는 양반으로 인정하지 않을 정도였습니다. 그러니까 당시 선비들은 본인의 입신양명보다도 가문의 명예를 위해 공부하는 경우가 많았어요. 그만큼 부담이 컸을 겁니다.

과거 시험은 논술 형태로 치러졌습니다. 예를 들어 '인재를 등용하고 양성하는 방법을 서술하시오'라는 문제가 나오면 이에 대해 논하는 글을 써야 하는 거예요. 그런데 그냥 마음대로 쓰면 안 됩니다. 옛 성현의 말을 인용한 다음, 자신의 생각을 서술해야 했거든요. 그러니까 과거에 합격하려면 먼저 옛 성현의 말을 외워야 했어요. 김득신은 머리가 나쁘기도 했지만, 특히 기억력이 좋지 않았습니다. 글자 하나를 배워도 돌아서기만 하면 잊어버렸어요. 그러니 답안을 제대로 작성하기가 어려웠겠죠.

조선 시대 과거는 크게 소과와 대과로 나뉩니다. 소과에 합격하면 성균관에 입학할 자격이 주어지고, 거기서 공부한 다음 최종 시험인 대과를 치러야 했어요. 말하자면 소과는 수능, 대과는 고시 같은 거지요. 그걸 다 통과해야 관리가 되는데, 김득신에게는 불가능한 일이었어요.

김득신은 집안의 골칫덩어리였습니다. 집안의 장손이 머리가 나빠서 시험을 못 보게 생겼으니까요. 대책 마련을 위한 문중 회의까지 열렸어요. 고민 끝에 문중에서는 김득신을 포기하기로 했습니다. 김득신 대신 양자를 들이기로 한 거예요. 한마디로 공부 잘하는 용병을 영입하겠다는 겁니다. 그 소식을 들은 김득신의 아버지는 버선발로 달려왔습니다. 그분 이름이 김치였는데, 자기가 책임지고 아들을 과거에 합격시킬 테니까 양자 입양은 조금만 미뤄달라고 문중 어른들에게 사정했어요. 결국 김득신의 교육은 아버지가 전담하기로 했습니다.

김치는 그날부터 아들에게 공부를 가르치기 시작했어요. 자식은 직접 가르치는 게 아니라는데, 그 어려운 일을 맡았습니다. 문제는 김득신이 아버지의 가르침을 제대로 소화하지 못했다는 겁니다. 아무리 열심히 해도 제대로 기억하지 못하니 안타까운 일이었죠. 김득신은 열아홉 살에 처음 글을 지었는데, 그걸 본 김치는 하늘이 노래졌어요. 10여 년을 가르쳤는데도 나아진 게 별로 없는 거예요. 저라면 순간 화가 치밀었을 것 같아요. "내가 널 어떻게 가르쳤는데!" 이런 소리가 나올 것 같거든요. 하지만 김치는 아들에게 이렇게 말합니다.

"네가 이렇게 글을 쓰고 또 쓴다면 언젠가는 과거에 합격할 것이다. 이 아비는 네가 60세가 될 때까지 밀어줄 테니 계속해서 열심히 쓰도록 해라."

그러면서 아들을 독려했죠. 그런데 그 말을 한 뒤 겨우 2년이 지나 김치는 세상을 떠나고 말았습니다. 죽기 전에 김득신을 앉혀놓고 이제 공부는 그만하라는 유언을 남겼어요. 자기가 죽게 됐으니 더는 김득신에게 공부를 가르칠 사람이 없다고 생각한 거예요. 아버지도 힘든데 누가 그 일을 하겠어요. 남들이 한 번이면 깨칠 것을 수십 번 공부해도 깨치지 못하는 아들이 안쓰럽기도 했던 것 같습니다.

그런데 김득신은 아버지의 유언을 곧이곧대로 듣지 않았어요. 학업에 더욱 매진하라는 뜻으로 생각하고 계속해서 공부했습니다. 밥을 먹을 때도, 길을 걸을 때도 손에서 책을 놓지 않았대요. 그렇게 공부해서 소과에 응시했지만, 요즘 말로 '광탈'합니다. 과거는 매년 보는 시험이 아니었어요. 원칙적으로 3년에 한 번 치르는 데다가 최종 합격자가 서른세 명밖에 되지 않았기 때문에 경쟁이 엄청나게 치열했습니다.

김득신은 3년을 기다렸다가 시험을 치고, 떨어지면 또 3년을 기다렸다가 시험을 쳤습니다. 계속 떨어지다가 드디어 서른아홉 살에 소과에 합격했어요. 그때 대학생이 된 셈이죠. 남은 건 대과였습니다. 단번에 붙으면 김득신이 아니겠죠. 이번에도 김득신은 시험을 보고 떨어지기를 반복하다가 20년이 지나 드디어 대과에 합격합니다. 그때 김득신의 나이가 59세였어요. 그야말로 인간 승리였습니다. 끝내 해낸 것입니다.

* * *

뒤늦게 벼슬길에 들어선 김득신은 동지중추부사 자리에 올랐지만, 금방 그만두었습니다. 초야에 묻혀 엄청나게 많은 책을 읽고, 사람들이 감탄할 만한 시를 지었어요. 하지만 나이가 들어도 머리가 좋지 않은 건 변함이 없었습니다. 그와 관련된 일화가 너무나 많습니다.

김득신이 말을 타고 어느 집 앞을 지나가던 중에 글귀 읽는 소리가 들려왔어요. 가만히 들어보니 어디서 읽어본 내용 같은 거예요. 김득신은 그 구절을 어디서 읽었는지 기억해 내려 했습니다. 말고삐를 쥔 노비가 그 모습을 보고 무슨 일이냐고 물었어요. 김득신이 영 불편해 보였거든요. 뭔가 생각날 듯 말 듯 하면 정말 답답하잖아요. 김득신은 "이 구절 분명히 어디서 읽었는데, 어디서 읽었더라…"하면서 계속 애를 썼습니다. 그러자 노비가 이렇게 대답해요.

"제가 글을 쓸 줄도, 읽을 줄도 모르지만 저 글은 알고 있습니다. 서당개 3년이면 풍월을 읊는다고, 나리께서 매일 아침점심저녁으로 이 문장을 읽으시기에 비질을 하며 듣다 보니 저도 알게 되었습니다. 나리께서 그렇게 많이 읽으셨던 〈백이열전〉 첫 장의 첫 번째 문장입니다."

〈백이열전〉을 11만 3,000번 읽었다면서 어떻게 그럴 수 있을까 싶죠? 그런데 정말 이 정도로 기억력이 형편없었대요.

또, 어느 날은 김득신이 멋진 시를 한 편 얻었다면서 친구들을 불러 모았습니다. 시 한 수나 그림 한 편을 올려놓고 보면서 술 한잔 마시는 게 그 시절 선비들의 오락이었거든요. 친구들은 김득신이 보여준 시를 읊으면서 즐거워했습니다. 다들 정말 좋은 시라고 칭찬했어요. 그런데 그중 한 친구가 "여보게, 지금 자네 장난치는 건가?" 하고 물었습니다. 무슨 소린가 했더니 그 시가 예전에 김득신이 지은 시였던 거죠. 자기가 지은 시조차 기억을 못 하고 괜찮은 시를 발견했으니 감상해 보자며 친구들을 불렀던 겁니다.

김득신은 머리가 그렇게 나빴지만 시는 잘 썼다고 합니다. 당시 왕이었던 효종은 김득신이 쓴 시를 볼 때마다 극찬했어요. 자연을 노래한 시를 읽다 보면 자기가 마치 그 자연 속에 들어가 있는 것 같다고 평했어요. 사실 시 한 수를 지으려면 김득신은 남보다 훨씬 고된 과정을 거쳐야 했습니다. 예를 들어 시인들은 시상이 떠오르면 '하늘과 바람과 별과…' 하면서 머릿속으로 생각을 하다가 써내려 갈 거잖아요. 그런데 김득신은 '하늘과 바람과 별과…' 하고 생각하다 보면 앞부분을 잊어버리고, 그걸 기억해 내려다가 뒷부분을 잊어버리는 거예요. 그래서 자기가 쓰려고 했던 글자를 다시 찾느라 고생했습니다. 김득신에게는 조선 남자들이 다 가지고 있었던 수염이 없었는데, 잊은 걸 기억해 내려고 습관적으로 수염을 돌돌 말다 보니 다 뽑혀서 그렇게 된 거라는 이야기도 있습니다.

여든 가까이 산 김득신은 살 날이 얼마 남지 않았음을 깨닫고 자신의 묘비에 새길 글을 직접 지었습니다. 저는 그 내용이 궁금했어요. 머리 나쁜 사람으로 워낙 유명했으니까 고생스럽게 살아온 삶에 대한 원망이나 회한 같은 것이 담겨 있지는 않을까 싶었지요. 그런데 전혀 달랐어요. 김득신의 글은 꼭 우리에게 말을 거는 것 같았습니다. 마치 300년이 지난 뒤에 자신을 만나러 올 사람이 있을 거라는 사실을 예견한 것처럼 묻고 있어요. 그 글을 풀어보자면 이렇습니다.

"나보다 머리 나쁜 사람이 있는가. 아마 없을 것이다. 나는 조선의 노둔한 사람이다. 세상 사람들이 나를 손가락질한다는 것을 알고 있지만, 나는 한 번도 스스로에게 '너는 못 해'라고 한계를 정한 적이 없다. 혹시 당신이 살다가 재주 하나 없다는 생각이 든다면 나처럼 한 가지 일에 정성을 다해보아라. 내 시대에 나보다 시를 빨리 쓰는 사람도 있었고, 나보다 시험에 빨리 합격한 사람도 있었고, 나보다 글을 빨리 배운 사람도 있었지만, 그들은 나와 같이 이름을 남기지 못했다. 지금 당신이 만나고 있는 사람은 시를 빨리 쓰는 사람, 시험에 빨리 합격한 사람, 글을 빨리 배운 사람이 아니라 바로 나이지 않은가. 그러니 이것저것 해서 이름을 남기지 못하는 것보다 하나에 매진하는 것이 나을 것이다. 이건 내가 구하여 스스로 깨달은 바다."

김득신의 생애를 보면 '사람이 이렇게 살 수도 있구나' 하는 생각이 듭니다. 우리는 사소한 것까지 서로 비교하며 살잖아요. 남보다 재능이 없다고 실망하고, 남보다 가진 게 적다고 좌절합니다. 이 길이 맞는지 의심하며 우왕좌왕하다가 나는 안 될 거라고 포기하는 일도 있습니다.

김득신은 자기의 길을 찾아 뚜벅뚜벅 흔들림 없이 걸어간 사람입니다. 남보다 머리가 나쁘다고, 남보다 배움이 느리다고, 남보다 기억력이 안 좋다고 스스로를 포기했다면 우리와도 만날 수 없었을 거예요. 말 그대로 자신의 평생을 다 쏟아부어 얻은 깨달음을 후손에게 남긴 것입니다.

중국 사서오경 중 하나인 《중용》에 이런 구절이 있습니다.

"남이 한 번으로 능하거든 나는 백 번을 하고, 남이 열 번으로 능하거든 나는 천 번을 하라. 과연 이러한 도에 능하게 된다면, 비록 우둔하더라도 반드시 명석해지고 비록 유약하더라도 반드시 강해질 것이다." 마치 김득신을 두고 하는 말 같지 않나요? 재능이 없음을 탓하며 스스로의 능력에 한계를 짓고 싶을 때 다시 한 번 더 해볼 수 있는 힘을 주는 말입니다.

나의 존재와 인생이 유난히 보잘것없이 느껴지는 날이 있어요. 누구에게나 그런 때가 있습니다. 그때마다 읽어보기를 바라는 마음으로, 김득신의 〈자찬묘비명〉 일부를 옮겨봅니다.

無以才不猶 人自畫也 (무이재불유 인자획야)
莫魯於我 終亦有成 (막로어아 종역유성)
在勉強而已 (재면강이이)

재주가 남만 못하다 하여 스스로 한계 짓지 마라.
나보다 어리석고 둔한 이도 없겠지만, 결국에는 이룸이 있었다.
모든 것은 힘쓰는 데 달려 있을 따름이다.

선한 마음으로
세상을 바라봐야 하는 이유

혜경궁 홍씨

　거의 모든 자기소개서가 "저는 엄한 아버지와 인자한 어머니 사이에서 태어나…"라는 구절로 시작하던 시절이 있었습니다. 엄부자모嚴父慈母는 본래 전통사회에서 부모의 역할을 규정하는 말이었습니다. 엄격한 아버지와 자애로운 어머니가 부모의 이상적인 모습이었던 거죠. 시대가 바뀌어서 요즘은 주위에서 자상한 아버지를 많이 볼 수 있습니다. 부모의 양육 방식은 달라졌지만, 자식을 사랑하는 마음만큼은 같지 않을까 해요.

　그런데 부모가 자식을 사랑하는 마음은 의도와 곧잘 어긋나곤 합니다. 너무 사랑하다 보니까 기대도 커지거든요. 우리 역사를 보면 사도세자를 향한 영조의 마음이 꼭 그랬어요. 사도세자는 영조가 마흔이 넘어 얻은 외아들입니다. 영조에게 아들이 없었던 건 아니에요. 장남인 효장세자가 있었지만 어린 나이에 세상을 떠나고 말았죠. 그 일이 있고 7년이 지난 뒤에야 사도세자가 태어났어요. 조선 시대에 마흔은 현재로 따지자면 쉰이나 예순이라고 해도 과언이 아닙니다. 안 그래도 귀한 아들인데, 늦둥이니까 얼마나 귀여웠겠어요.

영조는 아들을 애지중지합니다. 첫돌이 겨우 지난 아기를 세자로 책봉했을 정도예요. 역대 최연소 기록입니다. 그뿐만이 아니에요. 어찌나 아들 자랑을 했는지 몰라요. 요즘 말로 '아들 바보'라고 하죠. 세자가 공부할 교과서를 직접 만드느라 밤을 새우기도 했을 만큼 아들 사랑이 지극했습니다. 그런 영조에게 한 가지 문제가 있었다면 자신이 그리는 아들의 미래 모습이 지나치게 확고했다는 점입니다.

영조는 완벽주의자였고, 자신의 뒤를 이어 왕위에 오를 세자 역시 완벽한 군주가 되기를 바랐습니다. 그런데 자식은 부모 맘대로 되는 게 아니잖아요. 영조는 사도세자가 뛰어난 학식을 갖추길 바랐지만 사도세자는 유교 경전을 읽는 것보다는 그림 그리거나 무예 익히는 것을 더욱 좋아했습니다. 아버지가 바라는 군주상은 아니었지만, 그런 호방한 스타일의 군주도 있기 마련이에요. 하지만 영조는 그 점을 인정하지 않았습니다.

영조에게 다른 선택지는 없었어요. 모름지기 왕이라면 밤낮으로 공부하고, 백성만 생각하고, 신하들과 토론하기 좋아해야 한다고 믿었던 거예요. 그래서 자신의 교육 방식을 계속 밀어붙입니다. 사도세자가 따라오지 못하는데도 포기하지 않았어요. 그러는 동안 아들을 향한 영조의 사랑은 점점 애증으로 변해갔습니다. 사랑이 컸던 만큼 증오도 컸습니다. 기대에 못 미치니까 너무 답답하고 화가 났던 거예요.

자꾸만 멀어지던 영조와 사도세자의 사이는 대리청정을 계기로 급격히 악화됐습니다. 대리청정은 임금이 정사를 제대로 돌볼 수 없는 상황일 때 공식 후계자가 그 일을 대신하는 것입니다. 영조는 건강했지만, 세자가 정무를 익혀야 한다는 핑계로 사도세자에게 대리청정을 시켰어요. 왕의 역할을 한번 해보라는 뜻이었죠. 하지만 말만 대리청정일 뿐, 세자에게는 아무런 결정권이 없었습니다. 신하들이 아뢰는 사안에 사도세자가 "그렇게 하라"라고 하면 뒤에 앉아 있던 영조가 벌컥 화를 냈어요. 이미 자신이 결정했던 사안인데 왜 마음대로 바꾸냐는 거예요. "이 아비가 예전에 그렇게 결정한 데는 다 이유가 있는 것이다" 하면서 신하들 앞에서 대놓고 혼을 냅니다. 다른 안건이 올라오자 이번에는 사도세자가 영조의 의중을 묻습니다. 자신의 생각대로 처리했다가는 또다시 혼쭐이 날 테니까요. 그런데 영조의 반응이 180도 달라져요. "너는 어떻게 이런 것도 처리를 못하냐?" 하는 거예요. 그런 아버지 앞에서 어떻게 일을 할 수가 있겠습니까. 사도세자는 그 시간을 무척 두려워했다고 합니다. 아버지라는 존재가 아들에게는 그저 공포였어요.

우울증과 화병에 시달리던 사도세자는 정신착란 증세를 보입니다. 온갖 기행을 일삼고, 내시와 궁녀를 죽이기까지 했어요. 결국 영조는 사도세자에게 자결을 명했습니다. 신하들은 영조에게 명을 거두어 달라고 사정하면서 스스로 목숨을 끊으려는 사도세자를 말립니다. 그래도 영조는 마음을 바꾸지 않았어요. 뒤주를 가져오라 명하고, 사도세자를 뒤주에 가둬버렸습니다. 사도세자는 좁은 뒤주 속에서 일주일을 괴로워하다가 생을 마감했습니다. 이 일을 임오화변이라고 합니다. 조선 왕조 500년 역사에서 가장 비극적인 사건으로 뽑힐 만한 일이죠.

＊ ＊ ＊

영조와 사도세자, 그리고 정조 이야기는 굉장히 유명합니다. 사극에서 무척 자주 등장하는 소재이지요. 그런데 사도세자의 부인이자 정조의 어머니인 혜경궁 홍씨의 이야기는 그다지 조명받지 못했어요. 이번에는 혜경궁 홍씨가 남편이 죽은 뒤 아들 정조를 살리기 위해서 어떤 노력을 했는지 알아보려 합니다.

혜경궁 홍씨는 늘그막에 자신의 생을 돌아보며 《한중록閑中錄》이라는 회고록을 썼습니다. 원통하다는 뜻의 '한恨' 자를 쓰기도 하는데, 한가하다는 뜻의 '한閑' 자가 뜻에 더 맞다고 할 수 있습니다. 실제로 모든 역경이 지나가고 여유로운 때에 쓰기도 했지만, 그보다는 겸손의 의미가 더 커요. '이 글은 대단한 게 아니다', '그저 시간 날 때 끄적거린 거다'라는 뜻으로 저자인 자신을 낮춘 거예요. 그러나 《한중록》은 임오화변의 과정과 전후 사정을 알 수 있는 중요한 사료입니다. 사도세자를 가장 가까운 곳에서 지켜본 사람의 서술이라는 점에서도 가치가 있어요.

하루가 다르게 난폭해지는 남편을 보면서 혜경궁 홍씨도 늘 조마조마했습니다. 사도세자가 죽은 뒤에는 정말 기구한 팔자가 돼요. 영조는 사도세자를 뒤주에 가두기 전, 폐서인했습니다. 세자로서의 지위를 박탈하고 일반 서민이 되게 한 것이죠. 남편이 세자의 신분을 빼앗겼으니 혜경궁 홍씨도 더는 세자빈이 아니었습니다. 정조 역시 왕세손이 아니었어요. 서민이 된 모자는 궁에서 살 수 없었습니다. 혜경궁 홍씨는 어린 아들을 데리고 본가로 갔습니다.

다시, 역사의 쓸모

드라마를 보면 이런 상황에서 궁을 떠나는 여인이 눈을 부릅 뜨면서 말해요. "내 기필코 이 원한을 잊지 않으리라!" 충분히 그럴 수 있어요. 남편은 죽임을 당하고 자기 신세가 하루아침에 달라졌으니 얼마나 한이 맺히겠어요. 시아버지가 한없이 미울 거예요. 이 수치를 설욕하고 앙갚음하고 싶겠죠.

하지만 혜경궁 홍씨는 달랐습니다. 우는 아들을 달래며 이렇게 말합니다. "망극하고 망극하나 다 하늘의 뜻이다. 네가 몸을 평안히 하고 착해야만 나라가 태평하고 또 성은을 갚을 것이다. 비록 설움이 있으나 네 마음을 상하게 하지 말라." 심지어는 아들에게 할아버지 은혜에 보답해야 한다고 말합니다. 우리가 목숨을 보전할 수 있는 것은 모두 할아버지 영조 덕분이라고 강조해요.

실제로 혜경궁 홍씨는 영조가 자신과 정조를 다시 불러들였을 때도 "이 모든 게 다 성상의 은혜입니다"라고 말했어요. 억울하다고 할 법도 한데, 오히려 감사하다고 합니다. 그러니까 영조도 며느리에게 "고생 많았다"라고 답해요. 며느리 얼굴을 보기가 영 껄끄러웠을 텐데, 며느리가 그렇게 나오니까 면이 좀 서는 거예요.

혜경궁 홍씨는 정조를 자신이 머무는 창덕궁에 두지 않고 영조가 머무는 경희궁으로 보냈습니다. 그때 정조는 열한 살이었어요. 어린 자식을 떼어놓기란 쉽지 않았지만, 혜경궁 홍씨에게 가장 중요한 일은 아들을 살리는 일이었습니다. 혜경궁 홍씨는 남편과 시아버지의 사이가 벌어진 이유를 나름대로 추측해 봤어요. 그중 하나가 물리적 거리였습니다. 아버지와 아들이 떨어져 살다 보니까 오해와 불신이 점점 더 깊어졌다고 생각한 거예요. 그래서 정조를 할아버지 곁으로 보냈던 것입니다.

정조는 할아버지가 무서웠을 거예요. 할아버지는 자신을 어여삐 여겨주는 사람이기도 하지만, 아버지를 죽인 사람이기도 하니까요. 게다가 아직 엄마 곁이 좋을 나이잖아요. 가끔 엄마를 만나면 떨어지지 않으려고 했대요. 울면서 매달리는 아들을 돌려보낼 때마다 혜경궁 홍씨의 마음은 칼에 베이는 듯 아팠습니다. 그래도 마음을 모질게 먹었어요. 무슨 일이 있더라도 아들을 살려야 했습니다. 아들을 위해 고통을 감내한 것입니다.

어머니의 간절한 바람과 노력 덕분인지 다행히 정조는 영조의 후계자로 인정받았습니다. 사도세자는 죄인으로 죽었고, 죄인의 아들은 왕위를 이을 수 없었기에 영조는 정조를 효장세자의 아들로 입적시킵니다. 큰아버지의 양자가 되면서 정조는 어머니와 법적인 연이 끊어졌어요. 그래도 혜경궁 홍씨는 개의치 않습니다. 그저 아들을 만날 때마다 당부했어요. 미움이나 증오가 아닌 선한 마음으로 세상을 바라보라고 말이죠.

"내가 너에게 바라는 뜻은, 임금의 뜻을 이어받아 힘쓰고 가다듬어 착한 사람이 되는 것이다. 이는 곧 성은을 갚는 일이고 또 네 아버님께는 효자가 되는 일이다. 이밖에 더한 일은 없구나." 정조가 커갈수록 한과 설움을 강하게 느끼자, 아버지의 한을 푸는 일은 복수가 아니라 선을 행하는 일이라고도 이야기합니다. "서러울수록 보배로운 네 몸을 보호하거라. 비록 한이 많지만 스스로 착하게 행동하여 아버님의 한을 갚으라." 정조가 선한 마음으로 세상을 바라볼 수 있도록 끊임없이 강조했습니다.

훗날 왕이 된 정조는 즉위하자마자 이렇게 말합니다. "나는 사도세자의 아들이다." 벼락같은 일성이었습니다. 사도세자의 죽음에 관여했던 신하들은 아마 가슴이 철렁했을 거예요. 연산군처럼 죽은 생모의 원수를 갚겠다면서 조정에 피바람을 일으킬 수도 있는 거잖아요. 하지만 정조는 사사로운 감정을 내세우지 않았습니다. 재위 기간 내내 자신을 반대했던 세력을 대거 숙청하거나 피바람을 불러온 적이 없었습니다. 오히려 탕평 정치를 펼치며 조선 후기의 르네상스를 완성했어요. 이 근간에는 어릴 때부터 복수가 아닌 선으로써 아버지의 한을 풀어야 한다고 끊임없이 이야기한 어머니 혜경궁 홍씨의 교육이 있었을 것입니다. 덕분에 정조는 선을 행하는 좋은 임금이 됐어요.

1795년 정조는 환갑을 맞은 어머니를 모시고 수원 화성으로 갑니다. 그곳에는 정조가 옮겨둔 사도세자의 묘소인 현륭원이 있었습니다. 아버지를 안타깝게 여겼던 정조는 매년 그곳을 찾았어요. 그런데 이번 행차는 좀 더 특별했습니다. 혜경궁 홍씨의 환갑잔치를 열기 위한 방문이었으니까요.

〈화성능행도〉라는 여덟 폭의 병풍 그림에는 당시의 풍경이 고스란히 담겨 있습니다. 혜경궁 홍씨의 환갑잔치 장면, 정조가 과거 시험장에 들른 장면, 왕과 신하는 물론이고 백성들까지 불꽃놀이를 즐기는 장면 등 세밀한 표현에 감탄이 절로 나옵니다. 제7폭 〈환어행렬도〉는 화성을 출발한 행렬이 시흥 행궁으로 들어오는 장면을 그렸는데 정조가 직접 혜경궁 홍씨에게 차와 음식을 올리기 위해서 행렬을 멈춘 순간을 담았어요. 정조가 어머니를 얼마나 정성껏 모셨는지 알 수 있는 부분입니다.

임금이 대궐 밖으로 나가 나들이를 즐기는 것을 행행行幸이라고 해요. '행幸' 자에는 '거둥'이라고 해서 임금의 나들이라는 뜻도 있지만, '행복'이라는 뜻도 있습니다. 8일간 어머니와 함께한 시간은 정조에게 그야말로 행복한 유람이 아니었을까 합니다.

이 행차 때 혜경궁 홍씨는 처음으로 사도세자의 묘소를 찾았습니다. 이전에는 한 번도 가지 않았어요. 방문을 빌미로 공격하는 사람이 있지 않을까 두려웠거든요. 조정에서 이런저런 말이 나와 행여나 정조에게 좋지 않은 영향을 미칠까 봐 행동 하나하나를 조심했던 거예요.

남편의 무덤 앞에 선 혜경궁 홍씨는 당신의 혈육을 간신히 보살펴왔노라고, 이제 당신의 자식들이 다 컸음을 조용히 알리노라고 마음속으로 읊었습니다. 그 말을 남편에게 전하면서 비로소 살아온 보람을 느낍니다. 파란만장한 생이었지요.

한 사람을 제대로 키워내는 것. 모든 부모에게 주어진 임무지만 참 쉽지 않은 일인 것 같습니다. 부모가 자식에게 무엇을 바라느냐에 따라 자식의 인생이 다른 색깔을 띠게 되는 것 같거든요. 영조는 아들에게 완벽한 주군상을 바라다 비극을 맞이했고, 혜경궁 홍씨는 선을 중요하게 여기길 바람으로써 아들을 성군으로 키워냈지요.

저도 자식이 있다 보니 부모로서 무엇을 가르쳐야 할까 고민할 때가 있습니다. 혜경궁 홍씨가 선을 전했다면, 저는 제 아이에게 배려하는 마음을 전하고 싶어요. 대단한 배려는 아니고요, 최소한 타인에게 피해를 주지 않는 사람이 되라는 의미입니다. 그래서 학교에 지각하지 말아야 하는 이유를 알려줄 때도 시간을 잘 지켜야 한다는 원칙보다는 다른 사람의 시간을 함께 쓴다는 개념으로 접근했어요. 학교 일정은 누구 한 사람만을 위한 게 아니잖아요. 단체 생활은 다른 사람과 시간을 함께 쓰는 일이니 내가 지각을 해서 수업이나 예정된 일정이 늦어지면 다른 사람까지 시간을 낭비하게 됩니다. 내 시간이 소중한 만큼 다른 사람의 시간도 소중히 여길 줄 알아야 하잖아요. 다른 사람의 시간을 존중하는 게 배려라는 거죠.

부와 명예를 얻는 성공을 바라지는 않습니다. 성공의 기준은 주관적이잖아요. 어느 위치에서 무슨 일을 하든지 스스로 만족하고 행복을 느낀다면 그것이 아이에게 맞는 성공일 것이라고 생각해요. 그런 감정은 스스로 발견하는 것이지, 제가 만들어줄 수 있는 게 아니거든요. 다만 제 아이가 남을 배려할 줄 아는 사람으로 성장했으면 하는 바람은 있어요. 배려하는 태도가 배어 있는 사람은 어디서나 환영받을 테니 인생을 살아가는 데에도 큰 어려움이 없을 것 같아요. 저는 그렇게 생각하는 것만으로도 마음이 좀 놓입니다.

어떤 부모든 자기만의 양육 철학이 있을 겁니다. 혜경궁 홍씨의 양육 철학은 선한 행실이었어요. '선을 행하는 왕이 되어 아버지의 한을 풀라'는 것이 핵심이었습니다. 한을 푸는 방식으로 복수를 선택하지 않고, 선을 택해 아들을 성군으로 키워낸 것이 꽤나 멋진 방법이었다는 생각이 듭니다. 혜경궁 홍씨의 바람대로 정조는 선정을 펼쳐 아버지의 한을 푸는 데 이바지했지요.

다시, 역사의 쓸모

영조와 혜경궁 홍씨 모두 자식을 사랑하는 마음의 바탕은 같았을지도 모릅니다. 그러나 결과는 너무나 달랐어요. 정조가 성군으로 역사에 길이 남은 배경에는 어머니의 특별한 가르침이 있었던 것입니다. 선을 행함으로써 성공까지 얻게 되었죠. 부모로서 한 번쯤 생각해 볼만한 이야기인 것 같습니다.

《한중록》에는 처음으로 사도세자의 묘를 찾은 혜경궁 홍씨의 소회가 그대로 기록되어 있습니다. 자식에게 그 무엇보다 선함을 가르치려 했던 어머니의 소회를 함께 읽어보는 것으로 이 글을 마무리하겠습니다.

내 목숨이 갈수록 그지없고, 스스로 염치없이 살아남은 것이 부끄러웠다. (…) 천만 가지 어렵고 힘든 가운데 (정조는) 무사히 성장하여 보위에 오르셨다. (…) 당신의 골육을 간신히 보전하여 거느리고 와서 내가 당신 자녀의 성취함을 마음속으로 알렸다. 이 한 부분은 내가 살아 있음이 빛난다고 할 수 있다.

승리 이후를 결정짓는
승자의 품격

의자왕

한에 관한 이야기가 나왔으니 '복수' 하면 떠오르는 이야기를 하나 더 해볼까 합니다. 와신상담臥薪嘗膽이라는 고사성어를 아시나요? 한자를 그대로 풀이하면 장작 위에 눕고 쓸개를 맛본다는 뜻입니다. 이 고사성어는 《사기》에 나오는 오와 월이라는 두 나라 이야기에서 유래했습니다. 중국 춘추전국 시대에 오와 월은 서로 다투며 원한을 주고받는 사이였습니다. 월의 왕 구천이 오를 급습해 오의 왕을 죽이자, 아버지를 잃고 새로 왕위에 오른 부차는 원수를 갚기 위해 장작더미 위에서 잠을 자며 복수를 맹세했어요. 절치부심 끝에 월을 공격한 부차는 월의 왕

다시, 역사의 쓸모

구천에게 치욕을 주고 월을 철저히 파괴해 버렸습니다. 이후 구천은 곰의 쓸개를 핥으면서 복수를 다짐했다고 합니다. 그리고 결국 오를 쳐서 복수에 성공했다고 하죠. 즉, 와신상담은 복수를 준비하는 사람의 입장에서 불편한 잠자리를 고집하고 쓰디쓴 쓸개를 핥으면서 마음먹은 일을 이루기 위해 온갖 어려움과 괴로움을 참고 견딘다는 뜻의 고사성어입니다.

그런데 이렇게 생각해 볼 수도 있을 것 같아요. 애초에 치욕을 주지 않았다면 어땠을까요? 복수에 성공했다 하더라도 상대를 완전히 굴복시키고 원한을 남기는 행동을 하지 않았다면요? 모르긴 몰라도 이렇게 끝없는 복수전은 펼쳐지지 않았을 것입니다. 인생은 부메랑이라고, 인간사라는 것이 내가 한 일이 돌고 돌아 다시 내게 오는 형국이더라고요.

중국 역사에 부차와 구천이 있다면 우리나라 역사에는 의자왕과 김춘추가 있습니다. 백제의 의자왕 역시 왕위에 오르자마자 복수를 감행했습니다. 642년 신라와의 전쟁을 선포한 뒤 직접 전쟁터로 향했어요. 그리고 신라의 성을 40여 개나 빼앗았습니다. 고구려 광개토태왕이 평생에 걸쳐 백제에게서 빼앗은 성이 64개였어요. 그런데 단번에 40여 개의 성을 함락시켰으니 엄청난 대승이었죠. 의자왕은 계속해서 신라를 압박했습니다. 신라에 사무친 원한이 있었거든요. 의자왕의 4대조 할아버지

때부터 대대로 내려온 원한이었습니다.

원래 백제와 신라의 관계는 꽤 돈독했어요. 고구려가 워낙 강한 나라였기 때문에 두 나라가 힘을 합쳐 견제할 수밖에 없었거든요. 5세기에 고구려는 말 그대로 무적이었어요. 위로는 요동과 만주의 드넓은 땅을 차지하고, 아래로는 한강 유역 남쪽까지 진출했습니다. 한강 유역은 우리 역사에서 항상 중요한 땅이었어요. 농사짓기에 좋고, 교역에도 유리한 위치였으니까요. 함께 고구려에 맞서자고 약속한 백제와 신라는 한강 유역을 되찾으면 백제가 하류, 신라가 상류를 각각 나눠 갖기로 합의했습니다.

나제동맹을 맺은 지 120년이 지나서야 두 나라는 한강 유역을 되찾았어요. 백제의 성왕과 신라의 진흥왕이 함께 이뤄낸 결과였습니다. 그런데 신라가 약속과 달리 한강 유역을 독차지해 버렸습니다. 굳건했던 동맹은 순식간에 깨져버렸죠. 가만히 당하고 있을 수 없었던 성왕은 신라와의 전쟁을 선포하고 전장에 뛰어듭니다. 하지만 매복 중이던 신라군에게 패한 것은 물론, 참수까지 당하고 맙니다. 554년 관산성 전투의 일이었지요.

아무리 적이라지만 신라는 한 나라 왕의 목을 잘라버렸습니다. 그뿐이 아닙니다. 잘린 성왕의 머리를 신라 궁궐 계단 아래에 묻었다고 해요. 궁을 드나드는 사람들이 백제 왕의 머리를

다시, 역사의 쓸모

밟고 다니게 만든 거죠. 지금 생각해도 충격입니다. 물론 이 부분은 사실이 아닐 가능성도 있습니다. 신라에 대한 백제인의 증오심이 컸기 때문에 반드시 복수하라는 의미로 일부러 자극적인 이야기를 지어내서 후세에 전했을지도 몰라요. 만일 그랬다면 목적은 달성한 셈입니다. 후손들에게 천추의 한이 되었으니까요. 의자왕 역시 이 원한을 가슴 깊이 새기고 있었습니다.

의자왕은 주도면밀한 사람이었습니다. 어린 시절을 살펴보면 삶이 그리 순탄하지 않았어요. 마흔이 다 되어서야 태자가 됐거든요. 국정을 안정시키려면 다음 왕이 될 후계자를 얼른 정해야 해요. 그런데 아버지 무왕은 상당히 오랜 시간 동안 태자 자리를 비워두었습니다. 의자왕에게 무슨 결함이 있었던 것도 아닙니다. 적장자인 것은 물론 성품도 훌륭해서 《삼국사기》에 따르면 '해동증자'로 불렸다고 합니다. 해동은 '바다의 동쪽'이라고 해서 우리나라를 가리키는 말이에요. 증자는 공자의 수제자인데 중국에서 효를 상징하는 인물입니다. 한마디로 의자왕이 우리나라 최고의 효자였다는 소리예요. 그 시절에는 최고의 칭찬이었습니다.

고생 끝에 마침내 의자왕은 태자가 되었고, 또다시 9년이라는 시간을 보낸 뒤 왕위에 올랐습니다. 그런 다음, 오랜 시간 계획한 대로 신라를 공격한 거예요. 연거푸 승리를 거두었지만,

의자왕은 40여 개의 성을 함락시킨 것으로 만족하지 못했어요. 선대에 성왕이 당했던 게 있으니까 적어도 비슷한 수준으로는 갚아줘야 한다고 생각했죠.

의자왕의 다음 목표는 대야성이었습니다. 대야성은 지금의 경남 합천 일대로, 지리적 요충지였던 터라 대야성을 손에 넣으면 신라의 수도인 경주까지 수월하게 갈 수 있었어요. 그러니까 대야성은 백제가 꼭 빼앗아야 하는 곳이자, 신라가 반드시 지켜야만 하는 곳이었습니다. 치열한 싸움이 될 수밖에 없었죠. 하지만 의외로 싱겁게 승패가 갈리고 맙니다. 승리한 쪽은 백제였어요. 검일이라는 신라 장수가 백제를 도왔기 때문입니다. 검일은 대야성의 성주인 김품석에게 아내를 빼앗겨 불만을 품고 있다가 첩자가 되었어요. 결국 대야성은 함락되었고, 김품석은 아내와 함께 의자왕에게 항복했습니다. 88년 만에 백제가 신라에 원한을 갚은 것이지요.

의자왕은 김품석 부부의 목을 베라고 명령했습니다. 항복한 사람에게 내리는 처분으로는 분명 과했지만, 의자왕에게는 그게 조상의 원한을 갚는 방법이었어요. 그러고도 분이 풀리지 않았는지 의자왕은 두 사람의 유해를 돌려주지 않고 백제의 감옥에 묻어버렸습니다. 성왕이 당한 그대로 갚아주고 싶었던 거예요.

대야성 함락 소식은 신라로 날아들었습니다. 김품석 부부의 소식도 전해졌어요. 신라 최고 권력자였던 김춘추는 큰 충격을 받았습니다. 김품석이 김춘추의 사위였거든요. 김춘추가 무척 아낀 딸 고타소랑이 남편과 함께 백제군의 손에 목숨을 잃은 거죠. 사랑하는 딸을 하루아침에 잃은 슬픔이 얼마나 컸는지 김춘추는 누가 지나가거나 말을 거는 것도 몰랐다고 합니다. 종일 멍하니 서 있었대요.

이제는 김춘추가 백제와 의자왕을 향한 복수심을 불태우게 되었습니다. 하지만 신라는 백제를 무너뜨릴 힘이 없었습니다. 김춘추는 고심 끝에 다른 나라의 힘을 빌리기로 합니다. 먼저 고구려를 찾아갔지만 그들은 협조적이지 않았어요. 그래서 당을 찾아갑니다. 당 태종은 김춘추의 말에 귀를 기울였습니다. 당은 고구려를 공격하고 싶었지만 여력이 되지 않는 상황이었는데, 신라와 함께 먼저 백제를 무너뜨린 뒤에 고구려를 공격하면 승산이 있을 것 같았거든요. 그리하여 648년, 두 나라는 각자의 이득을 위해 연합했습니다. 그리고 조용히 전쟁을 준비하기 시작했어요.

그해에 신라의 대장군 김유신은 대야성 인근에서 백제 장수 여덟 명을 생포했습니다. 하지만 죽이지 않고 백제에 거래를 제안해요. 여덟 명의 장수를 살려주는 대신 김품석과 김고타소랑의 시신을 돌려달라고 하죠. 김유신은 그 유골을 받아서 김춘추에게 전달합니다. 대야성 전투의 패배를 어느 정도 설욕했으나, 김춘추는 계속해서 칼을 갈았습니다. 김춘추의 최종 목표는 의자왕이었거든요.

654년 김춘추는 진덕여왕의 뒤를 이어 마침내 왕위에 오릅니다. 태종무열왕이 바로 김춘추입니다. 결전의 날이 찾아온 것은 660년. 김춘추가 아끼던 딸을 잃은 지 18년이 지난 뒤였습니다. 당 군사 13만 명과 신라군 5만 명이 사비성으로 진격했어요. 백제의 마지막 방어선은 황산벌이었습니다. 계백이 이끄는 백제 5,000명의 결사대가 죽을 각오로 싸웠지만, 수적 열세를 극복하지 못했습니다.

수도를 버리고 도망간 의자왕은 며칠을 버티지 못하고 항복했어요. 김춘추는 승리를 축하하는 연회를 열었고, 그곳에서 의자왕을 만났습니다. 그때 김춘추가 자기 앞에 끌려온 의자왕을 향해 이렇게 말했습니다. "술 한잔 따라보시게." 백제 왕인 의자왕은 신라 왕인 김춘추에게 술을 따라 올렸습니다. 백제의 신하들은 눈물을 흘리면서 그 모습을 지켜봤습니다. 우리 문화에서 술을 올리는 것은 아랫사람이 윗사람에게 하는 행위잖아요. 의자왕에게는 굉장히 치욕적인 일이었습니다.

두 사람 곁에는 의자왕의 큰아들 부여융과 김춘추의 큰아들

다시, 역사의 쓸모

김법민도 있었습니다. 김법민은 부여융을 꿇어앉히고 얼굴에 침을 뱉어요. 그러면서 "네 아비가 내 여동생을 죽여 감옥에 묻었다! 그 일로 근 20년간 마음이 아팠는데 이제 네 목숨이 나에게 달려 있다!"하고 외쳤습니다. 사실 부여융에게 무슨 죄가 있었겠어요. 죽은 고타소랑도 마찬가지입니다. 원한이 또 다른 원한을 낳고, 복수가 또다시 복수를 불러온 것뿐이죠.

어떤 싸움이든 끝나고 나면 승자와 패자가 갈립니다. 우리 일상에서 비일비재하게 일어나는 논쟁들도 그렇죠. 누군가의 말과 선택이 옳았다는 것이 증명되고, 누군가는 틀렸다는 게 분명하게 드러납니다. 만일 여러분이 승기를 잡았다면 어떤 태도를 취할 건가요? 패배를 받아들이는 태도만큼이나 승리를 즐기는 태도도 한 번쯤은 생각해 보아야 합니다.

적국의 왕을 참수하고 계단 밑에 머리를 묻은 행위도, 이미 항복한 적을 무참히 죽여 감옥에 묻은 행위도 모두 패자에 대한 예우를 지키지 않은 일입니다. 아무리 큰 승리를 하더라도 지켜야 할 최소한의 예의라는 것이 있습니다. 저는 이러한 예의를 지키는 태도가 개인의 품격을 결정한다고 생각합니다.

세상에 영원한 승자는 없습니다. 승리할 때가 있으면 패배할 때도 있고, 그러다가 다시 승리가 찾아오기도 합니다. 역사가 그걸 증명해요. 승리에 도취해서 도를 넘는 행동을 하는 것은 미래의 나에게 또 다른 불행의 씨앗을 심는 일입니다. 승리의 기쁨을 맛보는 순간에도 패배한 상대의 슬픔을 살피는 자세, 패자를 완전히 굴복시키는 대신 그에 대한 예의를 지키는 태도. 복수는 복수를 낳는다는 역사의 경고를 겸허히 받아들인 사람의 품격일 것입니다.

다시, 역사의 쓸모

어지러운 세상에서
나의 존엄을 지키는 법

황현과 최재형

    1969년 미국 스탠퍼드대학교 심리학과 교수 필립 짐바르도는 자동차 두 대로 실험을 진행했습니다. 두 자동차의 보닛을 열어놓은 채, 한 대는 유리창을 깨놓고 다른 한 대는 깨지지 않은 상태로 방치해 두었습니다. 일주일 뒤에 확인해 보니 유리창이 깨지지 않은 차는 아무 이상 없이 처음 모습 그대로 있었지만, 유리창이 깨진 자동차는 내부의 물건들이 사라지고 없었습니다. 심지어 사람들은 더는 훔쳐갈 것이 없어지자 자동차를 파손하기까지 했죠. 이 실험은 후에 작은 무질서가 더 큰 무질서를 가져올 수 있다는 '깨진 유리창 이론'에 영향을 주었습니다.

처음 이 실험 결과를 들었을 때 저는 좀 의아했어요. '똑같은 차인데 유리창이 깨졌다는 이유로 사람들이 이렇게 함부로 대했단 말이야?' 하는 생각 때문에요. 그런데 곰곰이 생각해 보니까 그럴 것 같더라고요. 우리도 깨끗한 곳에 있을 때는 쓰레기 하나도 함부로 버리지 않지만 어딘가 어수선한 곳에 있으면 긴장을 놓게 되잖아요. 사람의 마음이라는 것이 환경의 영향을 많이 받는 것 같습니다.

이 이론을 사회 전체로 확대해 보면 이런 생각도 설명될 것 같아요. '다들 꼼수를 쓰는데 정도를 지키면 나만 바보야', '회사에서 제대로 일하는 사람이 하나도 없는데 왜 나만 성실하게 일해야 해?' 같은 생각이요. 본분을 지키려고 하면 미련하게 보는 분위기까지 있어요. 득이 없는 일에 에너지를 낭비한다고 생각하는 것 같아요. 안타까운 마음이 들지만 왜 이런 생각을 하는지 일견 이해되기도 합니다.

이런 세태 속에서 저는 매천梅泉 황현을 떠올립니다. 황현은 조선을 대표하는 명재상 황희 정승의 후손이었습니다. 1800년대 중반 전라도 광양에서 태어났는데, 황현이 태어날 당시에는 가문이 기울어 있는 상황이었죠. 한양과 광양의 물리적 거리만큼이나 중앙 정치에서 한참 멀어져 있는 집안이었습니다.

황현은 20대 후반에 응시한 과거 소과의 첫 번째 시험인 초

다시, 역사의 쓸모

시에서 1등을 했습니다. 그런데 시험관이 자기 멋대로 2등을 줬어요. 별 볼 일 없는 시골 출신이라고 순위를 바꾼 거예요. 당시 관리가 어떤 사람들이었는지 알 만하죠. 어처구니없는 일을 당한 황현은 머리끝까지 화가 났어요. 결국 두 번째 시험인 복시를 포기하고 고향으로 내려갔습니다. 하지만 아버지의 권유로 2년 뒤 다시 생원진사시에 응시했어요. 결과는 장원 합격이었습니다.

생원진사시는 소과로 성균관에 들어가는 자격을 얻기 위한 시험이었어요. 성균관에서 공부를 마치고 난 뒤에 대과에 응시해서 관리로 임용되는 것이 양반 자손들의 유일한 소망이었습니다. 그러나 황현은 그 길을 포기했습니다. 곁에서 지켜보니까 조정이 이미 썩을 대로 썩은 거예요. 그런 곳에 들어가서 그들과 똑같이 사는 게 무슨 의미가 있겠냐는 생각을 한 거지요. 그 뒤로 평생 벼슬길에 나아가지 않았어요.

벼슬을 마다하고 택한 길은 초야에 묻혀 학문에 매진하는 것이었습니다. 황현은 조그마한 집을 짓고, 그곳에 있던 샘 주위에 매화나무를 심었습니다. 매화와 샘을 뜻하는 '매천'이라는 호도 이때 지은 것입니다.

시를 짓고 글을 쓰는 선비의 삶은 평화로웠으나, 나라 사정은 그렇지 못했어요. 19세기 말 조선은 그 어느 때보다 혼란스러웠습니다. 어지러운 정치 상황에서 일부 가문이 모든 권력을 쥔 채 나라를 좌지우지하면서 매관매직이 성행했고, 부패하지 않은 관리를 찾기가 어려울 정도였죠. 백성들은 가혹한 수탈과 흉년으로 굶주림에 허덕였어요. 청과 일본, 러시아는 쇠락해 가는 조선을 호시탐탐 노렸고요. 강화도조약과 개항, 임오군란, 갑신정변, 동학농민혁명, 갑오개혁, 청일전쟁, 러일전쟁, 을사늑약…. 나라에 큰 사건들이 줄줄이 터졌어요. 황현은 시대의 기록자가 되기를 자처합니다. 1864년부터 1910년 경술국치까지의 역사를 써 내려갔고, 위정자들의 잘못이나 조정의 행적을 서슴없이 비판했죠. 그렇게 해서 탄생한 책이 《매천야록》입니다.

《매천야록》은 정치와 경제 상황은 물론이고, 저잣거리의 소문까지 담은 중요한 자료예요. 이 책의 마지막에 담긴 사건은 경술국치였습니다. 망국의 과정을 기록으로 남긴 뒤 황현이 술에 아편을 타서 마시고 스스로 목숨을 끊었기 때문입니다.

황현의 죽음은 나라를 위한 것이 아니었어요. 황현이 죽기 전에 쓴 〈절명시〉에는 "그저 인을 이루고자 죽을 뿐 충성하려는 건 아니다"라는 구절이 있습니다. 자식들에게 남긴 글에도 "나는 죽어야 할 의리는 없다"고 밝혀요. 자신은 국가의 녹을 먹은 사람도 아니고, 나라에서 자신을 위해 해준 것도 없다는 거예

다시, 역사의 쓸모

요. 그렇지만 500년이라는 시간을 이어온 왕조의 역사가 끝나는데, 그 왕조가 오랜 시간을 들여 만든 선비 문화의 수혜자 중 한 명도 죽지 않는 것은 부끄러운 일이라고 이야기합니다. 이것이 그가 자결을 선택한 이유였습니다.

그러면서 덧붙였습니다. "내가 위로는 하늘로부터 타고난 양심을 저버리지 않고 아래로는 평소에 읽은 글을 저버리지 않고 영원히 잠들어 버린다면 참으로 통쾌함을 깨달을 것이니, 너희들은 내가 죽는 것을 너무 슬퍼하지 마라." 황현은 꼿꼿한 선비였습니다. 오로지 선비의 관점과 사상, 기준을 가진 사람이었지요.

〈절명시〉에서 황현은 이렇게 노래해요.

秋燈掩卷懷千古 (추등엄권회천고)
難作人間識字人 (난작인간식자인)

가을 등불 아래 책을 덮고 지난날을 헤아리니
인간 세상에 식자 노릇, 어렵기도 하구나.

혼란한 정국에서 글을 아는 사람, 즉 지식인 구실을 하기가 어렵다는 뜻입니다. 황현에게 지식인이란 단순히 아는 게 많은 사람이 아니었습니다. 남보다 더 많이 배웠기 때문에 그 지식을 토대로 행동할 줄 아는 사람이 그가 생각한 지식인이었어요. 스스로를 지식인이라 정의했기 때문에 어지러운 세상에서 무엇을 해야 할지 고민한 거예요. 지식인의 본분을 고심한 끝에 황현은《매천야록》의 집필을 마치고 조선의 역사가 키워낸 선비 중 한 사람으로서 자결했습니다. 황현은 역할을 다함으로써 자신의 존재를 증명하려 했습니다.

* * *

혼탁한 세상에 휩쓸려 살기를 택한 사람이 많았다면 일제강점기라는 어둠 속에서 우리 민족은 희망의 빛을 품지 못했을 것입니다. 이런 점에서는 연해주에서 활동했던 최재형을 언급하지 않을 수가 없어요. 양반이었던 황현과 달리 최재형은 출신이 미천했습니다. 아버지는 소작농이고 어머니는 기생이었죠. 극심한 가난에 시달리던 최재형의 가족은 결국 먹고살 방도를 찾기 위해 연해주로 떠났습니다.

그러나 연해주에서의 생활도 이전과 크게 다르지 않았어요. 집을 나와 전전하던 최재형은 한 선착장에서 배가 고파 쓰러져버렸습니다. 이대로 있다가는 굶어 죽을 수도 있던 그때, 러시아 선장 부부가 그를 거두었습니다. 그들은 최재형을 양아들처럼 데리고 다녔습니다. 덕분에 그는 겨우 열한 살의 나이에 선원이 되었습니다. 러시아인 선장을 따라 항해하면서 많은 경험을 쌓았고, 러시아어도 배웠어요. 유창한 러시아어 실력은 훗날 그가 막대한 재산과 인맥을 쌓는 데 큰 도움이 되었습니다.

최재형은 온갖 고생을 하면서 모은 돈으로 연해주 지역의 한인 마을에 학교를 세웠습니다. 민족의 미래나 다름없는 아이들을 가르치는 일이 얼마나 중요한지 알고 있었기 때문입니다. 성적이 좋은 학생은 도시에서 공부할 수 있도록 유학 비용을 지원하기도 했습니다. 연해주의 한인들은 최재형을 존경할 수밖에 없었어요. 연해주를 방문했던 안중근 의사의 말로는 저마다 집 안에 최재형의 사진을 붙여놓을 정도였다고 합니다.

러시아인에게도 최재형은 신임할 수 있는 사람이었습니다. 한인 노동자의 권익을 위해 애쓴 공로를 인정받아 러시아 정부에서 수여하는 훈장을 받기도 했어요. 덕분에 군 생활에 필요한 물건을 납품하는 사업을 맡을 수 있었고, 러일전쟁 기간에 많은 돈을 모았습니다.

최재형의 사업은 순탄했지만, 고국의 상황은 점점 나빠졌습니다. 전쟁에서 승리를 거둔 일본은 결국 대한제국을 강제로 병합했어요. 경술국치 이후 최재형은 독립운동에 적극적으로 가담하기 시작했습니다. 재정 문제로 문을 닫게 된 신문사를 사들여 민족지를 발행하고, 뜻을 함께하는 사람들과 독립운동단체를 세웠어요. 독립운동자금으로 큰돈도 내놓았습니다. 안중근 의사의 항일활동을 후원한 사람이 바로 최재형이었습니다.

일본은 항일무장독립투쟁의 본거지였던 연해주를 눈엣가시로 여겼습니다. 1920년 연해주에 사는 일본인을 보호한다는 핑계로 연해주를 공격했고, 최재형을 체포했습니다. 최재형은 바로 처형당했어요. 유해조차 찾을 수 없는 처참한 죽음이었습니다.

최재형은 생전에 '페치카pechka'라고 불렸습니다. 페치카는 러시아에서 쓰는 난로를 의미하는 말이에요. 최재형이 주변 사람들에게 어떤 존재였는지 짐작할 수 있는 별명입니다.

최재형에게 조국은 어떤 의미였을까요? 제가 그분이라면 긍정적인 대답을 하지 못했을 것 같아요. 최재형은 10년도 채 살지 않은 고국에서 무시와 멸시를 받았어요. 늘 굶주렸고요. 짐승처럼 달려드는 외세와 무능한 위정자, 부패한 관리 사이에서 가장 괴로운 이들은 가난한 백성들이었습니다. 최재형이야말로 나라에서 아무것도 받지 못한 사람이에요. 그럼에도 나라를 되찾기 위해 자신이 가진 모든 것을 바쳤습니다. 한국인으로서 한국의 독립을 위해 싸우는 게 당연하다고 생각했기 때문입니다. '받은 게 없으니까 나도 할 것이 없다'라고 생각했다면 연해주의 페치카는 존재하지 않았겠지요.

이해득실을 따지는 일은 쉽습니다. 손해 보지 않는 결정, 나에게 가장 이익이 되는 결정을 내리는 일도 어렵지 않습니다. 나를 위해 행동하는 것이 인간의 본능이거든요. 황현이나 최재형도 그런 선택을 할 수 있었어요. 해준 것도 없는 나라를 위해 목숨을 바칠 필요는 없잖아요. 이런 생각으로 친일파와 매국노를 변호하는 사람도 있습니다. 나라가 엉망인데 그런 선택도 할 수 있는 것 아니냐는 거지요. 그런 사람들에게는 이렇게 말하고 싶어요. 나라가 엉망이라고 해서 자신까지 엉망이 되어서는 안 된다고 생각한 사람들이 있었다고요. 나라를 핑계 삼아 나까지 부끄럽게 사는 것은 영리한 일이 아니라 스스로를 파괴하는 일이라고 말이에요.

가끔은 '남들도 다 이렇게 살아'라는 말이 마법의 문장처럼 느껴져요. 기본이나 정도를 지키려는 마음을 무력화하는 마법을 부리는 거죠. 하지만 남들이 사는 대로 사는 게 과연 나를 위한 선택일까요? 그건 자기 존엄성을 스스로 해치는 일 같아요. 결국 자기를 위한 선택이 아닌 거예요. 그러니 계산기를 두드리기보다 그저 올바른 일을 하나씩 해나가는 것이 나의 존엄을 지키는 길일 것입니다.

세상이 나에게만 가혹한 것처럼 느껴질 때가 있어요. 도무지 공평한 것 같지 않아요. 가끔은 그런 세상을 탓하게 됩니다. 그러다 보면 분노가 생기고, 패배감에 빠지기도 하죠. 그렇지만 거기서 멈추면 안 됩니다. 이런 세상에서도 '나는 어떻게 살 것인가', '어떻게 살아야 나의 존엄을 지킬 수 있을까' 묻고 답해야 하지 않을까요?

저 역시 때때로 스스로에게 그런 질문을 던지곤 합니다. 그러면 쉬운 선택보다 부끄럽지 않은 선택을 하려고 노력하게 되거든요. 그런 선택을 한 사람들이 분명 존재했다는 사실을 역사가 알려주기 때문입니다. 그래서 역사를 배울수록 나라는 존재가 아주 조금씩 나아지고 있다는 기분이 들어요. 여전히 부족하지만 그래도 많이 배우고, 더 괜찮은 내가 되고 싶어집니다. 참 감사한 일이죠. 역사의 쓸모는 바로 이런 데 있는 것이 아닌가 합니다.

내 삶의 주인은 나라는
단순한 진실

우씨왕후

저에게는 딸이 한 명 있습니다. 유일한 자식이니 제가 해줄 수 있는 건 다 해주고 싶은 마음이 큽니다. 그래서 아이가 어릴 때 동화책을 읽어주며 함께 시간을 보내려고 했어요. 지금은 인기 있는 동화책도 많이 바뀐 것 같지만, 제 아이가 어릴 때는 《백설공주》,《잠자는 숲속의 공주》 같은 동화가 인기였어요. 그래서 저도 그런 책들을 읽어주었는데, 고백하자면 끝까지 읽기가 힘들더라고요. 스스로 행동하지 않고 가만히 왕자를 기다리는 공주가 주인공이었기 때문입니다. 본인이 선택하기보다 선택을 받는 인물의 이야기를 딸에게 읽어주고 싶지 않았습니다.

하나밖에 없는 자식이 이렇게 수동적으로 인생을 살 거라고 생각하니 가슴이 답답해졌어요.

그래서 '딸에게 들려줄 만한 이야기가 없을까' 하고 역사를 좀 찾아보았습니다. 우리나라 고대사로 눈을 돌리니 놀랍게도 자기 운명을 자신이 결정하는 여성의 이야기가 많이 있더라고요. 대표적인 인물이 고구려의 우씨왕후입니다.

우씨왕후는 고구려 제9대 왕 고국천왕의 부인입니다. 우씨왕후는 집안이 엄청 좋았어요. 아버지가 연나부의 높은 귀족이었다고 합니다. 고구려는 5부족 연맹 체제였는데, 연나부는 왕을 배출하는 계루부도 함부로 할 수 없는 힘센 부족이었어요.

우씨왕후에게는 한 가지 근심이 있었는데 바로 자식이 없다는 것이었습니다. 결국 고국천왕은 후사 없이 갑작스럽게 세상을 떠납니다. 아들이 없으니 동생이 왕위를 물려받아야 할 상황이었습니다. 하지만 우씨왕후는 남편이 죽었다고 망연자실해서 앉아 있을 수만은 없었어요. 잘못했다가는 자신은 물론이고 집안까지 몰락할 수도 있을 테니까요.

조선 시대였다면 왕후가 할 수 있는 일이 별로 없었을 거예요. 어떤 결정이 내려지든 기다렸겠죠. 물론 조선 시대에도 자기가 미는 후보를 왕위에 앉히기 위해 물밑 작업을 하는 경우도 있었지만, 본가 식구나 측근을 통한 것이었어요. 그런데 우

다시, 역사의 쓸모

씨왕후는 본인이 직접 나섭니다. 왕의 서거 소식이 새어나가지 않도록 조처한 다음, 고국천왕의 큰동생인 고발기를 찾아가요. 굉장히 빠르게 판단을 내리고 민첩하게 움직인 거죠.

한밤중에 형수가 찾아오니 고발기는 무척 당황합니다. 우씨왕후가 꺼낸 말은 더 황당했어요. 왕에게 아들이 없으니까 동생인 당신이 계승했으면 좋겠다고 한 거예요. 내가 도와줄 테니까 너도 도와달라는 뜻이었어요. 거래를 제안한 거죠. 고발기는 받아들이지 않았어요. 어차피 왕위 계승 1순위라서 도움이 간절하지 않았던 거예요. 게다가 형님이 죽었다는 사실도 모르고 있었잖아요. 그런데 어떻게 순순히 알겠다고 할 수가 있겠어요. 고발기는 형님 옆에 있어야 할 시간에 왜 여기에 왔느냐고 호통을 치면서 우씨왕후를 쫓아냅니다.

우씨왕후는 무척 민망했을 겁니다. 일이 계획대로 안 풀려서 실망하기도 했을 거예요. '나와 우리 집안은 어쩌지' 싶은 생각도 들었겠죠. 그런데 낙담하지 않고 곧바로 고국천왕의 다른 동생인 고연우를 찾아갔습니다.

고연우는 형인 고발기와 전혀 태도가 달랐어요. 고발기에게 면박을 당하고 온 우씨왕후를 따뜻하게 맞이합니다. 의관을 제대로 갖추고 나와서 술이며 음식이며 상다리가 부러지도록 차려냈어요. 그러니까 우씨왕후도 내심 고연우를 도와야겠다고 결심했겠죠. 그래서 이번에는 고국천왕이 서거했음을 알리고 속내를 털어놓습니다. "왕이 죽었는데 뒤를 이어야 할 고발기가 나를 무례하게 대해서 당신을 보러 왔다." 이렇게 말해요. 고연우는 형수의 말뜻을 금세 알아챘습니다. 왕위 계승 서열상 자기가 왕이 될 가능성은 별로 없는데, 형수가 뭔가 큰 그림을 그리고 온 거잖아요. 그 손을 잡지 않을 이유가 없었어요. 그래서 우씨왕후를 더 정성껏 대합니다.

두 사람의 관계를 이어주는 게 다름 아닌 불고기예요. 고연우가 고기를 직접 썰어서 대접하겠다고 하다가 칼에 손가락을 베인 거예요. 그러자 우씨왕후가 얼른 치마끈을 풀어서 다친 손가락을 동여매요. 분위기가 좀 묘하죠? 이게 다 《삼국사기》에 기록된 내용입니다.

두 사람의 감정은 마치 사랑 같지만, 그 이면을 살펴보면 비즈니스 관계인 것 같아요. 고연우는 자신을 왕위에 오르게 해줄 끈이 필요했고, 우씨왕후는 자신과 집안을 지켜줄 왕이 필요했어요. 서로 이해관계가 맞아떨어진 겁니다.

우씨왕후는 고연우를 데리고 궁궐로 갑니다. 신하들에게는 고국천왕이 고연우를 다음 왕으로 지목하고 세상을 떠났다고 말해요. 물론 고국천왕은 그런 유언을 남기지 않았습니다. 하지만 남편의 임종을 지킨 부인이 그렇게 말하는데 누가 반박할 수 있겠습니까. 고연우는 형수의 도움으로 왕위에 올랐습니다. 그가 바로 고구려 제10대 왕인 산상왕입니다.

우씨왕후는 고연우에게 왕위를 선물한 거나 다름없어요. 가만히 있었다면 아마 고발기가 왕이 되었을 겁니다. 그러면 우씨왕후도 뒷전으로 밀려났겠죠. 그러니까 아직 힘이 있을 때 결단을 내린 거예요. 정말 대담한 인물입니다.

산상왕은 형수인 우씨왕후와 결혼했습니다. 우씨왕후는 2대에 걸쳐 왕후가 되었어요. 고구려에 죽은 남편의 남자 형제나 친척이 남겨진 부인과 결혼하는 '형사취수제' 풍습이 있기는 했지만, 왕실에서 이런 일이 일어난 적은 없습니다. 우리나라 역사에서 유일무이해요.

우씨왕후의 위세는 그야말로 대단했습니다. 우씨왕후는 산상왕과의 사이에서도 10년이 지나도록 자식이 없었는데, 남편이 두 번째 부인을 얻지 못하게 했어요. 후계자고 뭐고 오로지 나만 봐야 한다는 거예요. 산상왕도 부인 눈치를 보느라 후궁을 얻지 못했죠. 하지만 산상왕은 형과 달리 자식을 얻게 돼요. 딱 한 번 기회가 생기거든요.

고구려에는 '동맹'이라는 제천의식이 있었습니다. 매해 하늘에 제사를 지냈어요. 이때도 어김없이 제사를 지내려 준비 중이었는데, 제사에 쓰려던 돼지가 근처에 있는 민가 쪽으로 달아나 버리는 소동이 발생합니다. 사람들이 허둥지둥 쫓아가서 봤더니 웬 젊은 여인이 그 돼지를 잡아놓았더래요.《삼국사기》에 따르면 여인의 이름은 '후녀'였습니다. 소식을 들은 산상왕은 호기심이 생겼어요. "도대체 누군데?" 하면서 그 집으로 갔죠. 그리고 후녀와 하룻밤을 보냈습니다.

나중에 그 사실을 알게 된 우씨왕후는 군사를 보내 후녀를 죽이려고 했습니다. 도망가는 데 실패한 후녀는 자객에게 도리어 배를 내밀어요. 그러면서 말하길, "이 안에 왕의 아이가 있는데 나는 죽인다고 해도 왕의 아이까지 죽일 수 있겠느냐"라고 합니다. 이 여인도 참 기세가 대단해요. 이런 말을 들었는데 어떤 군사가 칼을 휘두를 수 있겠습니까. 그렇게 목숨을 건진 후녀는 다음 해에 아들을 낳았습니다. 산상왕은 크게 기뻐하면서 그 아이를 자신의 후계자로 선포하고 '교체郊豕'라는 이름을 지어주었습니다. 교체는 성 밖의 돼지라는 뜻이었어요. 후녀와의 러브 스토리가 담겨 있는 이름인 거지요.

산상왕이 죽고 교체가 왕이 되자 우씨왕후는 왕태후가 됐습니다. 그 후에도 계속 권세를 누렸어요. 죽기 전에는 고국천왕이 아니라 산상왕 곁에 묻히겠다고 유언합니다. 고국천왕을 볼 면목이 없다는 이유였지만, 후녀가 산상왕 옆에 묻히는 걸 보고 싶지 않았던 것 같기도 해요. 동천왕, 즉 교체는 자기 어머니와 아버지를 함께 모시고 싶었을 거예요. 하지만 결국 우씨왕후를 아버지와 합장합니다.

우씨왕후는 죽는 순간까지 자신이 원하는 선택을 했습니다. 물론 시대의 한계는 있었어요. 그 시절 여성은 사회생활을 할 수 없었으니까요. 그래도 어떤 상황에서든 주도권을 쥐고 자신이 원하는 결과를 만들어내기 위해 움직였어요. 이게 고대 여성들의 특징입니다.

* * *

우씨왕후 외에도 우리 역사의 고대 여성 중에는 자신의 삶을 주체적으로 이끌어간 인물이 여럿 있습니다. 신라의 선화공주도 그랬습니다. 선화공주는 진평왕의 셋째 딸인데, 아름답기로 유명했습니다. 훗날 백제 무왕이 되는 서동은 그 소문을 듣고서 선화공주와 결혼하겠다고 마음먹은 뒤, 신라의 수도인 경주로 갔어요. 그리고 어린아이들에게 마를 나눠주면서 자기가 지은 노래를 가르칩니다. 그 노래가 바로 〈서동요〉예요. 〈서동요〉는 향가인데, 쉽게 말해 신라 시대 대중가요라고 할 수 있습니다.

아이들은 서동에게 배운 노래를 마구 부르고 다녔어요. 〈서동요〉는 경주에 점점 퍼지게 되었죠. 그런데 그 가사가 청소년

관람불가 수준이에요. 선화공주가 밤마다 서동을 만나서 남몰래 정을 통한다는 내용이거든요. 그런 노래를 서동이 아이들한테 부르게 한 거예요. 게다가 선화공주는 서동을 만난 적이 없잖아요. 그런데 마치 노래 가사가 진짜인 것처럼 소문이 퍼지게 됩니다. 물론 당시는 지금과 가치관이 달랐지만 서동이 저지른 일은 요즘으로 치면 악성 댓글, 명예훼손 등 큰 범죄인 셈이에요.

소문은 흘러 흘러 진평왕의 귀에까지 들어갔어요. 진평왕은 노발대발하면서 딸을 궁에서 쫓아냈습니다. 이때 쫓겨난 선화공주가 결국 서동과 결혼한다는 것이 우리가 알고 있는 서동 설화예요. 그런데 이게 전부가 아닙니다. 궁에서 쫓겨나는 것까지는 맞지만, 다음은 달라요.

갈 곳이 없었던 선화공주는 살길을 찾아서 성문 밖으로 나가려고 합니다. 그런데 성문 근처에 웬 잘생긴 남자가 서 있는 거예요. 선화공주는 그 남자와 하룻밤을 보냅니다. 그리고 다음 날 아침, 비로소 남자에게 이름을 물어봅니다. 그런데 그 남자가 바로 서동이었어요. 그렇게 두 사람이 결혼에 골인합니다.

이 역시 기록으로 남은 이야기입니다. 《삼국유사》에 분명 담겨 있는 내용이에요. 그런데 선화공주가 마음에 드는 남자와 밤을 보내고, 그 사람과 결혼을 결정했다는 이야기는 다들 하지 않아요. 그저 서동의 뜻대로 궁에서 쫓겨난 다음에 서동과 어쩔 수 없이 결혼했다는 결론만 알려져 있습니다. 그런 점에서 저는 선화공주를 수동적인 여성으로 국한해서 볼 필요는 없다고 생각해요. 어려운 상황에 처하긴 했지만, 그 상황에 굴하지 않고 나름대로 자신의 배우자를 선택하는 모습을 보여주었거든요.

고대의 기록이 많이 남아 있지는 않지만 그 안에서 우리는 진취적인 여인들을 만날 수 있습니다. 다만 성리학이 지배했던 조선 시대를 거치면서 이런 이야기가 많이 묻혔죠. 조선은 우씨왕후도 굉장히 박하게 평가했습니다.

많은 시간이 흘렀지만, 지금도 우씨왕후처럼 생각한 바를 밀어붙이는 여성을 부정적으로 보는 시선이 남아 있는 것 같아요. '여자는 꾸며야 한다', '상냥해야 한다', '지나치게 적극적이면 부담스럽다' 같은 말로 규범적인 여성상을 요구하는 분위기는 아직도 완전히 사라지지 않은 것 같습니다. 유교 문화의 잔상이 남아 있는 탓인지도 모르겠어요.

지나온 역사에서 여성의 입지는 너무나 좁았습니다. 제대로 기록되지 않거나 잘 알려지지 않은 인물들이 너무나 많아요. 그럴수록 우리는 더 많은 관심을 가지고 역사 속 여성의 이야기를 발굴해야 할 것입니다. 철창 같은 시대의 한계 속에서도 좌절하지 않고 나아갔던 그들의 모습은 우리에게 주체적 삶의 중요성을 일깨워줍니다. 내 인생은 다른 누구도 아닌 내 것이잖아요. 저의 딸을 비롯한 세상의 딸들, 나아가 자라는 아이들 모두가 어떠한 장애물도 없이 자신의 꿈을 펼칠 수 있는 안전하고 열린 사회를 만들어주는 것이 우리 앞에 놓인 과제일 것입니다.

압구정의 주인 한명회는
왜 몰락했을까

한명회와 임사홍

"이 압구정이 그 압구정인가요?" 한명회 이야기를 하면 꼭 듣게 되는 질문입니다. 한명회의 호가 압구인데, 압구정이란 정자의 이름에서 비롯된 것이거든요. 서울 강남구에 있는 압구정동의 이름이 그 정자의 이름이냐는 질문이죠. 네, 이 압구정이 그 압구정 맞습니다. 재미있는 사실은 조선 시대의 압구정도 지금처럼 인기 있는 장소였다는 점입니다. 당시 정자 주변이 아주 절경이었대요. 한명회는 압구정 앞에 있는 한강에 배를 띄우고 갈매기를 보면서 놀기를 좋아했다고 합니다. 압구狎鷗가 갈매기와 가까이한다는 뜻이에요.

한명회는 참으로 파란만장한 삶을 살았습니다. 밑바닥에서 시작해 권력의 정점에 올라섰던 인물이에요. 말 그대로 인생 역전의 대명사죠. 한명회의 이름은 《조선왕조실록》에 무려 2,800번이나 언급됩니다. 한 명도 아니고 두 명의 왕을 만들어낸 킹메이커로서 오랜 시간 어마어마한 권세를 누렸거든요.

그런데 젊은 시절 한명회는 별 볼 일 없는 인물이었습니다. 명문가에서 태어났지만 공부를 못해서 과거에 매번 떨어졌어요. 부모가 일찍 세상을 떠난 탓에 가문의 명성도 전과 같지 않은 상황이었습니다. 그래도 집안이 좋아서 음서로 관직을 얻을 수 있었습니다. 음서는 고위 관리의 자손에게 관직을 주는 제도입니다. 하지만 고려와 달리 조선에서는 제아무리 집안이 좋다고 해도 과거에 합격하지 못하면 무시와 차별을 당했어요. 높은 직책도 얻을 수 없었습니다. 한명회 역시 경덕궁 궁지기로 관직 생활을 시작했습니다. 경덕궁은 태조 이성계가 왕이 되기 전에 살던 집입니다. 그 집의 문지기를 한 거예요.

하지만 사람마다 잘하는 게 다른 법이잖아요. 한명회는 처세술에 뛰어났어요. 상황 판단이 빠르고 사람을 잘 파악했습니다. 출세를 원했던 한명회는 자신처럼 권력욕에 불타는 한 사람을 발견했습니다. 그리고 그 사람에게 자신의 인생을 걸기로 해요. 바로 수양대군입니다.

수양대군은 세종대왕의 둘째아들로, 형 문종이 젊은 나이에 세상을 떠나고 어린 조카가 왕위에 오르자 왕이 되려는 야심을 대놓고 드러냈습니다. 그러다 보니 김종서 같은 고명대신들의 견제를 받았고, 자신처럼 보위를 욕심내는 동생 안평대군과도 대립하게 됐죠.

정치적 위기에 빠져 있던 수양대군에게 한명회는 결정적인 말을 건넵니다. 사직을 위해 난적을 토벌하자고 한 것입니다. 이는 역모를 일으키자는 것과 다름이 없는 말이었습니다. 만약 수양대군이 "네 이놈! 어디서 감히 그런 말을 하느냐!" 하고 반응하면 목숨이 날아갈 수도 있었어요. 말 그대로 목숨을 건 도박이었죠. 하이 리스크high risk 하이 리턴high return의 승부수를 던진 거예요.

한명회가 위험을 감수할 수 있었던 까닭은 수양대군의 속마음을 알고 있었기 때문입니다. 누군가 먼저 그런 말을 해주길 기다리고 있다는 사실을 간파한 거예요. 한명회의 예상은 정확히 맞아떨어졌습니다. 마음을 정했다고 답한 수양대군은 계유정난을 일으켜 고명대신들과 안평대군을 없애버렸습니다. 그리고 단종을 폐위시킨 뒤 스스로 왕위에 올랐어요.

'계유정난'은 역사가 승자의 기록이라는 점을 여실히 보여주는 말입니다. 정난靖難이라는 말이 난리를 안정시킨다는 뜻이거든요. 자기들이 난리를 일으켜놓고 오히려 해결했다니 기가 막힐 노릇이죠. 그 유명한 살생부(생살부)가 이때 나온 거예요. 한명회가 조정 중신들 이름을 쭉 적어놓고 죽일 사람 이름에는 '살殺', 살릴 사람 이름에는 '생生'이라고 적었거든요. 한마디로 반대파를 숙청하기 위한 리스트였어요. 수많은 사람의 목숨이 한명회의 손에 달려 있었습니다.

한명회는 계유정난 일등 공신으로 책봉되면서 승승장구하기 시작했죠. 우의정, 좌의정을 거쳐서 가장 높은 관리인 영의정까지 됩니다. 경덕궁 궁지기로 출발해서 영의정 자리에 오르는 데 14년밖에 안 걸려요. 지금으로 치면 9급 공무원으로 시작해서 국무총리가 된 셈이에요. 수양대군이 한명회에게 "너의 눈과 귀가 곧 나의 눈과 귀"라고 말할 정도였습니다.

권력을 움켜쥐게 되면 자연스럽게 사람들이 들러붙습니다. 그들은 항상 듣기 좋은 소리만 합니다. 요즘에도 마찬가지예요. 큰 성공을 거두고 나면 아부하는 사람이 생기죠. "정말 최고 중에 최고십니다.", "저희 업계에서 정말 신화 같은 존재세요." 이런 말을 계속 듣다 보면 기분이 좋아져요. 그리고 의식하지 못하는 사이에 서서히 높은 위치에 익숙해져요. 원래 사람은 쉽게 익숙해지는 존재입니다. '개구리 올챙이 적 생각 못 한다'는 속담이 왜 있겠어요.

다시, 역사의 쓸모

한명회 주변에도 굽신거리는 사람뿐이었습니다. 천하가 한명회 손에 있다는 말이 돌 정도로 그 권세가 대단했어요. 더는 오를 곳이 없을 것 같았지만, 한명회는 점점 더 권력의 정점에 가까워졌습니다. 자기 셋째 딸을 세조의 둘째 아들과 결혼시켰거든요. 왕의 사돈이 된 거예요. 나중에 세조가 죽자 그 아들이 왕위에 올랐습니다. 그가 바로 예종입니다. 이제 한명회는 왕의 장인까지 되었습니다. 그런데 세조의 뒤를 이은 예종이 너무 일찍 죽었어요. 여기서 다시 한번 드라마 같은 일이 벌어집니다.

예종의 아들은 네 살이었습니다. 그때 왕실 최고 어른은 세조의 부인이자 대왕대비였던 정희왕후였는데, 정희왕후는 예종의 아들이 너무 어리다는 이유로 왕위 계승에 반대했습니다. 그런데 예종한테는 일찍 죽은 형이 있었어요. 세조의 큰아들 의경세자예요. 의경세자한테는 월산대군과 자을산군이라는 아들이 있었습니다. 그중 자을산군이 왕이 돼요. 좀 이상하죠. 왕위 계승 서열 1위는 예종의 아들이고 2위는 월산대군, 3위가 자을산군입니다. 예종의 아들이 너무 어려서 왕이 되기 어렵다면 보위는 월산대군한테 넘어가야 하잖아요. 그런데 정희왕후는 장손 대신 자을산군이 보위를 잇도록 했습니다. 자을산군의 장인이 한명회였거든요. 한명회의 셋째 딸은 세조의 둘째 아들과 결혼했고, 넷째 딸은 세조의 둘째 손자와 결혼했던 거예요. 예종의 장인이었던 한명회는 이제 성종의 장인이 되었습니다. 정말 무서울 게 없었을 것 같아요.

자을산군, 즉 성종이 왕위에 올랐을 때 그의 나이는 열네 살이었습니다. 성종의 나이가 어리니 할머니이자 대왕대비인 정희왕후가 수렴청정을 했습니다. 조선 시대다 보니까 여성은 권력을 휘두르는 데 한계가 있었고, 결국 나랏일을 좌지우지한 사람은 한명회였습니다. 그때만 해도 한명회의 권력이 영원할 것 같았어요. 하지만 6년 후, 정희왕후는 성종이 다 자랐으니 수렴청정을 거두겠다고 했습니다. 그때 한명회가 강력하게 반대했어요. 그러면서 이렇게 말합니다. "대비마마께서 물러나시면 우리는 어디에 의지하겠습니까?" 명백한 실수였습니다. 성종에 대한 불충으로 해석될 수도 있는 말이거든요.

어차피 성종이 직접 정치를 하게 될 텐데 왜 그런 오기를 부렸는지 모르겠어요. 영민한 한명회도 권력에 너무 오래 취해 있다 보니 판단력이 흐려졌던 것 같아요. 성종도 자기가 쥐락펴락할 수 있을 거라고 생각했나 봅니다. 하지만 성종은 곧바로 선을 그었어요. "나를 믿지 못한다는 말인가!"라고 한 거죠. 성종도 만만한 인물이 아니거든요. '내가 친정만 시작해봐라' 하고 잔뜩 벼르고 있었던 것 같아요. 신하들은 대세가 기울었

416 　　　　　　　　　　　　　　　　　　　　다시, 역사의 쓸모

다는 사실을 눈치챘습니다. 한명회를 벌하라는 상소가 빗발치기 시작했어요. 결국 한명회는 성종에게 자신을 해임해 달라 요청하고 재상직에서 물러납니다.

두 사람이 멀어지게 된 결정적 계기는 다름 아닌 압구정이에요. 압구정이 경치가 좋기로 유명하니까 명 사신들이 방문하고 싶다고 한 거예요. 이때 한명회가 성종에게 왕실에서 쓰는 용봉차일을 빌려달라고 합니다. 용봉차일은 용이랑 봉황이 그려져 있는 화려한 천막이었어요. 용이랑 봉황은 왕의 상징이잖아요. 이건 왕만 쓸 수 있는 거예요. 한명회가 얼마나 오만했는지 알 수 있는 에피소드입니다. 성종은 단호하게 거절했습니다. 그리고 명 사신들을 다른 곳에서 접대할 테니 그곳으로 오라고 명령했어요. 한명회는 부인이 아프다는 핑계로 가지 않았습니다. 왕과 힘겨루기를 한 거죠.

화가 난 성종은 한명회의 직첩을 거두고 한명회를 내쳐버립니다. 콩고물을 얻어먹으려는 사람으로 들끓었던 한명회의 집은 그때부터 적막해졌어요. 한명회는 압구정 사건이 일어나고 6년이 지난 뒤에 죽었습니다. 저지른 짓에 비하면 평화로운 죽음 같지만, 실은 그게 끝이 아니었어요. 훗날 연산군의 명령으로 부관참시를 당했거든요. 연산군은 아버지인 성종이 자신의 생모인 윤씨를 폐비시킬 때 찬성하거나 방관했던 신하들을 모조리 죽였는데, 이미 죽은 사람에게는 부관참시라는 벌을 내렸습니다. 무덤을 파헤쳐서 관을 꺼내고 그 안에 있던 시신의 목을 베는 형벌이었죠. 죽어서도 안식을 누릴 수 없었으니 한명회의 끝은 참으로 비참했습니다.

* * *

한명회 얘기가 나오면 연이어 떠오르는 사람이 있습니다. 세조 대부터 중종 대에 이르기까지 활약한 임사홍이라는 인물입니다. 임사홍은 한명회와 닮은 듯 다르고, 그러면서도 또 닮았어요. 두 사람 다 배경이 좋아서 음서로 관직을 얻었는데, 세조라는 사다리를 타고 출세한 한명회와 달리 임사홍은 자기 실력을 증명하겠다며 과거 시험을 봅니다. 그리고 전국 3등을 했어요. 공부를 아주 잘했죠. 시도 잘 짓고, 글씨도 잘 쓰고, 중국어 실력도 뛰어났다고 해요. 한마디로 다재다능했습니다.

탁월한 능력 덕분에 임사홍은 어린 왕 성종을 가르치게 되었습니다. 미래가 보장된 자리였습니다. 성종이 직접 정치를 하게 되면 스승을 얼마나 잘 대우하겠어요. 지금도 대선이 끝나고 나면 누가 대통령직인수위원회에 들어가나 다들 지켜보잖아요. 그게 곧 미래 권력이거든요. 성종의 교육을 맡았을 때 임사

다시, 역사의 쓸모

홍이 스물두 살이었어요. 젊은 나이에 탄탄대로를 걷게 된 거예요. 예상대로 성종은 친정을 시작하자마자 임사홍을 언관 자리에 앉혔습니다. 임사홍은 스물일곱의 나이에 고위 관리가 되었어요. 그리고 더 빠른 출세를 위해 자신의 큰아들을 예종의 딸과 결혼시켰습니다. 임사홍의 부인이 세종의 둘째 형인 효령대군의 손녀였는데, 덕분에 왕실과의 혼인이 가능했던 것 같아요.

너무 빨리 성공한 탓인지 임사홍은 기고만장했습니다. 예문관에 임용된 최한정이라는 인물에게 "나이도 많고 학문도 부족한데 무슨 일을 하겠습니까?"라는 막말까지 했어요. 당시 임사홍은 20대였고, 최한정은 50대였습니다. 임사홍이 얼마나 무례했는지 알 만하죠.

임사홍은 자기가 계속 잘나갈 줄로만 알았을 거예요. 왕실이랑 사돈까지 맺으면서 한명회랑 비슷한 수순을 밟고 있었거든요. 한명회가 정승 자리에 오르는 걸 보면서 기대가 컸을 겁니다. 다음은 내 차례구나 하고 생각했겠죠. 그러나 인생은 정말 한 치 앞도 알 수 없는 것 같습니다. 거칠 것이 없을 것 같았던 임사홍도 점점 내리막길을 걷게 되거든요.

발단은 연산군의 생모인 중전 윤씨를 궁 밖으로 내쫓으라는 성종의 명이었어요. 임사홍은 말도 안 되는 일이라며 극구 반대했습니다. 세자의 어머니를 쫓아내면 안 된다, 나중에 세자가 알면 어떻게 되겠느냐 하면서 성종의 기를 꺾어요. 결국 중전 윤씨가 별궁에서 근신하는 것으로 사건이 일단락됩니다. 이 일이 나중에 어떤 카드가 될지는 아무도 몰랐어요.

거만한 성격에 걸핏하면 남을 비판하다 보니까 조정에는 임사홍을 싫어하는 이들이 점점 늘어났습니다. 결국 임사홍은 소인으로 낙인찍혔어요. 소인은 유교 사회에서 가장 큰 욕이었습니다. 모든 유학자의 궁극적 목적은 군자가 되는 것이거든요. 군자의 반대말이 소인이에요. 그러니까 굉장히 치욕적인 말이죠. 대간들은 임사홍이 무슨 말을 하든지 득달같이 달려들어 비판하기 시작했습니다.

그 와중에 임사홍은 성종의 눈 밖에 나는 행동을 또 하고 말았습니다. 성종이 현석규라는 인물을 총애해서 도승지로 앉혔거든요. 도승지는 승정원의 수장이었어요. 요즘 말로 하자면 왕의 비서실장이지요. 그런데 임사홍을 비롯한 언관들이 전부 도승지를 탄핵했습니다. 성종은 현석규를 지키고 탄핵 상소를 올린 사람은 다 갈아 치웠어요. 비서실장이 싫으면 비서관인 너희가 다른 데로 가라는 거예요. 문제는 그 탄핵을 주도한 사람이 임사홍이었다는 겁니다. 이게 붕당조성죄라고 해서 당시에는 큰 죄였어요. 끼리끼리 뭉쳐가지고 한 사람을 내쫓으려 한 거잖아요. 이 일로 임사홍은 유배를 떠나게 됩니다.

다시, 역사의 쓸모

임사홍은 이를 갈았습니다. 돌아가기만 하면 가만두지 않겠다고 생각하고 있었죠. 그런데 그 기간이 너무 길어졌어요. 스물아홉 살에 잘렸는데, 마흔일곱이 되도록 직책을 갖지 못했습니다. 성종은 중간중간 임사홍을 복귀시킬 듯하다가 신하들이 반대하면 포기했어요. 신하들이 구구절절 이유를 댈 필요도 없었습니다. "그 자는 소인입니다." 이러면 끝나는 거예요. 소인이라는 낙인이 그렇게 무서웠어요. 어쩌면 짜고 치는 고스톱 같은 것이었는지도 모릅니다. "내가 복귀를 명하면 너희들이 반대해라" 한 거죠. 보여주기식으로 제스처만 취한 거예요. 끝끝내 성종은 임사홍을 등용하지 않습니다. 임사홍이 어떤 사람인지 이미 다 파악했던 것 같아요.

그런데 연산군은 아버지와 달리 임사홍에게 기회를 주려고 해요. 신하들의 반대는 여전히 거셌습니다. 선왕인 성종은 그렇게 하지 않았다는 게 가장 큰 이유였어요. 선대에 하지 않던 일을 하면 아버지의 결정을 뒤집는 게 되잖아요. 임사홍 복귀에 관한 논쟁은 1년이나 계속됐습니다. 연산군이 고집을 부리니까 신하들이 "정 그러면 마음대로 하십시오. 저희는 사직하겠습니다" 하고 사표를 내버려요. 그렇게 나오니까 연산군도 더는 말을 꺼낼 수가 없었습니다.

임사홍은 22년간 복귀하지 못했습니다. 그렇게 긴 시간을 버텨낸 건 정말 대단하다고 봅니다. 그동안 겸손을 배우고 마음을 단련하면서 성장했다면 전혀 다른 인생이 펼쳐졌을 텐데, 그 점은 좀 아쉽습니다. 아무래도 역사를 제대로 공부하지 않은 인물이었나 봅니다.

어쨌거나 기회는 버티는 사람에게 찾아오는 법입니다. 임사홍의 막내아들 임숭재가 연산군에게 상소를 올렸어요. "10년이면 천도가 변한다는데, 한 번의 실수를 한평생 벌한다는 게 말이 됩니까." 이러면서 아버지가 받은 벌이 너무 가혹하다고 하소연했습니다. 임숭재는 연산군과 호형호제할 만큼 친했습니다. 브로맨스라고 해도 될 정도였어요. 연산군은 시와 사냥에 능했는데, 임숭재랑 취미가 딱 맞아떨어졌습니다. 임사홍의 처세술도 한몫했어요. 임사홍이 큰아들을 예종의 딸이랑 결혼시켰다고 했잖아요. 그러고 나서 또 임숭재를 성종의 딸과 결혼시켰거든요. 딱 한명회처럼 한 거예요. 임숭재의 부인은 연산군이 특히 아끼는 이복동생이었어요. 그래서 두 사람이 더 빠르게 가까워질 수 있었어요.

연산군이 임숭재의 청을 들어주면서 임사홍은 54세의 나이로 정계 복귀에 성공했습니다. 돌아온 임사홍은 연산군을 앞세워 복수를 시작했습니다. 이 순간을 위해서 25년을 버텼다고 해도 과언이 아닙니다.

다시, 역사의 쓸모

임사홍에게서 어머니 폐비 윤씨의 죽음에 얽힌 이야기를 들은 연산군은 완전히 폭주하고 말았습니다. 갑자사화는 그야말로 피의 복수극이었어요. 폐비 윤씨의 죽음에 찬성한 자들은 물론이고, 동조하거나 묵인한 자들까지 몽땅 죽임을 당했습니다. 물론 임사홍은 무사할 수 있었어요. 윤씨의 폐위를 적극 반대했던 과거가 있으니까요. 그 비장의 카드를 이때 꺼내든 거예요.

임사홍은 병조판서에 임명됐습니다. 다시 떵떵거리며 살았어요. 그런데 다시 한번 위기가 찾아옵니다. 둘째 아들 임희재가 연산군의 만행을 탓하는 시를 지은 것입니다. 인생이 참 만만치가 않아요. 임사홍을 불러들인 연산군은 임희재를 죽이고자 하는데 어떻게 생각하느냐고 묻습니다. 임사홍은 자기 아들을 모자라고 불경한 놈이라고 하며 이렇게 대답합니다. "마음대로 처분하소서."

임희재는 사지가 갈가리 찢겨 죽습니다. 아들이 죽은 날, 임사홍은 집에서 잔치를 벌였다고 해요. 연산군에게 아들을 살려달라고 했다면 모든 가족이 죽어나갈 수도 있는 상황이었어요. 가문을 지키려면 아들의 목숨을 포기해야 했을 겁니다. 역적인 자식은 우리 집안과 아무 상관이 없다는 것을 보여주기 위한 잔치였을지도 모릅니다. 그러나 임사홍이 과연 그런 생각으로 잔치를 열었는지는 알 수 없습니다. 25년을 기다려서 다시 권력을 잡았는데 그걸 놓을 수는 없다는 생각에서 그랬는지도 몰라요.

임사홍과 막내아들 임숭재는 연산군을 위해 무엇이든 합니다. 연산군의 사냥에 방해되는 민가는 몽땅 철거하고, 전국 방방곡곡의 미인을 왕에게 바쳤어요. 두 사람이 나타나면 다들 벌벌 떨었다고 해요. 그토록 연산군을 따른 이유는 연산군이 곧 권력이기 때문이었습니다.

그러던 어느 날, 누군가가 임사홍의 집 대문을 두드리며 외쳤습니다. "대감, 전하께서 급히 궁궐로 들라 하십니다!" 그러나 임사홍을 기다린 건 연산군이 아니라 중종반정을 일으킨 군사들이었습니다. 임사홍은 그들의 첫 번째 타깃이었어요. 자식도 버려가며 얻은 권력의 끝은 허무한 죽음이었던 것입니다.

한명회와 임사홍은 권력에 취해 자신을 돌아보지 못했습니다. 권력의 속성이 그런 것 같아요. 한번 손에 쥐면 놓을 수 없고, 끊임없이 탐하게 되죠. 남에게 양보할 수도 없어요. 권력은 자식과도 나눌 수 없다는 말이 있잖아요. 점차 독선으로 치닫게 되는 겁니다.

두 사람의 인생을 들여다보면 내 인생의 절정기에 어떤 자세를 가져야 할지 생각해 볼 수 있어요. 이른 성공을 맛보면 자만

다시, 역사의 쓸모

하게 되고, 뒤늦게 성공이 찾아오면 초심을 잃기 쉽습니다. 자신의 성공은 오로지 나만의 노력으로 얻은 것이라고 착각하기도 해요.

저는 그래서 역사 공부가 중요하다고 생각해요. 임사홍은 한명회의 사례를 보고도 어떤 영감도 얻지 못했던 것 같아요. 권력에 취해서 자신을 돌아보지 못했죠. 하지만 역사를 제대로 공부하면 건강한 상상을 할 수 있게 됩니다. 과거를 살펴봄으로써 나의 선택이 가져올 결과를 미리 상상할 기회가 주어지기 때문이죠. 여러 상황에 나를 놓고 이러면 어떨까, 저러면 어떨까 가정해 볼 수 있는 거예요.

한명회와 임사홍은 역사적 상상력이 부족했던 것 같아요. 상상력의 부재는 사람의 눈을 가립니다. 주위를 돌아보지 못하게 하고, 앞날을 생각하지 못하게 해요. 저 역시 그런 실수를 저지르지 않기 위해 애씁니다. 자꾸 되뇌지 않으면 '나는 안 그러겠지'라는 생각에 빠지고 말거든요. 예전에는 역사를 바라보기 급급했다면 요즘은 거기에 비치는 나 자신을 보게 돼요. 저에게는 역사가 거울인 셈이에요. 자꾸 나를 점검하게 하니까요.

역사를 안다고 해서 꼭 옳은 길만 선택할 수 있는 것은 아닙니다. 임사홍은 한명회를 보면서도 같은 잘못을 반복했잖아요. 하지만 두 사람의 이야기를 읽는 누군가는 내 이름을 저렇게 남기고 싶지는 않다고 생각할지 몰라요. 그런 생각 하나가 인생을 바꿀 수도 있습니다.

　가수 이적이 쓴 《이적의 단어들》에는 한 노배우의 말이 소개되어 있습니다. "스타가 된다는 건 물이 얼음이 되는 것과 같아. 본질은 같고 잠깐의 변화만 있는 거라고." 물이 얼어 얼음이 되면 그 모양이 달라진 듯 보이지만, 이내 얼음은 다시 물이 된다는 세상의 이치를 잊지 말라는 조언이었을 것입니다. 인생의 모습이 달라지더라도 변함없는 '나'를 지켜내려는 절제의 품위를 한명회와 임사홍을 반면교사 삼아 배워봅니다.

일상에 정성을 더하는 오래된 지혜

3장

난공불락의 요새를
함락시킨 생각의 전환

새로운 발상

　살다 보면 이루고 싶은 목표가 있는데 어떻게 이뤄야 할지 도무지 길이 보이지 않을 때가 있습니다. 열심히 노력해 보아도 앞을 가로막는 장벽이 너무나 높고 튼튼해 보이고, 고심 끝에 내놓은 해결책은 실패로 돌아가 버립니다. 이쯤 되면 주변에서 말리기 시작해요. 방법이 없는 일이니 그만하자고 말입니다. 다른 사람들이 실패한 데에는 이유가 있을 거라고요. 정말 돌파구가 없는 일인지, 정녕 이대로 물러나야만 하는 것인지 고민될 때 우리는 어떤 선택을 내려야 할까요?

　오스만제국의 제7대 술탄 메흐메트 2세도 이와 비슷한 고민의 시간을 겪었습니다. 술탄은 이슬람 세계의 정치적 지배자를 뜻하는 말로, 메흐메트 2세는 열두 살의 어린 나이에 아버지에게 술탄의 자리를 물려받았습니다. 그러나 어린 술탄의 통치 아래 제국은 대내외적으로 위기가 이어졌습니다. 내부적으로는 어린 술탄을 둘러싼 권력 다툼이 일어났고 외부적으로는 십자군이 쳐들어왔어요. 결국 약 2년 만에 메흐메트 2세는 아버지에게 술탄의 자리를 돌려주고 퇴위해야 했습니다.

퇴위당했던 메흐메트 2세는 5년 후인 1451년, 아버지가 사망하자 다시 술탄으로 즉위했습니다. 두 번째 기회를 얻은 젊은 술탄은 활발한 정복 활동을 펼쳐나갔어요. 그가 특히 정복하고 싶었던 곳은 콘스탄티노폴리스였습니다. 콘스탄티노폴리스는 튀르키예 최대 도시 이스탄불의 옛 이름입니다.

이스탄불을 흔히 '동서양 문명의 교차로'라고 표현하는데요, 그도 그럴 것이 위치가 무척 독특합니다. 이스탄불 시내는 보스포루스해협이 가로지르고 있는데, 이 해협이 지중해와 흑해를 잇는 동시에 아시아와 유럽을 나누거든요. 해협을 사이에 두고 서쪽은 유럽, 동쪽은 아시아로 나뉘죠. 한 도시 안에서 아시아와 유럽이 마주보는 셈입니다. 참 신기하죠. 이스탄불이 왜 글로벌 무역 허브가 될 수밖에 없었는지 단번에 이해되는 위치입니다.

다시, 역사의 쓸모

과거에도 마찬가지였습니다. 이스탄불은 비단길이 관통하는 도시였어요. 아시아의 물산이 유럽으로 흘러 들어가는 길목이었습니다. 비단길은 우리나라 경주, 더 나아가서 일본의 교토까지 연결이 되었지요. 이 길을 통해서 교토의 물건이 로마까지 갈 수 있었습니다. 이스탄불은 한마디로 동서교역의 중심지였죠.

이 지역은 그 지리적 중요성 때문에 아주 오래전부터 여러 민족이 탐을 냈던 곳입니다. 도시의 역사는 기원전 7세기부터 시작돼요. 고대 그리스의 도시국가 메가라가 이곳을 식민지로 개척한 뒤 메가라의 왕자 이름을 따 비잔티온으로 부른 것이 그 출발이었습니다. 이후 로마제국이 들어선 뒤로는 비잔티움이라고 불리다가 330년 로마제국의 황제 콘스탄티누스 1세가 수도를 로마에서 이곳으로 옮기며 콘스탄티노폴리스라 명명했습니다.

이후 로마제국이 동서로 분열되자 콘스탄티노폴리스는 동로마제국, 즉 비잔티움제국의 수도가 되었어요. 서로마제국은 100년도 가지 못하고 멸망했지만, 비잔티움제국은 그 뒤로 1,000년의 역사를 이어갑니다. 그 중심에 콘스탄티노폴리스가 있었습니다.

콘스탄티노폴리스는 한때 인구가 40만에 육박할 정도로 대도시였습니다. 각국의 사람과 물건이 드나드는 글로벌 도시로 엄청난 번영을 누렸죠. 누구나 욕심을 낼 만한 도시였으나 누구도 함락시키지 못한 도시이기도 했어요. 1,000년이 넘는 시간 동안 난공불락의 요새로 여겨졌습니다. 3면이 바다에 둘러싸인 천혜의 위치에 자리 잡고 있었기 때문입니다.

성 소피아 대성당으로도 알려진 아야 소피아가 위치한 오늘날 이스탄불의 구시가지가 콘스탄티노폴리스가 있던 곳입니다. 육지에서 바다 쪽으로 튀어나온 모양이라 한반도처럼 한쪽 면을 제외하고는 모두 바다에 접해 있는데, 이마저도 대부분 낭떠러지 같은 절벽에 물살까지 세서 접근하기가 어려웠습니다. 바다에 접한 남쪽, 동쪽, 북쪽 중 북쪽 해안가가 그나마 접근 가능했지만 이곳은 황금곶Golden Horn이라는 좁고 긴 바닷길을 통과해야만 접근 가능했습니다. 비잔티움제국은 이 곳의 입구에 두께 약 20센티미터의 쇠사슬을 설치합니다. 그 길이가 800미터였습니다. 쇠사슬을 들어올리면 배가 뚫고 들어올 수 없으니 사실상 막혀 있는 셈이었죠.

육지 쪽의 방어도 대단했습니다. 육지 쪽 성벽은 삼중으로 되어 있었습니다. 테오도시우스 1세가 세워서 테오도시우스 성벽이라고 부르는데, 가장 바깥쪽에는 적의 침입을 방지하기 위한 해자가 있고, 해자를 지나고 나면 높이가 5미터인 외성이 있어요. 그걸 지나면 또 높이가 12미터에 이르는 내성이 나와요. 이렇게 3중의 견고한 성이 약 6킬로미터에 달했습니다. 이러니 과연 난공불락의 요새라 할 만하죠.

12세기까지 콘스탄티노폴리스는 스무 번 가까이 침공을 당했지만, 한 번도 함락되지 않았습니다. 그러던 곳이 1204년 4차 십자군 원정 때 잠시 함락된 적이 있어요. 십자군이 황금곶을 막는 쇠사슬을 다루는 탑을 점령하는 바람에 문을 열어주게 된 것이었죠. 그때부터 콘스탄티노폴리스는 조금씩 쇠퇴하기 시작했어요. 거대한 도시를 노리고 있던 자들에게는 절호의 기회였어요. 하지만 아무리 예전 같지 않다고 해도 콘스탄티노폴리스는 쉽게 점령할 수 없는 도시였습니다.

오스만제국의 메흐메트 2세도 콘스탄티노폴리스를 노렸습니다. 이슬람 국가의 수장으로서 기독교 국가인 비잔티움제국의 심장 콘스탄티노폴리스는 당연히 정복의 대상이었지요. 게다가 비단길의 중심지인 콘스탄티노폴리스를 차지하게 되면 오스만제국이 세계 제국으로 성장하는 데에 굉장히 유리한 상황이 될 것이었습니다. 그러니 콘스탄티노폴리스 점령은 오스만제국의 꿈이자 목표였습니다. 알라의 계시라는 말까지 있었습니다. 누군가가 그 계시를 실현할 거라는 거예요. 오스만제국의 7대 술탄인 메흐메트 2세는 그 누군가가 바로 자신이라고 믿었습니다. 그래서 난공불락의 요새 콘스탄티노폴리스 함락에 도전하게 됩니다.

메흐메트 2세는 여러 작전을 세웠습니다. 첫 번째 작전은 콘스탄티노폴리스를 고립시키는 것이었습니다. 콘스탄티노폴리스 주위의 국가부터 무릎 꿇게 하여 육지는 물론이고 해상 교역을 막았습니다. 그런 다음 자신이 직접 10만 대군을 이끌고 콘스탄티노폴리스로 향했어요. 그중 약 1만 명은 예니체리라고 불리는 정예 부대였습니다.

예니체리는 개종한 사람들로 이루어진 군대였어요. 오스만 제국은 정복 전쟁으로 사로잡은 포로와 노예를 훈련시켜 보병으로 만들었습니다. 그러다가 기독교인 소년들을 데려오기 시작했어요. 기독교 가정에 개종을 강요하지 않고 세금을 깎아주는 대신, 마흔 가구 중 한 가구는 맏아들을 내놓게끔 한 겁니다. 이들은 궁정 학교에서 학문과 무술, 종교 교육을 받았습니다. 자연히 이슬람교도가 되었고, 술탄에게 충성하는 군인이 되었지요. 기독교 아이들을 이슬람 전사로 키워낸 겁니다.

예니체리는 정말 용맹했어요. 절대 물러서는 법이 없었습니다. 전쟁을 위해 육성된 전사들이니 오죽할까요. 물론 예니체리에게도 콘스탄티노폴리스는 만만치 않았습니다. 성을 지키는 병력은 고작 7,000명밖에 되지 않았지만, 성안에서 버티고 있으니 방법이 없었어요. 테오도시우스 성벽은 유명세를 증명하듯 너무나 견고했습니다.

메흐메트 2세는 다음 작전을 펼칩니다. 테오도시우스 성벽을 공격하기 위해 미리 준비한 바실리카 포를 이용하는 것이었습니다. 헝가리 기술자인 우르반이 만들어서 우르반 포라고도 하는 바실리카 포는 초대형 청동 대포였어요. 길이가 8미터에 무게는 19톤이나 됐습니다. 사람 200명과 황소 60마리가 끌어야 옮길 수 있었다고 합니다. 이걸 콘스탄티노폴리스까지 끌고 가기 위해서 새로 도로를 깔아야 했을 정도예요.

바실리카 포는 그 존재만으로도 공포였을 것 같아요. 그만한 크기의 대포를 내가 있는 쪽으로 쏜다고 생각해 보세요. 대포를 쏘는 순간, 그리고 포탄이 성벽에 맞는 순간 발생하는 소음과 땅의 흔들림은 콘스탄티노폴리스 사람들에게 엄청난 충격이었을 거예요. 그런데 바실리카 포도 성벽을 무너뜨리지는 못했습니다. 성벽도 성벽이지만 대포도 약점이 있었어요. 청동 대포다 보니까 연발로 쏘는 게 불가능했거든요. 너무 뜨거워지기 때문에 식히는 데 시간이 걸리는 거지요. 그러다 보니까 하루에 일곱 번 정도밖에 쏘지 못했다고 합니다.

과연 난공불락의 도시라는 콘스탄티노폴리스의 명성은 과장이 아니었습니다. 오스만제국은 보름 동안 아무런 성과도 얻지 못했어요. 대군을 동원한 오스만제국으로서는 전투가 길어지는 것이 부담이었습니다. 그러자 다들 메흐메트 2세를 만류하기 시작했어요. 아무래도 어렵겠다는 거예요. '역시 콘스탄티노폴리스는 다들 함락하지 못한 이유가 있었다', '그냥 일단 돌아가서 다시 작전을 세워 오자' 이런 의견들이 나왔습니다. 콘스탄티노폴리스를 지척에 두고 물러나야 할지도 모르는 상황이었습니다.

메흐메트 2세는 고민에 빠졌을 것입니다. 버텨야 할지, 물러서야 할지, 아니면 다른 방법이 있는지 치열하게 고민했을 거예요. 황금곶에 진입해서 그나마 만만한 성벽을 공격하는 동시에 성안으로 들어가는 보급도 끊으면 좋으련만, 그 길목이 쇠사슬로 막혀 있으니 뾰족한 수가 없었습니다. 위기를 타개할 방법을 모색하던 메흐메트 2세는 마침내 세계 전쟁사에 남을 대담한 작전을 떠올립니다.

1453년 4월 22일 새벽, 잠에서 깬 콘스탄티노폴리스 시민들은 믿을 수 없는 광경을 보았습니다. 70척이 넘는 오스만제국의 함선이 황금곶 안에 들어와 있던 것입니다. 쇠사슬 안쪽으로 적의 배가 절대 들어올 수 없다고 믿었던 사람들은 깜짝 놀라 어쩔 줄을 몰랐어요. 그야말로 아비규환이었습니다. 성안의 병사들도 불안에 떨었어요. 육지 쪽 성벽만 방어하고 있었는

　　　　　　　　　　　　　　다시, 역사의 쓸모

데, 이제 북쪽 해안가 성벽까지 방어해야 하잖아요. 안 그래도 부족한 전력에 구멍이 생길 게 뻔했습니다. 게다가 황금곶으로 이어지던 보급로도 가로막혀 보급도 제대로 도착할 수 없게 되었지요.

도대체 메흐메트 2세는 어떻게 그 많은 배들을 황금곶 안으로 옮겼을까요? 그는 우리가 우스갯소리로 하는 이야기를 현실로 만들었습니다. 사공이 많으면 배가 산으로 간다는 말이 있잖아요. 그 말의 속뜻과 상관없이 문자 그대로 배를 산으로 보낸 거예요. 황금곶 옆에 있는 육지로 전함을 끌어올린 다음, 작은 산을 넘어 쇠사슬 안쪽에 있는 바다에 내려놓는 작전이었어요. 산을 넘는 언덕 2킬로미터 구간에 기름을 잔뜩 먹인 통나무 도로를 깔고 그 위로 70여 척의 전함을 이동시켰지요. 그야말로 발상의 전환이었습니다. 엄청난 병력이 동원되어 그 무거운 배 수십 척을 하룻밤 사이에 옮겼어요. 지금 생각해도 놀라운 일입니다.

황금곶이 뚫렸다고 해서 오스만제국이 곧바로 승리한 것은 아니었습니다. 하지만 오스만제국의 전투함이 산에서 내려온 것을 보고 콘스탄티노폴리스의 전의는 많이 꺾였을 것입니다. 공성전은 계속되었고 마침내 5월 29일 자정, 메흐메트 2세는 총공격을 명했어요. 그리고 숙원대로 콘스탄티노폴리스의 성문을 열었지요. 결국 수도가 함락되어 옛 로마를 계승하며 1,000년 넘게 이어온 비잔티움제국은 멸망하고 맙니다. 이후 메흐메트 2세는 콘스탄티노폴리스를 오스만제국의 새로운 수도로 명하고 이스탄불이라 이름 붙였습니다.

튀르키예 남성들이 비밀번호로 가장 많이 쓰는 숫자가 1453이라고 해요. 오스만제국이 콘스탄티노폴리스를 함락한 해가 1453년이잖아요. 그만큼 그 일을 자랑스럽게 여기는 거예요. 메흐메트 2세도 굉장히 존경받습니다. 이후 약 200년간 이어진 오스만제국의 전성기를 바로 그가 열었거든요.

콘스탄티노폴리스가 함락되는 과정을 살펴보면서 저는 '궁즉변 변즉통窮則變 變則通'이라는 말이 떠올랐어요. 《주역》에 나오는 말인데 풀이하자면 '궁하면 변하고 변하면 통한다'라는 뜻입니다. 10만 대군을 끌고 갔음에도 메흐메트 2세는 승리를 놓칠 뻔했습니다. 그러나 그는 난관 앞에서 주저앉는 대신 궁리했습니다. 그리고 변화를 찾았습니다. 사람들이 하지 않는 방법을 찾아냈죠. 결과는 어떻습니까? 변화를 준 방법이 통했습니다.

어떤 역사를 뒤져보아도 목표를 향해 달려가는 길은 순탄하지가 않습니다. 하지만 목표를 이뤄낸 사람들을 보면 더 방법이 없는 것 같은 막다른 상황에서도 최선을 다해 변화를 모색하고 그 변화를 통해 해결책을 마련해 냈어요. 그러니 우리도 한 번 더 힘을 내보는 건 어떨까요? 끝까지 고민하다 보면 배를 산으로 보내는 묘수가 떠오를지도 모르잖아요.

유럽의 신항로 개척이
알려주는 것

거시적 안목

경제 기사를 보면 유수의 기업들이 업계 1위 자리를 놓고 치열한 전쟁을 벌이는 걸 볼 수 있습니다. 혁신적인 제품과 서비스를 내놓아 단숨에 시장 판도를 뒤엎기도 하고, 패스트팔로워 전략으로 선두 기업을 빠르게 뒤쫓기도 하죠. 이렇듯 기업들이 1위에 사활을 거는 것은 그 자리가 주는 이득이 무척 크기 때문일 것입니다.

유럽 역사에도 여러 나라가 1위 전쟁에 뛰어든 때가 있었습니다. 그 시작에는 베네치아 공화국이 있었죠. 베네치아 공화국은 중세 유럽 국가 중 하나로 수상도시로 유명한 이탈리아의

다시, 역사의 쓸모

베네치아가 그곳의 수도였습니다. 이곳은 '상인 공화국'이라고 불릴 정도로 동서양을 연결하는 중계 무역이 국가의 주력 산업이었어요. 아시아에서 들여온 귀한 물건들을 유럽에 팔아 많은 이득을 남겼는데, 강력한 라이벌이었던 제노바 공화국과의 전쟁에서 이긴 뒤로는 지중해 무역을 독점하다시피 했습니다.

베네치아 공화국의 인구는 150만 명 정도밖에 되지 않았지만, 이웃나라 프랑스보다 더 많은 돈을 상업을 통해 벌어들였습니다. 3,300척의 배를 가지고 있었고, 선원의 숫자만 3만 6,000명에 달하는 해상 강국이었습니다. 베네치아 공화국이 이런 부를 누릴 수 있었던 것은 다름 아닌 후추 때문이었습니다. 오늘날 가장 이익이 많이 나는 기술이 반도체와 인공지능^AI이라면 당시 유럽에서는 후추가 가장 돈이 되는 물품이었거든요. 그 당시 유럽 사람들은 주로 빵과 고기로 이루어진 꽤 단조로운 식사를 했습니다. 보관 기술도 지금처럼 좋지 않았기 때문에 고기를 오래 보관하기 위해 소금에 절일 수밖에 없었고, 고기의 신선도가 조금이라도 떨어지면 좋지 않은 냄새가 났지요. 이 문제를 해결해준 향신료가 바로 후추였어요. 후추를 넣기만 하면 고기의 맛과 향이 업그레이드 되니까 너도나도 후추를 사고 싶어 했습니다. 자연히 후추값은 올라갈 수밖에 없었습니다.

베네치아 상인은 아라비아 상인을 통해 후추를 사들였습니다. 아라비아 상인은 인도와 동남아시아에서 후추를 사서 이집트를 거쳐 베네치아로 운반했죠. 이 과정에서 후추값은 인도에서 출발할 때 가격의 50배가 되었습니다. 베네치아 상인은 이 후추를 유럽 각국에 팔았어요. 운송비와 인건비 등 유통 비용이 더해지면서 값은 점점 더 비싸졌지요. 일례로 포르투갈에 후추가 도착하면 원산지 가격의 150배가 됐다고 해요. 정말 어마어마하지요. 이러니 유럽에서 후추는 금값이었습니다. 비유가 아니라 실제로 금과 같은 가격이었다고 하니, 대단한 사치품이었지요.

그러니 후추로 큰돈을 버는 베네치아 공화국을 부러워하는 나라가 얼마나 많았겠습니까. 포르투갈도 그중 하나였습니다. 하지만 아라비아 상인들과 이탈리아 상인들이 무역을 독점한 터라 다른 방법을 찾아야만 했어요. 그래서 대서양으로 눈을 돌리게 됩니다. 신항로 개척에 나선 거예요. 포르투갈은 유라시아의 서쪽, 이베리아반도 끝에 위치해 있으니 아프리카 대륙을 돌아서 인도로 가려 했습니다. 아라비아 상인을 거치지 않고 인도에 직접 가서 후추를 직거래하면 더 많은 돈을 벌 수 있으리라 판단한 것입니다.

포르투갈의 야심 찬 도전을 가로막는 가장 큰 벽은 다름 아닌 무지였습니다. 바다 너머에 뭐가 있을지에 관한 정보가 전혀 없었기 때문입니다. 포르투갈에서 배를 타고 아프리카 쪽으로 조금만 내려가면 사하라사막 서쪽에 닿게 되는데, 이곳이 보자도르라는 곳입니다. 그 시절 유럽 사람들은 이곳에 무시무시한 괴물이 산다고 생각했어요. 포르투갈의 탐험가들이 1420년부터 13년간 무려 열네 번이나 이곳을 통과하려고 했지만, 아무도 돌아오지 못했거든요. 그런데 1434년에 열다섯 번째 탐험대가 보자도르곶 너머의 바다까지 다녀오는 데 성공했습니다. 소문과 달리 그곳에는 괴물이 없더라는 소식도 가져왔어요. 포르투갈의 남하 한계선이 무너지고 항로 개척의 꿈은 더욱 커졌지요.

포르투갈이 이 도전에 얼마나 진심이었는지, 당시 포르투갈의 수도 리스본은 신항로 개척의 꿈을 가진 사람들로 가득했습니다. 최첨단 기술을 연구하는 사람들의 도시나 다름없었으니 리스본이 지금의 실리콘밸리와 같은 역할을 한 것이죠. 천문학자와 지리학자, 조선업자와 선원 등 각 분야의 인재들이 모여 항해에 관한 최첨단 기술을 연구했습니다. 그중 한 사람이 콜럼버스였어요.

모두가 아프리카를 돌아 인도로 갈 방법을 탐구하고 있을 때 콜럼버스는 특이하게도 서쪽 항로를 개척하려 했습니다. 서쪽으로 지구를 한 바퀴 돌면 인도가 나올 거라고 계산한 거예요. 물론 그 계산에는 착오가 있었습니다. 콜럼버스가 생각한 지구는 너무 작았어요. 그래서 인도까지 가는 길도 그리 멀지 않을 거라고 예상한 겁니다. 사람들은 황당해했지요. 마치 일론 머스크가 화성을 개발하자고 했을 때와 같은 반응이었어요. 다들 남쪽으로 갈 생각만 하고 있었거든요.

포르투갈은 콜럼버스의 제안을 받아들이지 않았습니다. 영국과 이탈리아도 후원을 거절했어요. 콜럼버스 같은 사람은 지금으로 말하면 벤처기업이라고 할 수 있어요. 사업 계획을 제출하고 투자를 끌어와야 합니다. 항로 개척은 큰 모험이 필요하지만 성공하기만 하면 높은 수익을 올릴 수 있는 사업인 거지요.

여기저기에서 거절당한 콜럼버스는 스페인으로 갔습니다. 당시 스페인은 '레콩키스타Reconquista'가 마무리된 때였어요. 레콩키스타는 '재정복'이라는 뜻입니다. 한때 이베리아반도는 거의 전체가 이슬람 세력의 지배를 받았습니다. 그래서 영국이나 프랑스에 있다가 스페인으로 넘어가면 분위기가 확 달라져요. 유럽 문화와 이슬람 문화가 섞여 있거든요. 그라나다에 있는 알람브라 궁전이 대표적인 예지요.

이베리아반도에 있는 가톨릭 국가들은 이슬람 세력을 몰아내고 자신들의 땅을 되찾는 것이야말로 신이 준 임무라고 생각했습니다. 그래서 전쟁을 벌이게 되는데, 이걸 레콩키스타라고 해요. 무려 700년간 이어진 재정복 운동은 그라나다의 나스르

다시, 역사의 쓸모

왕조를 축출하면서 끝이 났습니다. 콜럼버스는 바로 이 해에 스페인의 후원을 받게 됩니다. 정확히 말하면 스페인의 전신인 카스티야 왕국 여왕의 후원을 받고 서쪽으로 출발하지요. 1492년의 일이었습니다.

콜럼버스 일행은 두 달 정도 항해한 끝에 드디어 육지에 닿았습니다. 콜럼버스는 자기가 인도에 도착했다고 생각했지만, 사실 그곳은 북대서양에 있는 바하마 제도였어요. 유럽 사람들은 알지 못했던 땅이지요. 당연히 후추가 있을 리 없었습니다. 당황했던 콜럼버스는 바하마 제도의 원주민을 붙잡아 스페인으로 끌고 갔습니다. 자신이 성공했다는 것을 증명하기 위해서였어요. 그래야 사람들이 투자를 계속할 테니까요.

콜럼버스가 인도에 다녀왔다는 소문은 빠르게 퍼져갔습니다. 포르투갈은 조급해졌어요. 자기들이 가장 먼저 성공할 줄 알았는데 큰일 났다 싶었겠지요. 6년이 지난 1498년, 포르투갈의 탐험가 바스코 다 가마는 리스본을 출발해 아프리카 대륙 남쪽에 있는 희망봉을 돌아 인도로 갔습니다. 바스코 다 가마 일행이 도착한 곳은 인도 캘리컷 항이었어요. 콜럼버스와 달리 진짜로 인도에 간 거예요. 신항로 개척이라는 포르투갈의 꿈이 약 80년 만에 이루어진 것입니다.

바스코 다 가마는 캘리컷의 통치자를 만났습니다. 그에게 양털로 만든 외투 열두 벌, 모자 여섯 개, 그리고 세숫대야 여섯 개를 보여주었어요. 기대와 달리 인도 사람들 눈에는 죄다 형편없는 것들이었지요. 더운 나라에 모직 외투가 필요할 리 없잖아요. 게다가 인도는 면직물로 굉장히 유명한 나라였습니다. 그러니까 유럽의 옷 만드는 기술이 썩 훌륭해 보이지 않았던 거예요. 그때만 해도 유럽은 아시아에 비해 여러모로 뒤떨어져 있었죠. 바스코 다 가마 일행은 사람들의 비웃음을 샀고, 결국 교역은 이뤄지지 않았습니다.

교역에 실패한 바스코 다 가마는 캘리컷항에서 구입한 후추만 가지고 포르투갈로 돌아왔습니다. 그런데도 대박이 났어요. 인도에서는 후추값이 워낙 싸니까 거기서 사 온 후추만으로 원정 비용의 60배나 되는 이익을 챙긴 겁니다. 실패한 교역인 데도 60배나 넘는 이익을 남기다니, 바스코 다 가마의 성과에 전 유럽이 흥분했습니다. 다들 인도에 가서 후추를 사 오려 했어요. 하지만 유럽은 인도와 교역을 할 수가 없었습니다. 양쪽 모두 이득이 있어야 거래가 가능한데, 유럽은 내다 팔 게 없잖아요. 그러자 포르투갈은 거래를 포기하고 착취를 선택했습니다. 원하는 물건이 있으면 총으로 빼앗아 왔어요. 다른 국가들도 이런 방식을 따라 했습니다. 제국주의의 조짐이 보이기 시작했습니다.

＊＊＊

콜럼버스는 자신이 인도라고 믿은 땅에서 끝내 후추를 찾아내지 못하고 죽었지만, 스페인은 1545년에 후추 대신 남미에서 은광을 발견했습니다. 아메리카 대륙의 은은 실크로드를 통해 중국으로 흘러 들어갔어요. 당시 중원을 차지하고 있던 나라는 명이었습니다. 명의 사람들은 은을 무척 좋아했어요. 은이 곧 돈이었기 때문에 수요가 굉장히 높았지요. 유럽에서 금과 은의 교환 비율은 약 1 대 12였어요. 금 1킬로그램이 은 12킬로그램과 같은 거예요. 그런데 중국에서는 금 1킬로그램이 은 6킬로그램과 같았습니다. 같은 양의 은을 중국에서는 유럽보다 두 배 높은 값으로 거래할 수 있었던 것이죠.

스페인은 남미의 은을 중국에 팔고, 중국의 물건을 들여와서 유럽에 팔았습니다. 이 과정에서 발생하는 환차익은 환차익대로 챙기고, 물건값은 물건값대로 남겼어요. 중국은 진공청소기처럼 은을 빨아들였습니다. 이때 모은 은으로 만리장성이 완성되었다는 말이 있을 정도예요. 그랬으니 스페인이 얼마나 큰돈을 벌었겠어요.

게다가 1580년에는 포르투갈이 이베리아 연합이라는 이름으로 스페인에 병합됐습니다. 포르투갈의 왕이 후사 없이 전쟁

중에 죽고, 그 삼촌이 왕위에 올랐다가 또 금방 죽으면서 왕위를 이을 혈통이 없었던 거예요. 혈연상 가장 가까운 사람이 스페인의 왕 펠리페 2세였기 때문에 그대로 흡수된 거지요.

16세기는 그야말로 스페인의 전성기였어요. 그러나 아메리카 원주민들의 눈물로 만들어낸 전성기는 오래가지 못했습니다. 스페인은 종교적 신념이 과도한 국가였거든요. 스스로 가톨릭의 수호자라고 믿었어요. 당연히 이교도를 수용하지 않았고, 가톨릭으로의 개종을 강요했죠. 앞서 일어났던 레콩키스타를 마무리하면서도 가톨릭으로 개종하지 않은 사람은 모두 추방했습니다. 그때 추방된 사람들은 대개 유대인이었어요. 유대인들은 신교 운동이 확산되고 있던 네덜란드로 갔습니다. 종교의 자유를 찾아 떠난 거지요.

스페인은 가톨릭을 위해 전쟁도 불사했습니다. 주변 여러 국가들과 종교 전쟁을 벌였고, 전쟁에 막대한 돈을 쏟아부었습니다. 전쟁을 이어가기 위해 은행에서 돈을 빌리거나 국가 공채로 비용을 충당했는데 그 이자가 왕실 한 해 수입의 70퍼센트에 달하기도 했어요. 스페인 재정은 무너지기 시작했습니다. 그토록 부유했던 나라가 세 번이나 파산했어요. 아메리카 대륙에서 가져오는 물자도 소용이 없을 정도였습니다. 들여온 물자를 굴릴 수 있는 유통망이 붕괴된 상태였어요. 상업과 유통에 밝

다시, 역사의 쓸모

은 유대인들이 모두 네덜란드로 떠나가 버렸기 때문입니다. 그렇게 스페인은 전성기를 지키지 못하고 자중지란을 일으키며 쇠퇴의 길을 걷기 시작합니다. 신항로 개척의 포문을 열었던 이베리아반도의 세력이 지고 네덜란드가 17세기의 주인공으로 떠올랐습니다.

17세기에는 유럽에도 후추가 꽤 흔해졌어요. 많이 들어오기도 했고, 유통도 잘 돼서 이전만큼 귀한 물품은 아니었지요. 사람들은 더 자극적인 향신료를 원했습니다. 그러면서 후추보다 훨씬 더 이득을 남길 수 있는 향신료가 유행하기 시작했어요. 그게 바로 육두구nutmeg입니다.

아까 후추가 인도에서 출발해 포르투갈에 도착하면 150배로 가격이 뛴다고 했잖아요. 육두구는 800배로 뛰었어요. 향도 향이지만, 흑사병 치료에 효과가 있다는 소문이 퍼지면서 엄청난 인기를 얻었거든요. 그러니까 다들 이걸 구하려고 난리였습니다. 귀족들은 육두구를 통에 넣어서 허리에 달고 다녔어요. '나 육두구 가진 사람이야' 하고 재력을 과시하는 거지요. 그만큼 육두구가 부의 상징이었습니다.

육두구의 원산지는 인도네시아에 있는 반다 제도였습니다. 작은 섬들이 모여 있는 곳이었는데 이곳이 당시에는 유일하게 육두구가 나는 곳이었습니다. 네덜란드는 반다 제도의 원주민들을 희생시키면서 육두구를 독점했습니다. 그 결과 네덜란드의 동인도회사가 엄청나게 성장했습니다. 당시 네덜란드 동인도회사의 가치가 현재 애플의 아홉 배였다고 하니 정말 상상을 초월하지요.

종교 전쟁이 일어났을 때 네덜란드와 손을 잡고 스페인에 맞서 싸웠던 영국은 너무 샘이 났어요. 네덜란드가 육두구로 돈을 쓸어 담으니까 자기들도 끼어들고 싶었던 거예요. 한때 연합했던 두 나라는 육두구가 특히 많이 나는 룬 섬을 두고 다투기 시작했습니다.

이 전쟁은 네덜란드의 승리로 끝났어요. 영국은 육두구 무역에서 손을 떼기로 했지요. 대신 네덜란드는 자신들의 식민지 하나를 영국에 떼어주었어요. 그게 바로 뉴암스테르담, 오늘날의 뉴욕입니다. 그 시절만 해도 뉴욕은 육두구에 비해 별로 가치가 없었어요. 하지만 훗날 뉴욕항은 북미 대륙의 무역거점이 됩니다. 반대로 육두구는 새로운 산지가 계속 발견되면서 대량 공급되었고, 가격이 폭락하고 말았습니다.

인도네시아에서는 물러나야 했지만, 영국에게는 인도가 있었습니다. 인도산 면직물은 세계 최고의 품질을 자랑했어요. 영국이 일찍이 인도에 동인도회사를 세운 이유도 면직물을 비롯한 인도의 물건을 쉽게 사고팔기 위해서였습니다. 인도의 면직물은 유럽에서도 큰 인기를 끌었습니다. 내놓기만 하면 날개 돋친 듯이 팔렸지요. 영국은 면직물을 거래하는 데에 만족하지 않았습니다. 결국 면직물 무역을 독점하고 싶었던 영국은 인도의 목화 산지인 벵골 지방을 탐내 1757년 플라시 전투를 벌였습니다. 이 전투에서 승리한 영국은 벵골 지역을 통치하기 시작했고, 점차 인도 전체로 식민 지배를 확대했습니다.

식민 지배 체제에서 영국은 인도에서 세금을 걷을 수 있게 되었습니다. 예전에는 영국에서 돈을 가져와서 면직물을 샀는데 이제는 인도인들이 낸 세금으로 면직물을 살 수 있게 된 것이죠. 결국 공짜로 가져간 셈입니다. 이 시기에 증기기관까지 발명되면서 영국의 방직 산업은 압도적으로 성장했습니다. 산업혁명이 도래했고 그 영광을 영국이 누리게 되었습니다. 이후 제1차 세계대전이 열리기까지 영국은 해가 지지 않는 나라의 명성을 누리며 대영제국의 시대를 열었습니다.

중세를 지나 근대로 향하는 동안 유럽의 패권은 이 나라에서 저 나라로 아주 빠르게 넘어갔습니다. 아주 간단하게 설명했는데도 패권을 잡았다가 놓친 나라가 여럿입니다. 포르투갈은 남항로뿐만 아니라 서항로라는 새로운 길에도 열린 자세를 가졌다면 좋았겠지요. 하지만 포르투갈의 관심은 오로지 아시아와 아프리카를 향해 있었어요. 스페인은 기회를 잡았지만 과도한 종교적 신념으로 사회가 경직되고 말았습니다. 상업 기술이 뛰어난 유대인들을 내쫓은 것이 패착이었지요. 아무리 좋은 물건이 들어오고 나라에 돈이 흘러넘쳐도 이를 융통할 사람이 없으면 산업이 몰락하게 될 거라는 사실을 예상하지 못한 거예요. 금융과 상업의 중심지는 그렇게 네덜란드로 옮겨갔습니다.

이때부터 항해와 무역의 주체는 왕조가 아닌 상인으로 바뀌었어요. 포르투갈과 스페인이 왕이 나서서 항해를 주도했던 것과 달리, 네덜란드에는 상인들이 있었습니다. 상인들은 왕조의 후원을 받는 대신 네덜란드 동인도회사를 세우고 투자할 사람을 모집했습니다. 회사에 수익이 나면 투자자들과 나누기로 한 거지요. 세계 최초의 주식회사가 탄생한 겁니다.

상인들은 이익을 얻기 위해 훨씬 빠르고 쉽게 움직였어요. 네덜란드뿐 아니라 각국의 상인이 집단을 이루어 활약하기 시작했습니다. 중국에서도 상인 조합이 굉장히 커졌어요. 이 상인 조합을 '행'이라고 불렀는데, '은행'이라는 말이 여기에서 나왔습니다. 은을 거래하는 상인 조합이 은행, 곧 금융거래의 중심이었던 거예요. 하지만 네덜란드도 상품의 다변화에 실패했습니다. 당장 돈이 되는 육두구에 눈이 멀어 뉴욕을 포기하는 실수마저 저질렀지요.

이렇듯 여러 나라가 기껏 차지한 패자霸者의 자리를 일찍 내려놓을 수밖에 없었던 이유는 거시적인 안목이 부족했던 탓입니다. 눈앞의 이익에 급급해서 멀리 내다보지 못했어요. 지나친 탐욕이 문제였습니다.

유럽의 패권 전쟁을 살펴보면 영원한 1등은 없다는 사실을 새롭게 깨닫게 됩니다. 그래서 우리는 '1등이 될 수 있느냐' 뿐만 아니라 '1등을 얼마나 유지할 수 있느냐'라는 질문도 함께 생각해 보아야 합니다. 시장에서 1등을 차지한 기업들이 그에 만족하지 않고 끊임없이 사업 다각화를 시도하는 것은 정체하는 순간 1등의 자리에서 물러나야 한다는 사실을 알기 때문입니다. 그래서 오래도록 사랑받는 기업이 되려면 거시적인 시선이 필수적이에요. 물론 '어떤 1등이 되느냐'도 함께 생각해 볼 질문입니다. 유럽인의 탐욕 때문에 스러져간 아시아인들의 희생으로 이루어낸 1등이 어떤 의미가 있는지도 놓치지 말아야겠죠. 1등이 되어도, 1등을 아무리 오래 유지해도 건강한 1등이 아니라면 모래 위에 화려하게 쌓아 올린 사상누각에 불과할 테니까요.

기업이나 국가만의 이야기가 아니라 개인도 마찬가지입니다. 우리의 삶이 단판 승부는 아닌 것 같아요. 한번 잘했다고 해서 그 성취가 계속 유지되는 것은 아니기 때문에 끊임없이 다음을 고민해야 합니다. '지금의 성취를 유지하기 위해서 무엇을 준비해야 할까', '이 다음에 주어질 과제는 무엇일까'라는 질문을 스스로에게 던지고 미래를 준비해야 합니다.

눈앞에 놓인 과제에 집중하면 이를 해결하는 데에 온 힘을 쏟고, 막상 그 뒤의 일은 잘 생각하지 않게 됩니다. 그런데 어떤 일이든 열심히 하다 보면 점점 동력이 붙기 마련입니다. 등산할 때도 꼭대기가 보이지 않을 때는 힘이 나지 않는데, 정상이 가까워질수록 기운이 솟잖아요. 비유하자면 이때쯤 미리 정상에 오른 뒤를 생각하자는 거예요. 아무런 대비 없이 성공을 거머쥐면 그저 안주하게 되거든요. 성공을 누리기 바빠서 다른 생각을 하지 못해요.

영광에 취하는 순간, 시야는 좁아지기 마련입니다. 달콤한 열매를 따는 데 정신이 팔려 숲을 보지 못하면 어느덧 가파른 절벽을 마주할지 모릅니다. 항상 주위를 둘러봐야 해요. 유럽의 패권 전쟁에서 보았듯 환경은 시시각각 변화하고, 새로운 기술은 언제든 등장할 수 있습니다. 그러니 잠깐 빛을 내는 반짝 스타로 끝나지 않기 위해 끝까지 자리를 지키는 법을 고민해 봅시다. 인생은 길고 우리 앞에 놓인 과제들은 순위 경쟁이 아니라 기간 전쟁인 경우가 많으니까요.

얼마나 멀리까지
그릴 수 있는가

상상력

히어로 영화를 보면 초능력을 가졌거나 일반인보다 비범한 능력을 가진 인물이 주인공으로 등장합니다. 그들은 개인이나 인류가 해결하지 못할 엄청난 일을 처리하고는 일약 영웅으로 추앙받죠. 이런 영화들이 인기를 끄는 이유는 어딘가 잘못된 세상을 누군가 나타나 단번에 바로잡아주길 바라는 마음이 있기 때문인 것 같아요. 영화에 등장하는 영웅은 악을 응징하고 세상을 구하잖아요. 초월적인 힘을 가진 존재가 정의로운 일을 행할 때 느낄 수 있는 카타르시스가 분명 있습니다.

그런데 현실에서는 이런 카타르시스를 느끼기가 어려운 것이 사실입니다. 변화는 더디고 정의가 승리하는 일은 드물기만 하죠. 그래서 권선징악이 제대로 구현되는 영화를 보고 나오면 '영화 같은 이야기네' 하고 자조적인 감상평을 남기게 됩니다. 하지만 유심히 살펴보면 우리 역사에도 여러 영웅이 있었습니다. 다만 그 영웅이 가진 능력이 '초능력'이 아니었을 뿐이죠.

제가 역사에서 발견한 영웅의 조건 중 하나는 시대를 뛰어넘는 상상력입니다. 사람은 자신이 태어난 시대에 얽매이기 쉽습니다. 단적인 예로, 태양이 지구 주위를 돌고 있다고 믿던 시대에 지구가 태양 주위를 돈다고 생각하기란 무척 어려워요. 현재의 사상과 문화, 기술 안에서 사고하게 되거든요. 그런데 어떤 사람은 자기가 살고 있는 시대와 다른 모습을 상상하고, 그 시대를 향해 달려갑니다. 그러면서 자신의 상상을 현실로 만들려고 노력하죠.

시대를 뛰어넘는 상상력을 가진 인물 중 첫 번째로 소개하고 싶은 인물은 만적입니다. 만적은 고려 시대 사람으로, 무신정변 이후 최충헌이 집권한 시기에 활동한 인물입니다. 최충헌의 사노비로 알려져 있지만 정확한 것은 아니에요. 만적이 살던 시대에 고려는 극심한 혼란을 겪고 있었습니다. 무신정변이 일어난 뒤로 집권자들이 계속 바뀌었거든요. 문벌의 시대를 끝낼 생각만 했을 뿐, 어떤 세상을 만들겠다는 비전을 세우지 않아 서로 죽고 죽이는 권력 투쟁만 하게 된 것입니다. 무신정변을 일으킨 정중부와 이의방이 정변을 통해 권력을 잡았으나 경대승이 거사를 일으켜 정권을 장악했다가 그다음은 이의민, 또 그다음은 최충헌이 정권을 잡았습니다.

그러니 지배층이 바뀌어도 백성들의 삶은 나아지지 않았습니다. 혼란한 상황 속에서 오히려 점점 더 어려워지기만 했어요. 무신들이 문신을 제치고 정치를 주도하면서 기존의 지배체제도 흔들렸습니다. 이러한 상황에서 만적은 자신과 같은 노비들을 불러 모았습니다. 그리고 거사를 계획합니다. 이때 만적이 노비들 앞에서 했던 연설을 보면 정말 놀랍습니다. 우리나라 역사에서 가장 가슴을 뜨겁게 하는 연설문이 바로 이 만적의 연설문이 아닐까 하는 생각까지 들어요. 연설문은 이렇게 시작합니다.

"국가에서 경인년(1170)과 계사년(1173) 이래로 높은 관직도 천예賤隸에서 많이 나왔으니, 장상將相에 어찌 타고난 씨가 있겠는가? 때가 되면 누구나 차지할 수 있는 것이다. 우리들이라고 어찌 뼈 빠지게 일만 하면서 채찍 아래에서 고통만 당하겠는가?"

해석하자면 1170년 무신정변 이후로 많은 고관들이 천한 출신에서 나왔으니 어찌 높은 자리에 오를 수 있는 씨가 따로 있겠냐고 외친 거예요. 지금은 너무나 당연한 생각이지만, 그 당시에는 세상을 뒤엎는 혁명적인 생각이었습니다. 우리는 신분제가 없는 사회에서 태어났고, 신분으로 사람을 차별해서는 안된다는 생각을 당연하게 여기는 시대에 살고 있어요. 그러나 고려 시대 사람들은 달랐습니다. 태어날 때부터 신분이 정해져 있었습니다. 문무양반이 있고, 그 아래 중간 계층이 있고, 그 아래 평민이 있고, 그 아래 천민이 있었어요. 천민의 대부분을 차지하는 노비는 주인에게 매질을 당해도 억울하다는 생각을 해서는 안 됐어요. 그런 행동이 당연한 세상에서 살고 있었기 때문입니다.

신분제가 사회를 유지하는 기본 구조인 사회에서 어떻게 장상의 씨가 따로 있겠냐는 문제적 발상을 할 수 있었을까요? 저는 이것이야말로 시대를 뛰어넘는 발상이라고 생각해요. 어찌보면 지금 우리가 살고 있는 시대를 그리며 한 말이잖아요. 당연한 것을 당연하지 않다고 바라볼 수 있는 눈이 그에게는 있었던 것입니다. 그의 연설은 이렇게 마무리됩니다.

"천적賤籍을 불태워 그리하여 삼한三韓에서 천인을 없애면, 공경장상公卿將相이라도 우리가 모두 할 수 있을 것이다."

노비 문서를 불태워 나라에 천민이 하나도 없게 되면 우리 또한 높은 벼슬자리를 차지할 수 있다는 말입니다. 우리 역사에

다시, 역사의 쓸모

기록된 최초의 신분해방운동이었습니다. 먹고살기 힘들다고, 우리 처우를 개선해 달라는 게 아니라 천민이라는 신분을 없애버리겠다고 한 거예요. 너무나 혁명적인 생각이었습니다. 물론 "장상의 씨가 따로 있으랴"라는 이야기를 만적이 처음 한 것은 아닙니다. 중국 진 말기에 일어난 진승·오광의 봉기에서 나온 거예요. 그게 고려에도 알려졌던 겁니다. 그렇다고 하더라도 어떻게 노비가 그 말을 알고, 믿고, 또 주위에 전했을까요? 다시 생각해도 참 대단합니다.

만적과 함께하기로 한 사람들은 누런 종이를 수천 장 오려서 '정丁' 자를 쓴 다음 몸에 지녔습니다. 그리고 1198년 5월 17일 흥국사에 모여 봉기하기로 약속했지요. 그런데 그날 모인 사람은 수백 명밖에 되지 않았어요. 당시 노비들에게 주인을 해친다는 것은 상상하기 어려운 일이었거든요. 수백 명으로는 최충헌과 무신들을 물리칠 수 없었습니다. 결국 만적은 거사를 4일 후로 미뤘습니다. 하지만 순정이라는 노비가 자신의 주인에게 이 사실을 고하면서 만적의 봉기는 실패로 돌아갑니다.

최충헌은 만적과 100여 명의 노비들을 사로잡았습니다. 그리고 그들을 포대로 씌워 강물에 던져버리라고 지시했어요. 만적은 그렇게 산 채로 수장되고 말았습니다. 밀고자인 순정은 천민의 신분에서 벗어났지요. 수천, 수만, 아니 수십만 명의 노비를 해방시키기 위한 봉기였지만, 단 한 명의 노비만이 해방된 채 끝난 것입니다.

그럼에도 만적의 생각은 분명 시대를 뛰어넘는 것이었습니다. 만적이 그린 세상은 그가 살고 있던 세상과 한참 달랐습니다. 그래서 그 시대 사람들에게는 선명하게 다가오지 않았을 것 같아요. 누군가는 말도 안 되는 소리라고 비웃었을 것이고, 누군가는 해낼 수 없는 일이라고 의심했을 겁니다. 자유를 얻고 싶기는 하지만, 주인을 모함하는 것 같아서 불안한 사람도 있었을 거예요. 하물며 우리 시대에도 상사에게 바른말을 하거나 회사를 상대로 시위를 벌인다는 게 쉽지 않잖아요. 옳고 그름을 떠나서 마음 한구석이 불편해지거든요. 그러니 홍국사에 모인 노비가 얼마 되지 않았던 것도 한편으로는 이해가 됩니다.

만적은 꿈을 이루지 못하고 비극적인 스토리의 주인공이 되었습니다. 하지만 그의 꿈은 결국 이루어졌어요. 신분제가 사라지고, 노비 문서도 존재하지 않는 세상이 왔습니다. 아주 오랜 시간이 걸렸지만, 결국 그가 옳았던 것이죠. 그의 생각이 틀린 것이 아니라 다음 시대를 향하고 있었다는 것을 이제 모두가 알게 되었습니다. 만적은 시대에 갇혀 있던 사람이 아니라 시대 너머를 볼 수 있는 사람이었던 것입니다.

다시, 역사의 쓸모

＊＊＊

　시대를 뛰어넘는 생각을 했던 두 번째 인물은 토정 이지함입니다. 연말연시에 즐겨 찾는《토정비결》로 유명한 분이지요. 이지함이라는 이름은 몰라도 토정비결을 모르는 사람은 없을 겁니다.《토정비결》은 주역을 토대로 만든 건데 그 원리와 내용이 한결 간단합니다. 음양오행, 육십갑자 같은 요소를 가져와서 일반 사람들이 쉽게 볼 수 있도록 해놨어요. 그걸 보면서 한 해의 길흉화복을 점치는 겁니다.

　토정비결의 점괘는 대체로 좋은 내용입니다. 삶에 희망을 주는 메시지예요. 백성을 향한 이지함의 애정이 녹아 있다고 해야 할까요? 운수를 점치려는 사람들은 대부분 절박한 심정이거든요. '그러니까 잘될 거야', '이것만 조금 조심하면 돼', '너무 염려하지 마' 하고 다독여주는 듯해요. 사실《토정비결》이 이지함의 저서가 아니라는 이야기도 있습니다. 진위 여부는 알 수 없지만, 백성들을 생각하는 이지함의 마음만큼은 진짜였습니다.

　이지함은 임진왜란이 일어나기 전인 16세기 조선에 살던 사람입니다. 이때 사회는 무척 혼란스러웠습니다. 부정부패가 만연했고, 백성들은 도탄에 빠졌지요. 방납과 군역의 폐단 등 세금 관련 문제가 터져 나오기도 했어요. 그러다 보니 임꺽정 같은 도적도 나타났습니다. 이지함은 고려 말에 활동한 대학자 목은 이색의 6대손으로 충신의 상징이라 불리는 집안에서 태어났습니다. 그야말로 명문가 자손인 거지요. 하지만 일찍이 부모를 여의었고, 장인이 역모 사건에 연루되며 무척이나 어려운 상황에 놓이게 됩니다. 그때부터 이지함은 가족들을 먹여 살리기 위해 별의별 일을 다 했어요. 전국 방방곡곡을 떠돌기도 했는데, 머리에는 솥뚜껑을 쓰고 다녔다고 합니다. 배가 고프면 그 솥뚜껑에 밥을 해 먹었다고 해요. 그러다가 정착한 곳이 현재의 서울 마포구 토정로입니다.

이지함은 그곳에 흙집을 짓고 장사를 했습니다. 조선은 농업 국가였어요. 성리학자들은 중농억상重農抑商이라고 해서 상업을 등한시했습니다. 그런데 이지함의 생각은 달랐어요. '나라의 부를 증대해야 백성들이 잘살 수 있다. 그러려면 나라의 산업이 농업에만 국한되어서는 안 되고 상업이든 수공업이든 활발하게 일으켜야 한다'는 생각이었습니다. 백성들이 농사를 지으면서 안정된 생활을 누리는 사회가 가장 이상적이라고 했던 시대에 상업을 강조하는 건 결코 쉬운 일이 아니었어요. 18세기에 실학자들이 했던 주장을 한 거니까 약 200년이나 앞선 셈이지요.

이지함은 이론만 강조한 것이 아니라 스스로 상업에 종사했습니다. 고기를 잡고 소금을 만들어 팔아 큰돈을 벌었어요. 불과 2~3년 만에 몇만 섬의 곡식을 모았다는 얘기도 있을 정도입니다. 양반이 장사를 한다는 것도 놀라운데, 장사로 어마어마한 돈을 벌었다니 그것도 참 놀랍지요. 더욱 놀라운 사실은 그걸 자신이 갖지 않고 가난한 백성들에게 아낌없이 나눠주었다는 점입니다.

한번은 이지함이 작은 무인도를 빌려서 그곳에 박을 잔뜩 심었다고 합니다. 수만 개의 박을 수확한 다음, 그걸로 바가지를 만들어 팔았어요. 그렇게 남긴 이익이 곡식 몇 천 섬에 달했습니다. 그걸 또 백성들에게 다 나눠주고서 옷자락 탁탁 털고 떠났대요. 이런 일화가 정말 많습니다.

경기도 김포시에 가면 조강祖江이 있어요. 조강은 한강이 임진강과 만나 바다로 흘러드는 곳입니다. 옛날에도 사람들이 많이 드나드는 곳이었는데, 바다 앞이다 보니까 조수간만의 차가 심했지요. 그래서 함부로 배를 움직이지 못했어요. 이지함은 뱃사람들을 위해 물때표를 만든 다음, 그걸 시로 지어 널리 알렸습니다. 사람들은 노래를 부르면서 조강에 물이 언제 들어오고 나가는지 알게 되었어요.

이처럼 이지함은 백성들이 살기 좋은 나라를 만들기 위해 애쓴 경세가였습니다. 하지만 관직에는 56세라는 늦은 나이에 나가게 되었어요. 추천을 받아 재야에 묻혀 있는 인재를 관리로 등용하는 제도가 있었는데, 덕과 재능이 뛰어났던 이지함이 천거에 의해 관리가 된 것이죠.

이지함의 첫 직책은 경기도 포천의 현감이었습니다. 드디어 자신이 생각해 왔던 이상을 현장에 적용시켜 볼 수 있는 기회를 갖게 된 것이죠. 그런데 이지함이 사또로 부임한 첫날, 아랫사람들이 근사한 밥상을 차려 올렸다고 합니다. 윗사람에게 잘 보이고 싶었겠지요. 이 밥상을 보고 이지함은 먹을 게 없다면서 물렸습니다. 그러자 아랫사람들은 더 훌륭한 밥상을 올렸어요. 이지함은 먹을 것이 없다는 이유로 또다시 상을 물렸지요.

이지함의 말은 먹을 만한 게 없다는 뜻이 아니었어요. 사또가 먹어야 할 밥은 백성들이 먹는 밥이고, 백성들과 같은 밥을 먹으면서 그들의 삶을 느껴야 한다는 의미였습니다. 그러니 화려한 밥상에는 사또가 먹을 음식이 없다는 겁니다. 이지함은 아랫사람들이 깨우치길 바라는 마음으로 그런 행동을 한 거예요. 그 뒤로 밥상은 아주 소박해졌고, 원칙을 어기는 사람이 있으면 호되게 혼이 났습니다. 상투 튼 머리를 풀어서 어린아이처럼 땋는 벌을 받았다고 해요. 어른인데도 아이보다 잘한 게 없다며 톡톡히 망신을 주는 거지요. 요즘이라면 사또 갑질로 뉴스에 날 만한 일이지만, 당시로서는 문책하는 방식마저 기이다운 면모가 있었습니다.

당시 포천은 조선에서 가장 못사는 지역 중 하나였어요. 땅이 너무 척박해서 먹고살 길이 없었습니다. 이지함은 어떻게 하면 고을 사람들을 잘 먹일 수 있을까 하고 고민하다가 조정에 상소를 올렸습니다. 전국에 버려진 땅이 많고, 소금을 구울 수 있는 섬도 널려 있으니 그걸 좀 빌려달라는 내용이었습니다. 포천현에 빌려주기만 하면 2~3년 안에 잘 개발해서 고을의 백성들을 구제하겠다는 것이었어요. 실제로 이지함은 박을 심어서 큰돈을 번 경험이 있잖아요. 그러니까 일종의 경제 정책을 제안한 거지요. 하지만 나라에서는 받아들이지 않았습니다. 결국 이지함은 포천 현감 자리에서 물러났어요. 그리고 3년 뒤, 이번에는 충청도 아산의 현감으로 부임하게 됩니다.

무엇이 가장 힘드냐는 이지함의 물음에 아산 사람들은 물고기를 기르는 것이라고 대답했습니다. 고을의 공납 품목이 숭어였거든요. 국가에 바치는 숭어의 양은 늘 정해져 있는데, 생업에만 매달려도 쪼들리는 백성들이 숭어 양식에 신경 쓰느라 고생을 했던 거지요. 이지함은 그 못을 흙으로 메워버렸습니다. 임금이 먹을 음식이라고 해도 백성들을 이렇게 힘들게 해서야 되겠느냐는 거예요. 곧이어 걸인청도 만들었습니다. 걸인청은 말 그대로 거지들을 모아서 관리하는 곳이었어요. 단순히 음식과 잠자리를 제공하는 데 그치는 게 아니라 각자에게 맞는 기술을 가르치고 일을 시켰습니다. 몇 년간 공동체 생활을 하다가 이후에 자립할 수 있도록 돕는 시스템이었어요. 걸인청은 조선 최초의 재활복지기관이었습니다. 조선뿐 아니라 당시 그 어느 나라에도 이런 기관은 없었을 거예요.

이런 행적을 보면 이지함도 만적만큼이나 시대 너머를 상상할 수 있는 사람이었던 듯합니다. 민생을 돌보는 것을 최우선으로 삼았기에 당시 지배적이었던 성리학적 관념에 얽매이지 않고 시대를 앞서간 정책을 펼칠 수 있었지요. 그가 펼친 정책들은 16세기라는 시대와 조선이라는 공간을 벗어나서 고민하지 않는다면 나올 수 없는 생각들이거든요. 만적이 노비의 한계를 벗어나 우리도 장상이 될 수 있다고 외쳤다면, 이지함은 명분을 중요하게 여기던 성리학의 시대에 양반으로서의 체면을 다 내려놓았어요. 수염을 쓰다듬으며 책을 읽어야 하는 양반이 머리에 솥단지를 이고 장터에 나가서 장사를 한다는 게 얼마나 신기해요. 요즘 시대에도 민생 안정을 위해 정말로 필요한 것이 무엇인지 몰라서 탁상공론으로 끝나는 정책이 많은데, 이지함이 얼마나 대단한 상상력을 가졌던 사람인지 새삼 깨닫게 되는 대목입니다.

다시, 역사의 쓸모

＊＊＊

　마지막으로 권문해라는 인물 이야기를 해볼까 합니다. 권문해는 이지함과 비슷한 시기에 살았던 인물입니다. 이지함보다 조금 더 늦게 태어나고, 조금 더 늦게 세상을 떴지요. 앞서 말했듯 16세기는 성리학이 교조화되는 시기였어요. 성리학이라는 프레임에 갇혀버리는 시대라고 할 수 있습니다.

　율곡 이이는 그 시기에 《기자실기》라는 책을 편찬했습니다. 《기자실기》에는 우리나라의 문명이 중국 상의 왕족이었던 기자에게서 시작됐다는 이야기가 담겨 있습니다. 율곡 이이가 어떤 사람입니까? 당대를 대표하는 학자였어요. 그럼에도 그런 역사관을 가지고 있었던 것을 보면 당시의 분위기가 어땠는지 알 법하지요.

　성리학의 핵심을 한마디로 얘기하면 분수에 맞게 살라는 것입니다. 양반은 양반답게, 노비는 노비답게 각자 자신의 신분에 맞게끔 살아야 사회가 안정된다는 거예요. 현대에서는 통용되지 않는 말이지요. 그런데 조선 중기는 '다움'의 시대였던 거예요. 그것이 성리학의 기본 틀이었기 때문입니다. 사람뿐 아니라 나라도 마찬가지예요. 성리학의 관점에서 보면 중국은 천하의 중심이고 조선에게 중국은 부모처럼 섬겨야 하는 나라입니다.

중국을 사대하고 조공을 바쳐야 했어요. 그게 조선다움인 거예요. 그랬으니《기자실기》와 같은 책이 나올 수 있었던 것입니다.

그 시절 성리학자들에게 조선은 중국 중심의 세계관에 속한 나라였어요. 학자들은 너 나 할 것 없이 조선의 역사보다 중국의 역사를 공부하고 외우는 일에 열심이었습니다. 권문해는 그런 분위기에 반론을 제기했어요. 만적이 노비다움이라는 틀을 깨뜨리고, 이지함이 양반다움이라는 틀을 깨뜨렸듯 권문해는 조선학자다움이라는 틀을 깨뜨려버린 겁니다. 그리고 우리나라 최초의 백과사전이라 할 수 있는《대동운부군옥》을 펴냈습니다.

권문해는《대동운부군옥》을 펴내며 조선 사회를 이렇게 비판했습니다. "조선의 선비들은 중국의 역사에 대해서는 상세히 알고 있으면서 정작 우리나라 역사에 대해서는 문자가 없는 옛날 일처럼 아득하게 여긴다." 스무 권이나 되는《대동운부군옥》의 집필은 이런 문제의식에서 시작됐습니다. 우리 역사를 공부하려면 우리 문헌을 제대로 한번 정리해야 한다고 생각한 거예요.

《대동운부군옥》은 제목부터 남다릅니다. 성종 대에 편찬된 지리서《동국여지승람》은 우리나라를 '동국'으로 칭해요. 하지만《대동운부군옥》의 '대동'은 '동방대국東方大國'을 뜻합니다.

조선을 큰 나라로 바라보고 있어요. 이것부터 인식의 전환이라고 할 수 있지요.

《대동운부군옥》에는 인물, 지리, 예술, 식물과 동물에 이르기까지 우리나라에 관한 다양한 지식이 담겨 있습니다. 역대 문헌을 굉장히 많이 인용해서 정리하고 있어요. 현존하지 않는 책도 상당수 언급되는데, 그런 책은 임진왜란을 거치면서 소실된 것으로 추정됩니다. 이런 면에서《대동운부군옥》은 역사뿐 아니라 문헌사적인 가치도 굉장히 큰 책입니다. 이런 책을 개인이 펴낸 거예요. 소명 의식 없이는 불가능한 일이었어요.

권문해의 문제의식은 조선 후기 실학자들에게 큰 영향을 미쳤습니다. '우리가 왜 중국을 사대하는 나라라는 프레임 속에 갇혀 살아야 해?', '왜 정작 우리 것은 나 몰라라 해?' 하는 생각이 싹텄죠. 이런 문제의식이 이어져 훗날 유득공의《발해고》같은 책도 나올 수 있었던 거예요.《발해고》가 나오기 전에는 발해가 우리의 역사라는 사실조차 모르는 사람이 많았습니다. 안정복이 쓴《동사강목》도 마찬가지입니다. 조선 후기에 집필된 이 책은 고조선부터 고려 말까지를 다룬 통사책이에요. 이 책에 발해와 고구려 역사가 나오는데, 당시 조선인들한테는 잊힌 역사였어요. 왜냐하면 발해와 고구려는 지리적으로 중국 땅에 위치했던 역사이기 때문에, 감히 우리가 입에 담는 것 자체가 불경하다고 생각을 했던 거죠. 그에 반대되는 생각이 조선 후기에서야 나온 것입니다.

중국을 사대하는 것이 당연한 성리학적 질서 속에서 살아가던 선비가 어떻게 그 질서에 문제의식을 가지게 되었을까요? 그리고 그 문제를 해결하기 위해 어떻게 스무 권에 달하는 백과사전을 집필했을까요? 그 누구도 권문해에게 이 일을 시키지 않았어요. 이런 일을 한다고 해서 누가 돈을 주지도 않습니다. 주위의 인정을 받는 것도 아니에요. 권문해는 그저 자신이 인식한 문제를 해결하기 위해 고민하고, 생각 끝에 나온 해결책을 실천한 것입니다. 몇백 년이 지난 지금, 그가 쓴 《대동운부군옥》은 국어학적으로나 역사학적으로 무척 중요한 가치를 지닌 사료가 되었습니다.

저도 사회에 속해 살아가는 사람으로서 사회가 당연하게 여기는 것을 당연하게 여기지 않는 일이 얼마나 어려운지 알고 있습니다. 한 번 더 생각하는 습관을 들이지 않으면 그저 흘러가는 대로 살아가게 되죠. 이런 관성에서 벗어나 시대적 한계 너머를, 사회의 프레임 밖을 상상하는 것은 얼마나 대단한 일인가요. 그런 의미에서 저는 이런 상상력을 가진 사람들이야말로 영웅이라는 생각이 들어요. 초능력을 가지고 지구를 구하거나, 사회를 완전히 뒤바꾸는 혁명을 완수한 사람이 아니라 변

다시, 역사의 쓸모

화의 단초가 되어준 사람들 말입니다.

　그렇다면 이런 상상력을 가능하게 하는 힘은 무엇일까요? 저는 그 바탕에는 사랑이 있는 것 같아요. 제가 참 좋아하는 글귀 하나를 소개하겠습니다. 박노해 시인이 쓴 글귀입니다. "우리는 위대한 일을 하는 것이 아니라 위대한 사랑으로 작은 일을 하는 것. 작지만 끝까지 꾸준히 밀어가는 것. 그것이야말로 내가 아는 가장 위대한 삶의 길이다." 무척 멋있는 말이죠. 이 글귀를 처음 접했을 때 '위대한 삶'에 대한 가장 정확한 정의라는 생각이 들어서 무릎을 탁 쳤어요. 그 뒤로 여러 번 읽어서 이제는 외울 정도죠.

　앞서 소개한 인물들도 그 시작에는 사랑이 있었을 거예요. 권문해는 우리 것에 대한 사랑, 이지함은 백성들에 대한 사랑, 만적은 노비라는 신분을 공유한 이들에 대한 사랑이 있었기에 시대를 뛰어넘는 상상력을 발휘할 수 있었던 것입니다. 그런 의미에서 영웅이란 위대한 과업을 완수한 사람이 아니라 작지만 위대한 사랑으로 온 생애를 바쳐 세상을 조금씩 바꿔나가는 사람이 아닐까 합니다. 아무나 될 수 없는 존재지만, 한편으로는 누구나 될 수 있는 존재지요.

　이제 저의 상상을 돌아봅니다. 시대가 허락하고 사회가 당연하다고 여기는 생각만을 하고 있지는 않은지, 또 제 상상의 출발이 된 사랑은 무엇인지 부지런히 점검하고 또 점검하는 연습을 합니다. 그러다 보면 저도 시대를 뛰어넘는 상상을 할 수 있게 되지 않을까요? 그 상상으로 제 한 번의 인생도 작지만 위대한 삶에 한 걸음 더 가까워질지 모른다는 꿈을 품어봅니다.

시대의 막을
내리게 만드는 불공정

차별의 한계

조선 시대가 임진왜란을 기준으로 전기와 후기로 나뉘는 것처럼, 고려 시대도 전기와 후기로 나누는 기준이 되는 사건이 있습니다. 바로 1170년에 일어난 무신정변이죠. 정변은 혁명과 쿠데타 같은 비합법적인 수단으로 생긴 큰 정치적 변동을 의미합니다. 그러니 무신정변은 무신들이 일으킨 정치 변동을 말해요. 그렇다면 대체 고려 무신들은 왜 정변을 일으킨 걸까요? 그 배경에는 차별이 있었습니다. 이 차별이 얼마나 심했는지 피바람을 동반한 정변을 일으킬 정도였지요.

무신정변의 주역 중에 정중부라는 사람이 있었습니다. 기록에 따르면 정중부는 키가 7척이었대요. 1척이 30센티미터 정도 되니까 7척이면 2미터가 넘어요. 약간의 과장이 있겠지만, 그만큼 장신이었다는 거겠지요. 정중부는 왕을 호위하는 군대의 장교였습니다. 지금으로 말하면 대통령 경호 부대 간부라고 할 수 있어요. 정중부에게는 유명한 트레이드 마크가 있었습니다. 다름 아닌 수염입니다.

《고려사》에서 정중부에 관한 기록을 보면 수염이 아름답다고 나와 있습니다. 저도 수염을 길러본 적이 있어요. 조선 시대 선비들의 초상화를 볼 때마다 '나도 수염을 기르면 저렇게 될까' 하는 호기심이 생겼거든요. 마침 수능 출제와 관련해서 합숙을 하게 됐습니다. 어차피 약 한 달간 갇혀 있어야 하니 이때다 싶어서 면도를 안 했지요. 그런데 한 달이 지나니까 너무 지저분했어요. 선비들 수염처럼 차분한 게 아니라 덥수룩하더라고요. 알고 보니까 수염도 머리카락처럼 매번 다듬고 잘라가며 기르는 거래요. 정성을 들여야 하는 거예요. 그러니 아름답다는 말을 들을 정도의 수염이라면 얼마나 애지중지 다뤘겠어요. 정중부는 아마 자신의 수염을 무척 아꼈을 겁니다.

그런데 1144년 섣달그믐날, 어처구니없는 일이 터졌습니다. 섣달그믐은 음력으로 한 해의 마지막 날이에요. 그래서 고려의 왕 인종은 새해를 맞이하는 연회를 베풀었습니다. 왕의 측근인

다시, 역사의 쓸모

내시와 환관, 문신 들은 술을 마시고 노느라 정신이 없었어요. 정중부는 호위대니까 연회장을 지키고 있었지요. 그런데 누군가가 조용히 다가와 정중부의 수염에 촛불을 댔습니다. 수염은 순식간에 타들어 갔어요. 정말 눈 깜짝할 새에 일어난 일이었습니다.

정중부의 수염을 태운 사람의 이름은 김돈중. 정중부보다 한참 어린 문신이었습니다. 조정에 들어온 지도 얼마 되지 않은 새내기였어요. 그런데 이렇게 무례한 행동을 한 거예요. 정중부가 무신이라는 이유로 얕잡아 보았기 때문입니다. 당시 고려는 문신을 우대하는 풍조가 있었습니다. 문벌이 권력을 장악하게 되면서 무신에 대한 차별이 더욱 심해졌지요. 무시하는 정도가 아니라 아예 대우가 달랐습니다. 고려 시대에는 관등을 총 18단계로 구분했는데, 무신은 최상위 등급인 1품과 2품에 오를 수 없었어요. 국가의 중대한 사안을 논의하는 회의에도 참여하지 못했습니다.

아무리 무신을 차별하는 분위기라 해도 김돈중의 행동은 도를 넘어선 것이었습니다. 정중부는 참지 못하고 바로 주먹을 날렸어요. 그러자 김돈중은 아버지에게 쪼르르 달려가 고자질을 했습니다. 김돈중의 아버지는 고려 시대뿐 아니라 지금까지도 유명한 인물입니다. 바로 《삼국사기》를 편찬한 김부식이에요. 김부식은 지금으로 치면 국무총리와 비슷한 직책인 문하시중을 역임했을 정도로 힘 있는 인물이었습니다.

김돈중은 내시였습니다. 내시라고 하면 환관을 떠올리기 쉬운데, 고려 시대에는 내시와 환관이 전혀 다른 직책이었습니다. 환관은 대부분 천민 출신으로 조선 시대의 내시처럼 생식기능을 잃은 남자들이었어요. 궁궐 내의 잡다한 일을 담당했지요. 반면 내시는 과거나 음서를 통해 선발하는 문신이었어요. 왕과 가장 가까운 곳에서 일했기 때문에 정치적 출세가 보장된 자리였습니다. 김돈중은 김부식의 아들이라는 이유로 과거에 합격하자마자 곧바로 내시에 임명됐습니다. 시험에도 2등으로 붙었는데 1등으로 올려줬을 정도였죠. 그러니까 눈에 보이는 게 없었던 거예요.

김부식은 상식적이지 않은 아버지였습니다. 아들을 훈육하기는커녕 왕에게 달려가서 정중부를 처벌해 달라고 요청했거든요. 자기 자식의 잘못은 애써 덮어두고, 남의 잘못만 부각해서 처벌을 요구한 것이죠. 자초지종을 들은 인종은 난처한 입장이었습니다. 분명 김돈중에게도 큰 잘못이 있는데 권세가 등등한 김부식이 와서 정중부를 혼내달라고 하니 이럴 수도 없고 저럴 수도 없었던 거예요. 결국 김부식에게는 정중부를 벌하겠다고 약속한 뒤, 정중부에게 사람을 보내 얼른 도망가라고 합

다시, 역사의 쓸모

니다. 정중부는 처벌을 피했지만, 억울한 마음이었어요. '왜 내가 도망가야 하나' 하는 생각이 들었을 겁니다. 너무 불공정하잖아요.

문벌의 권력 독점과 정치적 부패가 계속되면서 무신에 대한 차별은 날이 갈수록 심해졌습니다. 인종의 뒤를 이어 왕이 된 의종은 밤낮없이 연회를 열었어요. 특히 정자에서 잔치를 벌이고 연못에 배 띄워 놀기를 좋아했습니다. 배도 화려하게 꾸몄지요. 그게 다 백성의 고혈을 짜서 누리는 사치였어요. 의종과 문신들이 밤새 술을 마시며 노는 동안 무신들은 가만히 서서 그 자리를 지켜야 했습니다. 한여름의 뙤약볕을 견디고, 한겨울의 추위도 참아야 했어요. 무신들의 최고 관직인 상장군, 대장군도 이를 피할 수 없었습니다. 그러니 하급 관리와 일개 군사들의 처지는 말할 것도 없었지요. 하급 군인들은 군인전도 제대로 지급받지 못하고 각종 공사에 동원되어야 했습니다.

무신들의 불만이 쌓여갈 무렵, 또다시 불미스러운 사건이 발생했습니다. 1167년 정월 14일, 의종이 연등회 행사를 마치고 절에서 궁으로 돌아오던 중이었어요. 갑자기 왕의 가마 옆으로 화살이 우르르 떨어졌습니다. 이건 정말 엄청난 사건이었어요. 의종은 크게 놀라서 범인 색출 작업에 돌입했습니다. 왕이 행차하는 길에 화살을 쏜 범인은 찾는다고 방을 붙였어요. 관직과 함께 어마어마한 현상금까지 내걸었습니다. 그래도 범인은 잡히지 않았습니다. 왕명은 떨어졌는데 사건은 해결될 기미가 보이지 않으니 다들 죽을 맛이었어요. 결국 범인으로 의심되는 사람들을 모조리 잡아 가두기 시작했습니다. 그중에는 의종의 동생이 부리던 하인도 있었습니다. 그 하인은 가혹한 심문을 견디지 못하고 거짓 자백을 했어요. 의종은 당장 그 목을 베라고 명령했습니다. 왕을 호위하는 임무를 제대로 해내지 못했다는 이유로 무신 열네 명도 유배를 보냈어요.

사실 이 사건의 범인은 좌승선이었습니다. 좌승선은 왕명 출납을 담당하는 정3품의 고위 관리로, 왕의 좌측에 있는 비서라는 뜻이에요. 말 그대로 왕 곁에 바짝 붙어 다니는 사람이니까 왕이 가마를 탔을 때도 말을 타고 따라갔던 거지요. 그런데 왕의 행차니까 징도 울리고 북도 두드리고 하잖아요. 그 소리에 좌승선의 말이 갑자기 놀라 날뛰었고, 다른 군사와 부딪혔습니다. 그때 군사의 화살통에서 튕겨 나온 화살이 하필 왕의 가마를 향했던 거예요. 사실은 별일이 아니었는데, 왕이 암살 시도라고 오해하는 바람에 일이 커진 겁니다.

좌승선은 자신의 실수를 빨리 밝혔어야 해요. 그런데 입을 꾹 닫아버렸습니다. 의종이 계속 호통을 치고, 사람들을 잡아 오니 어쩔 줄 모르다가 말할 타이밍을 놓쳤을지도 모르죠. 그래도 말했어야 합니다. 그랬더라면 애꿎은 사람이 누명을 쓰고 죽는 일은 없었겠지요. 무신들 역시 아무 죄도 없이 유배를 가야 했으니 얼마나 화가 치밀었겠습니까.

놀라운 사실은 이 좌승선이 바로 정중부의 수염을 태웠던, 김부식의 아들 김돈중이라는 것입니다. 1144년에는 새내기 내시였던 김돈중이 20년 뒤에 좌승선이 되어 있던 거예요. 《고려사》에 이런 기록이 남아 있는 걸로 봐서는 당시에도 그 사건의 경위가 밝혀진 모양이에요. 그러니까 무신들에게 김돈중은 공공의 적이나 마찬가지였습니다.

또 한 번 이런 일이 벌어졌으니 무신들의 설움과 분노는 한계점에 임박했을 것입니다. 무신에 대한 차별과 불공정한 처우를 더는 참을 수 없다고 판단한 거예요. 때를 기다리던 그들에게 기회가 찾아옵니다. 1170년 8월, 왕이 나들이 계획을 세웠습니다. 개경 동쪽에 있는 연복정이라는 정자로 나들이를 갔다가 흥왕사에 들러 놀다가 보현원으로 가는 일정이었지요. 보현원은 고려의 왕들이 궁을 떠나 있을 때 자주 머물던 곳이었습니다. 수도 개경과는 꽤 떨어져 있었어요. 정중부와 그를 위시한 젊은 무신들은 때가 왔다고 판단했습니다. 왕이 보현원에 있을 때 정변을 일으키기로 한 거예요.

계획대로 왕은 보현원으로 향했습니다. 정중부와 무신들은 그런 왕을 호위하며 따라가고 있었지요. 그런데 갑자기 왕이 가마를 멈추더니 예정에 없었던 무예 행사를 벌이라고 명했습니다. 긴 여정에 조금 무료했던가 봐요. 그래서 오병수박희가 열립니다. 오병수박희는 전통 무예 중 하나로 오늘날의 격투기와 비슷합니다. 의종은 전에도 가끔 오병수박희를 열었습니다. 실력이 좋은 무신에게는 관직을 내리기도 하고, 승진을 시켜주기도 했어요. 평소 무신들이 불만이 많다는 사실을 알고 있었기 때문입니다.

갑자기 열린 오병수박희에 참여한 사람은 대장군 이소응과 한 젊은 장수였습니다. 나이가 많은 이소응은 힘에 부쳤는지 상대에게 계속 밀리기 시작했습니다. 그러자 돌발 상황이 벌어집니다. 이 경기를 지켜보던 문신 한뢰가 벌떡 일어나 달려가서는 이소응의 뺨을 후려친 것입니다. '이렇게밖에 못 해?' 하는 식이었겠죠. 어찌나 세게 때렸는지 이소응이 넘어질 정도였어요. 어이없는 장면 앞에서도 문신들은 그저 웃기만 했습니다.

당시 이소응은 종3품 대장군이었고, 한뢰는 종5품 문신이었어요. 나이로나 지위로나 자기보다 한참 아래인 사람에게 모욕을 당했으니 이소응의 심정은 그야말로 참담했을 것입니다. 그 모습을 지켜보고 있던 무신들의 마음 역시 같았겠지요. 참다못한 정중부는 "비록 무신이나 관직이 3품인데 어찌 이리 심하게

욕을 보이는가!" 하고 한뢰를 꾸짖었습니다. 무신들은 당장이라도 일을 벌일 것 같은 눈빛으로 정중부를 쳐다봤어요. 하지만 정중부는 무신들을 자제시킵니다. 성급하게 행동했다가는 일을 그르칠 수도 있으니까요.

보현원으로 이동하는 동안 정변을 계획한 무신들의 마음은 아마 터질 것 같았을 겁니다. 안 그래도 가득했던 분노가 한뢰의 돌발 행동으로 인해 끓어 넘칠 지경이었을 거예요. 마침내 의종이 보현원으로 들어오는 순간, 무신들은 칼을 꺼내 왕의 주변에 있던 문신들을 베어버렸습니다. "문신의 관을 쓴 자는 비록 서리일지라도 씨를 남기지 말라"라고 외치며 대대적인 숙청에 나섰습니다.

대장군에게 까불던 한뢰는 목숨을 건지기 위해 왕의 침상 밑으로 숨어 들어갔지만 정중부에게 끌려 나온 뒤 칼을 맞아 죽고 맙니다. 보현원을 접수한 무신들은 개경으로 향했고, 궁 안에 있는 문신들 역시 모두 죽어나갔습니다. 김돈중은 정변이 일어났다는 소식을 듣자마자 바로 도망쳤으나 정중부가 김돈중을 공개 수배했습니다. 결국 현상금에 눈이 먼 김돈중의 종이 주인을 밀고하면서 기고만장했던 김돈중은 목숨을 잃게 되었습니다. 이미 죽은 김부식마저 부관참시를 당했어요. 이게 바로 무신정변입니다. 100년 무신정권의 첫 페이지라고 할 수 있는 장면이지요. 이후 정권을 잡은 무신들은 관직을 독점하고, 문신을 대신해 높은 관직부터 낮은 관직까지 모두 무신으로 임명했습니다. 문신들의 시대는 그렇게 끝이 났습니다.

무신정변의 역사는 우리에게 일종의 시그널을 보내고 있습니다. 차별과 불공정이 한 시대의 막을 내리게 할 만한 폭발력을 가지고 있다는 점을 알려주는 거예요. 물론 김돈중과 한뢰라는 개인이 자신의 지위와 배경을 믿고 지나치게 오만을 부린 것도 사실입니다. 하지만 더욱 큰 문제는 무신들을 향한 멸시가 개인만의 일탈이 아니었다는 점입니다. 당연시된 차별과 불공정한 제도가 결국 무신정변의 계기가 되었고, 끔찍한 숙청과 살육이라는 비극을 낳았습니다.

오늘날 우리 사회를 돌아보면 그 어느 때보다 차별과 불공정이라는 말이 많이 언급되는 것 같아요. 고려의 무신과 문신 사이의 차별처럼 대립하는 집단 간의 차별도 여전히 존재할 뿐만 아니라, 소수자를 향한 차별도 존재하죠. 날이 갈수록 심해지는 현상입니다. 그런데 우리는 이 차별을 해소하기 위해 어떤 노력을 하고 있나요? 내가 당하는 차별이 아니라고, 나에게는 불공정할 것이 없는 제도라고 눈감고 넘어가는 일들은 없는지 돌아보게 됩니다.

차별과 불공정의 문제가 해결되지 않은 채 점점 쌓이다 보면

다시, 역사의 쓸모

어떤 결과가 일어나는지 우리는 이미 알고 있어요. 물론 모두에게 공정한 사회는 어쩌면 이상일지도 모릅니다. 그렇다고 해서 불공정한 사회가 세상의 기본값이라는 생각으로 살아가지는 말았으면 해요. 기울어진 세상은 결국 그 무게를 견디지 못해 무너져 내리고 말 테니까요.

아름다운 결과는
아름다운 과정을 보장하지 않는다

성공의 뒷면

    안중근은 항일독립운동사의 성공 아이콘이라 해도 과언이 아닌 인물입니다. 일제 침략의 원흉인 이토 히로부미를 하얼빈 역에서 사살하는 데에 성공했으니까요. 이후 이어진 일제의 편파적인 재판 앞에서도 품위를 잃지 않으며 끝까지 당당한 자세로 재판에 임해 시대의 영웅이라는 타이틀까지 거머쥐었습니다. 왼손의 네 번째 손가락을 자른 단지 동맹도 그의 영웅적 면모를 돋보이게 하죠. 그의 생애 마지막 1년의 이야기를 다룬 뮤지컬 〈영웅〉도 많은 사람들의 사랑을 받으며 우리나라 창작 뮤지컬로는 최고의 성공을 거두었습니다.

다시, 역사의 쓸모

그래서 우리는 안중근에 대해 잘 알고 있는 듯한 느낌을 받아요. 굳은 의지를 가지고 시대의 과업을 완수한 대단한 위인이라 생각하죠. 그런데 저는 이런 접근에 대해 다시 한번 생각해보자는 말씀을 드리고 싶어요. 안중근이야말로 참 여러 번 실패한 사람이거든요. 연이은 실패 끝에 마침내 이룬 성공이 이토 히로부미의 처단이었습니다. 우리가 잘 알고 있는 하얼빈역에서의 거사가 있기까지 안중근은 어떤 인생을 살아왔는지 함께 살펴보겠습니다.

우선 안중근은 황해도 해주에서 아버지 안태훈과 어머니 조마리아 사이에서 3남 1녀 중 장남으로 태어났습니다. 할아버지가 장사로 많은 재산을 축적한 터라 어린 시절은 아주 유복했다고 해요. 신앙심이 독실한 천주교 집안이었고, 안중근 역시 가족과 함께 세례를 받았습니다. '도마 안중근'의 '도마'가 안중근의 세례명 토마스를 우리 식으로 읽은 표현이지요.

1905년 일본은 을사늑약으로 대한제국의 외교권을 빼앗았습니다. 분개한 안중근은 독립운동 기지를 세우려 했어요. 상하이까지 가서 여기저기에 도움을 요청했지만, 호응하는 사람이 없었지요. 아마 안중근의 제안이 너무 무모하거나 조급하게 느껴졌던 모양입니다. 결국 독립운동 기지 설립에 실패한 안중근은 아무 성과 없이 돌아와야 했어요. 고국에 돌아와서는 석탄

회사를 차렸는데, 그마저도 잘되지 않았습니다. 그래서 금방 문을 닫았어요.

사업에 실패한 안중근은 전 재산을 털어 학교를 세웠습니다. 국권을 빼앗기지 않으려면 무엇보다 교육이 중요하다는 생각을 한 겁니다. 그래서 학교를 설립해 아이들을 가르치는 일에 집중하고, 교육을 통해 일제에 저항하는 애국계몽운동을 펼쳐 나갔습니다. 그런데 1907년 일본이 고종을 강제로 퇴위시키고 군대마저 해산했습니다. 나라의 운명은 그야말로 바람 앞의 등불이었어요. 애국계몽운동에 힘썼던 안중근은 노선을 바꾸기로 결심합니다. 이때부터 의병운동에 뛰어들어요. 참 흔치 않은 사례입니다. 국권 수호라는 목적은 같았지만, 두 노선은 각기 따로 진행됐거든요.

당시 의병운동이 활발했던 곳은 연해주였습니다. 안중근도 연해주로 갔어요. 이때 연해주에서 큰 성공을 거둔 사업가이자 독립운동가인 최재형에게 많은 도움을 받습니다. 안중근은 연해주에서 의병 모집에 적극적으로 가담했습니다. 아직 나라가 망한 것은 아니지만, 일본이 계속 넘보고 있으니 국권을 되찾자며 결의한 것이지요. 덕분에 의병을 많이 모을 수 있었습니다.

이렇게 모인 의병들과 함께 안중근은 참모 중장의 직위로 국내진공작전을 수행했습니다. 일본군과 전투를 벌여 몇 번의 승

다시, 역사의 쓸모

리를 거두었죠. 의병장으로서 드디어 성과를 내나 싶었는데, 이번에는 부하들과 갈등이 생겨요. 일본군 포로를 처리하는 문제를 두고 의견이 충돌한 것입니다. 부하들은 포로들을 처단해야 한다고 주장했습니다. 생사를 건 전투가 계속되고 있는데 포로들을 풀어줬다가는 아군의 근거지를 들킬 수 있다는 이유였어요. 하지만 안중근의 생각은 달랐습니다. 전쟁 포로는 만국공법, 즉 국제법에 따라 풀어주는 게 옳다는 거예요. 독실한 가톨릭 신자였던 점도 하나의 이유가 아니었을까 합니다.

결국 안중근은 부하들의 반대를 무릅쓰고 일본군 포로들을 풀어줬습니다. 하지만 아니나 다를까, 포로들은 안중근의 부대에 대한 정보를 일본에 알렸고 그 결과 안중근의 부대는 일본군에게 기습을 당했어요. 패배한 것은 물론이고 거의 괴멸되다시피 했습니다. 100명이 넘는 사람 중에서 몇몇만이 살아남았어요. 안중근도 겨우 목숨을 건졌지요. 나라를 위해 힘을 보태려 했는데 오히려 자신의 선택 때문에 이 지역의 의병들이 거의 몰살된 것이나 마찬가지였으니 안중근은 얼마나 큰 자괴감에 빠졌겠습니까. 선택에 책임을 지는 일이 무척 고통스러웠을 거예요. 제가 안중근이었다면 몹시 낙담했을 것 같아요.

돌이켜 보면 안중근이 시도했던 일 중에 제대로 성공한 일이 없었습니다. 독립운동 기지 건설도 실패, 사업도 실패, 의병 활동마저 마지막에는 큰 실패를 겪었습니다. 그야말로 실패의 연속이었지요.

좋지 않은 성적표를 거둔 다음이었으니 이쯤하면 됐다 하고 물러날 법도 합니다. 하지만 안중근은 멈추지 않았습니다. 다시 의병을 모집했어요. 그렇지만 누가 그의 부대원이 되려고 할까요. 안중근을 따라가면 모두 죽는다는 생각이 만연했던 터라 사람이 모이지 않았어요. 그 시기에는 안중근을 비판하는 목소리가 컸습니다. 안중근 역시 심적인 고통이 심했을 것입니다. 자신의 결정으로 부대원을 거의 다 잃었으니 후회와 자책이 컸을 테지요. 다시 싸우려 해도 의병조차 모을 수 없으니 난감한 상황이었습니다.

안중근은 다시 연해주로 돌아왔습니다. 최재형은 여전히 든든한 후원자가 되어주었어요. 계속되는 안중근의 노력에 뜻을 함께하겠다는 사람들이 나타났습니다. 모두 열한 명이었습니다. 이 인원으로 뭘 할 수 있을까 싶지만, 이들은 자신들이 해야 할 일을 찾아냈어요. 전투를 하기에는 인원이 부족하니 이토 히로부미와 친일파를 직접 처단하자고 다짐한 거지요. 그래서 동의단지회를 결성했습니다.

1909년 2월 7일 추운 겨울, 안중근을 포함한 열두 명의 독립운동가는 연해주의 숲에 모여 다 같이 왼손 약지 한 마디를 잘

라냈습니다. 그 피로 커다란 태극기에 대한독립이라는 글자를 적었어요. 넷째 손가락의 마디 하나가 없는 안중근 의사의 유명한 수인은 이때부터 등장합니다.

매체에서 이때 안중근의 모습은 비장하고 위엄 있게 그려집니다. 그런데 단지 동맹 이전의 이야기를 쭉 살펴보면 단순히 비장함만 가득한 장면은 아니었겠다는 생각을 해요. 저는 그 속에서 안중근의 고통이 느껴지더라고요. 극한의 고통 속에서 발현된 자기 절제의 모습이 아닌가 하는 생각이 들어요. 그러면서 한편으로 궁금해졌습니다. 그 많은 실패를 경험하고도 안중근이 다시 나아갈 수 있었던 원동력은 대체 무엇이었을까 하고요.

명량해전을 앞둔 이순신 장군이 떠오르기도 했습니다. 당시 이순신에게는 열두 척의 배가 전부였습니다. 일본군 함대는 그보다 열 배나 많은 133척이었어요. 아무리 생각해도 이길 수 없는 싸움이었습니다. 희망이 없었어요. 선조는 이순신에게 남은 배를 없애고 육군으로 합류하라는 명령까지 내렸습니다. 대신들도 같은 의견이었습니다. 그러나 이순신은 바다를 포기할 수 없었어요. 결국 바다를 새카맣게 뒤덮을 정도로 몰려오는 적을 상대할 마음을 먹었습니다. 상황도 좋지 않고, 사람들도 만류해서 포기하려면 포기할 수도 있는 상황이었지만 이순신은 그렇게 하지 않았죠.

안중근 역시 누가 시킨 것도 아닌데 열한 명의 동지들과 일제라는 거대한 적에 맞서기로 결심했습니다. 어렵고 힘들지라도 그것이 자신의 임무라고 생각한 거예요. 손가락을 자르고 그 피로 혈서를 쓴 것은 목숨을 걸고 주어진 일을 해내겠다는 의지의 표현이었습니다. 나라를 위해 시도했던 일이 연이어 실패하고, 부하들의 목숨까지 잃게 했으니 그에 대한 책임을 반드시 지겠다는 뜻으로 읽히기도 합니다. 그 마음이 얼마나 고통스러웠으면 손가락을 끊었겠어요. 손가락을 잘라서라도 이번만큼은 꼭 해보겠다는, 성공하고야 말겠다는 마음을 보여주고자 한 것이 아니었을까요?

때를 기다리던 동의단지회는 이토 히로부미가 하얼빈에 올 거라는 소식을 듣게 되었습니다. 이토 히로부미가 어디에서 내릴지 알 수 없으니 조를 나누어 차이자거우역과 하얼빈역에서 기다리기로 했지요. 우덕순과 조도선은 차이자거우역으로, 안중근은 하얼빈역으로 갔습니다. 모든 게 안개에 휩싸인 상황이었습니다. 세 사람은 이토 히로부미의 얼굴도 모르고 있었어요. 사진이 흔한 시절도 아니었으니까요.

우덕순과 조도선은 두 사람을 수상하게 여긴 러시아 경비대에 붙잡히고 말았습니다. 암살 계획의 성공 여부는 오로지 안중근에게 달려 있었어요. 생김새조차 모르는 이토 히로부미를 기다리는 안중근의 심정은 한없이 떨렸을 것 같습니다. 이번에도 실패할지 모른다는 생각을 했을지도 몰라요.

이토 히로부미 일행이 기차에서 내렸을 때만 해도 실패가 분명해 보였습니다. 수행원이 너무 많아서 누가 누군지 알 수 없었던 거예요. 안중근이 어찌할 바를 모르고 있던 그때, 누군가가 이토의 이름을 불렀습니다. 그 이름을 듣고 돌아선 사람을 향해 안중근은 방아쇠를 당겼지요. 이토 히로부미는 세 발의 총알을 맞았고, 얼마 지나지 않아 사망했습니다. 안중근의 기나긴 여정에 드디어 성공이 찾아온 것입니다.

체포된 안중근은 일본 법정에 서게 되었습니다. 각국의 변호사들이 안중근의 변호를 자처했지만, 일제는 허락하지 않았어요. 그리고 안중근의 의거를 테러 행위로 단정했습니다. 그러나 안중근은 마지막 공판에서 자신이 의병장이며, 따라서 전쟁 포로로 대우해 달라고 요구합니다. 사람들은 고개를 갸우뚱했어요. 개인이 또 다른 개인을 죽인 건데 어째서 그런 말을 할까 의아했던 거지요. 의병대장은 홍범도나 김좌진처럼 군대를 이끄는 사람이라고 여겼던 거예요.

배경을 알고 보면 안중근이 왜 그런 주장을 했는지 알 수 있습니다. 함께하는 사람이 열한 명밖에 되지 않았지만, 안중근은 이전과 같이 싸운다고 생각했어요. 사람이 많이 모이지 않았을 뿐, 끊임없이 의병 활동을 한다고 믿었습니다. 그 활동의 일환으로 이토 히로부미를 사살한 거죠. 하얼빈에서 그가 당긴 방아쇠는 자신과 함께했던 동지들에 대한 자신의 마지막 책무를 수행하기 위한 것이기도 했습니다.

그동안 우리가 알고 있던 안중근의 모습은 조국의 독립을 위해 뜨거운 열정을 품고 적의 심장에 총알을 꽂아 넣는 모습이었습니다. 업적에 집중하다 보니 그 업적을 이루기까지의 과정을 살펴보는 일에 소홀한 측면이 있었습니다. 성공신화를 만드느라 그 뒤에 숨겨진 아픔은 감춰져 버렸죠. 하지만 사실 인간 안중근은 실패와 실수를 거듭했습니다. 계획한 일이 마음처럼 되지 않았고, 자신이 옳다고 믿은 결정 때문에 소중한 사람들을 잃기도 했습니다. 그로 인해 엄청난 비판과 비난을 받았고 극한의 고통을 감내해야 했죠. 하얼빈역은 그가 선택할 수 있는 마지막 공간이었던 거예요.

결과가 성공적이라 해서 성공에 이르기까지의 여정 역시 성공적일 것이라 함부로 짐작하면 안 되는 이유가 바로 여기에 있습니다. 대단한 성공 앞에서 우리가 작아지는 것은 결과만을 바라보고 그 결과가 이루어질 때까지의 과정을 등한시했기 때문일 거예요. 그래서 저는 안중근이 이토 히로부미를 저격한 순간보다 그 순간에 이르는 과정을 짚어봐야 한다고 생각해요. 더는 의병을 모으기도 힘든 상황에서 어쩌면 마지막 기회가 될지도 모를 그날까지 고뇌하고, 흔들리고, 그러다가 또다시 굳건해졌을 안중근의 내면을 따라가고 싶었습니다. 그러면 위대한 독립운동가이기 전에 절망적인 상황에서도 포기하지 않고 다시 일어섰던 인간 안중근을 조금이나마 이해할 수 있게 되기 때문입니다.

성공은 우리가 생각하는 것처럼 그렇게 아름다운 모습으로 등장하지 않습니다. 모든 성공은 숱한 역경과 실패를 딛고 이루어집니다. 그 점을 기억한다면 내가 바라는 성공을 향해 나아가는 동안 필연적으로 겪게 되는 실패를 견디는 힘이 생길지도 모르겠습니다. 결코 아름답다고만 할 수 없는 과정을 거쳐 아름다운 결과를 향해 나아가고 있는 스스로에게 응원을 보내보면 어떨까요.

이완용을 만든 교육,
윤동주를 만든 교육

과거 인기리에 방송되었던 〈SKY 캐슬〉이라는 드라마를 아시나요? 대한민국 상위 0.1퍼센트라 불리는 사람들이 모여 사는 '스카이 캐슬'에서 자식을 명문대에 보내기 위해서라면 수단과 방법을 가리지 않는 인물들의 욕망을 그린 드라마입니다. 높은 시청률을 기록하고 많은 유행어를 탄생시킨 드라마인데 저는 재미있게만 볼 수 없었어요. 대학 입시가 공부를 하는 단 하나의 이유가 되어버린 현실을 너무 적나라하게 그려내서 보는 내내 마음이 아팠거든요.

좋은 학벌을 갖고 전문직이 되는 것만이 인생의 성공이라 생각하는 우리 사회에서 부모들은 아이의 미래를 위해 무엇이든 하려 합니다. 대한민국의 사교육비는 천정부지로 치솟고 있어요. 요즘 대학 입시 전형에서는 '생기부'라 줄여 부르는 학교생활기록부가 무척 중요한 자리를 차지합니다. 수시 전형에서 생기부의 역할이 커지다 보니 생기부를 관리해 주는 컨설팅 업체까지 생겨났습니다.

부모의 철저한 관리와 전문가들의 뛰어난 능력 아래서 그저 공부만 열심히 한 학생들은 성적은 높을지 몰라도 역설적으로 스스로 생각할 힘을 잃어가고 있습니다. 대학에 입학해 성인이 된 후에도 자신만의 철학을 세우기보다 부모가 정해준 길, 사회에서 인정받는 길을 따르려 하죠. 철학이 있는 엘리트를 찾기가 어려운 시대입니다.

참된 교육은 단순히 지식인을 키워내는 데 그치지 않고 올바른 철학을 가진 지식인을 키워내는 데 힘쓰는 일일 것입니다. 그 이유를 저는 우리나라 최초의 국가가 세운 근대식 학교인 육영공원育英公院에서 찾습니다. 육영공원의 한자를 풀이해 보면 '영재를 육성하기 위해 국가가 세운 학교'라는 뜻입니다. 1876년 일본의 강압으로 강화도조약을 체결한 이후 다른 나라와 교섭이 활발해지자 조선 정부는 통역의 필요성을 체감했어요. 당시 조선에는 중국어 외에 외국어를 통역해 줄 통역관이 없었거든요. 항구를 열고 근대의 바다에 발을 담가야 하는데, 외국인들과 소통할 방법이 없었습니다. 조선 정부는 통역관 양성이 시급하다는 걸 깨달았어요. 그래서 1883년에 동문학이라는 통역관 양성소를 세웠고, 보다 체계적인 교육을 위해 1886년에 육영공원을 세운 거예요.

조선 정부는 학교에 전폭적인 지원을 마다하지 않았습니다. 육영공원은 정원이 서른 명에 두 학급이었습니다. 현직 관료 중에서 젊은 사람을 뽑아 한 반을 만들고, 양반 자제 가운데서 똑똑한 사람을 뽑아 또 한 반을 만들었어요. 학생들은 기숙사에서 먹고 자는 것이 가능했고, 교재도 공짜였습니다. 학교에서 용돈도 줬대요. 다들 잘나가는 양반집 자제들이다 보니 가마를 타고 등교하는 학생도 있었다고 합니다. 한마디로 엘리트 귀족 학교였던 거예요.

조선 정부에서는 외국인 교사 세 명을 초빙했습니다. 그 교사 중 한 명이 바로 미국인 호머 헐버트입니다. 헐버트는 독립유공자로 훈장을 받은 인물이기도 해요. 한글에 매료된 헐버트는 한글 연구와 홍보에 힘썼고, 1907년에는 고종에게 네덜란드 헤이그에서 열리는 만국평화회의에 밀사를 파견하라고 건의하기도 했죠. 일제강점기에는 우리나라 독립운동을 적극 지원했습니다.

　　　　　　　　　　　　다시, 역사의 쓸모

육영공원에 초빙된 외국인 교사들이 가르치는 과목은 무척 다양했지만, 우선은 영어를 집중적으로 가르쳤습니다. 학생들도 처음에는 공부를 열심히 했나 봐요. 어릴 적부터 사서삼경을 줄줄 외우다 보니 영어 단어 외우는 것쯤은 일도 아니었겠지요. 하지만 영어 외에는 도무지 관심이 없었다고 합니다. 영어를 잘하게 되면 높은 관직을 얻을 거라고 기대한 거예요. 출세가 목적이니까 그것과 관계없는 학문은 등한시한 거지요.

결국 육영공원은 8년 만에 문을 닫았습니다. 직접적인 원인은 재정난이었습니다. 많은 세금을 썼지만, 결과는 좋지 않았어요. 영어 교육에만 집중한 것도 문제였고, 학생들의 태도도 문제였습니다. 인재를 양성하겠다면서 양반 자제들만 뽑은 것도 육영공원의 한계점으로 지적됩니다. 물론 '유명인'이 배출되기는 했어요. 바로 1회 입학생이었던 이완용입니다.

이완용은 몰락한 양반 가문 출신이었습니다. 한참 동안 벼슬자리에 나간 사람이 없는 그저 그런 가문이었던 터라 말만 양반이지 무척 가난했지요. 하지만 열 살 때 먼 친척의 양자로 들어가면서 완전히 다른 환경에서 자라게 됩니다. 이완용의 양부는 흥선대원군의 최측근이었습니다. 위세가 대단할 수밖에 없었어요.

어린 시절 이완용은 머리가 좋고, 무엇을 배우든 열심히 익혔다고 합니다. 과거에 합격하자마자 스물다섯 살에 정7품이라는 파격적인 대우로 벼슬을 시작했는데, 모두 집안 배경 덕분이었습니다. 당시 이완용의 양부는 홍선대원군을 배신하고 명성황후와 민씨 세력에 붙은 상태였어요. 자기에게 이득이 되는 쪽으로 간 거지요.

이완용은 승진을 거듭했고, 한때는 왕세자 교육기관인 시강원에서 세자를 가르치기도 했습니다. 그리고 스물아홉 살에 육영공원에 들어가 뛰어난 성적으로 고종의 눈에 들게 됩니다. 고종은 미국에 조선공사관을 세우고 관원들을 보냈는데, 이완용도 그중 한 명이었습니다. 오늘날로 말하면 주미 외교관이 된 거지요.

미국 생활을 하면서 이완용은 대표적인 친미파 인사가 되었어요. 영어도 잘하고 미국 사정에 밝다는 이유로 고종의 신임을 얻으면서 종2품까지 올라갔습니다. 관직을 시작한 지 6년만의 일이었어요. 그야말로 초고속 승진이었습니다. 명성황후가 시해를 당한 을미사변이 일어났을 때는 일본이 장악한 경복궁에서 고종을 탈출시켜 러시아공사관으로 피신시키는 데 큰역할을 하기도 했어요. 이 사건이 바로 아관파천입니다. 이때까지만 해도 이완용은 미국과 사이가 좋지 않은 일본을 무척 경계했습니다. 아주 적대시했어요. 계속 고종의 곁에서 승승장구하기를 바랐으니까요. 하지만 이완용에게도 좋은 날만 있는 것은 아니었습니다.

고종을 보호하고 있던 러시아는 조선의 금광 채굴권에 눈독을 들였어요. 그런데 외부대신이던 이완용은 다른 나라와 협상을 하려고 했지요. 이완용은 아관파천 이후 러시아의 간섭이 심해지자 러시아에 적대적인 입장을 취하고 있었거든요. 이완용 때문에 일이 제대로 진행되지 않자 러시아는 고종에게 이완용을 내치라고 압박했습니다. 그 결과 이완용은 지방 관찰사로 좌천됩니다. 중앙 정계에서 밀려난 거예요. 지방 외직을 전전하던 이완용은 백성들의 재물을 가로채는 비리를 저질러 파면 위기에 몰리기도 했지요. 고종의 선처로 파면은 면했으나 한동안은 지방관으로 지내야만 했습니다.

이완용은 1901년 궁내부특진관에 임명됐으나 부친상으로 관직을 사임했다가, 1905년 학부대신에 임명되며 복귀했습니다. 그가 이렇게 화려하게 복귀할 수 있던 것은 중앙 정계에서 밀려나 있는 동안에도 힘의 이동에 촉각을 곤두세우고 있었기 때문입니다. 러일전쟁에서 일본이 승리하고 미국마저 일본을 지지하는 쪽으로 방향을 바꾸는 것을 목격한 이완용은 일찍이 친일파로 돌아선 동료를 찾아가 자신과 일본공사관 사이에 다리를 놓아 달라 부탁했습니다. 그토록 싫어했던 일본 편에 붙은 것이지요. 그 덕분에 일본 공사의 추천으로 학부대신에 임명된 것입니다. 그 뒤의 행보는 우리가 아는 그대로입니다.

이완용은 대표적인 친일반민족행위자입니다. 일제가 대한제국의 외교권을 박탈한 을사늑약, 군대를 해산하고 사실상 내정을 장악한 정미7조약, 그리고 국권을 강탈한 경술국치를 주도했습니다. 가히 반민족행위의 트리플 크라운을 달성했다고 할수 있습니다. 게다가 이 과정에서 어마어마한 돈을 벌었어요. 나라를 팔아먹은 대가로 부자가 된 거지요. 경술국치 이후 15만 원을 받았는데, 현재 가치로 환산하면 30억 정도 됩니다.

촉망받던 엘리트가 어째서 이런 길을 걷게 된 걸까요? 저는 그가 오로지 자신의 출세만을 위해서 공부했기 때문이라는 생각이 듭니다. 이완용은 그저 사회적으로 성공해서 부와 권력을 손에 쥐고 싶었던 거예요. 공부의 목표 이전에 교육의 목표가 문제였을지도 모릅니다. 조선 정부가 육영공원의 교육 목표를 다르게 설정했다면 어땠을까요? 당장 외국과 통상할 때 나설 관리가 없으니 외국의 언어와 문화에 능통한 인재를 육성하겠다는 목표가 아니라, 나라의 발전과 백성들의 생활 안정을 위해 조선의 근대화를 이끌어 나갈 인재를 길러내는 것을 목표로 했다면 그 결과가 달라졌을지도 모릅니다. 시대에 필요한 참된 인재를 배출했을 수도 있지요.

＊＊＊

육영공원과 전혀 다른 교육 목표를 표방한 학교가 있었습니다. 1908년 김약연이 북간도 지역에 설립한 명동학교明東學校 이야기입니다. 명동학교의 교육 목표는 그 이름에 나와 있어요. 밝을 '명'에 동녘 '동'. 한반도의 빛을 밝히는 인재, 즉 독립에 힘쓸 수 있는 인재를 양성하겠다는 의미지요.

명동학교는 국어와 역사를 가장 중요한 과목으로 생각했습니다. 입학 시험과 작문 시험에는 반드시 애국과 독립의 내용을 포함시켰고, 매주 토요일에는 토론회를 열어 민족독립사상을 고취시켰죠. 항일 독립 의식을 가진 인재를 길러내겠다는 교육 목표를 명확하게 이행한 거예요.

이 학교 졸업생은 그리 많지 않아요. 1925년에 폐교됐는데, 그때까지 약 1,000명의 졸업생을 배출했습니다. 그런데 이들이 우리 역사에 한 획을 그었어요. 대표적인 인물이 윤동주입니다. 시를 즐겨 읽지 않더라도 윤동주의 이름은 익숙할 것입니다. 교과서에 실린 터라 그의 대표작인 〈서시〉와 〈별 헤는 밤〉의 몇 구절은 어렴풋하게라도 기억할 테고요. 그만큼 우리에게는 자랑스러운 시인입니다.

'통일운동의 대부'라 불렸던 문익환 목사도 명동학교를 나왔습니다. 문익환과 윤동주는 친구 사이예요. 70대가 된 문익환은 독립을 눈앞에 두고 스물아홉에 세상을 떠난 친구를 그리며 〈동주야〉라는 시를 썼습니다. "너는 분명 나보다 여섯 달 먼저 났지만 / 나한텐 아직도 새파란 젊은이다"라는 구절로 시작하는 시인데, 함께 독립을 갈망했던 친구를 그리워하는 마음이 진하게 느껴져, 읽으면 눈시울이 붉어집니다. 이밖에도 윤동주의 사촌이자 독립운동가이자 시인인 송몽규, 영화 〈아리랑〉의 감독이자 독립운동가 나운규 등이 이 학교를 졸업했죠.

명동학교는 민족교육기관의 원조로서 인재를 양성해 독립운동가와 민족교육자를 배출했습니다. 뚜렷한 교육 목표가 있었기 때문에 가능했던 일이라는 생각이 들어요. 한반도가 빛나는 길은 바로 독립이었습니다. 명동학교에서 가르치는 사람도, 배우는 사람도 독립을 원했어요. 그렇기 때문에 저마다 각자의 분야에서 독립을 위해 헌신했던 것입니다.

육영공원과 명동학교의 사례는 현재 우리나라 교육에 대해 생각할 거리를 던져줍니다. 우리는 이완용을 키워내고 있을까요, 윤동주를 키워내고 있을까요? 자신의 성공을 위해 공부했던 이완용은 출세할 수만 있다면 그 어떤 나라의 편에도 설 수 있고, 나라마저 팔아버릴 수도 있는 엘리트로 자랐습니다. 부자가 될 수 있다면 무엇이든 했습니다. 어떤 부자가 되어야겠다는 철학은 없고 그저 부자가 되는 것이 목표였으니까요.

저는 이러한 철학의 빈곤이 반복되는 것은 아닐까 두렵습니다. 학생들은 고소득 직업을 목표로 대입 준비에 매달립니다. 유튜브에는 돈 버는 법에 대한 강의가 넘쳐납니다. 많은 부를 쌓았다는 이유만으로 그 사람을 존경하는 풍조 또한 만연해 있습니다. 물론 자본주의 사회에서 이러한 욕망은 비난받을 일이 아닙니다. 저도 부자가 되고 싶습니다. 저뿐만 아니라 모든 사람이 성공하고 부자가 됐으면 좋겠어요. 다만 무엇을 성공이라 정의할 것인지, 내가 가진 부를 어디에 쓸 것인지에 관한 철학과 원칙을 먼저 세웠으면 좋겠어요. 이러한 철학 없이는 나도 모르는 새에 이완용처럼 자기 배를 불리기 위해서라면 무엇이든 하는 사람이 될 위험이 높기 때문입니다. 대한민국의 교육이 철학과 원칙을 세우는 일에서 멀어지고 있는 것은 아닌지 점검해 볼 때인 것 같아요.

중국 춘추전국 시대 제의 재상인 관중이 쓴 것으로 알려진 《관자》에 이런 구절이 나옵니다. "곡식을 심는 것은 일년지계, 나무를 심는 것은 십년지계, 사람을 심는 것은 종신지계終身之計다." 이 말에서 '교육은 백년지대계'라는 말이 비롯되었습니다. 이 구절 뒤에는 이런 말이 이어집니다. "곡식은 한 번 심어서 한 번을 얻고, 나무는 한 번 심어 열 배를 얻고, 사람은 한 번 심으면 백배를 얻는다."

이완용이 졸업한 육영공원은 결국 제대로 된 인재 하나 배출하지 못하고 최초의 관립 근대 교육기관이라는 상징성 하나만을 남겼습니다. 반면 윤동주가 졸업한 명동학교는 수많은 민족 지도자를 배출하며 민족교육기관으로 기념되고 있죠. 어떤 인재를 양성할 것인가는 바로 우리 손에 달려 있습니다. 건강한 교육은 건강한 인재를, 나아가 건강한 사회를 만듭니다. 지금 우리 대한민국의 교육 목표는 과연 무엇일까요? 우리 교육은 어떤 인재를 양성하고 있을까요? 무거운 질문이 마음에 남습니다.

여정의 끝에서 비로소 깨달은 것들

4장

자랑할 만한
역사가 있다는 것

대구에 달성공원이라는 곳이 있습니다. 지금은 공원이지만, 과거에는 달구벌 성터였어요. 삼한 시기에는 토성이 있던 곳으로 한 부족의 요새였고, 삼국 시대에는 신라의 군사적 요충지로 사용됐습니다. 다만 언제부터인가 성터 관리가 제대로 되지 않았던 모양이에요. 그곳에 달성 서씨들이 모여 살기 시작했거든요. 고려 시대에는 달구벌 성터가 달성 서씨의 사유지가 되었습니다. 조선이 세워진 뒤에도 여전히 달성 서씨들이 살고 있었지요.

조선 초 세종대왕은 그곳을 군사 지역으로 되돌리고 싶었습니다. 성이 있던 곳이니까 다시 성을 쌓고 요새로 삼고자 한 거예요. 군사 용지로 쓰고 싶은 땅인데 그 안에 사람들이 살고 있으니 어떻게 해야겠습니까? 토지 보상을 해줘야 했지요. 지금과 똑같습니다. 왕이 있는 시대라고 해서 사람들을 마구잡이로 내쫓을 수는 없었어요.

당시 달성 서씨 가문을 이끌고 있던 사람은 서침이었습니다. 정몽주의 제자로, 고려에서 조선으로 왕조가 바뀔 때 고향에 내려와 학문에 매진하고 있던 인물이지요. 땅이 필요하다는 나라의 요구에 서침은 달구벌 성터를 국가에 헌납했습니다. 조정에서 제안하는 보상금도 사양하고 말이죠. 대신 한 가지 조건을 내걸었습니다. 달구벌 성터 주변 백성들의 환곡 이자를 절반으로 감면해 줄 것이었습니다.

환곡의 환은 '돌아올 환還'을 씁니다. 그러니까 환곡은 식량이 모자라는 봄의 보릿고개에 관청에서 백성들에게 곡식을 빌려주고, 가을에 이자와 함께 돌려받는 제도입니다. 쌀 한 가마를 빌린 사람은 가을이 되면 쌀 한 가마에 이자를 더해서 갚아야 했어요. 그러니 쉽게 말해 서침의 요구는 국가에 토지를 기부할 테니 이 동네 사람들의 은행 대출이자를 깎아달라는 것이었습니다. 백성들이 먹고살기 힘들어하니까 그 부담을 줄여주고 싶은 마음이었겠죠.

다시, 역사의 쓸모

세종은 서침의 마음을 가상히 여겨 이를 수락했습니다. 환곡의 이자를 절반으로 줄여주겠다는 세종의 약속은 조선 말까지 지켜져요. 다른 누구도 아닌 세종대왕의 약속이니 후대 왕들이 따르지 않을 수 없었지요. 그러니 고을 백성들에게 서침은 존경의 대상이었습니다. 얼마나 고마웠겠어요.

시간이 많이 흐른 뒤에는 이를 의아하게 여기는 사람도 있었을 거예요. 다른 곳보다 환곡 이자를 적게 내는 이유가 궁금하잖아요. 그러면 누군가가 답해주었겠죠. "예전에 서침이라는 분이 계셨는데, 가문의 땅을 나라에 바치는 대신 우리 고을에는 환곡 이자를 감면해 달라고 하셨대." 사람들은 이런 이야기를 나누며 서침에 대한 고마움을 마음에 새겼습니다. 1665년에는 그 덕행을 두고두고 기억하기 위해 서원을 세웠어요. 그게 구암서원이에요. 서침의 호가 구계龜溪인데, 구계의 '구' 자를 따와서 지은 이름입니다.

구암서원은 달성 서씨 집안에서 대대로 관리하고 운영했습니다. 흥선대원군이 서원철폐령을 내렸을 때 없어지기도 했지만, 20세기 초에 복원됐어요. 그리고 1995년에 대구 북구에 있는 연암공원으로 옮겨졌습니다. 옛 구암서원터는 여전히 달성 서씨 문중의 소유였지요.

그런데 신기한 일이 발생합니다. 2019년에 옛 구암서원터가 도시재생뉴딜사업 대상이 된 거예요. 그 일대 한옥 지구의 환경을 개선하기 위한 사업이었습니다. 한마디로 재개발 대상이 된 거지요. 대구시에서는 옛 구암서원터를 매입하고자 했습니다. 그런데 달성 서씨 가문이 이걸 팔지 않아요. 이유가 무엇이었을까요? 공공의 목적으로 쓰일 땅을 파는 것은 우리 가문의 역사와 맞지 않는다는 거예요. 그래서 대구시에 땅을 기부했습니다. 서침의 뜻과 정신을 잇기 위함이었습니다. 달성 서씨 가문은 자신들의 역사를 기억하고 있었던 것입니다.

서침은 나라에서 달구벌 성터가 필요하다고 했을 때 선뜻 내어주었어요. 그로 인한 이익은 개인이나 가문이 아니라 고을 백성들이 모두 누릴 수 있도록 했지요. 진정한 노블레스 오블리주였어요. 그런데 이번에는 한옥 지구 개선 사업을 하는 데 옛 구암서원터가 필요하대요. 시민을 위한 일이라면 서침의 후손으로서 기부하는 게 마땅하다는 것이 달성 서씨 가문의 결정이었습니다. 선조의 기부 정신이 역사와 전통으로 이어지니 현재를 살고 있는 후손들 역시 그와 같은 결정을 내린 것이죠.

저는 이런 것이야말로 가문의 영광이 아닐까 하는 생각이 들어요. 자랑할 만한 역사가 있고, 그 정신을 오랜 시간 동안 유지하는 것 말이죠. 그러면서 역사에 또 하나의 자랑스러운 예시를 남기는 것입니다. 그래서 자랑스러운 역사를 기억한다면 그

다시, 역사의 쓸모

역사는 계속해서 이어질 수밖에 없습니다. 영광이 오래도록 유지되는 것이지요.

서침이 고을 백성들의 환곡 이자를 감면해 달라고 청하며 한 말이 있습니다. "국가시책에 따라 땅을 바친다고 어찌 저 혼자만이 부귀를 바라겠습니까?" 서침의 바람은 자기 가문만이 아니라 고을 사람 모두가 고르게 은혜를 입는 것이었습니다. 그토록 기꺼이 땅을 내놓을 수 있었던 까닭은 더불어 살고자 하는 마음이 있었기 때문입니다. 그래서 서침의 이야기를 꼭 한 번 하고 싶었어요. 지금 우리에게 필요한 것이 바로 이런 마음이 아닐까 싶거든요. 타인을 포용하고 타인과 더불어 사는 방법을 선택한 사람이 있었고 그 정신이 지금까지 이어져왔다는 걸 알게 되면 우리도 더불어 사는 삶을 선택할 용기가 나지 않을까요?

대구 달성공원에는 '서침나무'라 이름 붙은 300년이 넘은 회화나무가 있습니다. 서침이 살던 고장에서 자란 데다 곧게 뻗어 올라간 모양새가 그의 성품을 닮았다고 해서 그런 별칭을 갖게 되었다고 합니다. 지금은 대구시의 보호수로 지정되어 있어요. 혹시 대구 달성공원에 갈 일이 생기거든 꼭 한번 서침나무를 찾아보고 구암서원에도 방문해 보셨으면 합니다. 후대에도 길이 기억되는 자랑스러운 역사를 보며 내 삶에도 주변 사

람들에게 오래 회자되는 자랑스러운 순간을 만들고 싶은 마음
이 생길 테니까요.

다시, 역사의 쓸모

새로운 길이
만들어지는 이유

　1977년 2월, 20대 남녀가 유서를 남기고 서울 여의도의 한 호텔에서 투신했습니다. 헤어지는 게 무섭다는 이유였습니다. 사랑하지만 결혼할 수 없는 현실을 비관한 거예요. 두 사람은 동성동본이었습니다. 젊은 분들에게는 놀라운 이야기겠지만 당시에는 동성동본 간의 결혼이 법으로 금지되어 있어서 이와 비슷한 사건이 일어나곤 했습니다. 말 그대로 성씨와 본관이 모두 같으면 결혼을 할 수 없었거든요.

　어느 날 갑자기 생긴 법은 아니었습니다. 조선에서도 동성동본인 남녀의 혼인을 금했으니까요. 명의 법률인 대명률을 따른 건데, 중국에서는 아주 오래전부터 같은 성씨끼리의 결혼을 금하는 제도가 있었습니다. 다만 우리나라는 성씨가 중국만큼 다양하지 않다 보니까 같은 성씨만이 아니라 동성동본끼리의 결혼을 금했던 것입니다. 예를 들면 이런 거예요. 두 사람의 성씨가 모두 김씨인 커플이 있다고 가정해 봅시다. 한 사람은 김해 김씨이고, 다른 한 사람은 경주 김씨라면 이 둘은 결혼을 할 수 있어요. 성이 같더라도 본관이 김해와 경주로 다르니까요. 하지만 두 사람이 모두 김해 김씨라면 본관까지 같아서 혼인을 할 수 없었습니다.

조선 시대의 전통은 중국에서 온 게 참 많아요. 사대주의로 인한 거지요. 재미있는 사실은 같은 성씨끼리의 결혼을 금지하는 법이 중국에서는 이미 한참 전에 폐지되었다는 점입니다. 무려 1908년에 없어졌어요. 하지만 우리나라에서는 그대로 유지되었습니다. 그렇게 따라 해놓고 이런 것은 또 따라 하지 않았던 거예요.

그런데 일제강점기에 조선총독부가 동성동본금혼제를 없애려 합니다. 우리를 위한 것이었다기보다는 일본식 가족 제도를 도입하기 위한 정책의 일환이었지요. 한국이나 중국과 달리 일본은 사촌 간의 결혼이 가능했습니다. 우리나라에서는 말도 안 되는 일이었어요. 안 그래도 민족말살정책을 펼쳐서 반발이 심했는데 이 역시 같은 맥락이라 여겨 다들 들고 일어났습니다. 조선총독부도 결국 이 문제는 포기해야 했지요.

동성동본금혼에 관한 논의가 다시 나온 것은 우리나라 민법이 처음 제정된 제3대 국회에서였습니다. 이때도 동성동본금혼의 관습법을 폐한다는 조항이 들어갔어요. 그러나 역시 거센 반발이 일었습니다. 1957년 11월 9일에 열린 제26회 제33차 국회 본회의 속기록을 보면 양일동 의원이 이런 발언을 합니다.

"동성동본의 불혼의 철칙 밑에서 우리 국가를 형성한 오늘에 있어서 만일 이것을 법의 제약이 없이 이것을 허용해 준다면 우리나라 고유 양습이라든가 이런 것은 어떻게 될 것인가를 생각할 때에 이 법률 요지에서 본 의원은 대단히 유감스럽게 생각하는 것입니다."

양습이란 좋은 풍습이라는 뜻입니다. 동성동본금혼을 오래 전부터 전해 내려온 좋은 풍습이라고 생각하는 거예요. 내부에서도 이처럼 반대 의견이 많으니 결국 국회는 1957년 동성동본인 혈족 사이에 혼인하지 못한다는 법안을 가결했습니다. 동성동본금혼은 우리의 미풍양속이므로 파괴할 수 없다는 이유였습니다. 이 법은 1958년 2월 22일에 공표됩니다. 그리고 무려 47년간 유지가 돼요.

이 법안 때문에 서로 좋아해도 동성동본이면 헤어져야 했어요. 물론 같이 살 수는 있었지요. 하지만 혼인신고가 불가능하기 때문에 법적으로는 그냥 사실혼 관계였어요. 아이를 낳으면 혼인 외 자녀, 즉 사생아로 키울 수밖에 없었습니다. 당연히 집안의 반대도 만만치 않았어요. 그러니까 사랑을 이루지 못한 남녀의 투신 사건과 같은 비극이 벌어질 수밖에 없었던 것입니다.

결국 정부는 임시방편으로 혼인에 관한 특례법을 제정했습니다. 1978년에 신고를 하면 부부로 인정해 주겠다는 거예요. 딱 1년간만 동성동본 커플의 혼인신고를 허용했어요. 그래서 한시적 특례법이라고 합니다. 그 후에도 1986년, 1996년에 이 법을 시행했습니다. 대략 10년 주기로 허용을 해준 겁니다.

화제였던 드라마 〈응답하라 1988〉 마지막 회를 보면 이런 내용이 나와요. 성보라라는 등장인물의 남자친구가 성선우예요. 둘은 동성동본인데 결혼하겠다고 합니다. 성선우의 엄마는 머리를 싸매고 누워버려요. 성보라의 엄마도 "호적에 배우자 아니고 동거인으로 찍힌다"며 화를 냅니다. 그러자 성보라가 말합니다. "내년에 동성동본 결혼 한시적으로 허용한대." 아마 1996년의 한시적 특례법을 의미하겠지요.

그런데 1996년에도 40대 남성이 음독자살한 사례가 있어요. 한시법을 이용해 혼인신고를 하려고 했는데, 가족들의 반대가 극심했던 겁니다. 동성동본 혼인은 안 된다고 생각한 사람이 그때만 해도 참 많았어요. 형제들의 동의서가 없어 혼인신고를 하지 못한 남성은 결국 극약을 마시고 숨졌습니다. 그의 부인마저 남편을 살리겠다고 인공호흡을 하다가 중독이 돼서 치료를 받아야 했어요. 두 사람에게는 이미 중학생인 아들이 있었습니다. 분명 부부임에도 법적으로는 부부일 수 없었던 것입니다.

불행한 사건이 이어지자 동성동본금혼에 관한 법을 폐지해야 한다는 목소리가 높아졌습니다. 여성계를 비롯한 각종 시민단체, 그리고 정치권에서도 여러 번 이 법을 폐지하려고 했어요. 시대착오적이라는 비판도 상당했습니다. 하지만 그때마다 유림을 중심으로 한 반대 세력 역시 강력해서 번번이 무산되었지요.

* * *

동성동본인 남녀가 결혼하지 못하면 두 사람이 똑같이 고통받을 것 같지만, 사실은 그렇지 않았어요. 서로 좋아하면 헤어지기 어렵잖아요. 그러면 대부분 혼인신고를 하지 않고 같이 삽니다. 동거를 선택하는 거예요. 그렇게 살다가 아이가 태어나면 아빠나 엄마 둘 중 한쪽 호적에만 올릴 수 있습니다. 두 사람이 부부로 묶여 있지 않으니까요. 아이들은 대부분 아빠 호적에 오르고 아빠 성을 썼어요. 그러면 엄마에게는 아이에 대한 법적인 권리가 없었습니다. 결혼하지 않은 몸으로 아이를 낳은 여자, 즉 미혼모가 되는 거예요.

남편이 다른 여자와 바람이 나서 결혼해 버리는 경우도 있었습니다. 그래도 법적으로는 문제가 되지 않았기 때문에 아내 쪽에서는 어찌할 도리가 없었지요. 심지어 상간녀가 부부 몰래 혼인신고를 한 사건도 있습니다. 그러면 원래 아내였던 사람이 오히려 상간녀로 몰릴 수도 있었어요. 막장 드라마 같은 이야기지만, 실제로 이런 피해를 호소하는 여성이 무척 많았습니다.

실은 동성동본금혼이라는 개념 자체가 부계 중심 제도의 영향을 받은 거예요. 우리는 대개 아버지의 성을 따르고 있잖아요. 김해 김씨인 아버지와 전주 이씨인 어머니 사이에서 태어난 남자가 김해 김씨인 여자랑은 결혼할 수 없고, 전주 이씨인 여자랑은 결혼할 수 있다는 게 모순이지 않습니까.

대한민국 최초의 여성 변호사이자 한국가정법률상담소 설립자로도 유명한 이태영 박사는 동성동본금혼제와 호주제 폐지에 앞장섰습니다. 이태영 변호사는 무려 1952년부터 여성단체 연합을 조직했어요. 그 시절부터 여성인권운동을 이끌며 가족법 개정을 위해 노력한 분입니다. 이로써 동성동본금혼제와 함께 호주제도 논란의 대상이 되기 시작했어요.

다시, 역사의 쓸모

호주제는 호주를 중심으로 가족 구성원의 출생과 혼인, 사망 등을 기록하는 제도입니다. 쉽게 말해 한 가족의 주인이 바로 호주입니다. 가족을 가장과 그에 딸린 구성원, 즉 가속으로 분리한 거지요. 그런데 이 호주라는 게 남계 혈통으로 이어져요. 남자만 호주가 될 수 있었기 때문에 여성은 아버지의 호적에 있다가 결혼 후에는 남편의 호적에 들어가고, 남편이 죽으면 아들의 호적으로 들어가게 되었습니다. 조선 시대의 삼종지도가 떠오르지 않습니까?

그래서 한 가정의 딸이 결혼한 뒤에 호적 등본을 떼어보면 딸 이름에 엑스^X 표시가 되어 있었어요. 제 여동생이 결혼한 후에 제가 등본을 떼었다가 직접 눈으로 보기도 했죠. 등본을 발급받고는 처음에 너무 놀라서 눈을 비빌 정도였어요. 공문서가 이렇게 개인에게 상처를 줘도 되나 싶었지요. 그러다가 직업병인지 역사적 사료라는 생각이 들어서 사진을 찍기도 했습니다. 내 동생이 결혼을 했다는 이유로 우리 가족 문서에서 분리된다는 사실에 저도 굉장히 충격을 받았는데, 당사자는 어땠을까요. 아마 저보다 더 큰 충격을 받았을 것이라 생각합니다.

하지만 호주제 폐지와 동성동본 간의 혼인 금지 범위 조정을 중심으로 한 법률 개정안은 국회 본회의를 통과하지 못했습니다. 1989년 12월 19일에 열린 제147회 제18차 국회 본회의 속

기록을 보면 조승형 의원의 발언이 나옵니다.

"이들 제도는 현행 우리 민법상 가족 제도의 근간을 이루고 있는 제도로서 이들 제도를 폐지·조정하였을 경우에 법률체계 상은 물론이고 가족관계를 중심으로 해서 사회 전반에 미치는 영향이 적지 않을 것으로 판단되어 이들 제도의 폐지·조정 문제는 앞으로 더욱 연구 검토되어야 할 무거운 과제로 보아서 현행대로 존치시키기로 했습니다."

1958년에 제정된 법을 더 연구하고 검토해야 한다는 거예요. 30년도 더 지났는데 대체 얼마나 더 연구하고 검토해야 한다는 걸까요? 참 이해할 수 없는 말이에요.

1995년 동성동본 부부 여덟 쌍은 헌법재판소에 위헌 소송을 냈습니다. 동성동본금혼이 헌법에 위배된다는 것이었지요. 그리고 다음 해인 1996년에 앞서 언급한 40대 남성 음독자살 사건이 일어났어요. 1997년 헌법재판소는 동성동본금혼을 명시한 민법 제809조 제1항에 대해 헌법불합치 판정을 내렸습니다. 당시 판결문에 적힌 내용은 이렇습니다.

"인간으로서의 존엄과 가치 및 행복추구권을 규정한 헌법 이념 및 개인의 존엄과 양성의 평등에 기초한 혼인과 가족생활의 성립 유지라는 헌법 규정에 정면으로 배치될 뿐 아니라 남계혈족에만 한정하여 성별에 의한 차별을 함으로써 헌법상의 평등

원칙에도 위반된다 할 것이다."

　그야말로 역사적인 판결이었습니다. 끊임없이 이어진 여성운동의 결실이기도 했어요. 물론 이게 끝은 아니었습니다. 헌법 불합치 판정이 났으니 이제 법을 바꿀 차례였어요. 헌법재판소에서 국회로 바통이 넘어간 거예요. 그런데 국회는 꼼짝도 하지 않습니다. 헌법재판소에서는 1998년까지 법을 개정하라고 했는데, 그 시한을 넘겨요. 결국 2005년 제17대 국회에 와서야 민법 개정안이 국회 본회의를 통과했습니다. 또다시 10년에 가까운 시간이 흐른 뒤에야 동성동본금혼제도가 폐지되고 8촌 이내 근친혼금지제도로 전환된 것입니다. 호주제도 이때 폐지됐어요. '드디어'라는 생각이 드는 한편 너무 늦었다는 아쉬움도 있습니다. 21세기에, 그것도 선진국 반열에 올라섰다는 나라에 그런 법이 존재했다는 사실이 믿기지 않을 정도예요.

　"개인적인 것이 정치적인 것이다The personal is political." 미국의 여성운동가 캐롤 허니쉬Carol Hanisch가 한 말입니다. 사랑과 결혼, 가정 문제 같은 개인적인 것이 사실은 정치적인 것이라는 뜻이에요. 모두 개인의 문제처럼 보이지만, 사실은 사회가 해결해야 할 문제들임을 지적한 것입니다.

　역사는 분명 발전합니다. 속도가 더디거나 때로는 잠시 뒤로 물러나기도 하지만, 인류는 한 방향으로 나아가고 있어요. 바로 자유의 확대라는 방향입니다. 지금껏 그래왔고, 앞으로도 그럴 거예요. 여성의 자유도 그래요. 이전보다 확대되었고, 앞으로도 그래야 합니다. 그 흐름은 멈출 수 없을 것입니다.

하지만 여성의 자유 확대를 못마땅하게 여기는 사람도 있습니다. 여전히 딸은 출가외인이고, 재산과 가업은 아들에게 물려줘야 한다는 생각이 남아 있어요. 딸은 시집가고 나면 그만이라는 거예요. 전통적으로 그래왔대요. 그런데 딸이 시집간 역사가 길까요, 아니면 아들이 장가간 역사가 길까요? 후자가 훨씬 더 깁니다. 장가丈家는 장인, 장모의 집이라는 뜻이에요. 그러니까 장가간다는 건 장인, 장모의 집으로 간다는 의미입니다. 시집가는 건 조선 후기에 와서 굳어진 관습이지만, 장가가는 관습은 고구려 때도 있었어요. 서옥제라고 해서 사위가 될 사람이 장인과 장모의 집에 들어가 사는 것이지요.

1566년 5월 20일, 율곡 이이를 포함한 신사임당의 자녀들이 한자리에 모였습니다. 신사임당은 4남 3녀를 낳았어요. 이들이 모인 이유는 부모님이 남긴 재산을 어떻게 나눌 것인지 의논하기 위해서였습니다. 그때 회의한 내용이 〈이이 남매 화회문기〉라는 분재기로 남아 있어요. 분재기란 가족이 나눌 재산을 기록한 문서이고, 화회는 모여서 합의했다는 뜻입니다. 2미터도 넘는 길이인데, 7남매가 무엇을 가져가는지 다 적혀 있습니다.

다시, 역사의 쓸모

〈이이 남매 화회문기〉를 보면 장남과 장녀가 물려받는 재산이 거의 같습니다. 오히려 장녀가 조금 더 많이 받아요. 가장 맏이였거든요. 그리고 태어난 순서에 따라 나누긴 하지만, 상속받는 양이 전부 비슷합니다.

율곡 이이가 활동했던 때는 16세기입니다. 성리학이 교조화되는 시기였어요. 15세기에 성종이 성리학적 질서를 확립하려고 애썼잖아요. 성종은 정치 시스템뿐 아니라 성리학의 이념이 백성들의 생활에 녹아들기를 바랐습니다. 하지만 그렇게 되기 위해서는 시간이 필요했어요. 관습이라는 건 하루아침에 바뀌지 않으니까요. 그래서 성리학이 교조화되는 16세기에도 가족의 일은 이전의 관습을 따르고 있는 것입니다. 고려 시대에는 아들딸 상관없이 공평하게 재산을 나눴거든요.

그런데 조선 후기에 와서는 완전히 달라져요. 여자는 시집을 가면 집에서 빠져나가니까 이전처럼 똑같이 재산을 나눠줬다가는 우리 집 재산이 다른 집으로 간다는 거예요. 그걸 막아야 한대요. '출가외인'이란 말이 여기에서 나오는 겁니다. 17세기에 들어서면서 이런 분위기가 형성되고, 출가외인에게 돌아가는 재산은 계속 줄어듭니다.

조선 후기에 와서는 제사 지내는 일이 무엇보다 중요해지면서 특히 장남의 권한이 세졌습니다. 제사 지내는 비용이 만만치 않기 때문에 장남에게 상속을 많이 하게 돼요. 그러면서 집안이 점점 더 남성 중심, 그중에서도 장남 중심으로 변합니다. 성리학은 정통을 굉장히 따지는데, 남자가 정통, 그중에서도 장남이 정통이라는 거지요.

1958년에 제정된 민법에도 이런 관념이 반영됐어요. 당시 민법을 보면 제사를 지낼 수 있는 자격인 제사권과 재산권, 그리고 호주권 모두 장남이 단독으로 상속받게 되어 있습니다. 그러다가 1960년부터는 장남이 1.5, 다른 아들이 1, 그리고 딸과 부인은 각각 0.5씩의 비율로 재산을 상속받게 됐어요. 그런데 딸이 결혼한 상태면 0.5가 아니라 그 절반인 0.25를 받았습니다. 출가외인이라고 해서 더 줄어드는 거예요.

1979년에 법이 또 바뀝니다. 장남만 1.5를 받고, 장남을 제외한 아들과 딸은 1씩 받아요. 장남 빼고는 자식들이 다 똑같이 받는 거지요. 그리고 부인은 장남과 똑같이 1.5를 받습니다. 딸과 부인의 위상이 조금 높아졌다고 할 수 있어요. 그런데 결혼한 딸의 상속 비율은 여전히 0.25입니다. 다시 법이 바뀌는 1991년 이전까지 변함이 없어요. 조선 후기의 인식이 계속 남아 있는 셈입니다.

1991년에 개정된 민법에 이르러서야 장남과 차남, 아들딸 할 것 없이 모든 자녀가 균등하게 재산을 분배받게 됩니다. 딸의 결혼 여부도 상관하지 않아요. 다만 부인은 1.5를 받습니다. 적어도 상속법상으로는 아들과 딸의 구분이 없어진 거예요. 물론 법이 바뀐다고 해서 곧바로 우리의 삶이 바뀌는 것은 아닙니다. 법보다 유언이 우선시되기 때문입니다. 상속법이 개정되고 30년이 훌쩍 넘은 지금도 아들에게 재산 대부분을 물려주는 사람이 많아요. 장남한테 주기로 결심하고 공증을 받으면 그렇게 되는 거예요.

"명절에는 시댁에 먼저 가는 거야." "그래도 아들이 있어야지." 이렇게 말하는 이유는 단 하나, 이제껏 그래왔다는 것입니다. 하지만 그게 전통은 아니에요. 우리 역사를 생각하면 일시적인 현상이었어요. 만일 정말 전통이라고 해도 그로 인해 누군가가 억압받는다면 그건 악습입니다.

역사는 정반합正反合의 과정을 거쳐 나아간다고 해요. 정반합은 독일의 철학자 프리드리히 헤겔의 변증법을 나타내는 도식입니다. 간략하게 설명하면 이렇습니다. 어떤 주장이나 상황이 있으면 그것과 반대되는 주장과 상황이 생겨요. 그러면 서로 대립하게 되지요. 그리고 이 정正과 반反의 상호작용을 통해 이전의 대립을 넘어서는 새로운 주장과 상황이 도출되는데, 그게 바로 합合입니다. 헤겔은 이러한 과정을 논리적 발전이라고 설명했어요. 역사 역시 이런 식으로 발전한다고 생각했지요.

'반'의 시대는 어쩌면 불편할 수밖에 없어요. 그러나 그 불편함을 외면해서는 안 됩니다. 이러한 갈등이 결국은 이전과 완전히 다른, 그리고 더 나은 '합'의 시대를 불러올 것이기 때문입니다. 앞서 언급했던 이태영 변호사는 이런 말을 남겼습니다. "나는 길이 없는 데로 다녔다. 그 길을 만들어 걸었다. 그만큼 가시밭길이었다. 하지만 지금 생각해도 가야만 했던 길이었다."

민법이 어떻게 변화했는지만 알아도 우리나라 여성들이 얼마나 처절하게 살아왔는지 알 수 있어요. 여성 차별의 역사를 알고 나면 여성들이 왜 남녀평등을 요구하고, 남녀평등을 위해 싸우게 되었는지 이해할 수 있습니다. 그렇기에 지금 이 시대는 그 어느 때보다 서로가 걸어온 길을 알고 이해하는 노력이 필요한 시대가 아닐까요?

성공이 아닌
섬김을 실천했던 사람

전남 고흥군에 위치한 소록도라는 섬을 아시나요? 섬의 형상이 작은 사슴과 같다 하여 소록도라 이름 붙여진 이 아름다운 섬에는 우리나라 유일의 한센병 국립 의료기관이 있습니다. 일제강점기인 1916년에 조선총독부가 이곳에 병원을 세운 것이 그 시초였지요. 하지만 당시에는 강제 격리와 수용이 목적이었습니다. 환자들의 치료와 인권 보호는 뒷전이었어요. 당시에는 한센병을 모두가 두려워하며 기피했던 터라 한센병 환자의 처우 개선을 위해 힘써준 사람이 없었습니다. 그런데 잠깐의 머뭇거림도 없이 이들을 위해 기꺼이 손을 내밀고 내 일처럼 앞장선 사람이 있었습니다. 그것도 우리나라 사람이 아니라 미국인이었어요. 1912년 미국에서 온 선교사 서서평의 이야기입니다.

서서평의 본명은 엘리자베스 요한나 셰핑이에요. 원래 간호사였고, 병원에서 근무하며 봉사활동을 하고 있었지요. 그러던 중 우리나라에 의료 봉사가 필요하다는 소식을 들었어요. 일제 강점 아래 우리나라에서는 가난한 환자들이 제대로 치료도 받지 못한 채 버려지다시피 하고 있었습니다. 미국 사람들은 그때 우리나라에 대한 정보가 전혀 없었어요. 극소수를 제외하면 이름조차 들어본 적이 없었을 겁니다. 서서평도 그랬지요. 그럼에도 의료 봉사를 자원했습니다. 그래서 간호 선교사로 우리 땅을 밟게 된 것입니다.

지금 생각해도 대단한 선택이에요. 요즘 같은 시대에도 해외 봉사를 가게 되면 이런저런 생각이 들잖아요. 그 나라의 치안은 괜찮은지, 일이 힘들지는 않을지, 숙소는 어떤 수준인지, 잠자리는 편할지, 음식은 입에 맞을지…. 저라면 그럴 것 같거든요. 그런데 서서평은 의료진을 기다리는 환자가 있다는 이야기를 듣고, 주저 없이 먼 나라로 떠나겠다는 결심을 한 거예요.

당시 미국에서 우리나라에 오려면 20일 넘게 배를 타야 했어요. 그 긴 여정을 거쳐 도착한 서서평은 서울 세브란스병원에서 일을 시작했습니다. 그런데 3·1운동을 하다가 다친 사람들을 치료해 줬다는 이유로 더 이상 서울에 있지 못하게 됐어요. 그래서 현재 광주기독병원의 전신인 광주 제중원으로 가게 되지요.

광주 제중원은 미국의 선교사 조지프 놀런이 개설한 병원이에요. 광주기독병원의 전신입니다. 놀런은 선교사 사택에서 진료소 문을 열었는데, 첫날 아홉 명의 환자가 찾아왔다고 해요. 이게 광주 지역 최초의 현대식 진료였습니다. 이전에는 몸이 아프면 민간요법에 의존하거나 무속인을 찾는 사람이 많았어요. 제중원의 진료는 그런 사람들의 인식이 바뀌는 계기가 되기도 했습니다.

당시 사람들이 보기에 서양에서 온 선교사들은 생김새도, 복식도 낯설었어요. 서서평도 초기 사진을 보면 올림머리에 서양식 드레스를 입고 있습니다. 그런데 곧 양장 대신 한복을 입기 시작했지요. 옥양목이라 부르는 하얀 면 저고리에 검은색 치마를 입었습니다. 신발도 고무신이었어요. 머리는 가르마를 타서 쪽을 지었고요. 옷뿐만이 아니라 식생활도 한국식으로 바꿉니다. 빵 대신 밥을 먹고, 수프 대신 국을 먹었지요. 특히 된장국을 좋아했다고 해요.

서서평은 한국말도 열심히 배웠어요. 한국에 빠르게 적응하려고 한 것이 아니라 아예 한국인이 되고자 했습니다. 미국으로 돌아가지 않고, 결혼도 하지 않았어요. 평생 소명 의식을 가지고 병들고 가난한 한국인을 위해 일했습니다.

광주와 인근 지역을 돌며 봉사하던 서서평의 눈에 들어온 것은 식민지 여성의 고단한 삶이었습니다. 서서평이 미국에 전한 기록에 따르면 500명의 여성을 만났는데, 그중 제대로 된 이름을 가진 사람이 열 명 정도밖에 되지 않았대요. 부모들이 딸에게 제대로 된 이름을 지어주지 않았기 때문입니다. 그냥 큰딸은 큰년이, 작은딸은 작은년이, 막내딸은 막년이 이런 식으로 부른 거예요.

그때가 1921년이었습니다. 그때만 해도 사회가 여성에게 요구하는 역할은 집안일을 돕고, 시집을 가서 아이를 낳아 그 집안의 대를 잇는 것이었습니다. 여성은 집 밖으로 나갈 일이 거의 없었어요. 이름이라는 건 한 사람을 타인과 다른 고유한 존재로서 규정하는 명칭이자, 사회적으로 약속된 일종의 기호 같은 것이거든요. 사회생활을 하지 않으면 다양한 인간관계를 맺을 일이 없으니까 이름도 필요가 없다고 생각한 거예요. 제대로 된 이름도 없이 자란 딸들은 결혼해서 자식을 낳고 나면 누구누구의 엄마로 불렸습니다. 그들에게는 그렇게 평생 이름이 주어지지 않았어요.

서서평은 이런 현실에 충격을 받고 마음 아파합니다. 그래서

다시, 역사의 쓸모

이름이 없는 여성들에게 이름을 지어주기 시작해요. 배움의 기회를 얻지 못한 여성들에게는 한글을 가르쳐 주었지요. 1926년에는 선교사 로이스 니일의 후원을 받아 아예 학교를 설립했어요. 그게 우리나라 최초의 여성 신학교인 이일학교입니다.

이일학교에 모인 여성은 200명이 넘었습니다. 배움을 향한 여성들의 열망이 얼마나 컸는지 알 수 있습니다. 서서평은 여성 교육에 힘쓰는 한편, 아이를 낳지 못한다는 이유로 남편에게 쫓겨난 여성이나 오갈 데 없는 과부들을 모아 함께 생활했어요. 이 여성들은 살길이 막막했습니다. 친정에서는 출가외인이라고 받아주지 않았고, 그렇다고 경제활동을 할 수도 없었으니까요. 서서평은 이런 여성들과 함께 일종의 공동체를 만들었습니다. 뽕나무를 심어 양잠업을 하고, 그렇게 번 돈으로 생활비를 댔어요. 그렇게 함께 생활하는 여성들의 수가 점점 불어나 나중에는 서른여덟 명에 이르게 되었습니다.

공동체 생활을 하면서 서서평은 고아들도 입양하기 시작합니다. 독신이었음에도 딸 열세 명과 아들 하나를 입양해 키워 냈지요. 서서평의 사진 중에 포대기로 아기를 업고 있는 모습이 담긴 게 있어요. 그 아이가 바로 아들입니다.

서서평은 아들의 이름을 요셉이라고 지었습니다. 요셉은 오늘날 한센병이라 불리는 나병 환자였어요. 그때까지만 해도 한센병은 치료약이 없는 불치병이었습니다. 피부가 썩고 문드러지는 증상이 나타나서 '문둥병'으로 불리기도 했어요. 한센병에 걸리면 피부에 반점이 생기고, 심한 염증으로 살점이 썩어 떨어져 나가기도 합니다. 얼굴과 손발이 특히 심해요. 그 생김새 때문에 한센병 환자들은 공포의 대상이 되곤 했습니다. 사람들은 한센병 환자만 보면 병이 옮을까 봐 피했고, 돌팔매질을 하는 사람도 있었어요.

의료 혜택을 받지 못하는 환자들이 많은 시절이었지만, 특히 한센병 환자들은 병의 고통과 멸시의 아픔 속에서 고독하게 죽음을 기다렸습니다. 사람들 눈에 띌까 봐 늘 숨어 살았어요. 그러다가 들키면 다시 떠나야 하니 편히 살 수 있는 보금자리가 없었습니다. 이런 사정을 알게 된 서서평은 한센병 환자들을 돕기 시작했습니다. 1931년에는 최흥종 목사와 함께 한센병 환자들을 이끌고 구라救癩대행진을 합니다. 뜻 그대로 나병 환자를 구제하기 위한 행진이었습니다.

최흥종 목사도 아주 대단한 분이에요. 한국의 한센병 환자 이야기를 하려면 이분을 빼놓을 수 없습니다. 독립운동가이자 빈민운동가인데, 한국나병예방협회를 만든 인물이기도 합니다.

목사가 되기 전 최흥종은 깡패였어요. 젊은 시절에는 주먹을 휘두르고 다니는 것으로 유명했는데, 그때 별명이 망치였대

다시, 역사의 쓸모

요. 방황으로 가득했던 삶이 변화한 것은 스물네 살 때였습니다. 최흥종은 우연한 기회로 예배에 참석했다가 기독교를 받아들이게 되었어요. 인간에 대한 사랑이 무엇인지 깨닫게 되면서 인생이 완전히 바뀐 거예요. 그 뒤로 의병을 후원하고 국채보상운동에 참여하는 등 다양한 활동을 하기 시작했습니다.

최흥종이 한센병 환자들에게 관심을 갖게 된 것은 1909년의 일입니다. 광주 제중원에서 조수로 일하고 있던 최흥종은 포사이스라는 선교사를 마중하러 목포에 가게 되었습니다. 포사이스는 한센병 치료를 위해 제중원에 오기로 되어 있었어요. 목포에서 만난 두 사람은 함께 광주로 향했습니다. 그러다가 거리에 쓰러져 있는 한센병 환자를 만나게 되었지요. 환자는 어린 소녀였는데, 사람들의 무관심 속에 죽어가고 있었습니다. 포사이스는 그 소녀에게 자신의 외투를 입힌 다음, 아무렇지 않게 안아 들었습니다. 최흥종은 경악을 금치 못했어요. 다들 피하는 한센병 환자를 스스럼없이 안는 모습에 충격을 받은 것입니다.

광주에 도착한 포사이스는 소녀를 안은 채 말에서 내렸습니다. 그때 소녀가 들고 있던 지팡이가 땅에 떨어졌어요. 포사이스는 최흥종에게 그 지팡이를 주워달라고 부탁했습니다. 최흥종은 깜짝 놀랐지요. 한센병 환자의 피고름이 묻은 지팡이를 만지라니, 평소에는 상상도 못 했던 일이었습니다. 그런데 너무나 신기하게도 그 말을 듣자마자 자기 몸이 움직이더래요. 그렇게 소녀의 지팡이를 손으로 주워 건네주었다고 합니다.

그때 소녀의 얼굴에 희미한 미소가 떠올랐습니다. 표정을 만들 수 없을 만큼 증세가 심했지만, 최흥종은 그 상처 아래로 번지는 미소를 느꼈어요. 그때부터 이 환자들을 위해 무언가 해야겠다는 결심을 했습니다. 그래서 자신이 가지고 있던 땅 1,000평을 기증하고, 광주나병원을 세웠지요. 한국 최초의 나환자 수용시설이었습니다. 하지만 극심한 주민 반대로 광주나병원은 결국 1926년 여수로 자리를 옮겨야 했고, 1935년부터는 애양원으로 이름이 바뀌었습니다.

한편 3·1운동에 참여했다가 체포되어 옥고를 치른 뒤에도, 신학교에 들어가 목사가 된 뒤에도 최흥종의 관심은 한센병 환자들을 향해 있었습니다. 구라대행진을 벌인 이유도 한센병 환자 수용과 재활을 위한 시설을 확장해 달라는 요구를 하기 위함이었습니다.

서서평과 최흥종은 한센병 환자들과 함께 조선총독부로 향했습니다. 광주 양림동을 출발해 서울까지 가는 멀고 먼 여정이었어요. 소식을 들은 한센병 환자들이 각 지방에서 합류했습니다. 출발할 때는 수십 명이었는데 서울로 올라가는 동안 수백 명이

다시, 역사의 쓸모

되었지요. 일제강점기에 조선총독부 경비가 얼마나 삼엄했겠어요. 그런데 구라대행진을 한 사람들은 아무런 제재도 받지 않았어요. 조선총독부 입구에서 앞마당까지 아주 쉽게 들어갔습니다. 전염이 두려워 아무도 막아서지 못했기 때문입니다.

조선 총독은 얼른 한센병 환자들을 쫓아내라고 난리였어요. 서울 시내에 한센병 환자 수백 명이 있으니 골치가 아팠겠지요. 그래서 이들의 요구조건을 얼른 받아들입니다. 구라대행진을 통해 한센병 환자들은 소록도에 머물 수 있게 되었어요. 소록도에는 원래 한센병 환자 수용시설이 있었는데, 시설을 대폭 확충해서 훨씬 많은 인원을 수용하도록 한 거지요.

이처럼 뜻깊은 성과를 거두었지만, 쉴 새 없이 일하던 서서평은 1934년 여름에 숨을 거두고 맙니다. 광주는 물론, 제주도까지 돌면서 봉사에 매진한 나머지 지나치게 쇠약해진 거예요. 매일 최소한의 음식으로 허기를 채우고, 남은 생활비는 모두 어려운 사람들을 위해 썼던 서서평의 사인은 안타깝게도 영양실조였습니다.

장례식이 진행된 날, 소복을 입은 여성들이 통곡을 하며 운구행렬을 따랐습니다. 서서평의 유품은 담요 한 장이었습니다. 사실, 한 장이 아니라 반 장이었어요. 가지고 있던 담요 한 장도 어려운 사람에게 절반 찢어주었기 때문입니다. 서서평이 남긴 것은 담요 반 장 외에 동전 몇 개와 옥수수가 전부였습니다. 죽기 직전 자신의 시신까지 병원에 기부했어요. 의학 연구에 쓰여 더 많은 환자에게 도움이 되기를 바라는 마음이었습니다.

서서평의 침대 머리맡에는 이런 문구가 붙어 있었다고 합니다. "Not Success But Service성공이 아닌 섬김으로." 서서평은 매일 이 문구를 보면서 기도했습니다. 평생 성공을 바라보기보다는 섬김을 실천하는 사람이 되게 해달라고 기도한 것입니다. 그리고 정말로 그렇게 살았습니다. 차별받고 소외당한 사람들 곁에는 항상 서서평이 있었어요. 서서평은 아무것도 남기지 않고 떠났지만, 그녀가 생전에 나눈 사랑만큼은 분명한 역사로 남았습니다.

역사를 배우는 이유는 다양합니다. 그중 하나는 다채로운 감정을 갖기 위해서예요. 마음이 말랑해지는 거라고 해야 할까요? 쫓기듯 살다 보면 감정이 무뎌지기 쉽잖아요. 표정도, 생각도 딱딱해지는 줄 모르고 그저 하루하루를 보내는 데 익숙해져요. 그런데 우연히 따뜻한 내용의 기사나 뉴스를 접하면 나도 모르게 마음이 약간 풀어지거든요. 역사에는 그런 이야기가 정말 많아요. 우리가 앞서 살펴본 서서평의 이야기도 대표적인 이야기지요. 단단하게 굳은 마음을 풀어주는 데에는 이런 사랑 이야기가 가장 효과적이지 않나 싶어요. 서서평의 사랑을 떠올

릴 때마다 단단하게 굳은 우리의 마음도 조금씩 말랑해지지 않
을까 하는 생각이 듭니다.

추사 김정희가
말년에 깨달은 행복의 정의

요즘 우리 문화가 전 세계적으로 큰 사랑을 받고 있습니다. K-팝 그룹이 세계를 강타하고, 한국 드라마는 넷플릭스 글로벌 순위의 상위권을 차지하곤 합니다. 한류라는 말이 괜히 나왔던 게 아니라는 생각이 들어요. 우리 문화가 해외에 이렇게까지 널리 알려지고 다양한 국적의 사람들에게 사랑받다니 참 놀라운 일입니다. 뛰어난 재능을 가진 문화 예술인들이 우리 시대의 한류를 이끄는 것 같아요. 그런데 이러한 한류 열풍은 비단 오늘날의 일만은 아닙니다. 조선 후기에도 한류의 선봉에 섰던 사람이 있었어요. '추사체'로 유명한 추사 김정희입니다.

다시, 역사의 쓸모

김정희는 조선 팔도뿐 아니라 중국에서도 굉장히 유명한 인물이었습니다. 추사체라는 독특하고 파격적인 서체를 완성하기 전에도 이미 뛰어난 학자이자 예술가로 엄청난 인기를 얻었어요. 한류의 선봉장이었던 만큼 중국 관리들은 추사의 글씨 한 점을 얻어보려고 애를 썼습니다. 중국에서의 인기가 이 정도인데 우리나라에서는 어땠겠어요. 조선의 문인들은 추사 김정희와 만나 글을 논하는 것을 그야말로 평생의 꿈으로 여겼습니다. 시대의 스타였죠.

김정희가 그린 그림으로 〈세한도〉라는 문인화가 있습니다. 문인화란 전문 화가의 그림이 아니라 선비가 그린 그림을 뜻합니다. 〈세한도〉는 가로 약 70센티미터, 세로 약 23센티미터 크기의 그림인데, 이 그림에 청의 문인들이 감탄하며 너도나도 감상평을 썼습니다. '이 그림 정말 대단하다'는 내용으로 일종의 댓글을 다는 거예요. 댓글이 하도 많이 달려서 그 길이가 무려 15미터에 달했지요. 추사의 인기가 얼마나 대단했는지 알수 있는 일화입니다.

김정희는 조선 후기 양반가를 대표하는 명문 가문 중 하나인 경주 김씨 가문에서 태어났습니다. 어릴 적부터 글씨를 잘 써서 명필 소리를 들었다고 해요. 머리도 무척 좋았어요. 실학자 박제가는 김정희의 총명함을 보고 제자로 삼았습니다. 김정희는 스물네 살이 되던 해에 과거에서 소과에 장원급제했어요. 그 해에는 사신으로 파견된 아버지를 따라 청에 가기도 했습니다. 그때 청 학자들에게 금석학과 고증학을 배웠지요.

청의 대학자 옹방강은 여든이 다 되어가는 나이였는데, 스물네 살 김정희와 대화를 나누자마자 김정희가 마음에 들어 그에게 금석학을 가르쳤습니다. 김정희는 옹방강을 비롯한 청 문인들과 깊은 교류를 하게 됩니다. 한 달가량 머물렀음에도 조선으로 돌아오기 전에 송별회가 열릴 만큼 친하게 지낸 이들이 많았다고 하지요. 금석학은 금속과 돌에 새겨진 문자를 해독하는 학문이고, 고증학은 옛 문헌에서 증거를 찾아 객관적인 태도로 학문을 연구하는 학풍입니다. 박제가에게 실학을, 청에서 금석학과 고증학을 배운 뒤, 추사는 성리학에 연연하지 않는 유연한 사상을 갖게 되었어요.

타고난 천재 같이 보일 수도 있지만 사실 추사는 노력형 천재였어요. 추사체를 완성하기 위해서 열 개의 벼루에 구멍을 냈다고 하거든요. 1,000자루의 붓도 모두 몽당붓이 되었다고 합니다. 글씨 연습을 대체 얼마나 한 건지 짐작할 수 없을 정도예요. 완벽주의 성향도 강해서 "가슴속에 5,000권의 문자가 있어야만 비로소 붓을 들 수 있다"라는 말을 남기기도 했습니다.

실제로 윤정현이라는 제자가 자신의 호인 '침계梣溪'를 써달

다시, 역사의 쓸모

라고 부탁했는데, 그 부탁을 들어주기까지 30년이 걸렸다고 합니다. 게을러서가 아니었어요. 한 획이라도 마음에 들지 않으면 다시 썼기 때문입니다. 추사를 고민에 빠뜨린 글자는 '침' 자였습니다. '침' 자를 아름다운 형태로 쓰기 위해 고심하느라 30년이라는 세월이 흘렀던 것입니다.

완벽한 추사에게 독이 된 것은 이른 성공이었습니다. 김정희는 젊은 시절부터 주목받는 인물이었어요. 명문가 출신인데다 부와 명예, 실력까지 갖추었으니 잘나가지 않는 게 이상할 정도였죠. 벼슬도 참 많이 했어요. 언관으로 일하고, 암행어사도 하고, 성균관대사성이라고 해서 오늘날로 치면 국립대 총장을 맡기도 했습니다. 병조참판, 이조참판 자리에도 있었지요. 명필이란 소문도 계속 퍼져서 추사의 명성이 전국에 자자했습니다. 그러니까 얼마나 어깨에 힘이 들어가겠어요. 어찌 보면 나 잘난 맛에 사는 사람이지 않았을까 하는 생각이 들어요.

서울 북한산에는 비봉이라는 봉우리가 있습니다. 봉우리 정상에 비석이 있어서 비봉이라는 이름이 붙었죠. 그런데 조선 시대 사람들은 이 비석의 출처를 정확히 알지 못했습니다. 김정희는 금석학자로서 이 비석을 조사하기 위해 비봉에 여러 번 올랐습니다. 그리고 마침내 비석의 정체가 신라 진흥왕이 세운 순수비임을 밝혀냅니다. 이 진흥왕 순수비를 보면 옆면에 김정희가 새긴 글이 있어요. 이걸 자기가 알아냈다고 적고 이름을 써넣은 거예요. 자랑하고 싶은 마음을 참기가 어려웠나 봐요. 어떻게 보면 좀 귀엽기도 하지요. 그렇지만 때로는 그의 자신감이 사람들에게 자만으로 비쳐 주변의 미움을 사기도 했습니다.

잘난 김정희를 보여주는 일화는 참 많습니다. 한번은 김정희가 해남 두륜산에 있는 대흥사라는 사찰에 들른 적이 있습니다. 사찰에 도착한 김정희는 '대웅보전'이라고 적힌 현판을 보고 당장 떼어버리라고 했습니다. 너무 촌스럽다는 것이 이유였어요. 그 현판의 글씨는 이광사라는 서예가가 쓴 것이었습니다. 그도 조선 후기의 유명한 서예가였지만, 김정희의 눈에는 글씨가 별로였던 모양입니다. 그래도 그렇지, 그렇게 말하면 이광사의 체면이 뭐가 되겠어요. 하지만 아무래도 김정희는 개의치 않았던 것 같습니다.

또 이런 일도 있었대요. 지방의 어느 선비가 김정희를 무척 만나고 싶어 했답니다. 그는 벼슬을 하고 있지는 않았지만, 마을 최고의 문장가이자 어르신으로 대접받는 사람이었습니다. 제자도 한둘이 아니었어요. 당연히 김정희보다 나이가 훨씬 많았지요. 그런데 마침 김정희가 그 마을에 오게 됐습니다. 그 소식에 마을 전체가 들썩였다고 합니다. 김정희를 좋아하는 선비 역시 아주 기뻐했습니다. 그토록 좋아하던 스타가 우리 집에

　　　　　　　　　　　　　　다시, 역사의 쓸모

온다고 생각해 보세요. 얼마나 흥분되겠어요.

선비는 김정희를 집으로 초대했습니다. 그리고 제자들에게 극진히 대접하라고 일렀어요. 선비가 김정희를 초대한 것은 그와 만나고 싶어서이기도 했지만, 자신의 글을 보여주고 싶어서이기도 했어요. 문장과 글씨에서 모두 한 획을 그은 사람에게 평가를 받아보고 싶었던 거예요. 제자들 앞에서 추사에게 인정받으면 얼마나 으쓱하겠습니까. 이런 마음으로 제자들 앞에서 김정희와 마주 앉았지요. 그리고 글을 써 내려간 다음 김정희에게 보여줍니다.

젊은 추사는 나이 많은 선비의 글을 훑어보고는 입을 엽니다. 평가를 기다리는 사람이나 그걸 지켜보는 제자들이나 모두 조마조마했겠지요. 김정희가 이렇게 말했습니다. "어르신은 이 마을에서 밥은 먹고사시겠네요." 대단한 점은 없지만, 마을 안에서 먹고살 만은 하다는 투로 얘기한 거예요. 스승을 욕보였으니 제자들은 화가 머리끝까지 났습니다. "새파랗게 젊은 놈이 감히 우리 스승님에게!" 이러면서 아주 죽이네, 살리네 했어요.

물론 이 일화는 사실이 아니라는 설도 있어요. 워낙 김정희가 잘나가니까 시기하고 질투하는 사람들이 많았거든요. 그런 사람들이 퍼뜨린 이야기라는 거예요. 원래 인기가 많아지면 악플도 달리잖아요. 그만큼 김정희가 유명했다는 방증이기도 합니다. 어쨌든 이런 이야기들로 김정희의 캐릭터를 이해하고, 당시 그가 얼마나 큰 주목을 받았는지 유추할 수 있죠.

젊은 날의 김정희가 승승장구한 것처럼 보이지만 그의 인생이 순탄하기만 했던 것은 아닙니다. 조선 후기는 세도정치가 기승을 부렸던 시기예요. 그 혼란 속에서 김정희도 정치적인 이슈에 여러 번 휘말려 고초를 겪었습니다. 고문을 너무 많이 당해서 목숨이 위태로웠던 적도 있어요. 다행히 목숨은 건졌으나 제주도로 유배되어 가시울타리가 있는 집에 갇혀 살게 되었습니다. 그렇게 한순간에 모든 것을 잃게 되었지요.

지금이야 제주도가 아름다운 섬이지만, 그때는 1급 유배지였어요. 육지에서 멀리 떨어져 있는 데다 먹을 것도 제대로 구하기 어려운 곳이었거든요. 김정희는 양반가에서 귀하게 자란 도령이었고, 어디를 가나 주목을 받으며 살아온 사람이었습니다. 그러니까 제주도 생활이 얼마나 힘들었겠어요. 산해진미를 먹다가 초라한 밥상을 받으니 입맛도 없고 배도 안 차서 아내에게 편지를 보내기 시작합니다.

처음에는 최고급 간장을 보내달라고 해요. 음식에 양념을 하려면 간장이 필요했던 거죠. 그리고 민어와 어란도 보내라고 합니다. 민어는 지금도 귀하지만 그때는 더했습니다. 수라상에 오르는 생선이었거든요. 어란도 그래요. 숭어와 민어의 알을 소금에 절여 말린 음식인데, 쉽게 말해 조선 시대의 캐비어라 할 수 있습니다. 그런데 김정희가 오늘날 감옥에서 사식 넣어달라고 하듯이 유배 생활 중에 이런 음식을 보내달라고 한 거예요. 일종의 반찬 투정이죠. 유배지에서 좋은 것들을 보내달라고 투정을 한 것입니다.

김정희의 부인은 요청한 물품을 다 보내줍니다. 집안이 풍비박산 나서 형편도 어려운데, 친척들 인맥까지 전부 동원해서 구했어요. 그런데 비행기도 없고 택배도 없는 그 시절에 한양에서 제주도까지 가려면 얼마나 오래 걸리겠어요. 운 좋으면 한 달이고, 운이 나쁘면 네 달입니다. 음식이 도착하긴 했는데, 당연히 상태가 좋지 않았지요. 그러니까 이번에 김정희는 음식이 많이 상했다고, 신경 써달라고 또 편지를 부칩니다. 그 뒤로도 잣과 호두를 보내라, 곶감을 보내라, 조기젓을 보내라 하면서 편지를 보내요. 하여튼 철마다 나는 귀한 건 다 보내달라고 해요. 그리고 매번 깐깐하게 평가합니다. 반찬 투정을 하는 거지요. 심지어 엿이 먹고 싶었는지 엿 레시피까지 알려달라고 합니다. 정말 보통 사람이 아니지요?

더 놀라운 점은 김정희가 요청한 것이 음식만이 아니었다는 사실입니다. 어떤 때는 저고리와 바지를 보내라고 하고, 또 어떤 때는 무명 두루마기를 보내라고 합니다. 겨울이 다가오면

춥다고 솜이 들어간 옷을 보내래요. 유배지에서 무슨 옷이 그리 많이 필요한지, 하여간 신기한 분입니다.

그런데 김정희의 유배 시중이 힘들었던 것일까요? 부탁을 들어주던 아내는 얼마 못가 세상을 떠났습니다. 그 후로는 동생이 필요한 것들을 구해다 주었어요. 김정희는 유배지에서도 글을 많이 썼기 때문에 동생에게 붓과 종이를 요청했습니다. 명필은 붓을 가리지 않는다는 말이 있잖아요. 추사는 명필이지만, 붓을 엄청나게 가렸어요. 음식이나 의복과 마찬가지로 붓도 최고급만 썼습니다. 동생이 보낸 붓이 용도에 맞지 않는다고 전부 돌려보낸 적도 있어요. 일종의 반품이었죠. 동생이 보낸 종이가 여기서 구한 것만도 못하다는 내용의 편지를 써서 보낸 적도 있습니다. 완벽주의자니까 그렇겠지만, 사람이 피곤해도 너무 피곤한 거예요. 유배지에서 어떻게 한양과 똑같이 생활을 할 수 있었겠습니까. 악플이 달릴 만도 했네 싶을 정도예요.

그러나 평생 천상천하 유아독존으로 살 것만 같던 김정희도 유배 생활이 길어지면서 차츰 달라지기 시작합니다. 배고픔, 서러움, 고독감, 외로움 등 여러 감정을 알게 되면서 이제 자신이 누구인지, 어떻게 살아야 하는지를 조금씩 깨닫게 됩니다.

김정희를 찾는 사람은 이제 제자인 이상적뿐이었습니다. 이상적은 지나치게 깐깐한 스승을 무척 좋아하고 존경했어요. 중국에 갈 때마다 김정희가 좋아하는 붓과 종이를 사서 제주도까지 날라다 주는 사람이었습니다. 길도 제대로 없었던 시절인데, 정말 보통 일이 아니었지요. 배를 타고, 말을 타고, 수레를 끌면서 가지고 가야 했습니다. 김정희도 고마웠는지 이상적에게 그림을 하나 그려 선물합니다. 그 그림이 바로 〈세한도〉입니다.

〈세한도〉를 보면 오른쪽에 노송 한 그루가 있어요. 그 노송을 잘 살펴보면 잎이 거의 나지 않은 모습입니다. 나무 기둥도 오래되어 힘이 없어 보이죠. 이 노송의 곁에 꼿꼿하게 자란 한 그루의 싱싱한 소나무가 있습니다. 이 소나무에 노송이 기대어 있는 모습으로 그려져 있어요. 제가 보기에는 김정희와 이상적의 모습 같아요. 내가 너에게 이렇게 의지하고 있다, 고맙다는 마음을 표현한 그림이 바로 〈세한도〉가 아닐까 싶습니다.

유배 생활 동안 김정희는 깨달았을 거예요. 그전까지만 해도 수많은 사람이 자신을 만나고 싶어 했지만, 유배당한 뒤에는 찾는 사람이 거의 없었거든요. 〈세한도〉를 보면 왼쪽 끝에 소나무들이 쭉쭉 올라와 있어요. 이 나무들은 멀찍이 서서 노송을 지켜보는 듯합니다. 마치 구경꾼처럼요. 노송 곁에는 오직 나무 한 그루뿐인 거예요. 내 멋에 취해 살던 김정희도 자신의 곁을 지켜주는 사람의 소중함을 느꼈기 때문에 이런 그림을 그릴 수 있었던 것 같아요.

그러니 이 그림을 받고 이상적은 얼마나 기뻤겠습니까. 신이 난 이상적은 스승에게 받은 선물을 들고 청으로 갑니다. 추사의 그림이라는 말에 청의 문인들이 앞다투어 감상평을 달기 시작했어요. 추사를 만나지 못한 아쉬움을 토로하는 글, 힘든 상황에도 그 기상은 변함이 없다고 감탄하는 글, 선비의 지조가 느껴지는 그림이라는 글…. 이런 글들이 이어지니까 앞서 말씀드린 것처럼 그림 길이가 15미터로 늘어난 거예요.

그러는 동안 김정희 유배 생활도 끝이 났습니다. 8년 만의 일이었지요. 제주도에서의 시간은 고달팠지만, 김정희는 그곳에서 추사체를 완성했습니다. 벼루 열 개가 구멍 나고 붓 1,000자루가 짧아지는 동안 김정희라는 사람도 훨씬 깊어진 모양입니다. 유배를 마치고 올라오는 길에 해남을 지나던 김정희는 대흥사에 들러 이광사가 쓴 현판을 다시 걸도록 했다고 해요.

김정희는 화려한 삶을 살았던 인물입니다. 생각해 보면 요즘 우리가 좇고 있는 것을 다 가졌던 사람이에요. 좋은 집안과 많은 재산, 높은 명예와 뛰어난 능력, 남들이 부러워할 만한 커리어까지 전부 이뤘어요. 성공을 향해 내달리는 현대인들이 누리고 싶은 생활을 했던 사람이죠. 그렇다면 그가 인생의 말년에 이르러 비로소 깨달은 인생은, 행복은 무엇이었을까요?

아직 인생을 살아내고 있는 중이기에 저는 여전히 어떻게 살아야 제대로 사는 것인지, 행복한 삶이란 무엇인지 질문합니다. 수많은 욕망과 갈망 속에서 자꾸만 흔들리게 되거든요. 사실 저는 추사와 달리 처음부터 주목받는 사람이 아니었어요. EBS 강의를 시작했을 때, 소위 잘나가는 강사들을 보면 저도 모르게 위축되기도 했습니다. 쓸쓸하긴 했지만 내 장점으로 극복해 나가자고 생각했어요. 감사하게도 열심히 하니 저의 정성을 알아봐 주시는 분들이 생겼어요. 과분하다는 생각이 들 만큼 이름이 알려지게 됐습니다. 그러니까 예전에는 생각하지 못했던 좋은 것을 하거나 누릴 수 있는 상황이 펼쳐지더라고요. 지금 제가 있는 자리가 유혹당하기 쉬운 위치라는 자각이 번뜩 들었습니다. 화려하고 멋있는 것, 값지고 진귀한 것을 어떻게 바라보고 대해야 할지 고민이 깊어졌어요.

그래서 제가 다시 찾은 것이 역사였습니다. 늘 이야기하듯이 역사 속 인물은 모두 우리의 인생 선배입니다. 그 삶의 궤적을 보면서 '이렇게 살아야 되겠구나' 혹은 '이렇게 살면 안 되겠구나' 하고 참고하는 거죠. 물론 그렇게 한다고 해서 우리가 그들과 같은 삶을 살 수 있는 것은 아닙니다. 하지만 내가 어떤 삶을 원하는지 인지하고 있는 것과 모르는 것은 정말 다릅니다.

저는 앞서 살았던 이들의 삶을 살펴보면서 위안을 얻어요. 인생을 건 문제를 치열하게 고민했던 이들이 찾은 답이 그들의 삶에 담겨 있거든요. 그럴 때마다 기댈 수 있는 나무 하나가 생기는 느낌이에요. 그래서 역사를 공부하다 보면 조금 덜 흔들리고, 조금 더 단단해집니다. 역사 속 인물들이 중심을 잡게 해 준 덕분에 무너지지 않고 스스로를 다독여가며 여기까지 온 게 아닌가 합니다.

남들이 보기에는 다 잃은 삶처럼 보였을지 몰라도 김정희는 죽기 전에 비로소 인생과 행복에 관한 진리를 깨달았습니다. 그래서 자신의 삶의 마지막에 행복론과 인생론을 담은 글을 하나 남겨요. 어쩌면 추사가 찾은 답이 누군가에게는 소박해 보일지도 모르겠습니다. 아직 무언가를 향해 힘차게 달려가는 사람이라면 마음의 울림이 크지 않을 거예요. 하지만 저는 큰 위로를 받았습니다. 어느덧 중년이 되어 올라가는 길보다 내려가는 길을 준비해야 하는 나이가 되어서일지도 모르겠어요. 젊은 시절에 최고로 인정받으며 명예도 누려보고, 온갖 산해진미를 즐겨도 보고, 고생은 조금이라도 하기 싫었던 그가 말년에 이르러 깨달은 깨우침이 저에게는 큰 울림으로 다가왔습니다. 저의 삶도 김정희의 삶과 같은 종착역을 향해 달려가는 것은 아닐까 하는 생각이 들었거든요. 구체적인 내용을 알 수 없는 크고 원대한 목표에 사로잡혀 소박한 오늘의 행복을 외면하지 말 것, 나의 삶은 나 혼자 만드는 것이 아니라 많은 사람의 도움을

다시, 역사의 쓸모

받으며 비로소 완성되는 것이라는 사실을 잊지 말 것, 그리고 하루를 정성스럽게 사는 일을 게을리하지 말 것을 당부하는 목소리처럼 들렸지요.

인생은 결국 행복으로 가는 여정입니다. 그렇다면 어떻게 살아야 하는가는 무엇을 행복이라 부를 것인가와 같은 질문일지도 모르겠습니다. 《다시, 역사의 쓸모》를 쓰는 동안 마지막 이야기를 무엇으로 할지 오래 고민했습니다. 그런데 김정희의 글을 보니 제 인생의 끝에서 제가 찾게 될 답 역시 바로 이것일 거란 생각이 들더군요. 그래서 여러분에게 김정희의 글을 마지막으로 전하며 이 책을 마무리하려 합니다. 추사가 말년에 찾은 행복의 정의가 진정한 행복을 찾는 여러분의 인생길에도 도움이 되기를 바랍니다.

大烹豆腐瓜薑菜 (대팽두부과강채)
高會夫妻兒女孫 (고회부처아녀손)

세상에서 가장 맛있는 찬은
두부와 오이와 생강과 나물이고,
세상에서 가장 아름다운 만남은
부부와 자식과 손주가 함께 있는 것이다.